泉港年鉴

YEARBOOK OF QUANGANG

2020

中共泉州市泉港区委党史和地方志研究室 编

方志出版社
Publishing House of Local Records

图书在版编目（CIP）数据

泉港年鉴. 2020 / 中共泉州市泉港区委党史和地方志研究室编. -- 北京：方志出版社，2020.12
ISBN 978-7-5144-4716-3

Ⅰ.①泉… Ⅱ.①中… Ⅲ.①区(城市)－泉州－2020－年鉴 Ⅳ.①Z525.74

中国版本图书馆CIP数据核字(2020)第270546号

泉港年鉴（2020）

编　　者：中共泉州市泉港区委党史和地方志研究室
责任编辑：王　娜

出 版 者：方志出版社
地 址 北京市朝阳区潘家园东里9号（国家方志馆4层）
邮 编 100021
网 址 http://www.zgfzcb.cn
发　行：方志出版社图书经销中心
电话（010）67110500
经　销：各地新华书店
印　刷：福州远榕印刷有限公司

开　本：889×1194　1/16
印　张：20.75
字　数：650千字
版　次：2020年12月第1版　2020年12月第1次印刷
印　数：001～700册

ISBN 978-7-5144-4716-3　定价：280.00元

泉港区地方志编纂委员会暨
《泉港年鉴》编纂委员会

顾　问：	梁炳辉	区委书记
主　任：	颜朝晖	区人民政府区长
副主任：	王文晖	区委常委、总工会主席
	陈相成	区政府党组副书记
	刘地惠	区委办主任
	刘昭暄	区政府办主任
委　员：	陈荣川	区纪委副书记、监委副主任
	蔡志阳	区委办副主任
	戴春涛	区委组织部副部长
	傅国强	区委宣传部副部长
	林顺建	区委统战部副部长
	薛小明	区委政法委副书记
	刘跃民	区委编办主任
	汪文炎	区直机关党工委常务副书记
	陈三龙	区委文明办主任
	林永明	区委巡察办主任
	林进辉	区委党史和地方志研究室主任
	王清洪	区委党校常务副校长
	张和亮	区档案馆副馆长
	陈春通	区融媒体中心主任
	郑志阳	区人大常委会办公室主任
	肖坚松	区政府办副主任
	连　治	区政协办主任
	刘玉强	区发改局局长
	陈建雄	区教育局局长
	吕伟成	区科技局局长
	吴文辉	区工信局局长

刘开南　　区民政局局长
柯富华　　区司法局局长
李海军　　区财政局局长
吴太平　　区人社局局长
林昀瑜　　区自然资源局局长
郭志雄　　区住建局局长
朱辉阳　　区交通运输局局长
庄学根　　区农水局局长
肖银河　　区商务局局长
刘　冰　　区文体旅游局局长
施文勇　　区卫健局局长
肖德宝　　区退役军人事务局局长
庄向阳　　区应急管理局局长
刘森海　　区审计局局长
洪良杰　　区市场监督管理局局长
林永骏　　区统计局局长
胡伟强　　区信访局局长
程进强　　区城管局局长
邱清满　　区行政服务中心管委会主任
郭淑平　　区供销联社主任
林瑞群　　区总工会常务副主席
刘婉娥　　团区委书记
叶彬彬　　区妇联主席
龚锦泉　　区工商联常务副主席
王梅珠　　区侨联主席
林建南　　区科协主席
钟兴枝　　区社科联主席
林龙章　　区计生协会常务副会长
叶月明　　区残联理事长
李美美　　区文联主席
肖天定　　区贸促会会长
王慧敏　　区红十字会专职副会长

庄学忠　　区慈善总会秘书长
郭惠卿　　石化工业园区管委会综合科科长
王月明　　区人民法院副院长
陈荣茂　　区人民检察院副检察长
王福东　　区公安分局政委
苏兴福　　区交警大队大队长
郑明炎　　区生态环境局局长
江　岚　　区税务局局长
洪五洲　　区公路分局局长
庄勇生　　国有资本投资运营有限公司总经理
叶家云　　山腰盐场场长
邱建忠　　新城投资公司执行董事
庄　猛　　区水利水务建发公司执行董事
段存成　　石化工业区建发公司总经理
朱志卿　　高新产业园区公司执行董事
林文煌　　区大众公交有限公司执行董事
施茂春　　区文旅开发有限公司执行董事
陈宝喜　　南埔镇人民政府镇长
庄占彬　　界山镇人民政府镇长
张燕婷　　后龙镇人民政府镇长
林素宝　　峰尾镇人民政府镇长
林坤清　　山腰街道办事处主任
郭森波　　前黄镇人民政府镇长
连溥恩　　涂岭镇人民政府镇长

泉港区地方志编纂委员会暨《泉港年鉴》编纂委员会下设办公室，办公室主任由林进辉同志兼任，办公室副主任由柯金清同志兼任。

主　　编　　林进辉
副 主 编　　陈小燕　　张骏俊　　柯金清
编　　辑　　蔡志阳　　李　婧　　陈裕盛　　庄国辉　　刘晓辉
技术校对　　蔡黎薇
编　　务　　黄丽虹　　郑志英　　刘美华

泉港区地图

仙 游 县
枫
慈
溪
园庄镇
枫亭
耕
苍厝
界
吟兜
棋盘
秀溪
顶寨埔
水蛙
清美林场
洪厝坑
横溪
大南尾
溪埔岭
泗
甘蔗园
山外水库
幸福
溪头
芹坑
小坝
泗洲水库
洲
寨后
岭头尾
观音山
后宫林场
上新
岭口
涂岭镇
涂岭
林口
岭头
樟脚
泉港西部森林公园
溪
大仁岭
红星生态园
西安
G15沈海
旗山茶场
松园
和溜
下虎岩
大垵
涂型
黄田
尾寮
前欧
大厅
青云岭
温厝
顶中
下厅
南埔
菱
菱溪水库
虎岩山
郊野公园
涂
陈田水库
湖仔内
老鼠田
后厝坑
后樟
鲁寮
厝斗
福厦
顶山
驿坂
服务区
洛
蔡田
半岭
岭后
后山仔
后宅
笔架林场
江
大雾山埔
路口
溪西林场
路口庄
前烧
前
塘灶
区
大雾山
G324
大埔窑
乞乌崎
虎窟
金
红山场
驿坂
下后郭
丘后
驿坂
杉桥头
中角
惠 安 县
加田
五社
香芹
上黄
岭下
溪西
涵仔
图 例
县级行政中心
镇 、 街 道
社 区 居 委 会
村 委 会
自 然 村
农 林 场
设区市行政区域界
县级行政区域界
镇行政区域界
高速公路及出入口
铁路及火车站
在 建 铁 路
G324
国道及编号
在 建 国 道
县 道
主 要 街 道
其 他 道 路
服 务 区
河 流
水 库
港口、码头
堤 坝
景 点
山 峰
医 院 学 校
酒 店
企事业单位
汽 车 站
审图号：闽S〔2019〕84号
福建省制图院 编制
比例尺1：134 000
资料截至2018年12月
注：本图界线为权宜画法，不作划界依据。
泉港城区
新宅
北
离相寺
区科技局
学
区交警大队
泉港五中
柳亭
肖厝海关
峰
驿
路
中
区民政局
曼哈顿泉港大酒店
峰尾中心小学
后
龙
山腰
中学
新
民
街
郭厝
泉港车站
山腰街道
锦
祥
龙山
荷盛
小区
区税务局
锦山
荷池
泉港一中
锦川
锦塔
泉港二中
区政府
国土大厦
泉港医院
祥云寺
陈庄
区法院
联岩
锦联
泉港文化中心
德惠
广场
锦绣公园
埭港
岩山公园

仙游
城厢区
东庄镇
秀
屿
区
潘南盐场
海尾
狮东
后帝
河阳
东张
大前
东凉
新宅
下朱
下东尾
玉湖
下凉尾
槐山
窑厝
岭头
丁埕
海头
北辋
前沁
新村
寮仔
港口
仑头
柯厝
仙公
肖厝港区
秀屿港区
秀
肖
厝
港
秀
屿
港
红山仔
龟屿
山仔尾
南埔
柳厝街
张俱
邱厝
林头
沙格
肖厝
大埔
先锋
惠屿
石岛
屿
峄屿
塘头
后张尾
南埔镇
天竺
施厝
枫厝
前亭
漳泉肖
天湖
柳厝
肖厝站
G228
顶科
窑里
顶厝仔
上西
后张
湄洲湾南岸
西坝
后坑
仙境
二社
后田
后垅
峰前
东山
涂坑
许厝
坑内
凤翔
林厝
坝头
麦厝
新村
凤安
黑礁
坑仔底
田里
凤林
割山
前埔
岭脚
田墩下
凤山
窑里
西张
栖霞
后龙
凤北
凤阳
柳亭
后龙镇
山前
新宅
凤南
后埭仔
后
龙
湾
蔡头桥
郭厝
山腰街道
锦祥
龙山
地中
户尾屿
锦川
锦
山
荷池
后曾
湄
海滨
菜堂
锦塔
陈庄
泉港区
联岩
峰尾镇
诚峰
锦联
西宅
诚平
峰尾综合码头
埭港
山腰盐场
上楼
前亭
海沙
奎壁
峥嵘
白石头
腰盐场
鲎屿
洲
山
腰
湾
大生岛
鲤鱼岛
湾
惠
安
县
斗尾港区
尖屿

编辑说明

一、《泉港年鉴2020》以马克思列宁主义、毛泽东思想、邓小平理论、“三个代表”重要思想和科学发展观、习近平新时代中国特色社会主义思想为指导，力求实事求是地记载泉港自然、经济、政治、文化和社会的建设发展状况，反映物质文明、政治文明、生态文明建设的新成就、新经验以及出现的新情况、新问题，为社会各界和海外人士了解泉港、研究泉港、创业泉港、旅游泉港提供尽可能全面、翔实的地情资料。

二、《泉港年鉴2020》采用分类编辑法，主体内容设篇目、分目、条目三个结构层次，以条目为表现内容的基本形式。

三、《泉港年鉴2020》着重反映2019年的基本情况。全书设特载、专记、年度要闻、大事记、区情概况、中共泉州市泉港区委员会、泉州市泉港区人民代表大会、泉州市泉港区人民政府、政协泉州市泉港区委员会、纪检 监察、民主党派、群众团体、法治、军事、外事 侨务 港澳台事务、经济管理与监督、财政 税务、产业园区建设、农业、工业、金融业、商贸 旅游、城乡建设与管理、交通 邮政通信、教育、科学、文化、卫生 计划生育、社会生活、各镇（街道、场）、荣誉人 物、附录32篇，共162个分目。

四、《泉港年鉴2020》记述的时限2019年1月1日至2019年12月31日，选介资料、相关链接及部分图表跨年度选编。

五、《泉港年鉴2020》标点符号以《标点符号用法》（GB/T15834—2011）为准，数字以《出版物上数字用法》（GB/T15835—2011）为准，计量单位以《量与单位》（GB3100—3102—86）为准。文中凡简称“党员”，均指中国共产党员，“省、全省”均指福建省，“市、全市”均指泉州市，“区、全区”均指泉港区；面积单位采用报送单位习惯用法。

六、《泉港年鉴2020》所列数据，除统计部门正式公布的外，均由各有关部门和行业提供，并经供稿单位审核。因统计口径等原因，有些部门和行业个别数据与统计部门数据不尽一致时，以统计部门数据为准。

城区一角　　（连键刚 摄）

和谐　　（许玲玲 摄）

醉美锦绣　　（林家参 摄）

光明　（柳顺煌 摄）

金色坝头溪　（施惠清 摄）

盐田黄昏 （陈景松 摄）

春天美 （施惠清 摄）

2019年8月21日，副省长李德金（左三）到涂岭镇前欧村指导“两高”整治工作　（区住建局 供图）

2019年8月19日，省妇联党组书记、主席徐珊娜（右三）到泉港调研妇女儿童工作　（区委报道组 供图）

2019年11月19日，省委第四巡回指导组组长叶顺煌（中）到泉港开展主题教育调研活动　（区委报道组 供图）

2019年3月28日，市委书记康涛（左三）到涂岭镇前欧村指导“两高”整治工作　（区住建局 供图）

2019年11月19日，市委常委、政法委书记林锦明（前一）到泉港法院调研指导工作　（区法院 供图）

2019年1月29日，市委常委、泉州军分区政委刘建军（右四），副市长肖汉辉（右三）率队走访慰问驻军部队
（林弘棂 摄）

2019年4月15日，副市长吕刚（中）到泉港开展2019年度第一季度“领导干部一线办公”活动。图为在科美特公司办公现场（区委报道组 供图）

2019年8月22日，区委书记梁炳辉（左三）到后龙镇调研“农村人居环境三年整治专项行动”工作 （庄国辉 摄）

2019年4月2日，区长颜朝晖（左三）督查郭厝溪黑臭水体整治项目进展情况
（区委报道组 供图）

2019年2月28日，国乔石化与泉港石化园区签订协议（区委报道组 供图）

2019年4月3日，福建佑达环保新材料有限公司和福州大学石油化工学院（泉港校区）联合举行"福大—佑达环保电子精细化学新材料工程技术中心"揭牌暨"佑达奖学金"捐赠仪式

（区委报道组 供图）

2019年4月22日，全区建筑行业砌筑工岗位技能竞赛在源昌锦绣壹号工地举行　（区委报道组 供图）

2019年6月13日，福厦铁路湄洲湾跨海大桥首片40米移动模架施工现浇梁浇筑　　（区交通运输局 供图）

2019年6月25日，泉港区企业与企业家联合会第三次全体理事大会召开　　（区委报道组 供图）

2019年6月28—29日，泉港区第八届异地商会会长联席会在山东济南召开　　（区委报道组 供图）

2019年7月5日，第十一届海峡论坛·“泉台青年交流汇——分享、体验、融合”系列活动开幕式在泉港新辉大电子商务园区举办　（庄国辉 摄）

2019年9月19日，区政府与区政协共同召开民营经济发展情况专题协商会议　　（区委报道组 供图）

2019年10月22日，第十届世界惠安泉港泉州台商投资区同乡联谊会访问团到泉港开展“寻根之旅”参观考察活动
（区委报道组 供图）

2019年3月12日，“传承廉洁家风 弘扬清风正气”家庭文化公益大讲堂在区文化中心举办

（区委报道组 供图）

2019年3月31日，泉港区人民政府与福师大联合办学签约仪式举行 （刘泽阳 摄）

2019年4月29日，“悦读泉港·书香满城”全民阅读系列活动在区文化中心启动

（区委报道组 供图）

2019年5月29日，首届泉州市“新时代好少年”先进事迹发布会、泉州市暨泉港区中小学生“童心向党”歌咏活动在泉港举办　　（区委报道组 供图）

2019年9月29日，泉港区庆祝中华人民共和国成立70周年暨“点赞泉港”主题歌咏比赛在泉港会议中心举行　　（区委报道组 供图）

2019年10月12日，“红领巾心向党 争做新时代好队员”泉港区纪念少先队建队70周年主题活动在区文化中心举行　　（区委报道组 供图）

2019年10月16日，庆祝新中国成立70周年“丹青绘发展·奋笔抒辉煌”书法美术联展在泉港文化中心开幕

（区委报道组 供图）

2019年11月26日，第四届海上丝绸之路国际艺术节泉港专场在区文化中心开幕 （区委报道组 供图）

2019年5月8—10日，泉港开展纪念第72个“5·8世界红十字日”系列主题活动　　（区委报道组 供图）

2019年5月17日，“自强脱贫 助残共享”泉港区残健共迎第二十九次全国助残日文艺汇演举办　（区委报道组 供图）

2019年5月24日，泉港区“母亲健康1+1”公益募捐现场捐赠仪式暨关爱女性健康讲座举办　　（区委报道组 供图）

2019年6月19日，“治安最安全、执法最满意、社会最平安”吉祥泉港创建宣传活动颁奖仪式在区会议中心举行
（区委报道组 供图）

2019年7月15日，厦门大学与泉港区校地合作共建暨学生社会实践基地揭牌仪式在泉港石化工业园区“人才驿站”举行

（庄国辉 摄）

2019年7月15日至8月15日，泉港区“儿童之家”暑期公益培训班全面开班。图为郭厝村妇女儿童之家孩子们与党员志愿者一起制作当地传统美食——红团 （区委报道组 供图）

2019年9月29日，泉港区中医医院举办开业仪式　　（区委报道组 供图）

2019年11月24日，“服务人民·保障健康”大型义诊活动在区文化中心举行　　（区委报道组 供图）

目录

特载

专记

年度要闻

大事记

区情概况

中共泉州市泉港区委员会

泉州市泉港区人民代表大会

泉州市泉港区人民政府

政协泉州市泉港区委员会

纪检 监察

民主党派

群众团体

法 治

军　事

外事　侨务　港澳台事务

经济管理与监督

财政 税务

产业园区建设

农 业

工　业

金融业

商贸 旅游

城乡建设与管理

交通　邮政　通信

教 育

科 学

文 化

卫生 计划生育

社会生活

各镇（街道、场）

荣誉 人物

附 录

索 引

Features

Articles

Yearly Important News

Chronicle of Events

Overview Information of Quangang District

Quanzhou Quangang District Committee of the CPC

The People's Congress of Quangang District, Quanzhou City

The People's Government of Quangang District, Quanzhou City

Quanzhou Quangang District Committee of the CPPCC

Discipline Inspection, Supervision

Democratic Parties

Mass Organizations

Rule by Law

Military Affairs

Foreign Affairs, Overseas Chinese Affairs, Hong Kong, Macao and Taiwan Affairs

Economic Management and Supervision

Public Finance, Taxation

Industrial Park Construction

Agriculture

Industry

Financial Industry

Commerce & Trade, Tourism

Urban and Rural Construction and Management

Traffic, Post and Communications

Education

Science

Culture

Health, Family Planning

Social Life

Towns (Sub-districts, Farms)

Honors, Persons

Appendix

Index

在全区工作会上的讲话

梁炳辉

（2019年2月14日）

同志们：

假期刚过，春节喜气尤在，我们迅速召开全区工作会议，主要任务有三个：一是传达部署。今天这个会议是“多会合一”，主要是深入贯彻落实中央、省、市经济、组织、宣传、统战、政法、农业农村工作会以及省委、市委、区委全会精神，统筹谋划安排今年的工作。会上颁发了责任书，一份责任书就是一个庄严的承诺，各镇（街）、区直部门都要一诺千金、义无反顾地完成。二是表彰先进。过去一年，全区上下凝心聚力、团结拼搏，各条战线涌现出一批先进典型。他们在不同的岗位上，为着一个共同的目标默默奉献。这些先进模范是各个领域的精英，是我们队伍的标兵，他们的先进事迹值得我们广为宣传。三是鼓劲提神。一年之计在于春。刚刚举行的投资项目签约仪式，为今年开了好彩头。全区上下务必强势推进、大干快上，夺取首季“开门红”，为全年工作起稳步、起好步。刚才，朝晖同志对今年工作作了具体部署，讲的很全面、很到位，各级各部门要认真领会、贯彻落实、抓出成效。下面，我再强调六点意见。

区委书记梁炳辉讲话　　（林弘梫 摄）

一、回顾过去，凝心聚力，更加坚定“好日子是干出来的”

“这一年，我们过得很充实，走得很坚定。”这是习近平总书记新年贺词的开场白，也是我们所有人共同的心声。回顾2018年，这一年，我们致力改革创新，敢闯新路，推动改革开放全面发力、多点突破、纵深推进，房票安置、行政争议调解、24小时政务自助服务等创新做法在全省推广。这一年，我们致力转型发展，动能转换全面提速，石化产值突破千亿大关，港口物流业稳步发展，纺织鞋服、建筑建材和食品饮料三大产业成势成型；项目攻坚收获满满，先后获评全省项目综合评比第7名、全市“项目攻坚2018”活动真抓实干成效明显综合优秀集体、全市征迁优秀集体。这一年，

2019年2月14日，全区工作会议召开

（区委报道组 供图）

我们致力民生事业，人民群众生活持续改善，先后获得全国科技创新百强区、全国法治县（区）创建活动先进单位、省双拥模范城“五连冠”、省文明城区等一批荣誉。这一年，我们致力管党治党，扎实推进全面从严治党向纵深发展，驰而不息改进作风，村党组织、村委会换届选举成功率实现两个100%，不断激发党组织和党员干部队伍活力，群众路线越走越宽、党风政风越改越实、干群关系越来越好，精神文明蔚然成风，社会大局和谐安定，全区上下呈现出政通人和、风清气正的良好局面。

这些成绩，说明我区经济社会的内生动力不断增强，发展潜力正在逐步释放，为高质量赶超奠定了坚实基础。我们要倍加珍惜来之不易的好机遇，紧紧抓住节节攀升的好势头，提振信心、凝聚力量、奋发图强、干事创业，全力推动经济社会各项事业实现新跨越。借此机会，我谨代表区四套班子，向为泉港发展作出贡献的各级各部门、企事业单位和社会各界人士表示衷心的感谢！向今天受表彰的先进单位、先进个人表示热烈的祝贺！

二、展望未来，谋篇布局，更加坚定“泉港明天会更好”

“人逢盛世情无限，猪拱华门岁有余”。2019年是猪年，意味着风调雨顺、五谷丰登、六畜兴旺。天道酬勤，勤劳勇敢的泉港老百姓，日子一定会越过越红火！我们泉港一定会越来越美好！2019年又是新中国成立70周年，是决胜全面建成小康社会、坚持高质量发展落实赶超的关键之年。最近，中央及省市相继出台了“稳就业、稳金融、稳外贸、稳外资、稳投资、稳预期”等一系列利好政策，面对新一轮改革发展大潮，我们必须主动对接、争规列盘，把上级精神吃透用足，让上级政策在泉港落地生根、开花结果；必须以更高的站位、更宽的视野，推动泉港发展迈上更高层次、迈向更远目标。

新年新起点，扬帆新征程。今年工作的总体要求是：坚持以习近平新时代中国特色社会主义思想为指导，全面贯彻党的十九大、十九届二中、三中全会和省委十届七次全会、市委十二届八次全会精神，统筹推进“五位一体”总体布局，协调推进“四个全面”战略布局，坚持稳中求进工作总基调，坚持新发展理念，坚持高质量发展落实赶超，坚持推进供给侧结构性改革，进一步落实“六稳”工作，继续打好三大攻坚战，坚定不移推进“观念立区、主业强区、生态优区、富民兴区”，努力开创“活力泉港、宜居泉港、和谐泉港”建设新局面。

三、紧盯方向，奋力赶超，更加坚定“有实力才有魅力”

实力是一杆标尺。泉港人民的幸福要靠实力，泉港在省、市的分量要靠实力。只有实力强大了，腰板才会硬，底气才会足，群众才会得更多实惠，才会跟你走。因此，我们必须坚持把发展作为第一要务，坚定不移按照习近平总书记为泉港指明的发展方向，“做足石化产业文章，大力发展港口经济”，加快推动“三大经济板块”高速运行、提质增效。一是石化经济板块。坚持抓龙头、铸链条、建集群，加快石化产业链的填平补齐和关联发展，主动对接全省“千亿产业集群推进计划”，争取投资500亿新台币的台湾国乔项目落户园区，推进福建百宏、天骄化学等项目投建，加快石化园区9个在建项目和13个在办手续项目建设进度，舞起“油头”、拉长“化尾”，打造全国一流的绿色石化产业基地。二是港口经济板块。泉港因港设区、以港命名，拥有被誉为“中国少有、世界不多”的天然良港。港口物流业是我区经济增长的潜力之所在。要重点打造洋屿石化物流集散基地、南山片区石化物流基地、沙格大宗散货物流基地，培育一批具有核心竞争力的大型物流企业，营造高效便捷的大通关环境，增强大宗货物港区进出吸附力。要支持企业拓展港口腹地，推动港口企业布局建设陆地港，大力发展中转配送、流通加工等服务。三是城市经济板块。城市生活是人类的最高追求。随着安控区大征迁即将迎来房屋腾空高峰，大量群众将向城区、镇区集聚，城市经济进入黄金发展期。要统筹推进房地产、商贸、餐饮、住宿、娱乐、家政等生活性服务业转型升级，力争全年实现第三产业增加值增长10%以上，使产业结构更优、发展质量更高。

项目建设是发展的“第一引擎”。为充分发挥重点项目建设对稳增长、调结构的关键支撑作用，2019年我区安排区级重点项目242个、年度计划投资285.87亿元，省市级重点项目25个、年度计划投资90.2亿元。各级各部门要全力开展“项目攻坚2019”活动，切实加强重点项目的组织领导，创新服务保障机制，强化目标管理考核，倒排进度、挂图作战、攻坚突破，确保一季度项目攻坚走前列、作表率。

四、牢记使命，践行宗旨，更加坚定“一切为了人民”

我们党是全心全意为人民服务的政党，人民的幸福就是我们努力的方向。泉港人民的美好生活是我们泉港区委、区政府的追求。我们要以提升“三个指数”为目标，切实解民忧、暖民心、惠民生。一是提升顺心指数。把促进就业作为最大的民生课题，落实就业创业措施，培育更多新的就业增长点，拓宽群众增收门路。加大对低收入群众帮扶力度，通过新农保、低保、补助、救助等措施，保障困难群体的基本生活。完善贫困家庭医疗救助制度，巩固提升“救急难”模式，将救助申请审批延伸到村（居），确保困难群众求助有门、受助及时。二是提升幸福指数。持续推进民生补短板“四心”工程，滚动实施“XIN”行动，完善城乡一体化公共服务体系。着力增加优质教育资源供给，加快谋划安征迁群众子女进城就学、学校布局规划调整等事宜。深化医药卫生体制改革，实施医疗“暖心服务”三年行动，以“医联体”等牵引医疗资源整合共享，提升疾病防控和应急处置能力。完善多层次差异化养老服务体系，促进医养结合、居家养老、智慧养老等服务创新，探索“公建民营”养老模式，推行乡镇（街道）敬老院连锁化运营机制。加快城乡民生基础设施建设，重点实施福厦客专泉港段、公交综合车站、祥云路改造提升、“两高”沿线环境综合整治等一批精品工程。三是提升文明指数。扎实推进国家公共文化服务体系示范区创建工作，传承发展优秀传统文化，深入推进文化体制改革，加快相关产业发展，以高质量文化供给不断满足人们对美好生活的精神需求。巩固提升文明城区创建成果，消除难点瓶颈问题，力争创城工作走在全市前列。持续抓好移风易俗、未成年人思想道德建设，推进新时代文明实践中心建设，搭建理论宣讲、社会宣传、教育服务、文化服务、科技与科普服务、健身体育服务等六个平台，不断提升群众文明素养和社会文明程度。

五、统揽全局，强基促稳，更加坚定“党是各项事业的领导核心”

习近平总书记反复强调，“党政军民学，东西南北中，党是领导一切的”。党建强则人心聚、事业兴。我们必须毫不动摇坚持和完善党的领导，全面加强党的建设，统筹抓好党委各项工作。

一是组织工作要增动力、激活力。开展“不忘初心、牢记使命”主题教育，着力凝聚党员、干部、人才力量，落实“人才评价改革”“人才总量倍增”等专项行动。加强优秀年轻干部队伍建设，探索干部政治素质考察办法，坚持把培养斗争精神、斗争本领贯穿干部工作全过程，进一步落实待遇激励保障、关心关爱、容错纠错等措施，健全完善用制度管人管事的机制。深化“村支书导师团”、跨区域边际党建联创等模式，继续实施党建项目化管理，着力打造更多的党建特色品牌。深入实施“强基工程”，落实城市党建“一

表彰2018年度“项目攻坚”先进集体　　（区委报道组 供图）

核六体系”工作机制，推动非公党建扩面提质，着力提升党建工作水平。

*二是宣传工作要造氛围、树形象。*宣传部门作为党委的喉舌，要守正创新牢牢掌握意识形态工作领导权和话语权，充分发挥媒体的工具性作用，围绕中心工作当好舆论先行军，加强正面宣传引导，在全区上下营造“泉港是我家，泉港好，大家会更好”的氛围。要贯彻落实即将出台的《中国共产党宣传工作条例》，健全完善党委理论中心组学习机制，推广运用“学习强国”学习平台，深化“大宣讲”“大调研”活动，持续兴起“大学习”热潮。要坚持培育和践行社会主义核心价值观，开展庆祝新中国成立70周年主题宣传，加快区融媒体中心建设，推动新闻发布常态化、规范化，完善突发事件敏感舆情引导处置能力，巩固壮大主流思想，牢牢把握正确的政治方向、舆论导向、价值取向。

*三是统战工作要凝共识、聚合力。*强化统一战线人士深化对区委、区政府决策部署的理解和认同，团结一切可以团结的力量，汇聚一切可以汇聚的力量，画好“同心圆”，扩大团结面，凝聚正能量。以第八届异地商会会长联席会、“三同文化”活动等为载体，吸引海内外乡亲回归创业，让更多海内外资金、人才、项目等要素向泉港集聚。支持少数民族村发展，继续打造小坝、钟厝2个中国少数民族特色村寨。正确处理好宗教关系，及时妥善处理宗教领域的热难点问题，做好防渗透和安定稳定工作，推动宗教工作法治化。

*四是政法工作要保平安、促稳定。*以建设更高水平的“平安泉港”为目标，深入开展“社会治理专业化提升年”活动，推进三级综治中心实体建设和“雪亮工程”建设，打造志愿者群防队伍和网格化群治队伍，完善立体化治安防控体系。持续推进扫黑除恶专项斗争，深挖黑恶势力“保护伞”，严厉打击影响社会大局稳定、影响群众安全感的“两抢一盗”和农村赌博、走私成品油、电信网络诈骗等违法犯罪。完善矛盾纠纷调处机制，打好综治“三率”提升“翻身仗”。实施法治政府提升工程，坚持依法治访，坚决打击挑战法律权威、无理缠访闹访的不法行为。

*五是乡村振兴要强基础、增效益。*坚持规划引领，加快编制我区乡村振兴总体规划和专项规划，实施乡村振兴建设项目工程包，确定一批试点示范村，组织实施一批重大工程、重大行动、重大计划，力争完成年度投资2亿元以上。加快特色现代农业建设，按全产业链路径，做强做优粮油、果蔬、水产、红茶、花卉苗木等乡村产业，创建一批休闲农业示范基地，培育一批乡村生态旅游品牌，促进农村一二三产业融合发展。稳步推进农村集体产权制度改革，完成全区有经营性资产的村（居）股份制改革，探索村集体经济发展“泉港模式”。持续实施脱贫攻坚三年行动，消除村集体经营性收入5万元以下薄弱村。

六、真抓实干，干出实效，更加坚定“落实才是真本事”

面对竞相发展、你追我赶的竞争态势，面对艰巨繁重、叠加并进的发展任务，我们要在新一轮发展中赢得主动、赢得优势，就要坚决消除一切与发展不合拍的音符，清除一切与发展不合流的现象，扫除一切与发展不协调的作风，真正把全区上下的思想和行动统一到赶超跨越发展上来。一是求实效须下硬功夫。说一千道一万，不如好好干一件。今年主要经济指标任务很繁重，项目建设的数量也不少，社会事业发展的难题也很多，改革攻坚任务十分艰巨，这些工作的完成，需要同志们切实担起重任，脚踏实地，实实在在地撸起袖子加油干。要细化“任务分解表”，制定“落实路线图”，把每一项工作都落实到位、责任到人，着力在落实工作的组织形式、督查指导等方面大胆创新，以高效有力的组织领导督促责任落实。要健全完善综合目标考核管理机制，强化考核结果应用，通过扎实有效的工作，把既定的目标和明确的任务变成实实在在的业绩。二是好作风就是生产力。加强作风建设既是一项长期工作，又是一项紧迫任务，不出硬招完不成发展目标，不下狠心换不来群众满意，不动真格整不出风清气正。全区上下要形成言必行、行必果，争分夺秒、雷厉风行的工作作风，定下的工作就要抓紧实施，部署的工作就要一抓到底，承担的工作就要确保成效，让干事创业成为主流，让爱岗敬业成为习惯。要秉持“不拿企业分文的高效优质服务，给足企业面子的温馨体贴关怀”的“泉港态度”，设立“跑一趟办不成投诉中心”，凡企业到行政服务中心办事跑一次没办成的，均可投诉。要从严治理“庸、懒、散、慢”等问题，努力形成务实高效、勤政廉政的良好风气，以作风建设的新成效助力泉港经济社会新跨越。三是有担当彰显真情怀。树立实干担当的鲜明导向，既要正面激励，为担当者担当，为负责者负责，激发干部新担当新作为；又要反向约束，以问责问效划明底线。要坚持唯才是举，重用那些开明、担当、拼搏、专业的干部，让吃苦的人吃香，能干的人能上，实干的人实惠，有为的人有位，要让不干的人给想干的人让位，充分发挥干部的积极性和创造力。要扎实抓好中央、省委、市委巡视巡察反馈意见整改落实，统筹调剂加强巡察力量配备，全面提高我区巡察工作质量和水平，切实营造风清气正的社会氛围。

同志们，“风劲帆满海天阔，俯指波涛更从容”。让我们更加紧密地团结在以习近平同志为核心的党中央周围，凝心聚力、攻坚克难、砥砺奋进，为泉港新一轮跨越发展而努力奋斗！

政府工作报告

——2019年12月20日在泉港区第四届人民代表大会第四次会议上

泉港区人民政府区长 颜朝晖

一、2019年主要工作回顾

2019年，在上级党委、政府和区委的坚强领导下，在区人大、政协监督支持下，区政府以习近平新时代中国特色社会主义思想为指导，全面贯彻党的十九大和十九届二中、三中、四中全会精神，积极倡导践行“泉港好，大家会更好”理念，扎实推进观念立区、主业强区、生态优区、富民兴区、和谐安区，较好地完成四届人大三次会议确定的目标任务。全年实现地区生产总值增长7.6%，农林牧渔总产值增长1.7%，工业增加值增长7.8%，第三产业增加值增长5.9%；一般公共预算总收入下降9.3%，一般公共预算收入下降28.0%；固定资产投资增长16.6%；出口商品总值（海关口径）增长24.4%，实际利用外资（验资口径）下降35.2%；社会消费品零售总额增长11.9%，居民人均可支配收入增长8.7%。主要工作体现在“四个来之不易”：

一年来，我们聚焦高质量发展落实赶超主题，主动担当、奋力前行，在高基数上保持稳增长来之不易。面对外部复杂环境和经济下行压力，我们全力落实“六稳”要求，加快推进转型攻坚，经济发展稳中向好。（1）实体经济趋稳健。石化项目新开工7个、新投产6个、在办手续7个，实现石化产值1111.16亿元。编制粮油食品加工区总体规划，福海粮油三、四期动工建设，怡宝、台诚等品牌知名度不断扩大。“一基地五中心”加快完善，实现港口吞吐量4598万吨，泉港关区与“一带一路”25个国家的进出口额占泉州口岸的73%、福建省的22%。红星生态园三期、黄田旅游二期等景点加快开发，实现旅游总收入24.6亿元、增长20%。（2）区域发展增活力。企业发展势头良好，全年新增各类市场主体6625家，15家企业入选省市龙头企业，规模以上工业26个大类行业有17个实现增长。开展“项目攻坚年”活动，242个区级重点项目完成投资286亿元，“五个一批”各项指标均居全市前列，第二季度“五个一批”综合成绩全省第二、全市第一，获省市正向激励奖励。（3）营商环境再优化。出台18条优化营商环境便民利企新举措，设立“跑一趟没办成投诉中心”“找茬窗口”，梳理“最多跑一趟”事项1029项、占比96%；推行“一窗受理、集成服务”全岗通服务模式，全省首个将企业开办时限压缩至4小时内、企业开办零费用。开展领导干部一线办公、企业接待日等活动，通过减税降费等措施为企业减负7.5亿元。创新开展“一线协调·银企直通”活动，组织银企对接项目31个、授信88.95亿元，办理企业应急转贷10笔、1.12亿元，不良贷款率保持全市最低。（4）创新要素更集聚。实施“双创泉港”战略和人才倍增计划，完成新材料高新技术产业园区总体发展规划、产业发展规划编制，3个研发平台入驻石化科技众创园，中国福建化学工程科学与技术创新实验室总部落地我区，福建师范大学石化研究院成为省环境友好高分子材料创新中心；新增省级以上高新技术企业5家、科技小巨人企业3家、科技型中小企业26家，10个项目列为省级两化融合项目，技改投资、规模以上工业R&D经费投入分别增长43.1%、22.2%，获评全国科技创新百强区。

一年来，我们聚焦产城融合发展重任，以产兴城、以城促产，在扩体量上加速提品质来之不易。主动对接大量人口转移城区带来的新变化，统筹做好生产、生活、生态三篇文章，新型城镇化建设展现新局。（1）城市布局脉络明晰。坚持工业进园区、居民进小区，开展城市总规、湄洲湾石化基地发展规划修编和城市中心一期、岩山片区控规修编，完成乡村振兴规划、石化安控区利用概念性规划编制，

区长颜朝晖作政府工作报告　（区委报道组 摄）

以及凤安片区、高新园区、前欧片区、高铁站区等关键节点设计和乡村建设规划，城市发展路线图、时间表更加清晰。督促加快氯碱片区在2021年前实施整体搬迁，各方就搬迁思路、方案形成基本共识。（2）城市建设扩容提质。统筹推进“一中心、四组团”建设，169个城建项目完成投资120亿元，房地产施工总面积362.57万平方米，助推城市建成区面积扩大5%、城镇化率提高1.2个百分点。福厦客专、西部路网、南北七路、惠屿陆岛交通码头等交通基础设施加快推进，公交充电桩完工，新能源公交车全面取代柴油公交车，公交路线覆盖所有行政村。双溪水库大坝封顶，16个小农水重点县工程通过市级年度验收。抓好7个省级乡村振兴试点村、8个“千村整治、百村示范”美丽乡村和302个乡村振兴项目建设，土坑村古建筑群成为我区首个全国重点文物保护单位，樟脚村列入中国历史文化名村、中国传统村落名录，诚峰村列入中国传统村落名录、福建省历史文化名村。（3）城市管理常态长效。健全完善市容环卫、市政维护、园林绿化等运作机制，拆除“两违”建筑37.9万平方米，有效治理超限超载、占道摆摊、渣土车“滴洒漏”等乱象，群众实实在在感受到城市在变好。落实“一革命四行动”，完成农村户厕改造3323户、农村生活污水治理行政村14个，新建改建三格化粪池4577户，生活垃圾无害化处理率100%；推动农村公路养护社会化、专业化，完成“四好农村路”建设28公里；继续推进市政雨污水“七镇连通”工程，累计投入1.5亿元，建设雨污水管道14.7公里。省级文明城区考评居全省第三，1人获得全国道德模范提名奖、1人入围中国好人榜，孝德文化、婚丧简办、崇德向善的文明新风逐渐成为社会共识。（4）城市环境不断优化。坚决抓好中央、省环保督察反馈问题整改，郭厝溪黑臭水体整治取得阶段成效，入海小流域全面消除劣V类，饮用水水质100%达标；实施石化行业挥发性有机物治理、石化园区有毒有害气体监测预警体系等项目，空气质量优良率94.8%；基本完成肖厝浅海网箱养殖设施清退，启动升级改造。开展渔业增殖放流，共放流对虾1亿多尾、鱼苗近120万尾。累计投入6.2亿元，春节前基本完成驿坂廊道、通港路、枫慈溪大桥至通港路、祥云路、驿峰西路主路面等道路改造；通过“拆、清、整、绿、遮”措施，完成高铁高速沿线裸房整治641栋、坡屋顶改造518栋、拆违191处、绿化提升35万平方米，“三图五单”等高铁高速沿线环境整治创新做法在全省现场推进会上作典型发言。

一年来，我们聚焦全面建成小康社会目标，倾力民生、强基促稳，在紧日子下保障硬支出来之不易。面对财政困难，政府部门自觉树立过紧日子的思想，主动压缩年初预算经费28.1%，将有限财力倾斜保障民生支出。（1）安全底线牢牢守住。加快推进石化安控区建设，累计完成征迁协议签订近90%、腾空过半，长期存在的厂村混杂问题逐步解决。出台党政领导干部安全生产责任制规定实施细则，石化应急ABC岗、消防救援联勤联动、安全专家常驻、智慧安监管理、安全生产约谈等制度落地实施，危化品安全监管模式在全市“强基促稳”会上作典型发言。全面抓好应急管理部和省、市安全生产专项检查反馈问题整改，推进危化品、道路交通、消防、食品安全等11项专项整治，共排查隐患1623条，全部按期整改；编制修订突发事件、危化品生产安全等应急预案，通过实战练兵检验预案、磨合机制、锻炼队伍。建立非洲猪瘟联防联控机制，严控非洲猪瘟疫情。（2）惠民举措深入人心。投入1.09亿元，办好28件为民办实事项目；505微心愿特色做法在国务院和新华社网站刊登、获全省机关体制创新案例一等奖。落实就业创业政策，提供创业担保贴息贷款315人，组织技能培训4500人次，促进转移就业4532人。实施全民参保计划，新增参保登记2.5万人。进一步提高养老、低保标准，救急难、“互联网+”居家养老助残向村（居）延伸，2.2万人次困难群众通过低保救助、临时救助、医疗救助、慈善救助、志愿服务等得到暖心帮扶。推进安置房不动产登记，打通上市交易通道。实施安控区涉迁村“离土不离村、乔迁利不减”服务管理创新专项行动，全区101个村（居）完成集体经济组织股份制改革，11个村（居）与区属国企签订壮大村级集体经济合作协议，经营性收入5万元以下薄弱村全面消除。（3）优质资源扩大供给。实施中小学（幼儿园）新改扩建项目20个，新增学位4800个，转移安置安控区随迁子女就学778人，学前教育普惠率达81.3%；美发中学、行政核心区实小分别与福州时代中学、福建师范大学附小合作创办福建师范大学泉港实验中学、福建师范大学泉港实验小学，三川中学、庄重文实验小学分别获评全国教育系统先进单位、中小学中华优秀文化艺术传承学校，山腰中心小学等4所学校获评全国足球特色学校，“区管校聘”改革经验在中国教育报头版头条专题报道。推进妇幼保健院迁址重建、泉港区医院病房楼2#楼项目建设，区级“六大中心”建成投用，基本公共卫生服务工作考核全市第三；泉港区中医医院开业运营。开展第十一届海峡论坛·泉台青年交流汇，举办第七届全民健身运动会，全市创建国家公共文化服务体系示范区经验交流会在我区召开。建成区融媒体中心、有线广播电台。《泉港年鉴（2018卷）》荣获全国年鉴评比优秀成果三等奖。（4）社会环境净化有序。开展“治安最安全、执法最满意、社会最平安”吉祥泉港创建，深化扫黑除恶专项斗争，打掉黑恶组织（团伙）5个39人，缴获无合法手续成品油1763吨、抓获违法犯罪嫌疑人148人。建立人民调解咨询团、巡回导师团，排查调处各类矛盾纠纷1587起、调处成功率99.9%；化解历史信访积案16件，进京到非接待场所信访人数为12年来最少。民族宗教、国防双拥、对口帮扶、工青妇儿、档案、地震、人防、供销、支前等工作取得新成绩。

一年来，我们聚焦全面从严治党要求，务实进取、实干担当，在严要求下凸显新作为来之不易。面对当前人员少、任务重、要求高的情况，我们始终坚持目标不降、劲头不松、力度不减。（1）自觉担当融入日常。认真开展“不忘初心、牢记使命”主题教育活动，坚决抓好省委巡视、市委交叉巡察、区委巡察发现问题的整改，以政治体检促进强身健体。成立政府性建设项目筹融资工作小组，区领导带头、全员上阵，全面加大向上争取资金力度，争取国家免抵调指标、省直部门切块资金、市政府专项补助和棚改专项债券等各类资金约30亿元。（2）依法行政打造标杆。开展“法治政府建设年”活动，在全省率先建立行政争议调解中心，出台行政争议调解实施意见、“两违”治理操作指引等，行政诉讼案件下降50%，调解成功率85.05%，经验做法受到省政府主要领导批示肯定，被确定为全市“强基促稳”首批典型案例并予以推广。办理人大代表建议167件、政协委员提案182件，满意率、基本满意率100%。修订完善区政府党组工作规则，意识形态责任制、民主集中制、述责述廉、“三会一课”等制度严格落实到位。（3）机制运行激出活力。贯彻落实各级《关于进一步激励广大干部新时代新担当新作为的意见》，出台完善干部绩效量化考评、一线考察、单位正职末位淘汰制度，信访举报失实澄清“四项机制”获全市“强基促稳”专项考评第一名。提前完成政府机构改革任务。完成区属国有企业经营性资产清查，建立薪酬制度、企业负责人经营业绩考核制度。（4）作风建设深入推进。开展纪律作风集中整顿行动，组建重大决策部署落实、石化安控区安征迁、重点建设项目、危化品安全生产等7个专项考察监督小组，既督事、又查人，有效保障各项工作落地见效。严格落实基层减负年要求，区政府发文、办会均下降超50%。

各位代表，盘点成绩，我们倍感喜悦，也深知成绩来之不易。这是上级党委、政府和区委正确领导的结果，是全区上下齐心协力、顽强拼搏的结果。在此，我谨代表泉港区人民政府，向奋斗在各条战线的广大干部群众，向给予我们大力支持的人大代表、政协委员、离退休干部，各民主党派、工商联和社会各界人士，向各级驻泉港直属单位和部队官兵表示崇高的敬意和衷心的感谢！

我们也清醒看到，政府工作面临诸多困难和挑战，主要表现在：一是财政压力凸显，石化产业链条有待进一步延伸，其他产业新增长点不多，财税增长压力大；同时，安控区建设资金缺口巨大，财政“两难”局面将持续存在。二是城市配套滞后，大量人口向城区转移，亟需更多公共设施配套、优质资源供给。三是发展要素制约，当前环境容量受限、用林用海用地政策全面收紧，产业转型、赶超发展面临要素保障的挑战。四是个别干部担当不够，个别公职人员理念、能力、作风不适应新时代要求，责任担当意识有待增强。对此，我们将采取有力措施加以解决。也请各位人大代

2019年12月20日，泉港区第四届人民代表大会第四次会议召开　（区人大办 供图）

表和政协委员多提建议，帮助改进。

二、2020年主要工作安排

2020年，是高质量发展落实赶超、全面建成小康社会、“十三五”规划、产城融合行动的收官之年、决胜之年。政府工作总体要求是：以习近平新时代中国特色社会主义思想为指导，全面贯彻党的十九大和十九届二中、三中、四中全会精神，落实中央经济工作会议要求，围绕区委“观念立区、主业强区、生态优区、富民兴区、和谐安区”要求，对照本届政府“实现五个翻一番”“建设三个泉港”承诺，坚持稳中求进工作总基调，践行新发展理念，坚决打赢三大攻坚战，全面做好“六稳”工作，统筹推进稳增长、促改革、调结构、惠民生、防风险、保稳定，推动高质量发展。

经济社会发展预期目标是：地区生产总值增长7.5%，农林牧渔总产值增长1%，工业增加值增长7.5%，第三产业增加值增长8%；一般公共预算总收入增长8%，一般公共预算收入增长8%；固定资产投资增长8%；出口商品总值（海关口径）增长5%，实际利用外资（验资口径）增长3%；社会消费品零售总额增长9.5%；居民人均可支配收入增长7%。为此，要抓好总投资1605.97亿元的216个区级重点项目，确保完成年度投资292.72亿元。重点实施“五大行动”：

（一）全力落实产业发展大赶超行动

加快建设主导产业清晰、比较优势明显、集聚效应突出的现代产业体系，确保经济实现量的增长和质的稳步提升。

1.塑造制造业新优势。紧抓石化、高新、传统 “三大板块”，加快延伸产业链、拓展生态圈。大力发展石化产业，重点是推动台湾国乔、丙烷脱氢、金鹏化工稀释剂等项目开工建设，力促百宏精对苯二甲酸（PTA）、佑达精细电子化学新材料等项目建成投产，进一步壮大石化主导产业规模。抓紧石化园区东邱路二期、经六路支路、公共应急管道建设，完善工业给水管、公共污水管、边坡防护、电网建设，搭建产业提升优质平台。大力发展高新产业，重点是完成石化科技众创园一期、启动二期建设，吸引一批研发平台、专家工作室、第三方服务机构入驻，争取新认定省级以上高新企业8家、省级两化融合项目8个；设立创新创业基金，扶持或参股投资一批科技成长型项目。大力发展传统产业，重点是加快福海粮油四期建设，培育发展蛋鸡、大麦麦芽、酵母、水稻加工等粮油食品深加工项目。抓紧诚峰一级渔港经济区建设，推动渔港路二期和海产品冷链物流及加工、交易市场等配套项目，打造海洋经济特色园区。

2.打造服务业关键集群。坚持生产性服务业和生活性服务业并重，构建与产业相配套、与城市相适应的现代服务业体系。建设现代物流业集群，加快鲤鱼尾作业区4号泊位工程及仓储、肖厝作业区泊位和普洛斯物流园区建设，推进湄洲湾航道四期、德和仓储二期、火车站站前物流集散中心等项目建设，鼓励制造业分离发展物流、外挂船舶业绩回归，加快发展以现代供应链为核心的高端物流业。建设商务商贸集群，加快福安酒店、希尔顿（欢朋）酒店建设，创建文创培训、美食、服装、夜市等特色街区，培育发展建材、汽车、花卉等专业市场，推动“吃穿住用行”等生活性服务业向高品质和多样化升级。扶持发展咨询、法务、财会、文化传媒、规划设计、检验检测等行业，大力引进金融中心、营销中心、结算中心、贸易公司，推动生产性服务业向专业化和价值链高端延伸。建设文旅产业集群，抓好海盐文旅、海丝土坑、峰尾古城等主题景区建设，力促“海丝之光”文创街区、惠屿海岛体验、黄田文旅等互动精品项目，打造7个文体旅游融合试点村。启动西部旅游公路建设，完善游客集散服务中心、停车场等旅游基础设施配套，推进“六大旅游产品”创建，完善全要素服务保障。

3.提升营商环境软实力。以政府“硬措施”提升营商环境“软实力”，努力让泉港成为企业和人才离成功最近的地方。优化企业服务，实行“多评合一”“多图联审”，实现100%审批事项“一窗受理”，力争80%重点项目实现并联审批。落实“两步申报”通关模式改革，提高通关时效。实行中介单位“红黑”名单管理，规范提升中介服务行为和效率。出台加快招商引资优惠政策，继续推进批而未供土地征收、闲置土地（厂房）盘活，落实减税降费、电力直接交易、用热补助等政策，降低企业成本，力争市场主体总量突破4万大关。优化金融环境，深化“一线协调•银企直通”活动，用好政策性融资担保机构、产业投资基金、政府应急周转金，支持做大“助保贷”“科创贷”等产品规模，试点开展农村集体产权抵押贷款，推动票据服务公司开业运营。开展打击非法集资、互联网金融整治，加大不良贷款处置力度，维护良好金融生态。优化人才生态，筹建中国海峡人才市场泉港分部，修订人才引进、待遇享受规定，推进企业人才自主评价工作，力争新增各类人才1.61万人。

（二）全力落实城市能级大跃升行动

深化新型城镇化试点，抓好人进城、建好城、管好城，持续提升城市承载力和竞争力，构建高端产城融合现代城市发展格局。

1.加快城市功能区建设。协调推动“一中心、四组团”联动发展，加快完善重点片区功能，辐射带动城市品质提升。启动国土空间规划编制，推动城乡规划、土地利用规划、林业规划、海洋功能区划等多规合一。高标准建设中心城区，加快源昌、世茂、永嘉天地二期等53个、施工面积381万平方米的房地产项目建设，完善教育、医疗、商务、娱乐等基础配套，培育楼宇商圈，满足大量人口快速转移城区的需求。高标准建设科教研创集聚区，抓紧前黄镇区综合开发和文化广场、城镇综合体等配套建设，服务推进中国福建化学工程科学与技术创新实验室建设，完成省环境友好高分子材料创新中心、电子精细化学新材料工程技术中心等重大科研平台建设，打造省内领先的石化新材料产业基地。高标准建设特色小城镇，完成涂岭总规、前欧起步区控规编制，推进界山新城基础设施建设项目，抓紧前欧小镇、银泰大学城等项目建设，争创省级、市级特色小城镇。高标准建设石化创业镇，逐步打通南埔镇区干道，提前做好高铁站专区土地配套、规划设计、筹融资，大力发展石化配套和生活服务产业，推动产业与城镇联动发展。

2.加快完善城市基础配套。按照保障要求和适度超前原则，全面提升城市保障能力。实施交通保障计划，完善交通路网规划，推进福厦客专、沈海高速公路扩容和南山北路、朝阳公路改造等重点交通项目，加快海南街东段、中兴街等市政路网建设，打通梗阻路，完善区间路，优化城市交通系统。建成泉港公交综合车站、公交首末站、客运西站一期，推进“一镇（街道）一枢纽站”建设，提高交通疏解效率。实施水利保障计划，加快菱溪水库至泉港、陈田至泗洲、泗洲至湄南调节池等引调水工程建设，完成双溪水库、菱溪灌区改造等项目，推动南山水厂产能扩容。实施文体保障计划，加快推进岩山公园慢道工程一期建设、博物馆提升和科技馆二期建设，优化提升30个村（居）综合文化中心，举办公益文化展演展播百场以上，推动区镇村三级公共文化设施全覆盖，在全市创建国家公共文化服务体系示范区中走前列。举办第三届区运动会、第八届全民健身运动会，延伸提效健身步道，完善构建城区15分钟、农村30分钟健身圈。实施景观提升计划，完成驿坂廊道、祥云路等5条城市主干道改造提升，加快坝头溪流域综合整治项目景观工程、植物园二期建设，打造特色生态绿道景观系统。实施信息化保障计划，发展5G基础设施建设、平台经济等数字经济，落实“泉企上云”数字化工程，开展数据中心整合迁移，拓展智慧政务在警务、城管、社区治理等领域应用。

3.加快提升城市治理能力。实施社会治理创新制度化、项目化、精细化，最大程度增加和谐因素。弘扬城市人文精神，开展爱环境、守秩序、讲诚信等文明引导、文化传习活动，建好新时代文明实践中心，争创全国文明城市、省级文明城区。出版《泉港区志》，完成方志馆二期布馆；开展历史建筑普查，建立三朱革命纪念馆等3个红色文化展示馆，推进前黄、诚峰、樟脚传统村落等重点资源保护利用。推动平安泉港建设，持续推进“强基促稳”三年行动、吉祥泉港创建，推动扫黑除恶专项斗争向既定目标迈进，扎实开展“飓风肃毒”“打击成品油走私”等专项行动；启动公安基础设施建设工程，实施“雪亮工程”四期，免费办理社会治安综合保险，不断完善社会治安防控体系，建设更高水平的平安泉港。推动城市精细管理，强化河道溪流、海漂垃圾、在建工地环境整治和考评，稳步推进石材（石雕）加工行业污染整治；加快污水处理厂二期、市政雨污水“七镇连通”工程建设，完善园林绿化、道路、路灯专业管养模式，全面提高城市管理水平。探索住宅小区物业管理新模式，争创市级物业管理达标示范项目。推动社会治理创新，深入推进访调对接，深化人民调解员“金牌带星牌”培养工程，推广政府购买社区矫正非执法类服务工作，努力实现矛盾在一线化解。实施社区减负增效专项行动，制定《加强村（居）社区专职工作队伍建设指导意见》，建立社区、社会组织、社会工作者“三社联动”机制。继续做好民族宗教、外事侨务、国防动员、海防、支前、供销、广电、物价等工作，支持工青妇等群团组织发挥更大作用。

（三）全力落实民生事业大改善行动

坚持财政优先投向民生事业，主动呼应泉港人民新关切、新期盼，努力把群众对美好生活的向往变成现实。

1.让群众获得更好的医疗。深化卫生体制改革，加强医疗、医保、医药联动，让群众享有公平可及、系统连续的医疗健康服务。推进泉港医院病房大楼2#楼、门诊医技综合楼建设和妇幼保健院迁址重建、后龙卫生院新址建设等补短板项目，扩大优质医疗资源供给。实施“名医带徒”工程，拓展与福医大附一院合作内涵，推动更多名医专家常态化驻泉港坐诊。持续推进“321+X”区域共同体建设，优化双向转诊平台和流程；加强骨伤、针灸推拿等中医特色专科建设，推广健康咨询、干预调理、随访管理等治未病服务；落实村卫生所“七统一”管理、乡村医生养老保障，新改建乡村卫生所12家。开展妇幼保健、精神卫生服务提升行动，推进糖尿病、高血压等慢性病综合防治，保持基本公共卫生服务领先水平。继续实施“暖心服务”三年行动，持续改善就医体验。

2.让群众享有更好的教育。紧扣“建设提速、质量提升、均衡发展”主线，办好人民满意的教育。实施学校新改扩建项目17个，优化学校布局，科学应对大量随迁子女进城、生源数量回升的入学需求。深化“区管校聘”体制改革，在全省率先实现工作岗位、职称岗位全员竞聘；建立教师“周转池”，加强编外合同教师管理，着力解决结构性缺编、临时性缺员问题。开展第六轮素质教育督导评估，推进中小学生德育一体化、研学实践、艺术测评、校园足球、视力防控等工作，回应解决阳光招生、均衡编班、减轻课业负担等社会关切问题。加强平安校园、智慧校园建设。积极发展学前教育、职业教育、特殊教育、社区教育，努力满足各阶段、各层次、各方面的教育需求。

3.让群众有更可靠的保障。投入2.38亿元，办好31件为民办实事项目。围绕“两不愁、三保障”目标，做好防返贫、控新贫、稳脱贫工作；巩固提升“救急难”全国试点工作，常态化开展505微心愿系列活动，免费办理低保、特困人员、孤儿、残疾人意外伤害保险，确保困难群体及时得到救助。全面推进社保和就业村级便民信息化平台应用，落实职业技能培训、创业担保贷款等扶持措施，促进高校毕业生、退役军人、征迁群众和困难人员更高质量更充分就业创业。坚持房住不炒定位，推进安置房不动产登记，加快福炼社区老旧小区改造提升，完成安居工程等各类保障性住房建设，做好房价稳控工作。推广“医养结合”居家养老助残模式，在各镇（街）设立助老服务站，建设残疾人康复中心、3个村级老年服务中心，实现养老设施覆盖100%社区、70%以上建制村。落实粮食安全行政首长责任制。继续开展妇女两癌、常见病免费筛查等关爱服务，完成儿童福利院建设，顺利通过2020年“两纲”终期考核。做好第七次全国人口普查工作。

（四）全力落实人居环境大提升行动

持续抓好环保督察、海洋督察和安全生产专项巡察整改工作，以攻坚精神防治污染、保护生态，持续提升人居环境质量。

1.*打赢安全生产持久战*。坚决贯彻安全发展理念，坚守安全生产红线，做到关口前移、未雨绸缪，真正防患于未然。突出项目再加快，抓紧推进石化安控区建设，督促省石化集团抓紧落实氯碱片区搬迁，尽快让厂区周边群众进小区、住新居。突出责任再压实，严格落实《党政领导干部安全生产责任制规定实施细则》，督促企业落实主体责任，推动安全生产责任制精准落实。突出隐患零容忍，委托开展城市风险评估，完善“监管部门牵头、安全专家指导、企业安全员参与”的交叉检查模式，基本建成石化应急信息化、有毒有害气体监控预警系统，深入开展“三合一”场所消防安全会战行动，对重大事故隐患实行责任分解、闭环清零。突出处置专业化，梳理完善各系列应急预案，强化实战演练，建立应急部门牵头、石化应急救援中心和各专业队伍协同的联勤联动应急体系。面向全国招聘“长驻式安全专家”，继续开展“专家百企督导行”，提升应急处置专业化水平。

2.*打赢污染防治攻坚战*。完成第二次全国污染源普查。坚持以系统思维治水治气治污，开展大气污染防治攻坚，落实挥发性有机物综合治理和扬尘整治、餐饮油烟等专项治理，确保6项污染物指标优于国家标准，空气质量优良天数达到上级考核要求。开展水污染防治攻坚，启用智慧河长管理平台、智能巡河终端和饮用水源地水质自动监测站，实施菱溪河长制综合治水、龙马溪生态提升等项目，打造1-2条（段）区级示范河湖。开展土壤污染防治攻坚，实施农业面源污染整治、废弃矿山复绿等专项工程，严肃整治非法围垦、采砂、围填海等行为，稳步推进土壤污染风险防控试点工作。加强节能减排、循环利用，实施劣质重油、废催化剂、油脂废弃综合利用等项目，顺利通过石化园区循环化改造验收。

3.*打赢乡村振兴主动战*。统筹要素配置、资金投入、公共服务，加快农业农村现代化。坚持质量兴农。支持发展生态农业、休闲农业、定制农业，建设界山农业电商产业园，创建省级农民创业基地、市级现代农业产业园，延长农业产业链，提升价值链。推进惠屿岛网箱养殖升级改造，促进渔业生产转型升级。深化乡村治理。深化“一革命四行动”，抓好农村厕所革命、农房建设管理、农村危房改造建设，加强农村生活污水垃圾治理，持续改善农村环境。深入推进移风易俗，建好用好农村文明礼堂，让节俭尚德风气成为自觉习惯。促进农民增收。建立涉农资金统筹机制，巩固农村集体产权制度等改革试点成果，力争80%村（居）集体经营性收入突破10万元、50%村（居）突破20万元。推进农超对接、农商对接，深化农村淘宝运营管理，发展壮大村级股份经济合作社，让农民分享增值收益。

（五）全力落实作风建设大转变行动

政府全体人员要发扬斗争精神，全面增强“八种本领”，不断提升履职能力，努力做出群众认可、经得起时间检验的工作业绩。

1.*坚持讲政治、勇担当*。要树牢“四个意识”，坚定“四个自信”，做到“两个维护”，坚决落实上级党委政府和区委决策部署。开展“十四五”规划课题研究，加快推进一批标志性、引领性改革举措。坚持激励和严管并举、容错与纠错结合，优化调整绩效考评，注重在跑项目、要政策、争资金、防风险等岗位锤炼政府干部队伍，营造干事创业浓厚氛围。

2.*坚持讲规矩、重法治*。深化法治政府建设，完善依法决策机制，扎实推进行政复议、行政应诉工作，健全规范性文件合法性审查机制，用法治思维推动发展、化解矛盾、维护稳定。自觉接受人大法律监督和工作监督、政协民主监督、纪检监察机关监督，高质量办理议案、建议和提案。实施“七五”普法，深入推进政务公开，注重公众评议调查，让行政权力在阳光下运行。

3.*坚持筑防线、守底线*。认真履行全面从严治党主体责任，落实意识形态工作责任制，坚决抓好巡视、巡察、审计、主题教育活动反馈问题整改。严格执行中央八项规定精神，持之以恒纠正形式主义、官僚主义新表现。加强政府债务管理，坚决兜住“三保”底线。实施村（居）集体“三资”监管整治专项行动。完善政府采购、公共资源管理、招投标监管机制，建立全过程全覆盖预算绩效管理体系，以零容忍态度严惩群众身边“微腐败”“关系网”“保护伞”等问题。

各位代表！让我们紧密团结在以习近平同志为核心的党中央周围，在上级党委政府和区委的坚强领导下，提振能拼会赢的精气神，与全区人民一起拼搏、一起奋斗，为建设活力泉港、宜居泉港、和谐泉港作出新的贡献！

附：名词解释

1. **“六稳”**：即稳就业、稳金融、稳外贸、稳外资、稳投资、稳预期。

2. **“一基地五中心”**：即泉港海丝石化物流贸易基地和综合信息中心、石化产品交易中心、港口仓储中心、陆地港服务中心、海上航运服务中心。

3. **“一带一路”**：即“新丝绸之路经济带”和“21世纪海上丝绸之路”合作倡议。

4. **“五个一批”**：即谋划一批、签约一批、开工一批、投产一批、增资一批。

5. **“R&D经费”**：即统计年度内全社会实际用于基础研究、应用研究和试验发展的经费支出。

6. **“两化融合”**：即信息化和工业化的高层次深度融合。

7. **“双创泉港”**：即创业泉港、创新泉港。

8. **“一中心、四组团”**：即由山腰、峰尾、后龙组成的中心城区和南埔、前黄、涂岭、界山四个组团。

9. **“一革命四行动”**：即农村“厕所革命”和农村垃圾治理行动、农村污水治理行动、农房整治行动、村容村貌提升行动。

10. **“四好农村路”**：即“建好、管好、护好、运营好”，打造外通内联、安全舒适、路域洁美、服务优质的农村公路。

11. **“七镇连通”**：即通过统一规划建设市政污水主次干管，将七个镇（街）居民聚集区的生活污水，统一收集至生活污水处理厂集中处理。

12. **“三图五单”**：“三图”即车视图、地形图、航拍图；“五单”即制定拆除乱建乱搭、卫生治理、立面整治、绿化美化、视线隔离5张清单。

13. **“强基促稳”**：即强化基层组织建设，促进社会和谐稳定。

14. **“505微心愿”**：即在全区101个村（居）各征集5个贫困家庭的微心愿，共505个，通过网上发布、志愿者认领，帮助实现其微心愿。

15. **“区管校聘”**：即区委编办、区人社局按校核定事业编制、专业技术岗位总量后，统一交由教师服务中心统筹管理，由其根据学校实际需要，统筹调配教职工编制岗位数，促进区域内师资均衡配置。

16. **“六大中心”**：即远程会诊中心、心电诊断中心、医学影像诊断中心、消毒供应中心、医学检验中心、病理诊断中心。

17. **“三会一课”**：即定期召开支部党员大会、支委会、党小组会，按时上好党课。

18. **“三个泉港”**：即活力泉港、宜居泉港、和谐泉港。

19. **“五个翻一番”**：即力争至2020年，地区生产总值、一般公共预算总收入、居民人均可支配收入分别比2010年翻一番；一般公共预算收入比2015年翻一番；五年固定资产投资比“十二五”翻一番。

20. **“六大旅游产品”**：即泉州市特色旅游风景道、泉州市特色文化旅游示范基地、泉州市旅游休闲集镇、泉州市旅游村、泉州市旅游特色街区、泉州市旅游度假区。

21. **“雪亮工程”**：即以区镇村三级综治中心为平台、以综治信息化为支撑、以网格化管理为基础、以公共安全视频监控联网应用为重点的群众性治安防控工程。

22. **“321+X”区域共同体**：即深化辖区内三级公立医院（福建医科大学附属第一医院）、二级公立医院（泉港区医院）、一级医院（各镇、街道卫生院）和村居卫生所合作，组建医疗共同体，提升区域医疗卫生服务能力。

23. **“七统一”管理**：即统一机构规范建设、统一人员聘用管理、统一业务管理、统一药品与器械管理、统一绩效考核、统一财务管理、统一信息化管理。

24. **“两不愁、三保障”**：即不愁吃、不愁穿，义务教育、基本医疗、住房安全有保障。

25. **“两纲”**：即中国妇女发展纲要、中国儿童发展纲要。

26. **“三合一”场所**：指住宿与生产、仓储、经营一种或一种以上使用功能违章混合设置在同一空间内的建筑。

27. **“八种本领”**：即学习本领、政治领导本领、改革创新本领、科学发展本领、依法执政本领、群众工作本领、狠抓落实本领、驾驭风险本领。

28. **“四个意识”**：即政治意识、大局意识、核心意识、看齐意识。

29. **“四个自信”**：即中国特色社会主义道路自信、理论自信、制度自信、文化自信。

30. **“两个维护”**：即维护习近平总书记核心地位，维护党中央权威和集中统一领导。

31. **“中央“八项规定”**：即改进调查研究、精简会议活动、精简文件简报、规范出访活动、改进警卫工作、改进新闻报道、严格文稿发表、厉行勤俭节约等规定。

32. **“三保**：即保工资、保运转、保基本民生。

33. **集体“三资”**：即村（居）集体资金、集体资产和集体资源。

泉港区探索“505”救助新模式工作

2018年3月来，泉港区启动“公益代码505：人人参与，人人尽力”活动，在全区101个村（社区）各征集5个贫困家庭微心愿共505个，创新救助新模式，推进微公益向基层延伸，解决群众关切的“微心愿”。至2019年，全区共开展“505”微公益主题活动26场次，征集微心愿物品3000多份、价值150多万元，参与总人数5000多人，其经验做法2次被国务院办公厅刊发推广，并获福建省副省长李德金批示肯定。

一、强化“三个定位”，明确救助方向。一是确定救助范围。将所有遭遇突发性、紧迫性、临时性基本生活困难的居民家庭和个人纳入临时救助范围，重点覆盖低保户、特困人员、孤寡老人等五大群体，细化包括生活、医疗、临时救助等七大类微心愿内容，将困难解决在“萌芽状态”。通过“505”微公益发现的救助对象占“救急难”总受助人群的50%以上。二是设定救助标准。立足“托底线”和与经济社会发展水平相适应的原则，明确“505”微公益救助标准体现在“微”字，要求心愿家庭从实际困难出发，提出1-2件经济、实用、有意义的微心愿。共征集微心愿物品3000多份，其中风扇、书桌、电磁炉、电饭煲等微小心愿占9成以上。三是核定救助对象。制定出台“505”微心愿“爱进百村，圆梦微心愿”活动方案，组织各镇（街道）村级联络员、志愿者入户走访微心愿家庭，全面摸底贫困户家庭情况。组织村级纪检监察工作室干部入户察访核实心愿家庭实际情况，优先照顾低保户、特困人员、困境儿童，对不符合条件的，及时更换调整。

二、完善“三项机制”，扩大施助主体。一是建立党政干部齐参与机制。制定出台《“公益代码505：人人参与，人人尽力”活动方案》，将活动开展情况纳入各镇（街道）年度民政工作绩效考核内容、文明单位评选的重要内容。对爱心物资进行收集、登记、分类，各镇（街道）根据实际需求，组织志愿者为505个微心愿家庭派送爱心物资。共发动500多名党员参与结对认领活动，3000多人次党员直接参与精准救助。二是购买第三方服务机制。与公益性社会组织合作，每年拨付50万元用于开展社会救助对象的核查、回访等工作。委托专业机构实施“互联网+居家养老助残”服务，为辖区老年人、残疾人提供保洁、助餐等实体援助，每年惠及困难群众逾15000人。民政局与3家社会组织签约合作，共有287家企业、商家参与“505”献爱心捐物资活动。三是设立公益基金解“微”难机制。针对少数微心愿不符合“微”救助标准但又属于“急难”范畴的问题，积极筹建“救急难”公益基金，提供转介服务，动员公益慈善机构、社会组织、驻地企业结对互助解决群众“微”难事，实现“救急难”基金镇（街道）全覆盖、村（社区）广覆盖。每年落实教育扶贫资金近400万元，建立健全中小学校“救急难”机制，重点在扶贫、救灾、救孤、助学等9方面助力圆梦微心愿。全区共有“山腰街道锦绣公益基金”“埭港前山教育基金”等镇村级基金会100多个。

三、搭建“三个平台”，创新救助载体。一是健全网络救助平台。在“救急难”平台基础上，开发升级社会救助平台，救助对象在村（社区）工作人员的帮助下，填写上传表格，“一趟不用跑”即可申请各种救助，管理员根据申请对象实际情况精准救助，有效整合部门资源实现救助信息共享。2019年，该社会救助平台共发放生活救助256万元，救助1435人次。二是打造微心愿互助平台。优化“505”微公益互助平台系统，定期发布最新需求，线上提供多种认领方式，按照微心愿清单将物品分门别类，打破时空限制满足个性化救助，实现微心愿与祝福持续“流通”。2019年，通过该平台发布微心愿966个，完成认领结对912个。三是设立“爱心转转转”平台。利用互联网盘活利用闲置物品，通过平台拍照上传、线下审核，将闲置物品转赠需要的困难家庭，实现“505”微公益常态化。设立爱心小屋“糖果屋”，制定糖果屋积分兑换规则，引导、鼓励区内困境儿童和留守儿童凭优秀成绩和各类荣誉证书换取心愿礼物。自2019年3月上线以来，该平台共获捐赠296次并完成心愿；为全区356个16岁以下困境儿童送去学习用品、体育用品、生活用品礼物等4030份。

2019年5月25日，区民政局工作人员入户征集微心愿（连键刚 摄）

四、深化“三步提升”，增强救助实效。一是“内涵”提升。针对个别救助对象仅靠微心愿无法脱离困境的情况，精准制定个性化帮扶方案，精细到位解决特困群众生产生活问题，为困难群众破除诸多壁垒，做到“雪中送炭”。通过微心愿主动发现贫困家庭困难户127户，提供生活、医疗、就业、助学资金280多万元。二是“外延”提升。以挂钩帮扶西藏自治区昌都市洛隆县为契机，依托“学习强国”平台，推动“505”微心愿活动走进藏区，逐步完善挂钩帮扶共建共享机制，帮助藏区困难群众走出困境，助力“两不愁三保障”工作。三是“经验”提升。以“泉港民政”微信公众号为依托，组建“505”志愿服务队、爱心单位志愿服务队，每支志愿服务队不少于10人。定期表彰一批做出突出贡献的爱心单位、爱心村、爱心家庭等，加大宣传力度，营造人人公益、随手公益、指尖公益的浓厚氛围。2019年，“505微公益”获第二届“善行八闽——海峡公益慈善项目大赛”二等奖；《代号505：“微心愿”里的温暖春节》获国务院网站、新华社网站刊登，并被全国20多家知名媒体网站转载。

泉港区探索“全岗通”服务模式，全面深化“放管服”改革

近年来，泉港区坚持问题导向，针对基层办事效率不高、涉企问题化解不快、政务服务流程不优等影响营商环境提升的突出问题，探索“全岗通”服务模式。2014年，在全省率先开展“一窗受理 集成服务”工作，于2017年提出“一专多能、全岗都通、一人在岗、事项通办”的“放管服”改革理念，以推行“全岗通”服务模式为抓手全面深化“放管服”改革，逐渐探索出行政服务事项跨部门、全科式的统一收件和受理具有泉港特色的“全岗通”政务服务新模式。

2017年，建立全省首个政务服务“24小时自助服务点”，开创“互联网+政银联体”便民服务新模式。2019年，《服务不打烊——打造24小时政务服务“智助办”》获评泉州市优化营商环境“最具获得感”十大举措。为福建省首个将企业开办压缩至4个小时办结且“零成本”的县市区；研发出全省首个“企业申办信息集成导录系统”；为泉

2019年10月30日，区行政服务中心工作人员指导企业人员填写材料（区行政服务中心 供图）

州市首个实行群众办事复印、刻章、邮寄“三免”工作的县市区，将企业开办时间压缩至4个小时办结且“零成本”。2019年，全区企业新开设1122户、比增38%，企业主体发展态势良好。

一、强化三个抓手，让“跑一趟”清单“更实”。一是谋篇布局抓“早”。按照“全面梳理、分步快走”的要求，全速推进33个部门985项“最多跑一趟”事项和44项“一趟不用跑”事项的梳理公开工作。全区96%的审批事项可实现“跑一趟”。二是审核梳理抓“细”。按照项目分类建立服务清单化管理，明确具体审批流程和需提供的材料清单，细化每一事项的具体执行方式，逐个明确“跑”几趟，怎么“跑”，取消不必要的“空头跑”。对涉及多个部门需要联审联办的审批项目，梳理与改造优化，做到程序简约、管理精细、时间明确。全区1029项“跑一趟”事项均压缩在3个环节内。三是宣传互动抓“广”。通过广播电视、微信等多种渠道，发布6批次“跑一趟”事项清单，加强省网上办事大厅与微信平台的联动，在线解答群众咨询。公布标准化服务指南、提供各类示范样本，实现办事大厅一站导办，让办事人员看得懂、记得住、办得了。按照“六大主题服务区域”编制出6份标准化服务指南。

二、突出三个转变，让“跑一趟”速度“更快”。一是加快流程集约，变“串联办理”为“并联办理”。制定出台《泉港区行政服务中心行政服务“全岗通·通泉港”改革实施方案》，设置“全岗通”集成服务窗口，对跨部门、多窗口的联办业务及其窗口进行物理化集中，形成“一窗进、内部转、联合办、统一出”办件模式。二是拓展网上服务，变“群众跑腿”为“数据跑路”。依托省网上办事大厅，通过统一身份认证平台，推动电子印章应用，推广“在线咨询、网上申请、快递送达”的办理模式。完善镇（街道）、村（社区）网上服务点建设，推广就近申报、多点办理、全城通办、多级联办等服务。全区6个“24小时自助服务点（区）”均位于4个镇（街道）居民“15分钟”密集区内，覆盖居民30万人。三是精简申报材料，变“多头提交”为“一次搞定”。深化“减事项、减次数、减材料、减时间”工作，规范办事事项，调整线上线下办事事项目录，削减办事材料、压缩办理时间。共精简申报材料500份，即办件同比增加10.19%，承诺件平均办理时间提速35%。

三、力推三个延伸，让“跑一趟”距离“更近”。一是“一窗受理”延伸到底。推进“互联网+政务服务”一体化平台与“全岗通”服务、“最多跑一趟”有机结合，把直接面向基层的各类事项全部纳入镇（街道）便民服务中心，实现全区237项村民政策咨询和办事服务全覆盖，贴近需求“零距离”。二是“联审代办”延伸到底。完善代办帮办服务各局，推广“专员跑、代办跑、快递跑”等创新举措。探索工程项目联审代办服务社会化，通过社会协作或购买服务的方式，推动工程项目审批提速增效。共受理联审代办91件，办结91件，压缩审批时限438个工作日，节约材料194件，压缩环节91个。三是“网上政务”延伸到底。推进省网上办事大厅向镇（街道）、村（社区）延伸，推进部门各类自建系统与省网上办事大厅的对接连通，逐步建立电子文件、“泉州市电子证照共享服务系统”等审批信息、环节共享机制。全区通过跨部门、跨区域的信息共享和工作协同，逐步实现业务联动办理或一网通办。

四、开辟三个通道，让“跑一趟”通道“更顺”。一是构建预约咨询“快车道”。找准抓牢服务审批提速的突破口，创新提前预审机制，设置申报材料条件预先审核受理岗，推进预约取号、预先审核、扫码查攻略等服务，并借力新媒体，拓宽行政审批的预约服务通道。每天预约件100件左右，办事效率提升80%。二是升级绿色专窗“直通道”。设置重点项目快速审批通道，由代办员跟踪协调，对重大投资项目实施“多评合一、多图联审、联合踏勘”高效审批制度；实施“一体化”审批验收+“一条龙”全程服务的“双一模式”，变“停车等候”为“ETC直通”。全区共有57个重点项目纳入“绿袋”服务范畴。三是探索定制专线“加速道”。在普安开发区试点承诺制，项目一受理，项目方与“帮办窗口”签订双向承诺书，形成1个项目、1名代办、1个处方、1支队伍一抓到底的工作机制，明确企业和审批部门的责任，实现业务相关方的良性互动，充分调动各审批窗口工作积极性。共服务95家企业13680人次，受理审批代办业务276件，办结276件，办结率100%。

泉港区石化项目招商签约仪式举行

2月28日，泉港区石化项目招商签约仪式举行。本次签约仪式上，国乔石化、中能建石化等2家企业与泉港石化工业园区签订项目入园投资协议，计划总投资额160亿元。其中：（1）国乔石油化学股份有限公司（简称“国乔石化”）的100万吨/年丙烷脱氢（PDH）及90万吨/年聚丙烯（PP）项目，投资500亿元新台币，占地43.33公顷，2020年底开工建设，2023年下半年投产，预计年产值100亿元、税收10亿元；（2）中能建石化（北京）有限公司的10万吨/年PTO1-SEBS、10万吨/年己二腈和30万吨/年航空汽油项目，投资57亿元，占地40公顷，预计年产值140亿元、税收16.52亿元。福建中燃湄洲湾能源公司与国乔石化签订原料供应协议，联合石化公司与百宏石化公司签订PX供应协议。

泉港首批5个“人才之家”揭牌

3月6日，泉港首批“人才之家”授牌仪式举行。首批5个“人才之家”分别为优加众创空间、泉港石化学院、泉港石化研究院、永嘉天地、泉港文化中心。“人才之家”是根据不同类型人才的群体特征和实际需求，分类搭建的人才交流和服务平台，重点服务功能分为综合型、行业型、专业型、窗口型等。“人才之家”将定期举办各类人才座谈、交流、沙龙等活动，宣传推介各级人才政策，常态化发布泉港人才需求及相关行业信息，经常性举办项目路演、创投评估、投融资洽谈等活动。

相关链接：截至2019年，全区人才总量6.5万人，其中“万人计划”专家等国家高层次人才44人，为产业转型发展提供强有力的人才支撑。

泉港与福建师范大学签约合作办学

3月31日，泉港与福建师范大学签订合作办学框架协议。根据协议，美发中学与福师大福州时代中学合作，加挂“福师大泉港实验中学”；新建泉港行政核心区实验小学，与福师大附属小学合作，创办“福师大泉港实验小学”，合作期限10年。福师大将通过品牌注入、管理输出的合作模式，采取派驻核心管理团队、选派一定数量的骨干教师开展支教、借助项目推动等方式，为合作校注入先进的管理经验和教育理念，助推2所实验校逐步成为区级、市级、省级优质学校、示范校；泉港每年安排500万元经费，用于派驻人员绩效奖励和交通差旅费等，制定区属骨干教师培训计划，分期分批组织到福师大合作校培训学习、跟岗实践。

泉港石化工业园区连续7年跻身中国化工园区20强

5月23日，中国石油和化学工业联合会化工园区工作委员会发布2019中国化工园区30强、潜力10强名单。其中泉港石化工业园区位居2019中国化工园区第14位，比2018年提升2位；“石化利润率”单项指标位居第5位。

相关链接：全国化工园区30强主要围绕化工园区的综合经济实力、基础设施配套、绿色生态化发展、安全与公众认知、园区创新发展等方面指标，进行全面调研和量化评价后产生。

湄洲湾（泉港）石化基地总体发展规划（2018—2030）启动

湄洲湾（泉港）石化基地总规划面积25.98平方千米，位于湄洲湾西岸，国道228线（泉港段）（原省道201线）两侧，其中南山片区19.19平方千米、仙境片区4.02平方千米、洋屿片区2.77平方千米。规划指出，通过发展炼化一体化和多元化原料加工等支撑性产业，力争2020年，湄洲湾（泉港、泉惠）石化基地炼油规模达2900万吨/年、乙烯210万吨/年、芳烃180万吨/年；通过大力发展石化深加工产业，高端石化产品品种和数量逐步增长，力争在石化类产品占比40%以上。

樟脚村、诚峰村入选中国传统村落

6月6日，住房和城乡建设部、文化和旅游部、国家文物局、财政部、自然资源部、农业农村部联合公布第5批2666个中国传统村落，全省共265个，全市占23个，泉港涂岭镇樟脚村、峰尾镇诚峰村位列其中。至此，泉港共有包括后龙镇土坑村等3个中国传统村落。

福厦铁路湄洲湾跨海大桥移动模架现浇梁浇筑在界山镇正式启动

6月13日，中铁十一局在界山镇举行福厦铁路湄洲湾跨海大桥首片40米移动模架施工现浇梁浇筑仪式，系国内首次采用40米大跨度移动模架现浇梁，采用上行式移动模架，浇筑340～341号墩之间桥梁梁长40.6米、宽12.6米，浇筑混凝土438.2立方米，梁体自重1000吨。该工程与传统的32米箱梁下行式移动模架施工相比，具有施工更复杂、机械化程度更高、占地更少的特点。福厦高铁系中国首条跨海高铁，也是福建省速度等级最高的铁路，设计时速350千米，正线全长277.42千米，北起福州市，途经莆田、泉州南至厦门和漳州市，2017年9月30日开工建设，预计2022年建成通车，福州至厦门行程将缩至1小时以内。

2019年6月13日，福厦高铁湄洲湾跨海大桥40米移动模架现浇梁浇筑启动仪式在界山镇狮东村举行

（区委报道组 供图）

泉港出台创建国家公共文化服务体系示范区规划（2018—2020）

6月30日，泉港出台《创建国家公共文化服务体系示范区规划（2018—2020）》。根据规划，全区共需完成统筹城乡文化设施建设、丰富公共文化服务供给、实施服务示范引领工程、推进服务体制机制改革、强化公共文化经费保障、健全人才队伍体系建设等5类27项任务。完善工作机制，加强督查考评和宣传引导，力争到2020年，全区文化建设和公共文化服务的主要指标达到或超过第四批国家公共文化服务体系示范区创建标准（东部）。

第十一届海峡论坛·“泉台青年交流汇——分享、体验、融合”系列活动在泉港举办

7月5—6日，第十一届海峡论坛·“泉台青年交流汇——分享、体验、融合”系列活动在泉港举办。活动汇集海峡两岸青年嘉宾500多人，其中台湾同胞300多人。活动期间共举办泉台青年交流汇、“征才实料”对接会、两岸茶文化交流会、两岸青少年艺术展演、泉港文旅及海盐文化推介、两岸武术健身“大家练”、两岸传统艺术北管交流、两岸村里联谊交流、两岸农副产品展销等活动。

2019年7月5日，第十一届海峡论坛·“泉台青年交流汇——分享、体验、融合”系列活动开幕式在泉港新辉大电子商务园区举办　　（区委报道组 供图）

厦门大学学生社会实践基地落户泉港石化园区

7月15日，泉港区与厦门大学校地合作共建暨学生社会实践基地揭牌仪式在泉港石化工业园区“人才驿站”（党群服务中心）举行。泉港区与厦门大学签订共建协议，成立“厦门大学学生社会实践基地”“厦门大学能源学院服务地方经济社会实践基地”，并接收首批10名厦门大学能源学院博士生地方经济发展服务实践团到基地参观考察和学习实践，为期6天。该基地的建设是泉港主动融入厦门大学与福建省九市一区校地战略合作、深化产教融合上新台阶的重要举措，将进一步促进泉港人才链与产业链有效衔接。

泉港一镇七村入选福建省乡村振兴示范名单

9月3日，省委实施乡村振兴战略领导小组印发《福建省乡村振兴试点示范工作方案》，确定全省50个重点县（市、区）、100个乡（镇）和1000个建制村开展乡村振兴试点示范工作，力争到2022年探索形成一批具有福建特色的乡村振兴模式和经验。其中，泉港区涂岭镇入选乡村振兴特色乡（镇），全市共13个；南埔镇凤翔村，界山镇东张村、玉湖村，山腰街道普安村，前黄镇后张村，涂岭镇前欧村、黄田村等7个村入选乡村振兴试点村，全市共145个。

泉港启用“110”接处警勤务新模式

9月6日，泉港区“110”接处警新模式启动。新模式主要指：一是组建接处警队伍，建立以山腰街道辖区为中心城区的接处警中心，抽调精干警力组建主城区接处警队伍，由公安分局巡特警反恐大队负责管理，精心打造主城区“1-3-5”分钟最快反应圈，分梯队进行处警；二是实行全天候守备，主城区由公安分局巡特警24小时为主负责处警，做到有警处警、无警巡逻、屯警街面、动中备勤，进一步提高见警率和管事率，打造一支“坏人最怕、群众最亲的‘泉港110’”。

土坑村古建筑群入围第八批全国重点文物保护单位

10月16日，国务院印发核定并公布文化和旅游部、国家文物局确定的第八批全国重点文物保护单位762处以及与现有全国重点文物保护单位合并的项目50处名单，主要包括考古遗址、建筑遗产、教育遗产、工业遗产、农业遗产、水利遗产、军事遗产、铁路文物等方面，全省共7处，全市占3处，泉港区土坑村古建筑群位列其中，系泉港首次获此殊荣，也是该村第二项国家级荣誉。

土坑古建筑群 （陈荣玉 摄）

泉港百川科技公司获国家第一批工业产品绿色设计示范企业认定

11月22日，工信部公布国家第一批61家工业产品绿色设计示范企业名单，福建省占4家，泉港百川再生资源科技公司榜上有名，系泉州市唯一一家，也是全省首家纺织类国家级工业产品绿色设计示范企业。各级工信部门将绿色设计示范企业列入节能减排、技术改造、清洁生产、循环经济等财政引导资金支持的重点；对绿色设计示范企业创建工作方案中提出的项目，符合国家清洁生产专项资金支持的，将予以优先安排。

泉港百川再生资源科技公司办公大楼　（连键刚　摄）

泉港迅达公司产品荣获“中国石油和化学工业专利奖”优秀奖

12月10日，中国石油和化学工业联合会“全国石油和化工科技创新大会”在北京人民大会堂召开，颁发2019年度“石油和化工行业专利奖”金奖8项、优秀奖42项,其中泉港迅达石化公司研发的专利项目“将淤积油渣的有机沉淀物和水与无机沉淀物分离的装置”获优秀奖。目前，迅达石化公司已获国家专利权20多项，被授予“福建省科技型企业”“创新企业示范单位”“第二批泉州市知识产权示范单位”等称号。

泉港在全省首创“智助办”政务服务工作台

12月19日，泉港引入“智助办”智能政务服务工作台。工作台位于区行政服务中心一楼大厅及24小时自助服务区，借助人工智能技术，采用语音识别、人脸识别、智能审核等技术，引导企业群众自助操作、完成办理，有效排除材料缺漏、信息错填等问题，减少材料的退件率，缩短办事时间。同时，配合智能文件柜使用，群众可直接通过文件柜提交纸质化材料，简化办理步骤。目前，该工作台已新增公共场所卫生许可证新办换发、排污许可证变更延续、就业失业登记、老年人优待证发放等几十项高频事项的智能自助办理。

泉港新增1个全国综合减灾示范社区

12月19日，应急管理部官网公示公告2019年度全国综合减灾示范社区名单，泉州市占5个，山腰街道聚福社区位列其中。至此，全区共有包括锦祥社区等2个社区获此殊荣。

山腰街道聚福社区鸟瞰图　（连键刚　摄）

1月

1日 国道324线泉港涂岭超限运输检测站暨交通公安联合治超站（涂岭站）正式揭牌启用。

同日 区政协委员活动室正式启用。

同日 2018年乡村（城市）学校少年宫文艺展演活动举办。

同日 全区机构改革人员转隶工作会召开。

4日 全区宣传思想工作会议召开。

6日 泉港首届“高校青年人才——企事业单位”双选会在福州大学石化学院（泉港校区）举行。

7日 泉港区第一季度防范重特大生产安全事故暨创建安全发展城市领导小组成员会议、安全生产“春季攻坚行动”、重大风险点管控工作推进会议召开。

8日 “新风泉港 简爱一生”青年文明集体婚礼举行。

同日 泉港区创建省级慢性病综合防控示范区暨全民健康生活方式行动第二阶段启动仪式在锦绣湖举行。

9日 2019年区政府第一次全体会议暨推动项目攻坚实现一季度开门红工作部署会召开。

同日 市考核组到泉港考核2018年度政府消防工作。

10日 2018年首届“泉港好司机”颁奖典礼暨全区道路交通安全整治百日行动宣传活动举办。

同日 2019年全区春运工作会召开。

11日 “品读国学经典•争做书香少年”书中走秀展演比赛决赛举行。

13日 “粥香泉城，爱洒家园”奉粥活动举行。

15日 2019年泉州市文化、科技、卫生“三下乡”活动启动仪式暨春节慰问演出在涂岭镇举办。

同日 2019年新春“海丝之光•南音音乐会”在郭永钦艺术馆举行。

同日 区自然资源局、区卫生健康局、区退役军人事务局等新组建、更名部门及其他加挂牌子的部门完成挂牌。

同日 “向幸福出发 一起踢出趣”亲子足球嘉年华活动在泉港实验幼儿园举行。

16日 市道安办督导组到泉港开展2018年度道路交通安全综合整治工作成效考核。

17日 全区儿童早期发展工作现场推进会召开。

18日 市调研评定组到泉港调研2018年党政领导综治（平安建设）责任书落实情况。

同日 “守正创新兴文化”新春游学启动仪式在涂岭红茶馆举行。

21日 区政府与区总工会2018年联席会议召开。

同日 区政府与区人民法院、区人民检察院联席会议召开。

同日 2019春运交通执法服务站启动仪式在涂岭执法站举行。

22日 “四海一家•欢聚泉港”与“新泉港人”同吃年夜饭活动举办。

23日 泉港区产业转型升级技术需求对接会举办。

24日 中共泉港区委四届十次全体会议召开。

同日 全区经济社会发展通报会召开。

25日 “新春爱满泉港 慈善情暖万家”2019年泉港区慈善总会新春系列慰问活动暨启动仪式在锦绣广场举行。

28日 中共泉港区纪委四届四次全会召开。

同日 2018年度“开心辞典”知识竞赛举行决赛。

29日 市委常委、泉州军分区政委刘建军，副市长肖汉辉到泉港走访慰问驻地部队。

同日，副市长吕刚率队到泉港开展春节走访慰问模范代表、贫困户，副区长刘阳青陪同。

30日 2019年民营企业家座谈会召开。

31日 2019年迎新春“海丝之光”首部音乐舞蹈诗演出暨“福安”文艺创作扶持资金颁发仪式举行。

2月

1日 春节期间消防安全工作会暨2019年第一次消防工作联席会议召开。

5—9日 首届坝头文化节系列活动在前黄镇坝头文化馆举办。

7日 第一届全民健身迎春跑活动在锦绣湖举办。

12日 2019年度春季大型人力资源市场招聘会举行。

14日 2019年全区工作会召开。

同日 峰尾镇公益事业促进会成立大会举行。

15日 国家应急管理部危险化学品重点县专家指导服务反馈小组到泉港开展检查情况反馈。

18日至3月4日 各镇（街道）春季专场招聘会举行。

21日 2019年全区基层干部平安建设暨扫黑除恶专项斗争业务培训班开班。

同日 泉港区家风与乡村文化振兴研讨会举办。

22日 副市长吕刚率市委第十二检查组到泉港开展全面从严治党主体责任落实情况集体约谈。

25日 全区2018年度落实全面从严治党主体责任问题清单整改交办会召开。

同日 团区委召开泉州籍在外高校大学生代表新春座谈会。

26日 全区招商引资务虚会召开。

28日 石化项目招商签约仪式举行。

同日 泉港区烈属军属和退役军人等家庭悬挂光荣牌工作启动仪式举行。

3月

1日 全区PPP项目协调推进会召开。

同日 “小手牵大手，保护美丽河湖”泉港区河长制进校园启动仪式在民族中学举行。

同日 全区创建省级慢性病综合防控示范区业务知识培会召开。

2日 泉港生态环境局正式挂牌成立。

4日 市委副秘书长、市委巡察办主任张荣宝到泉港调研镇（街道）脱贫攻坚专项交叉巡察工作。

同日 2019年全区卫生健康工作暨“暖心服务”三年行动工作推进会议召开。

同日 2019年区直机关“学习强国进社区•志愿服务促和谐”主题学雷锋志愿服务活动举办。

6日 “展巾帼风采 创时代新风”庆三八活动在区文化中心郭永钦艺术馆举办。

同日 泉港首批“人才之家”举行授牌仪式。

同日 全区道安工作暨百日整治行动推进会召开。

同日 全区科技工作会议召开。

7日 石化工业园区2019年工作会议召开。

7—8日 世界石狮同乡联谊会及泰国林氏宗亲总会访问团一行80余名林氏后裔到龙头岭闽林始祖陵和闽林祖祠寻根祭祖。

同日 全国工商联第二联系调研组到泉港走访调研区工商联、商会和民营企业。

8日“巾帼心向党•建功新时代”科级女干部庆“三八”国际妇女节座谈会召开。

9日 省住建厅厅长林瑞良到泉港调研“杭深线”泉州至厦门路段铁路沿线环境综合整治情况。

12日 第41个全国植树节，全区共2600多人参加义务植树，种植7800多株，完成植树绿化面积140亩。

同日 市人大常委会主任陈灿辉到泉港开展走进“活动室”联系基层代表和群众活动。

同日 省委常委、副省长张志南到福州大学石油化工学院（泉港校区）调研福建省实验室筹建工作。

同日 石化工业园区凯美特食品级二氧化碳等3个项目集中开工建设。

同日 “传承廉洁家风 弘扬清风正气”家庭文化公益大讲堂在区文化中心举办。

同日 纪念明代良吏黄文惠诞辰446周年暨泉港前黄首届“孝廉”家风文化节系列活动举办。

13日 泉港区委退役军人事务工作领导小组及其办公室正式成立。

14日 环球嘉年华（北京）投资有限公司常务副董事长许家勋到泉港实地考察。

同日 省委第五检查组检查泉港落实全面从严治党主体责任情况。

同日 市政协副主席王瑞强到南埔镇天湖岩、惠屿岛视察生态环保工作。

同日 2019年全区自然资源工作会议召开。

同日 省政府安委会2018年安全生产和消防工作第四检查考核组到泉港对福建联合石化有限公司开展2018年安全生产工作考核。

15日 台湾苗栗县三妈文化协会一行70人到泉港界山镇岭头村霞段宫、涂岭镇樟脚村古民居等地参访。

同日 “信用让消费更放心”纪念“3•15国际消费者权益日”宣传咨询接诉活动在永嘉天地南广场举行。

18日 全区“强基促稳”三年行动工作部署会召开。

20日 全区火灾防控工作推进会召开。

同日 全区教育“两项督导”市级核查迎检动员会召开。

同日 2019年全区学校安全工作会召开。

21日 市妇联党组书记、主席庄灿霞到泉港调研妇女儿童工作。

同日 界山镇开展“治安最安全、执法最满意、社会最平安”吉祥泉港创建系列活动启动仪式暨宣传踩街活动。

25日 全区生态环保领域扫黑除恶专项交叉巡察反馈问题整改工作专题推进会召开。

26日 全区民政工作会暨全面从严

治党工作部署会召开。

27日 苏州市委副书记朱民到泉港考察学习乡村振兴工作。

同日 2019年度区人大代表建议和政协委员提案交办会召开。

同日 泉港区部门预决算公开工作迎检动员会召开。

同日 全市道路危险货物运输安全生产知识培训及观摩危化品泄露应急演练在泉港举行。

同日 第一季度建设工程领域和燃气行业暨清明节前安全生产专项检查举行。

同日 省书法家协会副主席朱以撒到后龙镇坑仔底村虎石自然村参访。

28日 市委书记康涛到泉港调研重点工作。

29日 区委机构编制委员会2019年第一次会议召开。

同日 泉港区退役军人服务中心及各镇（街道）、村（居）退役军人服务站获批设立。

同日 泉港区“2019中国麻醉宣传周”义诊活动在峰尾镇诚峰村举办。

30日 “智慧人社 智慧服务”12333全国统一咨询日活动在逸涛广场举行。

31日 福建师范大学与泉港区人民政府深化合作提升泉港基础教育质量框架协议签订仪式在泉港举办。

4月

3日 中科院欧阳钟灿院士、清华大学张百哲教授到福州大学石化学院（泉港校区）调研。

同日 区人武部党委第一书记任职宣布大会召开，市委常委、泉州军分区政委刘建军出席并宣布梁炳辉任泉港区人武部党委第一书记。

同日 区长颜朝晖会见安博工业基础设施有限公司高级副总裁、中国区总裁康斌一行。

同日 香港台商投资区同乡会探访团到泉港参观访问。

同日 福建佑达环保新材料有限公司和福州大学石油化工学院（泉港校区）联合举行“福大—佑达环保电子精细化学新材料工程技术中心”揭牌暨“佑达奖学金”捐赠仪式。

同日 2019年度第一期“村支书导师论坛”在前黄镇凤阳村举办。

同日 2019《中国好声音》全国海选（泉港赛区）正式启动。

4日 全区农业农村工作会议暨春耕备耕工作会召开。

同日 厦门市中级人民法院联合泉州市政府、市中级人民法院到泉港调研行政争议调解工作，并召开司法服务保障闽西南协同发展区、建设府苑良性互动座谈会。

7日 “春禊有约靓家园 吉祥泉港大家好”第四届上巳节暨“百村千户”颂家风活动在后龙镇土坑村举办。

8日 统战联谊招商活动筹备工作专题会议召开。

同日 2019年政银企对接会召开。

同日 2019年世界卫生日宣传活动在涂岭镇寨后村联合举办。

9日 区委、区政府研究“离土不离村，乔迁利不减”服务管理创新行动、安控区项目征迁安置房源建设专题会召开。

同日 泉港区国资委第4次主任办公会召开。

同日 《泉港古驿道》《泉港古街市》文史资料征集工作座谈会召开。

同日 石化安征迁第一片区指挥部施厝村与海峡银泰山庄旅游度假有限公司购房签约仪式举行。

10日 市计生协会会长林伯前到泉港调研计生协会工作。

同日 全区食品药品监管执法司法督察迎检工作协调会议召开。

11日 2019年全区卷烟打假工作会议召开。

12日 金门县惠安同乡会探亲访问团到泉港开展探亲访问活动。

同日 文物保护专题讲座在文化中心郭永钦艺术馆举行。

13日 国家海洋督察调研组到泉港调研安征迁工作。

15日 副市长吕刚到泉港开展2019年度第一季度“领导干部一线办公”活动。

16日 福州时代中学与福建师大泉港实验中学信息推进会在泉港会议中心召开。

同日 泉港区首批创业担保贴息贷款发放仪式举行。

17日 华侨大学省、市政协委员到泉港视察石化环保、厂区混杂拆迁等内容。

17—18日 全区石化行业仪表维修工技能竞赛在福建联合石油化工有限公司举行。

同日 全区“路长”工作会暨第二季度道路交通安全工作联席会召开。

18日 泉港石化工业园区环保安全应急知识竞赛决赛在区文化中心郭永钦艺术馆举行。

同日 2019年宣传系统干部队伍素质能力提升工程部署会暨文化名家进讲堂启动仪式举行。

19日 全区电焊工技能竞赛在福建省工业设备安装有限公司举行。

同日 2018年度地方预决算公开检查情况通报会召开。

22日 全区建筑行业砌筑工岗位技能竞赛在源昌锦绣壹号工地举行。

23日 2019年第一季度全区经济运行分析暨“春季攻坚行动”点评会议召开。

同日 “共建平安、共创吉祥、共享幸福”吉祥泉港在行动启动仪式暨大型综治踩街活动在峰尾镇举行。

同日 2019“吉祥泉港”海丝游学汇暨“传书”共享计划启动仪式在界山镇东张村文明礼堂举行。

同日 2019年老年人健身节启动仪式暨吉祥泉港“匹克杯”老年人健步走活动在区文化中心小广场举行。

24日 市委政法委副书记、市扫黑

办主任徐义平调研督导泉港扫黑除恶专项斗争工作进展情况。

同日 市委常委、统战部部长林万明到泉港调研创建生态文明和谐寺观和党外知识分子统战工作。

同日 河北省沧州市政协一行到泉港学习考察港口产业发展情况。

25日 国务院安委会危化品专项巡查小组到泉港开展危险化学品专项巡查工作。

同日 福建医科大学附一闽南医院-泉州市泉港区医院医疗联合体管理委员会第三次全体会议召开。

同日 全区挂钩帮扶民族村工作暨宗教工作联席会议召开。

同日 市人大常委会副主任许文贵到泉港调研发展壮大村集体经济情况。

同日 漳州龙海市、莆田市秀屿区政协分别组团到泉港参观考察教师“区管校聘”管理体制改革及义务教育均衡发展工作。

26日 全区春季渔业安全生产暨伏季休渔工作会议召开。

28日 “致敬劳动 放飞青春”全区“庆五一·迎五四”主题活动在区工人文化宫（文化中心）举行。

29日 2019年“悦读泉港·书香满城”全民阅读系列活动在区文化中心启动。

30日 2019年泉港区招生委员会第一次全体成员会议召开。

5月

1日 “青春心向党·歌唱我的国”主题快闪活动在峰尾古城广场举行。

同日 泉港从2019年5月1日起降低社会保险费率。

4—5日 金门县金城镇贤聚泰安宫参访团一行40人到泉港开展海峡两岸民俗文化交流参访活动。

5日 “505微公益”启动仪式在区郭永钦艺术馆举行。

7日 江苏省副省长马秋林到泉港调研数字经济企业。

同日 市政府调研组到泉港调研2018年粮食安全行政首长责任制落实情况。

8日 省工信厅副厅长厉云到泉港调研石化工业区安全控制区建设情况及城镇人口密集区危化品生产企业搬迁改造工作进展情况。

同日 泉港区网络人士座谈会召开。

同日 工信部节能司司长高云虎到泉港百川资源再生公司调研资源再生利用、绿色制造系统集成项目等工作。

同日 市地方金融监督管理局印发2019年度泉州市上市后备企业名单116家，泉港建华建材有限公司、路通管业科技股份有限公司、天骄化学材料有限公司等5家企业上榜。

8—10日 泉港区纪念第72个“5·8”世界红十字日系列活动举办。

10日 华为（泉港）工业互联网孵化中心项目论证座谈会召开。

同日 “兴文化·育新人”传统文化专题报告会在泉港会议中心举办。

同日 泉港区第二批“县管校聘”管理体制改革学校工作推进会召开。

同日 全区建筑业工匠技术岗位竞赛启动仪式在涂岭镇涂岭村举行。

11日 江西省首批在闽跟班学习干部赴泉港学习考察。

14日 泉港区退役军人服务中心正式揭牌。

同日 泉港区“百场法制电影下基层”正式启动。

15日 福建老年大学调研组到泉港调研老年教育工作情况。

同日 全市老年大学音乐课教学观摩暨教学经验交流会在区老年大学举办。

同日 “创建吉祥泉港 护航幸福家庭”法律知识竞赛在郭永钦艺术馆举办。

同日 “讲好泉港故事 发出工会声音”劳模、工匠进基层宣讲活动走进石化工业园区。

16日 市委常委、副市长洪自强到泉港察看高铁沿线环境整治情况。

同日 泉港区迎接第二轮中央生态环保督察暨全区打赢蓝天保卫战三年行动计划、大气污染防控夏季百日攻坚行动动员会召开。

同日 市人大常委会副主任蔡思红到泉港调研石化园区环境管理工作。

同日 锦绣讲坛“书法艺术的鉴赏与创作初探”专题讲座举办。

16—17日 泉港区第二十九次“全国助残日”主题系列活动举办。

同日 鼓励产业急需高校毕业生来泉港就业创业政策宣传咨询会在福州大学石油化工学院（泉港校区）举办。

17日 龙岩市永定区考察组到泉港学习考察教师“区管校聘”管理体制改革工作。

19—26日 泉港区“科技强国，科普惠民”主题科技人才活动周举办。

20日 “吉祥泉港·海丝之光”非遗双创共享暨“泉港游学汇”精品线路及非遗双创基地融媒推介活动在区文化中心举办。

21日 市委常委、副市长洪自强到泉港督导重大安全生产问题整治情况。

同日 省生态环境厅调研组到泉港开展危险化学品隐患排查整治专项行动调研。

22日 台湾苗栗县竹南后厝天文宫参访团到泉港开展海峡两岸民俗文化交流及寻根谒祖参访活动。

23日 市委常委、泉州军分区政委刘建军到泉港督导重大安全生产问题整治情况。

同日 第十一届海峡论坛“泉台青年交流汇——分享 体验 融合”筹委会第一次会议召开。

同日 市人大常委会副主任许文贵到泉港调研流域水环境保护情况。

同日 中国石油和化学工业联合会化工园区工作委员会发布2019中国化工园区30强、潜力10强名单，泉港石化工业园区位居2019中国化工园区第14位。

24日 2019年“母亲健康1+1”公益募捐现场捐赠仪式暨关爱女性健康讲座举办。

27日 青少年暑期自护教育暨“七彩微心愿·青号来实现”活动在后龙中心小学举行。

27—30日 市政府教育督导核查组对泉港教育工作开展“两项督导”。

28日 “青春心向党 建功新时代”纪念五四运动100周年特别主题团日活动暨退队入团仪式在泉港二中举行。

同日 市人大常委会副主任许文贵到泉港开展2019行政审批服务提质提速专题调研。

同日 福厦客专泉港站区详细规划评审会召开。

同日 “我们和留守流动儿童在一起”主题关爱活动在前黄村举办。

29日 首届泉州市“新时代好少年”先进事迹发布会、泉州市暨泉港区中小学生“童心向党”歌咏活动在泉港举办。

同日 市人大常委会副主任张建生到泉港开展推进宗教工作三级网络和两级责任制情况专题调研。

同日 泉港区“不忘初心强堡垒、牢记使命当先锋”主题纪念建党98周年暨首届“十佳党支部工作法”现场展示评选活动举办。

同日 全市行政争议调解工作现场会在泉港召开。

同日 “走过三十年我们再出发”“5·29”计生会员活动日文艺汇演在山腰街道锦塔社区举行。

30日 全区教育“两项督导”市级核查汇报反馈会召开。

31日 国家自然资源督察上海局福建督察组到泉港开展土地例行督察现场核查。

同日 全区第二季度防范重特大生产安全事故暨创建安全发展城市领导小组成员会议召开。

同日 泉州泉商发展促进会率队到泉港参观考察企业经营及创新发展情况。

6月

1日 泉港开始实施“深化公安交管‘放管服’改革10项便民利民服务措施”。

2日 “泉港小记者环保公益在行动”活动举办。

3日 诚峰一级渔港建设项目海洋生态损害补偿“渔业资源增殖放流”活动在峰尾诚平海事码头举办。

同日 厦门大学能源学院教授刘运权一行到泉港交流校地合作、技术对接等相关事宜。

5日 省扶贫协会常务副会长雷斌、林秀贞，市扶贫协会会长潘燕燕到泉港调研脱贫攻坚工作。

6日 2019年安全生产月启动仪式暨“联合石化杯”应急管理知识决赛在泉港文化中心举行。

同日 2019年上半年“治安最安全、执法最满意、社会最平安”吉祥泉港创建抽奖宣传活动举行。

12日 市政协主席李转生到泉港石化工业园区调研石化工作。

13日 “普惠金融、助推乡村振兴”战略合作暨信用镇授牌仪式举行。

同日 福厦高铁湄洲湾跨海大桥40米移动模架现浇梁浇筑启动仪式在界山镇狮东村举行。

14日 工业和信息化部原材料司副司长陈凯民到泉港调研危化品生产企业搬迁改造工作进展情况。

同日 “悦读泉港 书香邮你”正版图书公益巡展活动在锦绣广场启动。

15日 中共泉港区委四届十一次全体会议召开。

17日 “同心助学”教育精准扶贫捐赠活动在泉港举办。

19日 2019年上半年“治安最安全、执法最满意、社会最平安”吉祥泉港创建宣传活动颁奖仪式在区会议中心举行。

20日 致公党福建省第九届委员会第十六次主委会议、第十二次常委会议在泉港召开。

同日 市委关于支持民营经济发展政策措施落实情况第二督查组到泉港开展督查工作。

21日 第二期“村支书导师论坛”活动在涂岭镇前欧村举办。

23—26日 “学党史 跟党走”村（社区）妇联主席履职培训班举办。

24日 泉州隆汉物流有限公司、福建省嵘瀚物流股份有限公司联合举办危化品运输车辆交通事故应急演练。

24—28日 “2019年泉港区危险化学品安全警示教育周”集中展示活动在区安全生产宣传教育培训基地举办。

25日 市委史志室、泉州市闽浙赣边区革命史研究会一行到泉港调研史志工作。

同日 泉港区企业与企业家联合会第三次全体理事大会召开。

同日 第29个“全国土地日”暨“吉祥泉港”宣传活动举办。

26日 安博（中国）中国区副总裁兼华南区总经理崔伟一行到泉港洽谈投资事宜。

27日 省发改委到泉港调研“稳投资、促项目、保增长”服务工作。

28—29日 泉港区第八届异地商会会长联席会暨山东省泉港商会第一届理监事会就职仪式在山东济南召开。

29日 泉港区庆祝中国共产党成立98周年暨“两优一先”表彰大会召开。

7月

1日 郭厝回族文化党建展示馆正式开馆。

同日 泉州市2019年新型职业女农民培训暨“月嫂”家政培训班在泉港开班。

同日 泉港区2019年“法治教育关爱青少年活动”启动。

2日　副市长吕刚到泉港开展2019年第二季度“领导干部一线办公”活动。

同日　肖厝出入境边防检查站联合莆田出入境边防检查站在湄洲湾海域开展“靖湾2号”海上巡航专项行动。

4日　省体育局到泉港开展《福建省全民健身实施计划》落实情况督查调研。

5日　第十一届海峡论坛·“泉台青年交流汇——分享、体验、融合”系列活动开幕式在泉港举办。

同日　广东省揭阳市政协副主席蔡榜藩到泉港开展“推动滨海新区粤东新城开发建设及大南海石化产业高质量发展”专题调研。

6日　泉港区城区核心区实验小学规划设计工作进展汇报会召开。

同日　泉港首届海峡两岸武术健身“大家练”活动在前黄镇前黄村涂楼文化广场举行。

同日　传统文化北管交流会在峰尾镇诚峰村东岳庙举行。

7日　福州大学“泉心筑梦·港好有你”三下乡实践队走进泉港中心敬老院。

8日　市中级人民法院到泉港调研行政争议调解工作。

同日　2019年度福建省工业和信息化高成长培育企业公示名单出炉，泉港建华建材有限公司、路通管业科技股份有限公司、天骄化学材料有限公司等5家企业上榜。

9日　泉港区2019年度渔业资源增殖放流活动在肖厝—惠屿岛海域举办。

11日　泉港区2019年“牢记为民初心，共建幸福未来”第30个世界人口日宣传活动举办。

同日　山西省阳泉市城区区委常委、组织部部长王洪率考察团到泉港考察教师“区管校聘”管理体制改革相关工作。

12日　省、市委国安办调研组到泉港调研化工产业存在的风险和具体应对措施、意见建议。

13日　市长王永礼到泉港调研石化工业区安全控制区项目进展情况。

15日　厦门大学与泉港区校地合作共建暨学生社会实践基地揭牌仪式在泉港举行。

同日　泉港石化高新技术孵化基地入选省级科技企业孵化器。

是日至8月15日　泉港区“儿童之家”暑期公益培训班全面开班。

18日　泉港区第二届预选大学生实践锻炼服务团启动仪式举行。

19日　首届全市纪检监察系统篮球联赛泉港赛区开赛。

23日　泉州市庆祝新中国成立70周年文艺志愿服务活动走进峰尾镇诚峰村。

同日　“不忘初心、牢记使命”——“我和我的祖国”诗歌朗诵比赛在石化工业园区“人才驿站”举办。

25日　峰尾镇紫菜协会正式成立。

26日　夏季大型人力资源市场招聘会在区文化中心举办。

同日　全区2019年上半年医疗保障管理工作联席会议召开。

27日　住房和城乡建设城建司司长张小宏到泉港调研老旧小区改造工作。

29日　市委书记康涛到泉港走访慰问基层部队官兵。

同日　市委常委、泉州军分区政委刘建军到泉港现场查核督办中央生态环境保护督察重点信访件问题。

同日　副市长吕刚到峰尾诚平村检查环保工作。

30日　2019年上半年全区坚持高质量发展落实赶超分析会召开。

同日　泉港区天骄化学材料有限公司、玺堡家居科技有限公司、福源凯美特气体有限公司3家企业入选2019年新增省科技小巨人领军企业。

31日　农工党中央副主席曲凤宏到泉港调研海丝文化。

同日　泉港区城市基层党建工作联席会议召开。

8月

2日　市委副书记张永宁到泉港调研中央环保督察迎检有关事项。

5日　泉港区区委机构编制委员会2019年第二次会议召开。

同日　市长王永礼到峰尾检查诚平沙场整改工作。

同日　泉港区首个律师家事调解室在福建欣港律师事务所成立。

6日　红领巾暑期红色文化研学之旅举办。

7日　“守护七彩童年　阳光筑梦未来”关爱留守儿童活动举办。

8日　2019年泉港区“全民健身日”暨“吉祥家庭·幸福乐行”全城嗨跑节活动在区文化中心广场举行。

同日　中共泉港区委老干部党校揭牌仪式在区老干部活动中心举行。

同日　第十五届“泉港之夏”基层宣传文化巡演暨“海丝之光”文化精品工程活动在区文化中心启动。

同日　2019年“新泉港人”暑期亲子游暨“小候鸟西游记”活动启动。

同日　“守护七彩童年　阳光筑梦未来”关爱留守儿童活动举办。

9日　泉港区村支书导师团工作领导小组会议召开。

同日　第五届海峡两岸高校大学生记者走进泉港山腰盐场、峰尾大福古船模制作有限公司、峰尾古城等地。

10日　“爱在公益中”单身青年联谊活动在锦绣公园百姓书屋举办。

12日　2019年泉港区第九届全民健身运动会“怡庭杯”五人制足球联赛在锦绣广场足球场举办。

是日—16日　泉港区2019年“圆梦蒲公英”暑期夏令营活动举办。

15日　2019年全区医改工作推进会召开。

同日　福建联合石油化工有限公司重大危险源视频监控对接现场协调会召开。

16日 全区发展壮大村级集体经济暨“党建+金融助理”服务乡村振兴工作会召开。

同日 厦门市泉港商会2019年“海西春雨”助学仪式举行。

18日 首届峰尾镇公益事业促进会奖教奖学助教助学颁发大会召开。

19日 全区公安工作会议召开。

同日 第二届中国医师节暨中医中药中国行、区政协医卫界委员义诊活动在泉港区中医医院举行。

同日 2019年“中国医师节”活动暨泉港区“2019年健康中国行”活动启动仪式在泉港区医院举行。

同日 泉港开普勒车用电机有限公司、迅达石化工程有限公司2家企业列入2019年市级瞪羚企业培育库。

20日 省委常委、副省长张志南到泉港调研石化工业区安全控制区搬迁工作。

同日 福建省监狱参与社区矫正工作警察泉港大队正式挂牌投入运行。

21日 副省长李德金率队到泉港检查“两高”沿线综合整治工作。

23日 泉港高新技术产业园区总体发展规划和产业发展规划专家评审会召开。

同日 “一句话”廉洁承诺暨移风易俗主题宣传活动在前黄镇崇廉尚德教育馆——黄文惠故居举办。

26日 后龙镇“海丝·涂坑”主题党日活动基地揭牌仪式举行。

27日 市第三季度“领导干部一线办公”活动周第四专业小组到泉港开展“项目攻坚2019”重点项目专题调研工作。

同日 2018—2019年度泉港广电探索小记者团结业典礼暨2019—2020年度泉港广电探索小记者团开团仪式在涂岭镇红星生态园举行。

28日 市申遗办到泉港调研造船历史、造船技艺以及木船制造基地。

同日 泉港“一镇一孝廉”活动之一“弘扬好家风 当好廉内助”家庭助廉主题活动在后龙镇涂坑村举行。

9月

1日 城乡居民基本医疗保险全面交由税务部门征缴。

3日 泉港区首个村级供销合作社——前黄镇凤山村供销社成立。

5日 2019年第五期征迁劳动力职业技能培训班开班。

同日 全区信访举报业务培训班暨“庆祝新中国”70周年信访保障工作专题会召开。

6日 泉港区110接处警勤务新模式启动仪式暨反恐处突演练举行。

同日 泉港区2019年度新兵入伍欢送大会举行。

8日 市委统战部及各民主党派市委会到泉港开展“统一战线泉州健康行——庆祝中华人民共和国成立70周年义诊赠药”活动。

9日 江苏省南通市崇川区政协调研组到泉港调研“推进产业集聚、培养产业特色”工作。

同日 “礼遇中秋·爱在路上”关爱千名环卫工人活动在全区7个镇(街道)及区文化中心专场举行。

10日 全区教育大会召开。

同日 “心系军营 情暖中秋”共建交流活动走进大雾山。

11日 应急管理部危化监管司司长孙广宇到泉港督导检查危化品企业安全生产工作。

同日 市侨联第十一届（2019）“侨青助学”活动在界山镇东张村举行。

12日 “喜迎国庆共享盛世，月圆中秋爱满泉港”中秋志愿服务活动举办。

16日 全区“不忘初心、牢记使命”主题教育部署会召开。

17日 “共祝祖国好 同赞家乡美”区委宣讲团巡回宣讲首场报告会在南埔镇举行。

同日 泉州市2019年网络安全知识宣传下基层活动走进泉港。

18日 市委政法委常务副书记曾焕楷到泉港开展执法工作满意率专项工作。

同日 2019年泉港区“全国科普日”主场活动在界小镇东张村举办。

19日 区政府与区政协共同召开民营经济发展情况专题协商会议。

20日 区政协庆祝中华人民共和国和人民政协成立70周年座谈会召开。

同日 泉港首个“周恩来班”命名授牌大会暨“周恩来班”网站子站上线仪式举行。

21日 “全闽共舞、礼赞新中国”福建省第三届广场舞大赛（泉港赛区）暨“吉祥泉港·美好生活”广场舞比赛在泉港文化中心举行。

25日 三明市宁化县委书记余建地、县长姚文辉一行到泉港对接山海协作工作。

同日 省水利厅副厅长游祖勇到泉港调研水利项目建设情况。

同日 泉港区庆祝中华人民共和国成立70周年暨“和谐工会 普惠共享”线下服务活动举行。

同日 台中市社区青年交流协会会长许志伟率团到泉港参访交流。

27日至10月10日 “记忆泉港·时代变迁”大型图片展在区文化中心举办。

27—28日 福建省“新动八闽——新阶联杯”羽毛球团体邀请赛在泉港举办。

28日 福州市泉港商会庆祝中华人民共和国成立70周年文艺演出在福州举行。

同日 “泉港好，大家会更好”异地商会、在外乡贤主题宣讲活动走进福州市泉港商会。

同日 泉港区2019年孔子文化节开幕式及祭孔典礼在山腰锦山宫举行。

29日 泉港区庆祝中华人民共和国成立70周年暨“点赞泉港”主题歌咏比赛在泉港会议中心举行。

同日 泉港区中医医院开业仪式举行。

10月

1日 泉港区庆祝中华人民共和国成立70周年升国旗仪式在锦绣广场举行。

2日 泉港五中“奖教奖学基金会”成立大会举行。

7日 泉港区第三届“网络孝文化节”之“孝德泉港·家风传承”文艺展演活动在后龙镇土坑村举办。

9日 泉港区“政协委员冠名工作室临时党支部”揭牌仪式在庄秀吉委员冠名工作室举行。

同日 泉港钟山化工有限公司的表面活性剂智能制造试点示范等3项目入选2019年省级智能制造重点项目。

10日 “活力桑榆·共庆新中国成立七十周年”暨第十八届老干部（老年人）体育健身节活动在区老干部活动中心举办。

11日 宁德市古田县黄田镇金翼村乐龄学堂学员与台湾高雄林园乐龄学习中心代表团，到南埔镇天竺村乐龄学堂开展“共建乐龄学堂 共创美好生活”观摩交流。

12日 全区“不忘初心、牢记使命”主题教育工作推进会暨市、区巡回指导工作三方联席会议第一次会议召开。

同日 “红领巾心向党 争做新时代好队员”泉港区纪念少先队建队70周年主题活动在区文化中心举行。

同日 “百名老人游泉港”活动举行。

16日 庆祝中华人民共和国成立70周年“丹青绘发展·奋笔抒辉煌”书法美术联展在泉港文化中心开幕。

同日 市妇联主席庄灿霞到泉港开展“转作风、访妇情、全覆盖，建妇女群众信赖娘家”主题调研活动。

同日 全区青少年社会教育活动中心经验交流现场会召开。

17日 市委联动巡察组巡察泉港石化工业园区工作动员会召开。

同日 中共福建省委实施乡村振兴战略领导小组印发《福建省乡村振兴试点示范工作方案》，涂岭镇入选全省100个乡村振兴特色乡（镇）名单，南埔镇凤翔村、界山镇东张村等7个村入选全省1000个乡村振兴试点村名单。

19日 泉港区2019年社会科学普及宣传周活动启动。

20日 惠华中学建校暨华侨办学30周年纪念活动举行。

同日 福州大学党委书记张天明、纪委书记邹毅到泉港调研福州大学石油化工学院（泉港校区）主题教育开展情况。

21日 泉港区“一窗受理、集成服务”启动。

22日 第十届世界惠安泉港泉州台商投资区同乡联谊会访问团到泉港开展“寻根之旅”参观考察活动。

同日 泉州市中小学教师“县管校聘”管理体制改革现场推进会在泉港召开。

23日 泉港成立8个泉州市村（社区）级家事纠纷调解室。

25日 泉港区优化营商环境座谈会召开。

同日 泉州市社会救助综合施救平台应用工作推进会在泉港召开。

27—28日 2019年全区中小学生田径运动会在泉港一中举行。

29日 水利部太湖流域管理局到泉港参观考察。

同日 泉港福海粮油工业有限公司、益海嘉里（泉州）粮油食品工业有限公司等6家企业入选泉州市农业产业化重点龙头企业。

30日 泉港区矛盾纠纷多元化解中心揭牌仪式在区行政争议调解中心举行。

同日 中国海峡人才市场副总经理杨石到泉港协商开展人才合作事宜。

31日 泉州市首届“乡村振兴杯”篮球赛暨泉州市全民健身村级篮球联赛在前黄镇凤阳村举办。

11月

1日 全区纪律作风整顿动员部署会召开。

4日 “先锋行动党旗红 吉祥泉港勇担当”区直机关党建工作成果图片展在区文化中心开展。

7日 区委、区政府与福建联合石化公司、福建炼化公司企地联席会召开。

同日 泉港开展建筑渣土运输管理“百日攻坚”第一次全市统一联合执法行动。

8日 市政协副主席王祖耀到泉港开展年度视察活动。

10日 国务院安委办危化品重点县第二轮专家指导服务预备会在泉港召开。

10—16日，国务院安委办危险化学品重点县指导服务专家组到泉港开展第二轮检查指导工作。

同日 “青春泉港·为爱团缘”单身青年联谊活动举办。

11日 泉州市县级公安机关应急队伍（东片区）拉动实战演练活动在泉港举行。

1—14日 应急管理部研究中心到泉港开展调研工作。

12日 泉港区教育“两项督导”省级评估工作见面对接会召开。

13日 “助力强基促稳 家家幸福安康”——“党员志愿服务进社区”宣传咨询活动在永嘉天地举办。

14日 全区实施乡村振兴战略暨农村人居环境整治和科技特派员工作推进会召开。

19日 省委第四巡回指导组组长叶顺煌到泉港开展主题教育调研活动。

同日 市委常委、政法委书记林锦明到泉港调研扫黑除恶专项斗争情况。

同日 全区2019年下半年“两代表一委员”工作座谈会召开。

同日 2019年度泉州市“道德模范、身边好人、新时代好少年”基层巡讲活动走进泉港二中。

20日 “志愿情·党员行”青年党员志愿服务活动在区特殊教育学校举办。

21—22日 新加坡惠安公会一行到泉港探亲访问。

22日 泉港区原任县处级老干部及部分区党代表、人大代表主题教育征求意见座谈会召开。

24日 “服务人民·保障健康”大型义诊活动在泉港举行。

26日 第四届海上丝绸之路国际艺术节泉港专场在文化中心开幕。

同日 2019年福建省初中道德与法治，高中思想政治课优质课评审活动在泉港二中举行。

27日 2019年中国福建人才创业周泉州专场泉港分场活动暨高层次人才项目签约仪式举行。

同日 市老龄委到泉港开展区老年大学省级达标校评审和“实施老年远程教育提升工程”验收工作。

同日 泉港区“深入实施职业技能提升行动·稳就业惠民生帮企业促发展”职业技能提升行动启动仪式暨大自然四季酒店职业技能提升培训开班仪式举行。

28日 学习贯彻党的十九届四中全会精神市委宣讲团报告会在泉港举行。

12月

2日 泉港区“122”全国交通安全日主题宣传活动在锦绣广场举办。

3日 副市长吕刚到泉港征求2020年泉州市《政府工作报告》意见。

同日 泉州市企业员工消防应急救援技能竞赛在泉港举办。

4日 泉港区2019年“12·4”国家宪法日主场综合宣传活动在锦绣广场举办。

5日 “吉祥泉港·平安之夜”——乌兰牧骑泉港专场展演在泉港会议中心举行。

同日 泉港区外烩餐饮行业协会成立。

同日 泉港区电子商务行业协会成立。

6日 2019年泉港区中小学生校园歌手独唱比赛在区文化中心郭永钦艺术馆举行。

10日 台湾台中参访团一行到泉港参观交流。

同日 泉港迅达石化公司产品荣获“中国石油和化学工业专利奖”优秀奖。

13日 泉港区乡村振兴专题讲座暨乡村讲师团培训班举办。

14日 北京爱天下艺术团到涂岭镇开展义诊慰问公益活动。

16日 中共泉港区委四届十二次全体会议召开。

同日 福建联合石化有限公司向福建医科大学附一闽南医院、泉港区医院捐赠“眼科复明工程”。

同日 全区首家镇级党群服务中心——涂岭镇党群服务中心成立。

同日 泉港容大机械有限公司等4家企业获评2019年第二批入库备案省级高新技术企业。

同日 全区农村集体“三资”管理业务培训班举办。

17日 泉港区与华侨大学法学院、市中级人民法院、市司法局共同举行行政争议调解研讨会暨“行政争议调解研究-基于泉港模式的考察”课题鉴定结项会。

同日 市税务系统2019年老年门球友谊赛在山腰街道金山门球场举行。

18日 泉州市纪委监委机关第一党支部、泉港区纪委监委机关党支部、南埔镇惠屿村党支部开展“不忘初心、牢记使命”党建三级联创共建活动。

同日 区委书记梁炳辉会见区政协委员、香港大公文汇传媒集团副总经理张锦川。

19—20日 政协泉州市泉港区第四届委员会第四次会议召开。

19日 石化工业园区党工委扩大会议召开。

同日 泉港全省首创24小时“智助办”智能政务服务工作台。

20—21日 泉港区第四届人民代表大会第四次会议召开。

23—24日 全省中小学教师“县管校聘”管理体制改革推进会在泉港召开。

20日 副市长吕刚到泉港调研挂钩企业。

24日 区政府与区总工会2019年联席会议召开。

26日 “青春同行·携手志愿”活动在区特殊教育学校举办。

27日 全区岁末年初烟花爆竹安全监管工作部署暨安全生产培训教育会在福建师范大学泉港石化研究院召开。

30日 山腰街道聚福社区被命名为2019年度全国综合减灾示范社区。

31日 泉港区武术协会成立。

同日 泉州市森林消防大队挂牌仪式举行。

同日 泉港区消防救援大队挂牌仪式举行。

自然环境

【位置·面积】 泉港区位于福建省泉州市东北部，湄洲湾南岸，北纬25°03′～25°15′，东经118°41′～119°01′之间。南与惠安县毗邻，西南与洛江区相连，西北及北面同仙游县接壤。根据2017年农村土地利用现状变更调查，截止到2017年末，泉港区行政区域总面积共计340.936平方千米。其中，耕地55.5554平方千米，园地19.8774平方千米，林地90.9218平方千米，草地2.7554平方千米，城镇村及工矿用地70.4103平方千米，交通运输用地15.1333平方千米，水域及水利设施用地69.21平方千米，其他土地17.0724平方千米。

【地貌】 泉港区地处戴云山南麓，由低山丘陵、红土台地和中部海积—冲积平原所组成。整个地势由西北向东南倾斜，大致在福厦公路以西主要为海拔500米以上的中低山，夹孤状丘陵。大雾山为最高山峰，海拔797.5米。山脉多呈北北东—南南西走向，山坡东缓西陡，多具陡崖峭壁，河谷深嵌。福厦公路以东则以剥侵蚀丘陵台地为主，山丘浑圆，平缓起伏。沿海有断续滨海小平原，海岸曲折，岛屿罗列。泉港区属闽南东新华厦系沉积带，处于长乐—诏安断裂带上，在中生代活动强烈，伴随强烈岩浆活动。长乐—诏安断裂带就陆地所见，主要由三条近于平行的断裂带组成，自西向东为：闽侯南屿—云霄断裂，长乐—东山断裂，平潭—东山沃角断裂。境内具有较多的基岩裸露，乱石散布，多由中生代火山岩和花岗岩构成。

【河流水系】 泉港区属于山海型丘陵地区，区域内无大河流，坝头溪、菱溪、龙马溪为区域内最大的三条溪流，径流短，流量的季节性变化大。境内低山高丘较多，坡度峭，溪流多，密度大。其中较为主要的溪流有三条：（1）坝头溪：坝头溪流域发源于涂岭镇吊船山，流域总面积97.785平方千米，干流长23.51千米，自北向南穿过泉港地理中心，向南方向经涂岭、南埔、前黄、山腰及山腰盐场入海，沿途保护12个行政村、19万人、3066.67公顷耕地，素有“泉港区母亲河”之称。流域地势呈西北向南部海面倾斜，地形以盆地、丘陵为主。流域内有中型水库1座（泗洲），小（1）型水库3座（红星、山外、石门坑），小（2）型水库3座（幸福、四清、丰收），及中型水闸5座、拦水坝4座。（2）菱溪：源于小架山，止于惠安许厝闸，汇入林网溪，全长27.93千米，多年平均径流量6280万立方米，流域面积102.35平方千米。其中：菱溪干渠泉港段总长5.24千米，灌溉沿岸涂岭镇的驿坂、路口、邱后、溪西、五社5个行政村14912人和近1333.33公顷的农田。（3）龙马溪：源于涂岭镇天马山北侧，向东北方向经涂岭镇白潼村，界山镇玉山、玉湖、槐山、大前、狮东和潘南盐场，经潘南盐场六孔闸入海。集雨面积16.8平方千米，主河道长7.87千米，灌溉0.35万亩耕地，保护2.35万人口和3500万工农业产值。沿溪有中型水闸两座，分别是东方水闸和潘南盐场六孔闸以及数座小型水闸。

【气候条件】 气温　泉港区地处东亚季风区，属南亚热带海洋性季风气候，常年气候温和，冬无严寒夏无酷暑，干湿季分明。全区年平均气温20.3℃，最冷月份2月平均气温11.4℃，最热月份7月平均气温28.5℃。山腰地区极端最高温39.0℃（出现于1966年8月16日）；极端最低气温0.3℃（出现于1957年2月12日）。

湿度　泉港区多年平均相对湿度77%，6月系雨季高峰期，相对湿度大，最高6月份86.1%；7、8月结束（台风雨除外），处副热带高压控制，相对湿度小，最低11月份69.1%；3—8月份湿度较大，相对湿度大于80%，其余月份较小，相对湿度70%左右。

降雨　泉港区多年平均降雨量1291.3毫米，年降水变差系数0.23（据南埔雨量站1956—2009年实测资料），年际变化大，年内分配不均。降雨区域分布，由半岛、沿岸向内陆方向递增。一年中6月份降水量最多，月平均降水量224.9毫米，降水主要来自台风，平均每年有4～5个台风影响本区。2017年，全区年平均降雨量1059毫米，与2016年（1574毫米）相比偏少32%，降水量年内主要集中在5—6月的梅雨季节及7—9月的台风季节，主要表现短历时强降雨较多。入汛以来，全区共发生5次强降雨过程，4次降雨过程强度较大，全区各镇（街道、场）均遭受不同程度的洪涝灾害，无河流发生超警戒水位。

风　泉港区全年多风，主导风向为东北风，夏季以南风为主，年平均风速7.15米/秒。属湄洲湾区域，年平均风速为2.6～7.1米/秒，分布趋势呈海面大于陆地，沿海大于内陆。月平均风速以秋冬季（10—11月）最大，春、夏两季平均风速最小。

潮型　泉港区属湄洲湾潮型，属半日潮，根据湾内不同站位观测资料，湾内外高低潮出现时几乎一致，最高潮位，平均潮差，最小最大潮位，半潮面湾内幸免大于湾外，最低潮位，平均潮位湾内均小于湾外，平均高程湾内湾外相差仅1厘米，根据最新实测秀屿最高潮位5.45米（黄海高程），最低潮位-0.59米（黄海高程）。

【主要灾害天气】　泉港区主要灾害天气有：（1）旱害：夏旱次数多且为害严重，为本区农业生产最频繁最严重的自然灾害。（2）风害：尤其是台风危害最甚，严重危害水稻、龙眼、瓜菜，对畜牧业、渔业及农田水利有较大破坏性。（3）涝害：以坝头溪下游山腰、前黄受害最甚，多是刮风暴雨加上海水大潮顶托，无法排洪，造成涝淹。（4）霜冻害：涂岭霜期45天，霜冻低温对越冬甘薯苗和正在开花灌浆的大小麦威胁较大。（5）冰雹：多发生在春季，局部地区受害，范围不大。

【资源】　土地资源（见下表）

表1　泉港区农村土地利用现状一级分类面积汇总表

单位：公顷

行政区域		行政区域总面积	耕地（01）	园地（02）	林地（03）	草地（04）	城镇村及工矿用地（20）	交通运输用地（10）	水域及水利设施用地（11）	其他土地（12）
名称	代码									
泉港区	350505	34093.6	5537.99	1981.84	9079.28	272.56	7089.52	1521.59	6908.38	1702.44

矿产资源　截至2015年底，全区已发现和探明资源储量的矿产是饰面用花岗岩（闪长岩）石材、建筑用花岗岩（凝灰岩）石料、陶瓷土（瓷石）、高岭土、建筑用砂、脉石英、钼等。其中陶瓷土目前探明资源储量2433.2万吨，主要分布于涂岭镇大湖山、笔架山，资源保障程度较高，泉州市建筑陶瓷企业众多，作为陶瓷原料用的高岭土、瓷石（陶瓷土），其需求量大，矿产品供不应求。建筑用花岗岩探明资源储量232.7万立方米，主要分布于南埔镇、前黄镇等。建筑用凝灰岩31.1万立方米，主要分布于涂岭镇等。饰面用花岗岩探明资源储量50.9万立方米，主要分布于前黄镇、南埔镇等。钼探明资源储量1.031万吨，主要分布于涂岭镇。

海洋资源　泉港区海域面积105平方千米，海岸线长75千米，适宜建港的岸线长达9.8千米，其中深水岸线5.5千米，可建各种泊位数十个。列入《福建省海岛保护规划（2011—2020年）》的海岛共15个，其中有居民海岛1个（惠屿），无居民海岛14个，分别为过山屿、外乌屿、蟹屿、泉港牛屎礁、泉港洋屿、牛心礁、白塔礁、泉港黑礁、螺仔礁、户尾屿、中格屿、白石头、泉港鲎屿、白牛礁，多数处于自然状态。海洋空间资源类型齐全，可用于开发建设的空间广阔。

水资源　根据泉州市水文水资源勘测分局2009年编制的《泉州市水资源量计算与分析》，泉港区多年平均地表水资源量1.731亿立方米，地下水资源量0.52亿立方米。 区内供水水源主要有：蓄水工程、引提水工程和地下水井工程等。泉港区内已建有蓄水工程53处，总集雨面积64.035平方千米，总库容2799.51万立方米。其中有中型水库1座（泗洲），小(1)型水库3座（不含正在兴建的双溪水库1座），小(2)型水库9座，小山塘38座，引水工程有248处，集雨面积122.6平方千米，现有自备水源井463口，有效灌溉面积4.975万亩，其中蓄水灌溉3.156万亩，引水工程灌溉1.199万亩，提水工程灌溉0.62万亩，保证灌溉面积为4.425万亩，分别占总耕地的90.1%和80.2%。节水灌溉面积达3.016万亩，占有效灌溉面积的60.6%。

蓄水工程：1. 水库：泉港区共有水库共13座，其中：1座中型、3座小一型（不含正在兴建的双溪水库1座）、9座小二型。（中型：泗洲水库；小一型：山外水库、石门坑水库、红星水库；小二型：加田水库、后山水库、幸福水库、潼清水库、湖仔内水库、丰收水库、昆山水库、前烧水库、四清水库）。集中分布在涂岭、前黄两个镇，其中：涂岭镇小一型水库2座、小二型水库5座；

前黄镇小一型水库1座、小二型水库5座。水库总库容2694.96万立方米，总兴利库容为1799.33万立方米。2. 山围塘：全区山围塘共38座，其中：5-10万立方米12座，1-5万立方米23座，1万以下4座。（1）库容5-10万立方米：东方（界山村）、深马里（槐山村）、五星水库（塘头村）、院前（凤翔村）、枫林坑（柳厝村）、内坑（柳厝村）、许厝（许厝村）、后田（后田村）、光洋（前烧村）、黄山郑（下炉村）、后铵山（樟脚村）、社厝内（寨后村）（2）库容1-5万立方米：羊角山（玉山村）、大前（大前村）、狮东（狮东村）、厝斗（塘头村）、虎空口（南埔村）、立新（天湖村）、无尾树（仙境村）、峰前（峰前村）、土仁（古县村）、东庄（古县村）、古县（古县村）、坝口（古县村）、后郭（前烧村）、峰张（前烧村）、割林（凤林村）、古墓（樟脚村）、谢子（樟脚村）、虎头山（白潼村）、西蔡（白潼村）、大滥（前欧村）、酒坑（前欧村）、后山（涂型村）、大山池（松园村）。（3）库容1万立方米以下：楼仔下（东凉村）、后埔（芦朴村）、白水仁子（白潼村）、大坑（三朱村）。主要分布在涂岭、前黄镇。山围塘坝型以均质土坝、土石混合坝为主，其中均质土坝28座，土石混合坝10座，砌石坝1座。

引、提水工程：泉港区本地水资源短缺，城市用水主要来自61.74千米长的湄洲湾南岸引水工程，工程近期引水规模3立方米/秒，远期规模6.5立方米/秒。引水工程从晋江金鸡闸引水，经过金鸡北干渠输水至洛阳江，通过黄塘溪取水口泵站提升后，至泉港区南埔镇枫林坑，并在枫林坑设终端调节池一座。第一期工程（3.0立方米/秒）已经建成，其供水范围为后龙组团、山腰北部工业区、南埔、涂岭。泗洲水库至枫林坑的引水工程是泉港北区的一个辅助原水水源，供水规模5.0万立方米/吨，这两个引水工程是泉港区的重要规划水源。小型河道提水工程，灌溉面积约为0.5万亩。自来水厂：泉港区现有第三水厂、湄丰水厂和福炼一体化专用水厂3座水厂，现状供水规模为8.1万吨/天。湄丰水厂位于枫林坑，水源为泗洲水库及湄南供水工程，现状供水规模3.0万吨/天 t/d，2015年规划增加至4.5万吨/天，2020年增加至6万吨/天。第三水厂水源为泗洲水库，现状供水规模0.6万吨/天。福炼专用水厂位于炼油厂区内，水源为湄南供水工程及菱溪水库，现状供水规模4.5万吨/天，2015年规划增加至6万吨/天，2020年增加至7万吨/天。

地下水工程：泉港区地下水主要受当地降水补给，其中坝头溪地下水相对比较丰富，年可开采量约100万立方米，可作为涂岭镇区、塘头、坑内等供水水源地。现有自备水源井463口，主要为农灌机电井、农村生活和大型工厂企业用水，农业灌溉约0.36万亩。

林地林木资源　泉港区现有土地总面积29723.1333公顷，其中林业用地12220.4724公顷，占全区土地总面积的41.11%，非林地17502.6609公顷，占全区土地总面积的58.89%，森林覆盖率41.47%。在林业用地面积中，乔木林地面积9695.9111公顷，占林业用地面积的79.34%，竹林地面积4.0481公顷，占林业用地面积的0.03%，疏林地50.1302公顷，占林业用地面积的0.41%，灌木林地1862.5039公顷，占林业用地面积的15.24%，未成林造林地218.9649公顷，占林业用地面积的1.79%，苗圃地87.8915公顷，占林业用地面积的0.72%，迹地101.0619公顷，占林业用地面积的0.83%，宜林地199.9608公顷，占林业用地面积的1.64%。在乔木林地面积中，用材林面积1720.6524公顷，占乔木林地面积的17.75%，薪炭林1595.6976公顷，占乔木林地面积的16.46%，防护林5610.3372公顷，占乔木林地面积的57.86%，特用林759.5397公顷，占乔木林地面积的7.83%，经济林9.6842公顷，占乔木林地面积的0.1%。在林分优势树种面积中，杉木317.5901公顷，占优势树种面积的3.28%，马尾松4037.5861公顷，占优势树种面积的41.68%，阔叶树1702.7283公顷，占优势树种面积的17.58%，木麻黄62.3490公顷，占优势树种面积的0.64%，桉树3565.9734公顷，占优势树种面积的36.81%。

2019年，全区林木总蓄积1069051立方米，其中用材林210443立方米，占林木总蓄积量的19.69%，薪炭林137720立方米，占林木总蓄积量的12.88%，防护林599195立方米，占林木总蓄积量的56.05%，特用林72183立方米，占林木总蓄积量的6.75%，疏林地462立方米，占林木总蓄积量的0.04%，散生木11291立方米，占林木总蓄积量的1.06%，非林地上森林37757立方米，占林木总蓄积量的3.53%。全区林分蓄积量1019541立方米，平均每公顷83.43立方米。其中幼龄林112731立方米，占林分蓄积量的11.06%，中龄林463234立方米，占林分蓄积量的45.44%，近熟林126341立方米，占林分蓄积量的12.39%，成过熟林317235立方米，占林分蓄积量的31.12%。在林分蓄积量中，杉木（含珍贵针叶树）蓄积量51473立方米，占林分蓄积量的5.05%，马尾松393890立方米，占林分蓄积量的38.63%，阔叶树（含珍稀阔叶树、硬阔、软阔）125095立方米，占林分蓄积量的12.27%，木麻黄5223立方米，占林分蓄积量的0.51%，桉树443860立方米，占林分蓄积量的43.54%。全区木材产量6572立方米，其中商品材6572立方米。全区共有古树名木358株，种类有榕、樟、枫香、秋枫、荔枝等21种。

野生动物资源　泉港区野生动物资源丰富，记录有两栖类1目4科7种，爬行类2目6科20种，鸟类9目25科73种，哺乳类7目9科15种。国家一级重点保护野生动物有鼋、蟒蛇、黑鹳、黄腹角雉、金斑喙凤蝶等11种。国家二级重点保护动物有蛇雕、大灵猫、穿山甲等56种。

野生植物资源　泉港区野生植物资源丰富，记录有野生维管束植物98科234属301种（包括逸生和归化种），其中蕨类植物16科18属23种，裸子植物2科3属5种，被子植物80科213属273种。其中国家一级重点保护野生植物无，国家二级重点保护植物有1种桫椤，省级重点保护植物有樟树、福建柏、柳杉、粗齿桫椤等4种。

环境质量

【大气环境】　根据泉港区环境监测站城区空气自动监测数据，2019年泉港区空气质量有效监测天数365天，其中，一级天数185天，二级天数161天，优良率为94.8%（超标天数为19天，3天为细颗粒物超标，16天为臭氧超标）

【水环境】　2019年，泉港区集中式饮用水源地黄塘溪监测频率12次，泗洲水库取水口监测频率12次，按照GB3838—2002《地表水环境质量标准》中的III类水质标准评价，水质达标率为100%；市控断面坝头溪菜堂桥入海口断面水质、菱溪泉港区与惠安交界的梧山桥断面水质分别为《地表水质环境质量标准》IV类、III类标准；近海水域水质总体优于功能区标准，2019年度全区近岸海域海水水质达到或优于二类水质海域面积比例100%。

【声环境】　2019年，泉港区区域环境噪声昼间平均等效声级为55.8分贝(A)，达到三级；道路交通噪声昼间平均等效声级为69.1分贝(A)，达到三级。

建置沿革

【南北朝前】　夏商两代，今泉港区域划属扬州。西周至东周初期，泉港属七闽地。春秋末期至战国初期，泉港属越国地。周赧王九年（前306）前后，越亡，泉港属楚国地。前221年，秦王嬴政扫平六合，统一全国，分天下为三十六郡，泉港属闽中郡辖地，为闽越族无诸所领。汉初，泉港属闽越王国，汉元鼎五年（前112）。废闽越王国后泉港改隶会稽郡冶县。东汉建安元年（196）属侯官都尉辖地。三国时，吴永安三年（260）后泉港属建安郡东安县地。西晋太康三年（282）后属晋安郡。南北朝时，南朝宋泰始四年（468）改晋安郡为晋平郡，泉港属晋平郡。梁天监（502—519）中，析晋平郡地置南安郡，泉港属南安郡南安县。

【隋唐五代】　隋朝时属泉州（州治在福州）南安县地。唐开元六年（718）准刺史冯仁智之奏请，析南安县东南十五个里置晋江县，泉港为晋江县属地。为加强管理，晋江县在县东北增设一个官署（在今前黄镇古县村），以治理今惠安、泉港等地。五代十国时，泉港属闽国辖地。南唐保大三年（945），即闽国王延政天德三年，闽国为南唐所灭，泉港属清源军晋江县。

【宋元明清时期】　北宋乾德二年（964），清源军改为平海军，泉港属焉。北宋太平兴国六年（981），析福建路晋江县东乡十六个里置惠安县，设3个乡，今泉港区域内设一乡五里，即城山乡，领崇德、德音、光德、待贤、民苏等5个里。自此，泉港一直归属泉州府惠安县管辖，到1996年肖厝经济开发区管委会成立止，历时1015年。元、明、清时今泉港区域内设忠恕乡，辖德音、光德、待贤、民苏等四里，下设六、七、八、九、十、十一、十二、十三等8都。

【民国时期】　中华民国初泉港属厦门道惠安县。1933年“闽变”期间，属“中华共和国”兴泉省惠安县，1935年8月，行保甲制，惠安县分8个区，泉港区域设坝头、涂岭两区。1943年裁撤区公所，泉港区域设山腰、坝头、涂岭3个乡。

【中华人民共和国成立后】　1949年8月18日，山腰盐警起义，泉港地区解放。23日，惠安县城解放。9月5日，惠安县人民政府成立，泉港属焉（1958年10月，惠安全县成立5个人民公社，泉港辖地为超先公社。1959—1960年，山腰盐场改为国营盐场，实行场带队体制，并划附近4个生产大队归其管辖。1991年7月设立肖厝镇，原南埔、后龙、山腰、涂岭4个乡改为办事处。）1996年3月，设立泉州市肖厝经济开发管理委员会，属泉州市人民政府派出的正县级行政机构，下辖南埔、后龙、山腰、涂岭、埭港5个镇和国有山腰盐场。1999年8月，镇级行政区域调整为南埔、界山（从南埔析出）、后龙、峰尾（从后龙析出）、山腰、前黄（从山腰析出）、涂岭7个镇和国有山腰盐场。2000年4月12日，经国务院批准，设立泉港区，辖六镇一街道100个行政村。

行政区划 人口

【行政区划】　泉港区辖有界山、南埔、后龙、峰尾、前黄、涂岭6个镇，1个山腰街道办事处和1个国有盐场，下辖92个村委会和9个社区居委会。

表2　　泉港区各镇（街道）所辖村（居）一览表

单位	村（居）委会名称
界山镇	岭头村、鸠林村、河阳村、大前村、东凉村、东张村、界山村、鹅头村、槐山村、玉湖村、下朱村、狮东村、玉山村
南埔镇	南埔村、柳厝村、塘头村、天湖村、天竺村、仙境村、凤翔村、施厝村、仑头村、先锋村、邱厝村、柯厝村、沙格村、肖厝村、惠屿村
后龙镇	上西村、峰前村、许厝村、后墘村、后田村、涂坑村、东山村、田里村、割山村、坑仔底村、后龙村、柳亭村、栖霞社区
峰尾峰	诚峰村、诚平村、前亭村、峥嵘村、上楼村、联岩村、奎壁村、郭厝村
山腰街道	荷池社区、龙山社区、聚福社区、新宅社区、锦祥社区、锦塔社区、陈庄社区、锦联村、锦山村、锦川村、菜堂村、埭港村、钟厝村、鸾峰村、叶厝村、普安村、海滨村
前黄镇	凤南村、凤北村、凤山村、凤阳村、凤安村、凤林村、坑内村、古县村、后张村、前黄村、三朱村、前烧村、香芹村
涂岭镇	清美村、白潼村、下炉村、世上村、秀溪村、芦朴村、汶阳村、松园村、小坝村、涂岭村、溪头村、涂型村、樟脚村、寨后村、黄田村、驿坂村、路口村、前欧村、溪西村、五社村、邱后村、幸福社区

【人口】　2019年，泉港区年末户籍人口42.19万人，比上年末增加0.12万人。常住人口33.6万人，与上年末持平，其中城镇人口18.04万人，乡村人口15.56万人。人口出生率13.2‰，死亡率6.7‰，自然增长率6.5‰。城镇化水平53.7%。

民族 宗教

【民族】　泉港区共有回族、畲族、蒙古族、黎族等少数民族33个，聚居的少数民族村6个，2019年少数民族人口2.71万人，占全区总人口的6.4%，占全市少数民族总人口的11.9%，是全省20个民族工作重点县（市、区）之一。其中蒙古族人口占全省蒙古族人口的90%以上。民族村8个，分别为：后龙镇柳亭村（回），民族人口2210人；峰尾镇郭厝村（回），民族人口11912人；山腰街道龙山社区(回），民族人口3530人；山腰街道钟厝村(畲)，民族人5450人；山腰街道鸾峰村（畲），民族人口1041人；涂岭镇小坝村(蒙古），民族人口2340人；涂岭镇樟脚村(蒙古），民族人口250人；涂岭镇前欧村(蒙古），民族人口450人。

【宗教】　泉港区共有佛教、道教、基督教、天主教四大教，民间信仰活动场所383处，是省市宗教工作的重点县（市、区）之一。2019年，已登记佛教活动场所90处、道教活动场所55处、基督教活动场所19处、天主教活动场所1处，共165处。

华侨及港澳台同胞

【华侨及港澳同胞】　2019年，泉港区有海外华侨华人16.34万人，主要聚居在马来西亚、新加坡2个国家，少数在印度尼西亚、菲律宾、缅甸、日本、泰国、欧美、澳大利亚等国家和地区。根据2019年侨情普查结果，共有归侨142人，侨眷34277人，海外华侨华人38384人，重点人士159人、留学生32人；中国香港居民1181人，中国澳门居民1435人。

【台胞】　泉港区有台胞12万多人，祖籍以界山、南埔、后龙、峰尾、山腰等沿海乡镇为主，主要分布在台湾西部沿海地区，其中苗栗县4万多人，高雄市1万多人，台北市1万多人，嘉义县近1万人，其他多散居于新竹、台中、基隆、云林、桃园、等市（县）。

【海（境）内外乡亲社团】　2019年，泉港有海（境）内外乡亲社团35个，主要分布在马来西亚、新加坡和中国香港、中国澳门等国家和地区。其中马来西亚13个、新加坡2个，菲律宾2个，缅甸、印度尼西亚、澳大利亚、加拿大、日本、北美洲、孟加拉国各1个；中国香港4个（其中香港泉港同乡会牌证已获香港政府批准，未成立），中国澳门1个，中国台湾6个。

姓 氏

【概况】　自汉至今，泉港人口历经至少七次大迁入、九次大迁出，终由1200多支系迁入构成现陈、林、庄、刘、连、张等80个世居姓氏。截至年底，全区共有户籍人口421924人。其中，按照人口数依次排序：南埔镇80782人，山腰街道71536人，界山镇59318人，峰尾镇57898人，涂岭镇56901人，后龙镇51268人，前黄镇44221人。

【分布】　全区世居姓按镇分布情况看，依次是涂岭镇60姓，南埔镇35姓，界山镇32姓，前黄镇30姓，山腰街道24姓，峰尾镇21姓，后龙镇17姓。全区7个镇、街道共376姓，1297村姓。其中上万人口的姓有11个，依次是陈、林、庄、刘、连、张、黄、郭、郑、王、吴。千人姓氏以上的姓氏有33个；百人以下的姓氏有307个；1人的姓氏有115个。各镇姓氏总数依次是山腰街道213个，南埔镇202个，涂岭镇193个，界山镇190个，后龙镇174个，前黄镇164个，峰尾镇161个。

物产

【农作物】　泉港区主要农作物有番薯、水稻、大麦、小麦、芋头、大豆、花生等。区内广种林、果、茶、蔗、麻等，已知林果品类51科150多种。松、柏、枫、樟、柯、杉、相思树、桉树等为主要林木，其中桉树栽种面积最大。龙眼、荔枝、余甘、桃、李、柑、橘、杨梅、杨桃为主要水果品种，南埔、界山、涂岭等地在明清时期有成片龙眼树；余甘见诸文字记载有近200年历史；邱后荔枝曾作为晋献京都佳果而闻名。涂岭干炒红茶传世150多年，后山茶场生产的“雨石牌观音红芽”自2011年以后连续两届蝉联“中茶杯”全国名优茶评比一等奖。2000年以后，泉港区推进优势农林副产品区域布局，建立农业产业化基地，在潘南垦区、坝头洋、溪西和埭中建立万亩粮食生产基地，在324 国道沿线建立龙眼、荔枝、余甘、枇杷为主的水果种植基地，保护和发展传统农林果产品。

【渔业】　泉港区沿海渔民以海为田，业航捕鱼历史悠久。明清两度开海禁后，肖厝、沙格、峰尾渔民除用定置网和内海围网捕鱼外，使用大型对船拖网和进行大钓船钓艚作业。宋元时期，滨海之民造舟船，以盛产的海盐、苎布、蔗糖等通商。20世纪50年代以后，泉港渔业生产得到较快发展，钓业、流网作业和传统作业形式不断革新，灯围、机拖大型作业开始兴起，海洋捕捞机械化、电讯化科学捕捞程度较大提高，捕捞范围进一步扩大，南至广东，东至台澎列岛，北至浙江和渤海渔场，捕捞鱼类不断增加。主要经济鱼有白带鱼、鳗鱼、黄花鱼、马鲛鱼、鲳鱼、鱿鱼、对虾、梭子蟹等。水产加工业得到发展，主要有干品加工、盐渍加工和冷冻加工三大类。鳗鱼干、鱿鱼干、乌贼鲞、钓饵干、鱼捻子、卤鲜带鱼、卤咸黄花鱼等都是传统海产珍品。20世纪80年代后，沿海乡镇充分利用自然资源，发展各种海水养殖业。全区建成肖厝、金腊、溪南、上西、峰尾等7个海水养殖基地。贝类养殖种类有牡蛎、缢蛏、花蛤、贻贝、鲍鱼等。惠屿鲍鱼获省级《无公害农产品产地认定证书》。藻类养殖和加工，主要为紫菜、海带、琼脂。上西村海带养殖面积是泉州市最大的海带养殖基地。该村鑫盛海藻有限公司加工的海带结等系列产品先后获得中国1999年昆明世博会金奖、2001年福建省名优特新产品金奖和泉州市农业产业化龙头企业等荣誉和称号。金燕海洋生物科技股份有限公司（前身为泉港化工厂）利用末水紫菜提取琼脂的先进技术，填补国内空白，荣获国家发明奖以及福建省和泉州市科技进步一等奖，产品远销日本、韩国、俄罗斯等国家以及欧洲、东南亚等地区，出口率90%以上，享有国际声誉。网箱养殖的鱼类有石斑鱼、花鲈、大黄鱼、美国红鱼、真鲷鱼、包公鱼、锯缘青蟹和三疣梭子蟹等。肖厝海水网箱养殖基地为泉州市最大的海水网箱养殖基地。

【矿产】　泉港区主要矿产资源为日晒盐、石材和花岗岩瓷石矿。山腰盐场生产的日晒盐以“细、白、纯、干”而著称，原细盐质量达到国家一级标准。盐场面积11万平方千米，年产销日晒盐10万吨，是福建省两大国有盐场之一和原盐重点生产、出口基地，产品畅销全国六省一市，远销新加坡、菲律宾、马来西亚、美国关岛、印度国家和中国港澳台地区。

【传统工艺】　泉港区传统工艺主要有榨油作坊、农家酿酒坊、造船业、粮食加工业、手工纺织业、壳灰业和家具制造业等。造船业以峰尾黄氏造船世家及其所制造的黑艄五桅堰船为突出代表。泉港的雕花床工艺精湛，风格独特，清中期传入台湾。村妇手工纺织的苎麻布（俗称“夏布”）以透气爽身著称，被誉为“福建绸”，清代已畅销广州、汕头、江浙和莆田一带，并由商贾通货于东南亚。

【风味小吃】　泉港风味小吃品类繁多，有糕粿类、煎炸类、汤丸类和其他零星小吃四大类，食材均以本地特产为主要原料，风味以闽南的甜、咸、香、酥、脆、韧为主要特征，如红团粿、汤丸、发糕、糖粿、九重粿等小吃，象征红火、吉利、甜蜜、团圆和发祥，为群众逢年过节必备习俗佳品。

文化遗存

【概况】　2019年，泉港区共有中国历史文化名村2个、中国传统村落3个、省级传统村落5个；各级文物保护单位66处，其中全国重点保护单位1处、省级文物保护单位7处、市区文物保护单位保58处，一般文物点85处；区以上级非物质文化遗产24项，其中国家级2项，省级1项，市级18项。

2001年12月，泉港区公布第一批区级文物保护单位56处。2012年7月，泉港区公布三普文物点90处。2013年7月，峥嵘郑氏宗祠、出氏翰林第、陈庄陈氏祠堂、中共地下党“火花”支部旧址（陈春三故居）、诚峰刘氏南门祖祠、山腰庄氏古民居等6处新增为第七批市级文物保护单位。2019年10月，前黄合隆商行旧址、三朱革命旧址、新桥张氏建筑群等3处新增为第八批市级文物保护单位。1996年9月，沙格灵慈宫列入福建省第四批文物保护单位。2005年5月，黄素石楼列入福建省第六批文物保护单位。2013年7月，诚峰东岳庙、闽中特委（地委）三朱地下交通站列入福建省第八批文化保护单位。2016年12月，土坑村古建筑群增补为福建省第八批文物保护单位。2018年9月，山腰庄氏古民居、大成古厝列入福建省第九批文物保护单位。2019年10月，土坑村古建筑群列入第八批全国重点文物保护单位。

【古遗址、古石塔】 泉港境内有芦朴蚁山遗址、曾炉寺冶铁遗址、界山槐山窑址、天湖烟墩山烽火台、塘头龟石山烟墩、九峰山烟墩、原峰尾尾山埔古城等古遗址。有诚平圭峰塔、仙境石塔等古石塔。

【古桥、古井】 泉港境内有驿坂大德桥、溪头无量桥、下埕中井、下埕八角井、下厝双孔井 、前亭古井等古桥古井。

【古墓葬】 泉港境内有水曲林禄墓、前黄黄理墓、下炉庄应祯墓、新村陈云崖墓、山腰普安墓群等古墓葬。

【古宅第民居】 泉港境内有泉港土坑古民居群、黄素石楼、山腰庄氏古民居、大成古厝、新桥古建筑群、合隆商行旧址、卢琦故居、郭良故居、埭港望海楼、前黄侍卫府、出氏翰林第 、溪乾连志超故居、石埕连雪花民居、前黄黄栋水民居、馆仔瑞峰民居、石桥庄景贤民居、上西张秋花民居、上西大石门民居、割山洽盛典店、北头萧理庭民居、柳厝柳五华民居、南埔大夫第、尾山埔邱二娘故居等。

【寺庙宫观】 泉港境内有太白峰寺、青狮古洞、灵慈宫、九峰山寺、瑞云殿、离相寺、曾炉寺、白石宫、龙见宫、天湖岩寺、乌石宫、义烈庙、重光寺、笔架寺、东岳庙、青龙洞、永全社、燕山寺、莲山宫、山头寺、龙凤宫、龙济宫、清莲庵、虎岩寺、东张宫、中兴宫、祥云寺、青龙庙、龙亭宫、昭灵宫、硎山宫、云门寺、锦山宫、樟山祠、重兴宫、大圣寺、天源堂、怀恩寺、清德庵、圣美宫、后安宫、莲峰社、见龙宫等寺庙宫观。

【祖祠家庙】 泉港境内有锦山庄氏家庙、郭厝郭氏家庙、陈庄陈氏祠堂、洪厝坑出氏家庙、前黄黄氏祠堂、大厅连氏家庙、荷池郑氏宗祠、峥嵘郑氏宗祠、大房瑞润祖祠、大房玉湖祖祠、虎石黄氏宗祠、后街尾刘氏家庙、后街瞻德堂、椿地钟德堂、后林朱氏家庙、西吴连氏宗祠、馆仔陈氏祖厝、上西张氏新祖厝、上西张氏宗祠、上西张氏旧祖厝、割山陈氏祖厝、北头萧氏五代同堂祖厝、下埕萧氏宗祠、柳厝柳氏祖厅、南埔林氏祠堂、前亭龙厝祖厝、峥嵘种德堂等祖祠家庙。

【石雕、摩崖石刻及其他石刻、碑刻】 泉港境内有白石宫石雕、观莲洞摩崖弥勒佛造像等古代石雕。有缪公全海功德碑、大前法元堂碑刻、蔡头桥纠风碑、驿坂古道修路碑、涂岭陈公修路颂德碑、柳厝贞节坊等碑刻。

经济发展概况

【综合】 2019年，泉港区实现地区生产总值720.99亿元，按可比价格计算，比上年增长7.6%。其中，第一产业增加值11.08亿元，比上年增长1.6%；第二产业增加值576.54亿元，比上年增长8.1%；第三产业增加值133.37亿元，比上年增长5.9%。人均地区生产总值21.46万元，按可比价格计算，比上年增长7.3%。三次产业结构由上年的1.5:79.7:18.9调整为1.5:80.0:18.5。

【农业】 2019年，泉港区实现农林牧渔业总产值18.98亿元，按可比价格计算，比上年增长1.7%。其中，农业产值2.59亿元，增长6.4%；林业产值0.04亿元，增长138.6%；牧业产值4.94亿元，增长4.7%；渔业产值10.96亿元，下降0.6%；农林牧渔服务业产值0.44亿元，增长4.7%。粮食总产量1.12万吨，比上年下降10.1%。其中，稻谷产量0.44万吨，比上年下降23.0%。茶叶产量0.04万吨，比上年增长1.2%；水果产量0.30万吨，比上年增长0.8%；蔬菜产量2.85万吨，比上年增长0.8%。生猪出栏4.47万头，比上年下降19.4%；家禽出栏304.07万只，比上年增长19.7%；羊出栏2.98万只，比上年增长3.6%。肉类产量0.90万吨，比上年下降2.0%；禽蛋产量0.45万吨，比上年增长1.8%；水产品产量8.81万吨，比上年下降0.6%。

【工业】 2019年，泉港区实现工业增加值510.66亿元，按可比价格计算，比上年增长7.8%。其中，规模以上工业增加值476.88亿元，比上年增长7.8%。规模以上工业产品销售率98.6%，比上年提升1.16个百分点。规模以上工业企业累计实现主营业务收入1912.87亿元，比上年增长12.4%；实现利润总额153.59亿元，比上年下降6.7%；亏损企业亏损面为3.0%，亏损企业亏损总额

2.20亿元，比上年增长16.4%。

【固定资产投资】 2019年，泉港区固定资产投资（不含农户）增长16.6%。按构成看，项目投资下降4.5%，房地产开发投资增长38.3%。分产业看，第一产业投资额增长61.3%，第二产业投资额增长170.2%，第三产业投资额增长0.7%。

【国内贸易】 2019年，泉港区实现社会消费品零售总额158.88亿元，比上年名义增长11.9%，增幅比上年回落2.6个百分点。

【财政】 2019年，泉港区一般公共预算收入25.32亿元，比上年下降28.0%。其中税性收入20.12亿元，占一般公共预算收入的79.5%。一般公共预算支出32.98亿元，比上年下降7.7%。其中一般公共服务支出、公共安全支出、教育支出、科学技术支出、社会保障和就业支出、医疗卫生与计划生育支出、节能环保支出及城乡社区支出共计23.37亿元，比上年下降12.8%。

【金融】 2019年，泉港区金融机构本外币各项存款余额224.32亿元，比上年下降6.0%；各项贷款余额243.84亿元，比上年增长7.6%。人民币各项存款余额221.61亿元，比上年下降7.0%；各项贷款余额228.57亿元，比上年增长3.8%。

【人民生活】 2019年，泉港区居民人均可支配收入28549元，比上年名义增长8.7%。按常住地分，城镇居民人均可支配收入37951元，比上年名义增长7.6%；农村居民人均可支配收入21471元，比上年名义增长9.1%。城乡居民人均收入倍差为1.77，比上年缩小0.02。居民人均生活消费支出18785元，比上年名义增长8.9%。按常住地分，城镇居民人均生活消费支出22428元，比上年名义增长9.2%；农村居民人均生活消费支出16042元，比上年名义增长8.2%。

2019年1月24日，全区经济社会发展情况通报会召开　（林弘椟 摄）

重要会议及活动

【区委全会】 2019年1月24日，泉港区委召开四届十次全体会议，学习贯彻总书记习近平在庆祝改革开放40周年大会上的重要讲话精神和省委十届七次全会、市委十二届八次全会精神，总结改革开放40年、建区18年实践精华，动员全区深入学习贯彻习近平新时代中国特色社会主义思想和党的十九大精神，推动新时代改革开放再出发，坚定不移走“观念立区、主业强区、生态优区、富民兴区”发展道路，为新福建和“五个泉州”建设作出更大贡献。

2019年6月15日，泉港区委召开四届十一次全体会议，学习贯彻总书记习近平在参加十三届全国人大二次会议福建代表团审议时的重要讲话和对福建工作的重要指示批示精神，按照省委十届八次全会和市委十二届九次全会部署，组织动员全区党员干部，融入新福建和“五个泉州”建设大局，突出“三个坚定自觉、五个目标引领”，推动高质量赶超新突破。

2019年12月16日，泉港区委召开四届十二次全体会议上，学习贯彻党的十九届四中全会精神，贯彻落实总书记习近平对福建工作的重要指示批示精神和党中央决策部署，结合学习贯彻省委十届九次全会和市委十二届十次全会部署，研究部署泉港区坚持和完善中国特色社会主义制度、推进国家治理体系和治理能力现代化，加快构建改革发展所需、人民群众期待、符合泉港实际的制度体系，为推进“观念立区、主业强区、生态优区、富民兴区、和谐安区”、建设美好泉港提供坚强保障。

2019年1月24日，中共泉港区委四届十次全体会议召开 （林弘樱 摄）

【区委常委扩大会议】 2月6日，区委书记梁炳辉主持召开四届区委常委会扩大会议暨新型冠状病毒感染的肺炎疫情防控紧急会议，传达贯彻全省应对新型冠状病毒感染的肺炎疫情工作领导小组第十二次会议和今天全市防控工作视频会议精神，研究《泉港区新型冠状病毒感染的肺炎疫情应急指挥部第10号通告》和《全区住宅小区流动人口居住情况大排查工作方案》，部署下一阶段工作。

3月4日，区委书记梁炳辉主持召开四届区委常委会扩大会议，听取区人大常委会党组、区政府党组、区政协党组、区纪委监委、区法院党组、区检察院党组、石化工业园区党工委工作汇报。

11月5日，区委书记梁炳辉主持召开四届区委常委会（扩大）会议，传达党的十九届四中全会、《中共中央办公厅关于做好党的十九届四中全会精神学习宣传工作的通知》和省委常委会(扩大)会议、市委常委会(扩大)会议精神。

【区委常委会会议】 1月2日，区委书记梁炳辉主持召开四届区委常委会第80次会议，传达贯彻省委十届七次全会、省委经济工作会、市委十二届八次全会、市委经济工作会主要精神。

1月7日，区委书记梁炳辉主持召开四届区委常委会第81次会议，传达贯彻习近平总书记在庆祝改革开放40周年大会上的重要讲话、习近平总书记在《告台湾同胞书》发表40周年纪念会上的重要讲话、习近平同志在十九届中央政治局第十次集体学习时的重要讲话精神，并学习贯彻《福建省县以上党和国家机关党员领导干部民主生活会实施细则》、上级有关网络舆情引导文件精神。

1月11日，区委书记梁炳辉主持召开四届区委常委会第82次会议，传达贯彻市委书记康涛、市政府市长王永礼在十六届市人大三次会议泉港代表团分组讨论上的讲话精神。

1月17日，区委书记梁炳辉主持召开四届区委常委会第83次会议，传达贯彻习近平同志在同全国总工会新一届领导班子成员集体谈话时的重要讲话、习近平同志在同妇联新一届领导班子成员集体谈话时的重要讲话、中国工会十七大、中国妇女十二大、全省党校行政学院校院长工作会议、省委常委会、市委常委会主要精神，研究《关于进一步调整村（社区）“两委”干部、村务（社区）专职工作者、离任村（社区）主干待遇保障的建议（送审稿）》，听取党校工作汇报。

1月23日，区委书记梁炳辉主持召开四届区委常委会第84次会议，学习传达中央纪委三次全会、省纪委十届四次全会、深化全省巡视工作专题会、市纪委十二届四次全会主要精神，研究《2019年全区工作会议工作方案》，审议区委四届十次全会《工作报告》、区纪委四届四次全会《工作报告》，听取2018年度我区政治生态运行情况分析报告、2018年度各镇（街道）绩效考评有关工作和“2018年度泉港区项目攻坚”先进集体、先进个人工作考评情况汇报。

2月1日，区委书记梁炳辉主持召开四届区委常委会第85次会议，传达贯彻习近平总书记在省部级主要领导干部坚持底线思维着力防范化解重大风险专题研讨班开班式上的重要讲话和省委常委会会议主要精神，部署了春节期间有关工作。

2月21日，区委书记梁炳辉主持召开四届区委常委会第86次会议，传达贯彻习近平总书记在中央政治局第十二次集体学习时重要讲话，《中共中央关于印发〈中国共产党农村基层组织工作条例〉的通知》，全国、全省、全市扫黑除恶专项斗争视频会议，省委常委会，省工商联所属商会改革和发展工作视频会议，全市“项目攻坚2018年”表彰暨“强基促稳三年行动”工作部署视频会，市委常委会，市委常委会暨扫黑除恶专项斗争领导小组会议，全市政法工作会议主要精神。

2月27日，区委书记梁炳辉主持召开四届区委常委会第87次会议，传达学习贯彻《中共中央关于加强党的政治建设的意见》《中共中央关于印发〈中国共产党重大事项请示报告条例〉的通知》《中共中央办公厅关于印发〈中国共产党党内关怀帮扶办法〉的通知》、省委省政府关于防范化解政府隐性债务风险的实施意见、全市统战部长会议主要精神，听取区直机关党工委、区总工会、团区委、妇联工作汇报。

3月13日，区委书记梁炳辉主持召开四届区委常委会第88次会议，传达贯彻省委政法委、市委政法委《关于对区域性治安稳定突出问题实行省级通报整治工作的通知》精神，研究《泉港区“强基促稳”三年行动方案》《泉港区关于开展“治安最安全、执法最满意、社会最平安”吉祥泉港创建活动实施方案》《泉港区城市基层党建专职工作者管理办法（试行）（送审稿）》、福州大学石油化工学院（泉港校区）校舍一期工程二期项目建设方案调整有关问题。

3月29日，区委书记梁炳辉主持召开四届区委常委会第89次会议，传达学习贯彻习近平总书记、李克强总理对响水“3·21”特大爆炸事故的重要指示批示精神和省委省政府、市委市政府部署要求，中共中央印发《党政领导干部选拔任用工作条例》，中央纪委常委、国家监委委员、中央巡察办主任王鸿津来闽调研讲话，省、市生态环保工作会议，全市民族工作协调委员会、宗教工作联席会暨民族宗教局长会议主要精神；研究《关于调整区直机关党组织设置的建议方案（送审稿）》，部署落实市委书记康涛在泉港调研时工作要求；听取2018年度区委巡察工作总结及2019年巡察工作计划汇报。

4月10日，区委书记梁炳辉主持召开四届区委常委会第90次会议，传达学习贯彻省委于伟国书记在“坚持底线思维着力防范化解重大风险”专题研讨班上的讲话、全市机关党的工作会议主要精神，研究《2019年度泉港区绩效评估工作方案》《关于推动构建亲清新型政商关系的意见（送审稿）》。

4月18日，区委书记梁炳辉主持召开四届区委常委会第91次会议，传达学习贯彻习近平总书记在《求是》杂志发表的重要文章《一个国家、一个民族不能没有灵魂》，习近平总书记对台工作重要讲话和中央、省、市对台工作会议主要精神；研究《2019年度全区党建工作要点（送审稿）》。

4月18日，区委书记梁炳辉主持召开四届区委常委会第91次会议，听取“11·4”化学品泄漏事故调查报告有关事故防范和整改措施落实情况汇报，研究部署举一反三工作。

4月30日，区委书记梁炳辉主持召开四届区委常委会第92次会议，传达省、市扫黑除恶专项斗争领导小组“一办五组”联席（扩大）会、市委常委会暨市扫黑除恶专项斗争领导小组会议精神，研究贯彻意见；传达习近平总书记对民政工作的重要指示精神和省委常委会主要精神，研究贯彻意见；传达贯彻市委常委会研究省委检查组移交的泉州市2018年度落实全面从严治党主体责任问题清单整改工作主要精神，研究整改工作；传达全省基层党建工作重点任务推进会和全市组织系统实施“强基促稳”三年行动、参与扫黑除恶专项斗争暨基层党建工作重点任务推进会主要精神，研究贯彻意见；传达全国巡视工作会议暨十九届中央第三轮巡视动员部署会议、省纪委书记刘学新在十届省委第六轮巡视动员部署会上的讲话、省委巡视办主任游美萍在设区市巡视办主任座谈会上的讲话精神，研究贯彻意见和市委脱贫攻坚专项交叉巡察反馈问题清单整改工作；传达贯彻中央办公厅印发《中国共产党党组工作条例》《党政领导干部考核工作条例》精神；学习研讨习近平总书记在参加十三届全国人大二次会议福建代表团审议时的重要讲话精神。

5月10日，区委书记梁炳辉主持召开四届区委常委会第93次会议，传达学习习近平总书记在中央财经委第四次会议上的重要讲话精神和省委常委会议主要精神；传达学习习近平总书记在第二届“一带一路”国际合作高峰论坛上的重要讲话精神和省委常委会议主要精神；传达学习习近平总书记在纪念五四运动100周年大会上的重要讲话精神，研究贯彻意见；传达中央、省、市为基层减负有关文件精神，研究泉港区推进落实解决形式主义突出问题切实为基层减负若干措施；研究《泉港区深化农村人居环境整治三年行动方案》《泉港区安控区涉迁村“离土不离村、乔迁利不减”服务管理创新专项行动实施方案》《2019—2022年泉港区干部教育培训规划》《关于适应新时代要求大力发现培养选拔优秀年轻干部的实施意见（送审稿）》；研究设立福建医科大学附属第一医院泉港总医院党委、纪委有关事项。

5月24日，区委书记梁炳辉主持召开四届区委常委会第94次会议，研究《泉港区关于发展壮大村级集体经济的实施意见》《中共泉港区委全面深化改革委员会“两规则一制度一细则”》《中共泉港区委全面深化改革委员会2019年工作要点（送审稿）》；研究赴市委“两优一先”表彰推荐名单和“两优一先”推荐工作建议方案有关情况；听取2018年度第二、三、四、五系列绩效评估考评工作情况汇报。

6月3日，受区委书记梁炳辉委托，区委副书记、区长颜朝晖主持召开四届区委常委会第95次会议，传达学习习近平总书记在中央政治局会议听取2018年脱贫攻坚成效考核等情况汇报时和主持召开解决“两不愁三保障”突出问题座谈会时的重要讲话以及市委常委会会议精神，研究贯彻意见；传达学习习近平总书记在全国公安工作会议上的重要讲话和省委常委会扩大会议、市委常委会会议精神，研究贯彻意见；传达学习中办印发《中国共产党党员教育管理工作条例》精神；传达学习《习近平关于力戒形式主义官僚主义论述摘编》和丁薛祥同志在中央和国家机关推进会上的讲话以及省委常委会会议精神，研究贯彻意见；传达学习中央全面深化改革委员会第八次会议精神，研究贯彻意见；传达学习习近平总书记在中央编委会第一次会议上的重要讲话和省委常委会会议、市委常委会会议精神，研究贯彻意见；部署当前防汛有关工作。

6月12日，受区委书记梁炳辉委托，区委副书记、区长颜朝晖主持召开四届区委常委会第96次会议，传达省委十届八次全会、市委十二届九次全会精神，研究区委四届十一次全体会议有关事项、《在区委四届十一次全体会议上的报告》《中共泉港区委关于深入学习贯彻习近平总书记在参加十三届全国人大二次会议福建代表团审议时重要讲话精神的意见》《关于全面加强新时代党的建设的若干措施》《关于建立防返贫控新贫稳脱贫长效机制的暂行办法》《关于加快新时期产业工人队伍建设的实施意见》《关于探索海峡两岸融合发展新路的若干措施（送审稿）》；传达贯彻市研究部署迎接第二轮中央生态环保督察工作会议精神，研究贯彻意见；传达市“强基促稳”及重大风险防范化解工作推进会精神，研究贯彻意见；传达学习习近平总书记关于机要密码工作重要批示精神，省委、市委保密委员会全体会议和省、市保密工作会议以及全市密码工作领导小组（扩大）会议精神，研究贯彻意见；研究2019年区级优秀共产党员、优秀党务工作者和先进党组织表彰对象名单。

6月15日，区委书记梁炳辉主持召开四届区委常委会第97次会议听取2018年度区级平安（先进）单位、平安镇（街道）考评工作情况汇报。

7月4日，受区委书记梁炳辉委托，区委副书记、区长颜朝晖主持召开四届区委常委会第98次会议，传达学习《中共中央关于李平同志搞形式主义、官僚主义案件查处情况及其教训警示的通报》精神；传达全国和全省、全市反邪教工作会议主要精神，研究贯彻意见；传达学习习近平总书记《〈福州古厝〉序》和省委常委会扩大会议、市委常委会会议精神，研究贯彻意见；听取2019年上半年全区意识形态工作责任制落实情况和全区意识形态领域综合分析汇报；传达学习《关于贯彻习近平总书记重要批示精神深入落实中央八项规定精神的工作意见》精神，研究我区贯彻意见；传达学习全国、全省“不忘初心、牢记使命”主题教育工作会议精神和习近平总书记为第五批全国干部学习培训教材所作《序言》精神以及市委常委会会议精神，研究贯彻意见；传达习近平总书记重要讲话精神以及赵乐际同志在市县巡察工作推进会上的讲话精神，研究贯彻意见。

7月19日，区委书记梁炳辉主持召开四届区委常委会第99次会议，传达贯彻习近平总书记在深化党和国家机构改革总结会上的重要讲话精神；传达学习《中央生态环境保护督察工作规定》和省委常委会会议、市委常委会会议精神，研究《泉港区关于全面加强生态环境保护坚决打好污染防治攻坚战的实施意见（送审稿）》；研究《泉港区关于坚持农业农村优先发展做好“三农”工作的实施意见（送审稿）》；传达学习习近平总书记关于残疾人事业的重要论述和指示，传达全国、全省自强模范暨助残先进表彰大会精神和省委常委会会议、市委常委会会议精神，研究贯彻意见；传达全市“强基促稳”2019年上半年工作点评会精神，研究贯彻意见；传达学习习近平总书记在十九届中央政治局第十五次集体学习时的重要讲话精神，研究贯彻意见；传达市委新时代新担当新作为工作领导小组第二次会议精神，研究贯彻意见；传达公务员职务职级并行制度精神及全市学习贯彻培训班精神，研究贯彻意见。

7月29日，区委书记梁炳辉主持召开四届区委常委会第100次会议，研究干部人事工作。

8月5日，区委书记梁炳辉主持召开四届区委常委会第101次会议，传达学习习近平总书记、丁薛祥同志在中央和国家机关党的建设工作会议上的重要讲话和省委常委会会议精神，研究我区贯彻意见；传达支树平组长在中央扫黑除恶第一轮督导福建“回头看”反馈会上的讲话和省委书记于伟国在省委常委会会议研究中央扫黑除恶第一轮督导“回头看”准备工作时的讲话精神，研究贯彻意见；传达省委于伟国书记在全省巡视巡察工作会议上的讲话精神，研究贯彻意见；传达省纪委监委半年工作视频会议精神并研究贯彻意见，传达《市纪委市监委关于泉州市原食品药品监督管理局药品总监蔡锦忠违纪违法犯罪案件的通报》精神；研究《中共泉港区委统一战线领导小组工作规则》《中共泉港区委统战工作领导小组办公室工作细则（送审稿）》。

8月15日，区委书记梁炳辉主持召开四届区委常委会第102次会议，传达学习习近平总书记给下党乡乡亲的回信精神及省委常委会扩大会议、市委常委会会议精神；传达学习习近平总书记在中央政治局会议上研究当前经济形势及经济工作时的重要讲话和中共中央召开的党外人士座谈会的重要讲话精神以及省委常委会会议、市委常委会会议精神；传达全国安全生产电视电话会议精神，听取上半年全区安全生产工作情况汇报；传达全国、省、市违建别墅问题清查整治专项行动会议精神，研究贯彻意见；传达中央办公厅国务院办公厅《法治政府建设与责任落实督察工作规定》精神，研究贯彻意见；研究《中共泉港区委财经委员会2019年工作要点》《中共泉港区委财经委员会工作规则、财经办工作细则》。

8月27日，区委书记梁炳辉主持召开四届区委常委会第103次会议，传达学习《中国共产党机构编制工作条例》和省委编委会第三次会议精神，研究贯彻意见；传达中央全面依法治国委员会第一次、第二次会议、省委全面依法治省委员会第一次、第二次会议和市委全面依法治市委员会第一次会议精神并研究贯彻意见，研究《中共泉港区委全面依法治区委员会工作规则》《中共泉港区委全面依法治区委员会办公室工作细则》《中共泉港区委全面依法治区委员会协调小组工作规则》《中共泉港区委全面依法治区委员会各专项协调小组成员名单》《2019年全面依法治区重点工作（送审稿）》；传达中央、省委、市委审计委员会第一次会议精神，研究贯彻意见，听取全区2018年审计工作情况及2019年审计工作思路汇报和贯彻落实《省委办公厅、省政府办公厅〈关于完善审计整改提升成果运用的意见（试行）〉》汇报，研究《中共泉港区委审计委员会工作规则》《中共泉港区委审计委员会办公室工作细则》《2019年全区审计项目计划安排的初步意见（送审稿）》；传达省委常委、副省长张志南到泉港调研暨现场办公的讲话精神，研究贯彻意见；听取省市主体责任检查整改落实情况、巡察发现问题整改情况、审计反馈意见整改情况汇报；研究《泉港区党委（党组）国家安全责任制实施细则》《中共泉港区委国家安全委员会工作规则》《中共泉港区委国家安全委员会2019年工作要点（送审稿）》；传达中央、省委、市委外事工作委员会会议精神并研究贯彻意见，研究《中共泉港区委外事工作委员会工作规则》《中共泉港区委外事工作委员会办公室工作细则（送审稿）》。

9月9日，区委书记梁炳辉同志主持召开四届区委常委会第104次会议，传达全国、全省、全市教育大会主要精神，研究贯彻意见；传达《中国共产党宣传工作条例》和省委常委会会议精神并研究贯彻意见，传达市委张永宁副书记在全市落实意识形态工作责任制专题培训班上的讲话精神并研究贯彻意见；传达《中共中央关于印发〈中国共产党问责条例〉的通知》精神；传达全市实施公务员职务与职级并行制度工作会精神；研究《区委退役军人事务工作领导小组工作规则》《区委退役军人事务工作领导小组办公室工作细则》《区委退役军人事务工作领导小组2019年工作要点》《泉港区关于完善矛盾纠纷多元化解体系建设实施方案(送审稿)》。

9月12日，区委书记梁炳辉主持召开四届区委常委会第105次会议，传达中央、全省“不忘初心、牢记使命”主题教育第一批总结暨第二批部署会和泉州市“不忘初心、牢记使命”主题教育部署会精神，研究“不忘初心、牢记使命”主题教育有关工作；传达省委常委会会议、市委常委会会议精神，部署全区社会稳定和安全生产工作。

9月27日，区委书记梁炳辉主持召开四届区委常委会第106次会议，传达学习《中国共产党农村工作条例》精神，研究我区贯彻意见；传达中央财经委员会第五次会议和省委常委会会议暨省委财经委员会第三次会议、市委常委会精神；研究确定泉港软弱涣散村级党组织整顿方案；听取区委常委2018年度述责述廉存在问题整改情况汇报。

10月8日，区委书记梁炳辉主持召开四届区委常委会第107次会议，传达学习习近平总书记在庆祝中华人民共和国成立70周年大会上的讲话主要精神，研究省委巡视有关筹备工作。

10月18日，区委书记梁炳辉主持召开四届区委常委会第108次会议，传达学习习近平总书记在中央政治局第十七次集体学习时的重要讲话和省委常委会会议、市委常委会会议精神，研究贯彻意见；传达学习习近平总书记在河南考察调研“不忘初心、牢记使命”主题教育重要讲话精神以及全省、全市主题教育工作推进会和市委常委会会议精神，研究贯彻意见；传达《中共福建省委组织部关于〈村（社区）党组织书记县级党委组织部门备案管理办法（试行）〉的通知》精神，研究贯彻意见；研究《2019年度镇（街道）落实党政领导平安建设责任书暨吉祥泉港平安创建考评工作方案（送审稿）》、《2019年度区直机关事业单位、区属国有企业和省市驻泉港单位吉祥泉港暨“平安单位”创建考评工作方案（送审稿）》。

10月31日，区委书记梁炳辉主持召开四届区委常委会第109次会议，传达学习习近平总书记听取国庆70周年庆祝活动总结报告时的重要讲话精神和省委常委会会议、市委常委会会议精神，研究贯彻意见；传达学习习近平总书记对科技特派员制度推行20周年和对脱贫攻坚工作的重要指示精神和省委常委会会议精神，研究贯彻意见；传达全省实施乡村振兴战略暨农村人居环境整治现场推进会精神，研究贯彻意见；传达省委办关于诏安县委原书记何德发严重违纪违法案的通报精神，研究贯彻意见；传达全市宗教工作督查整改专题会议精神，研究贯彻意见；研究《泉港区党政领导干部安全生产责任制实施细则》《泉港区农村（社区）集体资金资产资源管理规定（送审稿）》。

11月14日，区委书记梁炳辉主持召开四届区委常委会第110次会议，传达学习全国、全省、全市推进扫黑除恶专项斗争工作视频会议和省委常委会会议、市委常委会会议精神，研究贯彻意见；传达省委主题教育领导小组来泉调研座谈会和市委常委会暨市委主题教育领导小组第五次会议精神，研究贯彻意见；研究《泉港区贸促会深化改革方案（送审稿）》。

11月21日，区委书记梁炳辉主持召开四届区委常委会第111次会议，传达学习中央政治局会议、省委常委会会议、市委常委会会议关于加强党内法规制度建设精神，学习《中国共产党党内法规制定条例》《中国共产党党内法规和规范性文件备案审查规定》《中国共产党党内法规执行责任规定（试行）》，研究贯彻意见；传达《关于深化统计管理体制改革提高统计数据真实性的意见》《统计违纪违法责任人处分处理建议办法》《防范和惩治统计造假、弄虚作假督察工作规定》精神，研究贯彻意见；传达市委统一战线工作领导小组（扩大）专题会议精神，研究贯彻意见；传达市委集中整治形式主义官僚主义、推动“六个落实”专项交叉巡察情况通报约谈会精神及对泉港反馈意见，研究我区贯彻意见；传达市党政领导生态环境保护目标责任书暨中央生态环境保护督察问题整改专题推进会精神，研究贯彻意见。

11月29日，区委书记梁炳辉主持召开四届区委常委会第112次会议，传达省委常委会会议暨省委网络安全和信息化委员会第一次会议及市委网络安全和信息化委员会第一次会议精神并研究我区贯彻意见和《中共泉港区委网络安全和信息化委员会工作规则》《中共泉港区委网络安全和信息化委员会办公室工作细则（送审稿）》；传达全市主题教育工作推进会精神，研究贯彻意见。

12月6日，区委书记梁炳辉主持召开四届区委常委会第113次会议，传达学习习近平总书记在中央政治局第十八次集体学习时的重要讲话和省委常委会会议、市委常委会会议精神，研究贯彻意见；传达学习习近平总书记对全国道德模范表彰活动的重要指示精神暨全国、省、市道德模范座谈会主要精神及市委常委会会议精神，研究贯彻意见；传达全省乡村治理体系暨乡风文明建设现场推进会精神，研究贯彻意见；研究区四届人大四次会议、区政协四届四次会议有关事项；听取区直机关党工委、党校、区总工会、团区委、妇联工作汇报；研究《泉港区单位正职末位淘汰实施办法（试行）（送审稿）》。

12月12日，区委书记梁炳辉主持召开四届区委常委会第114次会议，传达中央和省委、市委政协工作会议主要精神，研究贯彻意见；传达省委十届九次全会、市委十二届十次全会精神，听取区委四届十二次全体会议有关事项汇报，研究《在区委四届十二次全体会议上的讲话》《关于区委常委会工作的报告》《中共泉港区委深入贯彻〈中共中央关于坚持和完善中国特色社会主义制度、推进国家治理体系和治理能力现代化若干重大问题的决定〉的实施意见》《关于〈中共中央关于坚持和完善中国特色社会主义制度、推进国家治理体系和治理能力现代化若干重大问题的决定的实施意见〉的说明（送审稿）》；传达全市网络安全和信息内容管理执法联席会议精神和研究贯彻意见，听取2019年全区意识形态工作责任制落实情况汇报；听取全区2019年落实全面从严治党主体责任形势分析情况汇报；研究《2020年政府工作报告》《泉港区2019年国民经济和社会发展计划执行情况与2020年计划草案的报告》、2019年主要经济指标预计完成情况及2020年预期目标、《泉港区2019年财政预算执行情况和2020年财政预算草案的报告（送审稿）》、2020年全口径预算草案编制情况有关事项；研究2020年泉港区重点项目建设有关问题；研究2020年区委区政府为民办实事项目有关问题。

12月27日，区委书记梁炳辉主持召开四届区委常委会第115次会议，传达学习习近平总书记在中央政治局第十九次集体学习时的重要讲话和省委常委会会议、市委常委会会议精神，研究贯彻意见；传达中央经济工作会议、省委经济工作会议和市委经济工作会议精神，研究贯彻意见；通报省财政厅文件精神，研究贯彻意见；传达全省、全市深入学习贯彻习近平总书记重要论述加强新时代文化和自然遗产保护利用工作会议精神，研究贯彻意见。

综合协调

【办文办会】 2019年，泉港区委办改进和完善公文的报送、处理和审批制度，从严把住行文关、审批关、政策关、文字和体例格式关、装订和报送关等“五关”。2019年度，本级发文755件（以市基层减负统计口径统计三大类），比2018年同期减少58.8%。提高办会和领导活动安排水平，坚持每周统筹协调提出区委主要工作安排方案，每周征集常委（扩大）会议议题，精减会议和领导同志的事务性活动。2019年度，本级召开会议446场次，比2018年同期减少52%。

【文字综合】 2019年，泉港区委办起草、修改、整理区委四届十次、十一次、十二次全会、全区工作会议、经济运行分析会、“不忘初心、牢记使命”主题教育、“强基促稳”工作会、“治安最安全、执法最满意、社会最平安”吉祥泉港创建活动部署会、全区教育工作会、全区经济社会发展情况通报会、全区实施乡村振兴战略暨农村人居环境整治和科技特派员工作推进会等一系列重大会议材料，累计起草区委领导的重要讲话、大会报告、报刊综稿及各种专题材料120多篇110多万字；编写印发区委常委会会议纪要36份、常委会扩大会议纪要2份、常委会专题会议纪要10份。

【信息工作】 2019年，泉港区委办扣紧区委中心工作、领导决策思路、关注热点、社会焦点，做到快收集、快编发、快报道，由过去片面追求数量向注重追求质量转变，及时有效为区领导决策部署提供信息服务。2019年，累计编发《泉港信息》正刊79期、增刊88期，获市领导批示1人1次、区领导批示25人158次，编辑2019年度《泉港信息》合订本1册；累计在《侨区快讯》刊登信息110条（篇），获市领导批示8人28次、区领导批示26人60次，2019年全市信息排名居第3位；累计在《八闽快讯》《福建信息》刊登信息55条（篇），获区领导批示6人8次。

【改革调研】 2019年，泉港区委办多次组织部门对“离土不离村、乔迁利不减”、房票安置、行政审批制度改革、“区管校聘”体制改革、干部召回等重要改革项目进行深度调研，形成一批有深度、高质量的调研成果。制定出台《泉港区“强基促稳”三年行动方案》，抓好11个规定专项行动，创新实施5个自选专项行动，形成6个区级典型案例，4个市级典型案例，多项专项工作行动走在全市前列。制定出台《中共泉港区委全面深化改革委员会2019年工作要点》《两规则一制度一细则》，做好传达贯彻中央、省、市改革相关会议精神的上会材料，组织召开8次区委深改委会议。梳理确定23个区级重点调研课题，编发《泉港调研》12期，累计向市《泉州通讯》《泉州改革调研》等刊物上报优秀文稿18篇，刊发14篇。

【决策督查】 2019年，泉港区委办聚焦巡视巡察、重大项目、生态环保、安全生产等领域，对重大决策全力抓，对专项工作迅速抓，对热点问题跟踪抓，推动区委决策部署落到实处。对各镇（街道）和区直单位落实区委重大决策部署情况开展专项巡查，开展《中共泉港区委常委会工作要点》落实情况专项督查3次；分解督办《专题会议纪要》5份92项。按照区委的批示，适时开展督查，限期反馈，及时编发《前哨》《呈报件》，为区委领导的再决策提供有力依据。对书记下乡调研、召开专题协调会议以及交办件开展专项督办，共办理区委领导批示件12件，基本上做到了“有批必查、有查必果”。严格按照“基层减负年”工作要求，力戒形式主义、官僚主义，严格控制“文山会海”。2019年度，本级发文比2018年同期减少58.8%，本级召开会议比2018年同期减少52%。

组织工作

【概况】 2019年，泉港区深入学习贯彻习近平新时代中国特色社会主义思想，以党的政治建设为统领，以“提高工作质量、构建组工体系”为主线，开展组织工作“聚力攻坚年”活动，提升党的建设和组织工作质量，为推进“观念立区、主业强区、生态优区、富民兴区、和谐安区”，全面建设美好泉港提供坚强的组织保证和人才支撑。

【主题教育活动开展】 2019年，泉港区委把主题教育工作作为全区党员干部政治生活最重要的头等大事来抓，组织召开区委常委会会议5次，研究明确主题教育前期准备、机构搭建、方案制定等重要事项。根据“学习教育、调查研究、检视问题、整改落实”四项重点措施，绘制“一图两清单”，对全区61个参学党委（党组）进行“全程式导航”。建立区委主题教育工作领导小组，下设主题教育办5个职能组和7个巡回指导组，制定《区委“不忘初心、牢记使命”主题教育巡回指导组工作手册》，合理设岗定责，集中驻地办公。建立“区委主题教育办与市委、区委巡回指导组三方联席会议”制度，实行市委第三巡回指导组指导工作联系点工作机制，促进信息互通、经验互鉴、资源共享和工作共推。

【主题教育活动载体创新】 2019年，泉港区开办“初心讲堂”“微课堂”、创新“海上送学”“流动课堂”“结对帮学”“一刻钟”等学习形式，实现全区643个党组织15600多名党员主题教育全覆盖。深挖本地“鲜活教材”，组织拍摄《村支书的“初心”》专题电教片，收录39名优秀党员事迹，编印《初心》教材670多本，开发印制“红色有声图书”16000多册，发放至各基层党支部学习使用。围绕“悟初心、守初心、践初心”主题，整合三朱地下交通站旧址、陈平山烈士故居等红色资源，设立首批8个“红色+廉政”主题党日活动基地，为全区主题教育开展提供优质平台。通过报刊、微信、网页等平台，定制主题教育宣传产品22条，宣传主题教育内容。结合国庆70周年，举办“我把国旗接回家”“我与国旗合个影”“礼赞新中国．奋进新时代”系列网上互动活动，激发网友爱国热情，激活广大干群的学习热潮。

【主题教育问题整改】 2019年，泉港区党员处级领导组成8个专题调研组，围绕解决各部门各单位存在的突出问题、群众反映强烈的热点难点问题、基层党建面临的紧迫问题，精选制定调研课题37个，实地调研75场次，在领导班子中开展调研情况交流会9场次，提出对策建议62条，征求意见建议500多条，查找梳理专项整治问题445个。研究制定《整改方案》，列出问题、任务、责任、时限“四个清单”，推进整改。主题教育期间共定制整治措施614条，即查即改153个，阶段性整改240个。贯彻落实省委“三四八”工作机制，结合“强基促稳”16个专项行动方案，对重点领域重点问题实行区领导包案落实。

2019年12月12日，四届区委常委会第114次会议召开　（区委报道组 供图）

【主题教育宣传】 2019年，泉港区围绕“泉港好大家会更好”主题，结合新中国成立70周年，打包订制“六个好”18项宣传活动，推送主题教育宣传产品140多条，讲述泉港好故事，传播泉港好声音，唱响泉港主旋律，营造爱党、爱国、爱家乡的浓厚氛围。举办“百支千场万人”大宣讲，组建108支文艺、方言特色宣讲小分队，通过群众喜闻乐见的方式宣讲习近平新时代中国特色社会主义思想和中共十九届四中全会精神，直接受众近4万人次，让党的创新理论“飞入寻常百姓家”。到厦门、福州、西安泉港商会开展《我的家乡——泉港》专题宣传。开展“身边故事・榜样力量”先进人物学习活动、“立德树人・新时代好少年”培育等系列主题教育，引领广大干部群众形成“学先进、赶先进、当先进”的社会好风尚。

【软弱涣散村级党组织整顿提升】 2019年，泉港区党员处级领导干部带队调研各行政村，对存在黑恶势力干扰侵蚀、存在“村霸”和涉黑涉恶问题等情形的村进行全面排查摸底，确定软弱涣散村（社区）党组织整顿对象9个，分门别类梳理突出问题，“一村一策”制定整顿方案，区委常委会召开专题会议逐村研究，区委书记和区长亲自挂钩联系软弱涣散村，督促指导开展软弱涣散整顿工作。采取处级领导联村、镇街领导包村、区直部门挂村、第一书记驻村、下派工作组、成立整顿工作领导小组等措施，合力推进整顿工作。建立软弱涣散村级党组织定期排查、分类整顿、挂钩帮扶、督查调度、长效保障等5项常态化制度，实行挂号销号、单项考评和台账管理制度，采取明察暗访、定期督查等措施，对整顿工作相对滞后的实行预警提示，督促加快落实，确保整顿转化工作的质量和效果。

【基层组织规范化建设】 2019年，泉港区出台《泉港区党员积分精细化管理评价制度实施方案（试行）》，对各领域党员参加组织生活、志愿服务等进行量化积分，提高党员队伍管理的规范化水平，促进“三会一课”、组织生活会、支部主题党日等制度落实到位。开展党支部达标创星活动，加强“三会一课”组织管理，健全完善计划报备、活动纪实、现场指导、检查考核等制度。开展“党支部工作法”评选活动，评出“十佳党支部工作法”和5个“优秀党支部工作法”，并给予5000～1万元奖励。出台村级组织活动场所规范化建设参考指南，从外部标识衔牌、内部功能布局、牌匾制度设置等全面规范，推进村级党群服务中心标准化建设，筑牢推进社会和谐稳定的堡垒根基。是年补助村级党群服务中心标识建设经费23.77万元。

【村级队伍常态监管】 2019年，泉港区出台《关于村（社区）党组织书记区级备案管理的实施办法（试行）》和《泉港区村主干日常监督管理二十条措施》等文件，实施村干部规范化管理。建立村干部人选区级联审常态制度，由区委组织部联合区纪委监委、政法委、公检法、卫健、信访等15个部门，对村干部人选进行“十五联审”，严把“入口关”，从源头上保证村干部队伍纯洁性。换届后完成18名村“两委”成员人选区级联审工作。针对村党组织带头人在信访等方面短板，组织35名村书记赴江阴市委党校开展拓展培训，选派19名村书记到村支书导师所在村异地挂职锻炼。

【村级队伍激励保障落实】 2019年，泉港区建立村干部基本补贴动态增长机制，依据年度镇级绩效评估在全区名次、季度村级在镇级综合考评等次及村干部综合表现等情况，由财政兜底保障村干部基本补贴，村主干按3200元/月、3450元/月、3700/月三个档次发放，村常务副职和村党组织、村委会委员分别按村主干的90%和60%落实。实行离任村主干基本养老补贴与城镇职工基本养老保险相衔接制度，对累计任职满6年及以上的离任村主干，按任职年限可领取360～1260元的养老补贴，统一为在职村两委办理每人每年300元的团体人身意外伤害保险，激发村干部工作热情，提高村干部岗位吸引力。

【“村支书导师团”模式拓展】 2019年，泉港区实行导师动态管理，优化导师团队伍结构，导师团成员调整至13名、挂钩联系16个村。出台《泉港区村支书导师团管理办法（试行）》，加强对村支书导师团队伍的规范管理。举办导师论坛2期，指导解决村级党组织书记工作中遇到的困惑和难题近60个。开展“导师在现场”活动1场，组织导师深入需求村开展蹲点调研，为村级发展理思路、出对策，为村干部排忧解难。实施“头雁四季领航”工程，以项目推进为抓手，开展村级党组织领头雁“三诺领衔·四季领航”活动，延伸党员“三诺”制度，彰显村主干示范带动效应，完善农村基层治理。开展村级党组织书记异地挂职锻炼，选派19名村级党组织书记到导师所在村异地挂职锻炼，帮助其增长才干、提升履职水平。相关特色做法先后被《新华每日电讯》《中国组织人事报》《福建日报》等专题报道。

【“跨村联带”模式深化延伸】 2019年，泉港区结合推进乡村治理组织体系建设，探索跨村联带“365”机制助力构建现代乡村治理体系，发挥优秀村支书“领头雁”作用，带动先进支部提质扩面、中间支部晋位升级、后进支部整顿转化，增强基层组织力，筑牢乡村治理根基。深化“跨县域边际党建联创”模式，组建联创联建工作机构和经济、综治、创卫等若干专项工作组，互派“一师两员”（村支书导师、边际党建指导员、乡村振兴联络员），引导带动边际村资源整合、优势互补。泉港区与莆田市仙游县两地“联创联带”共覆盖4个镇、12个村，推动种植养殖、农村电商、乡村旅游等51个共建项目落地见效。

【基层党建“全域示范工程”打造】 2019年，泉港区以“巩固成果、拓展提升、建立机制”为基本思路，聚焦“老典型与新典型协同并进”，对全区48个基层党建“全域示范工程”示范点进行整体推进、系统提升。建立党（工）委委员全员挂钩联系党建示范点创建工作机制，点对点督促指导基层党支部落实落细责任，精心设计并打造参观考察线路，在每个示范点探索建立一套切合实际的党建机制，发挥示范项目以点带面效应，推动基层党建多点开花、亮点纷呈。

【“党员冠名服务品牌”创建】 2019年，泉港区深化“党员冠名服务品牌”创建内涵，鼓励引导全区各领域党组织党员干部立足职责，创设蔡庆清党员杨桃种植基地、房香莲党员心理咨询工作室等“党员冠名服务品牌”160多个，并在区广电台开设专栏对25个品牌进行宣传报道，“冠名党员服务三农”做法，获全市机关特色党建竞赛二等奖。结合建党98周年，组织开展党内集中表彰活动，表彰近年来在各条战线上做出优异成绩和突出贡献的优秀共产党员45名、优秀党务工作者40名、先进党组织35个，营造学习先进、争当先进、赶超先进的浓厚氛围。

【安控区涉迁村“离土不离村、乔迁利不减”服务管理创新专项行动】 2019年，泉港区按照“搬得出、住得下、稳得住、能发展”的要求，针对整体搬迁村和局部搬迁村实际，创新涉迁村党组织领导下的联系服务群众工作机制和村集体资产管理机制等，让涉迁群众共享吉祥泉港的发展红利。灵活涉迁村党组织设置，根据涉迁党员搬迁情况，成立临时党小组，加强涉迁党员教育管理。结合农村集体资产股份制改革，推进17个涉迁村成立村级经济股份合作社，设立渔民“生产驿站”、征迁劳动力就业创业便民服务中心等，推动村集体资产保值增值。是年共成立19个临时党小组，服务涉迁党员664人，转移就业涉迁群众3011人，发放创业贴息贷款410万元，完成撤并小学2所，安排涉迁群众子女就学1660多人。

【“滨海红色堡垒”固本培元专项行动】 2019年，泉港区探索构建“党委领导+社会组织”党建工作新模式，成立峰尾镇紫菜等水产养殖协会和渔业协会，在海洋产业链上建立党支部，加强23家紫菜种殖专业合作社、4家海蛎养殖专业合作社管理，整合分散的养殖户，推进水产养殖规模化。设立滨海党建工作站，建立联席会议制度，协调解决滨海生产作业中遇到的问题。设置滨海网上党建平台，搭建党建、监控、调解、救援等八大平台，整合各类资源，实时调解矛盾纠纷。

【村集体经济“消薄”攻坚行动】 2019年，泉港区把发展村集体经济列入镇街“书记党建项目”，建立区直部门、镇街党政领导挂钩联系经营性收入5万元以下的薄弱村制度。坚持因村制宜，通过盘活闲置资源、入股优质国企、推行“跨村联带+扶贫基地、电子商务”“跨县域边际党建”等方式，实现村财创收。采取“党组织+企业+合作社”模式，引导辖区11个薄弱村（社区）与泉港城乡投资公司签订合作框架协议，共同出资购买设备，承接道路养护、餐厨垃圾清运等业务，村级股份占比66%，确保每个薄弱村年经营性收益5万元以上。推行“党建+金融助理”模式，举行村级股份经济合作社授信仪式，泉州农商银行为全区村级股份经济合作社单列授信5亿元，11个村级股份经济合作社获得首批30万元的“乡村振兴贷”，有效解决基层和群众贷款难、融资难问题，助推发展壮大村集体经济，全面消除村集体经济经营性收入5万元以下的薄弱村。

【党建引领城市基层治理模式创新】 2019年，泉港区深化城市基层党建“一核六体系”工作机制，探索构建“1+3+N”城市党建运行体系，发挥社区党组织“一核”引领作用，带动工青妇“三方”配套组织协同发力，引导驻区单位、两新组织等“N”个其他组织资源共享、优势互补，推动城市基层党建由从上到下的“单向管理”向分模块、分区域的“纵横联合”转变，有效整合各方面资源，解决群众的操心事烦心事，打通服务居民群众“最后一公里”。建立“互联网+网格化”党建引领社会治理新模式，构建社区—居民小区—楼栋三级党建网格，划分社区网格9个、小区网格21个，形成“社区有网、网中有格、格中定人、人负其责”的工作机制。试点打造山腰街道逸涛小区“红色业委会”，将党支部建在业委会上，突出党建引领，破解小区自治难题。出台《泉港区城市基层党建专职工作者管理办法》，将13名社区专职工作者并轨纳入城市基层党建专职工作者队伍管理，采取“专家授课+现场观摩+分组讨论”方式，组织赴区委党校、厦门城市党建学院等开展专题培训2期，累计培训64人次。

【“党建联动强堡垒”机关党建新模式推行】 2019年，泉港区推广“党建联动强堡垒”工作模式，组织指导检察院、税务局、泉港实幼等15个先进机关党支部与16个机关、企事业、社会组织等基层党组织开展结对共建工作，构建活动互联、党员互助、优势互补、资源互享、工作互促的机关党建工作新格局，夯实基层基础。成功培育3对“党建联动强堡垒”先进典型。推行党建项目化管理，不少精品项目在竞赛中暂露头角，《“505微公益”创建“救急难”新模式》获第二届全省机关体制机制创新优秀案例征集评选活动一等奖、2019泉州市机关体制机制创新优秀案例评选活动特等奖，《服务“三农”扎根乡土 让党建之花开在田间地头》《统赞泉港》特色党建项目获市级竞赛二等奖。

【非公企业党建】 2019年，泉港区出台推进非公企业党建工作质量提升十条措施，探索推进非公企业党组织三个标准化建设，解决非公企业党建力量薄弱特别是中小企业党员流动性强管理难、党组织无活动场所，容易“空壳化”“半空壳化”等问题，提升全区非公企业党建工作质量。在全区非公企业党组织中实行机关党员“嵌入式”管理制度，将机关党员组织关系转至党员人数少于3人的非公企业和社会组织党组织，推动解决“空壳化”“半空壳化”等问题。2019年，全区非公企业党的组织覆盖率90.77%。设立“党建入章程咨询台”“党建入章绿色通道”、编印章程修改指南等，逐步抓好非公企业党建入章、章程修改等工作。是年共有94家存量企业完成章程修改工作。

【激励担当工作氛围营造】 2019年，泉港区研究制定《泉港区关于查处诬告陷害信访举报为干部澄清正名的实施办法（试行）》，通过查处诬告陷害行为，为受到不实反映的干部及时澄清正名，消除影响，构建合法有序的信访举报环境，营造干事创业的浓厚氛围。结合第二批“不忘初心、牢记使命”主题教育，制定出台《开展干事创业精气神不够、患得患失、不担当不作为问题专项整治的工作方案》，在政治教育、思想引导、正向激励、管理监督、人文关怀上下功夫，抓好干事创业精气神不够、患得患失、不担当不作为问题的整治工作。教育领导干部带头履职尽责，制定出台《泉港区单位正职末位淘汰实施办法（试行）》，从严管理全区各单位正职这些“关键少数”，以上率下带领干部担当作为。贯彻落实省、市关心关爱基层干部政策措施，建立健全干部绩效奖励、日常关怀、健康体检和容错纠错等工作机制，推进公务员职务与职级并行工作，调动干部干事创业的积极性、主动性、创造性，增强干部的归属感、荣誉感、获得感。

【领导干部日常监管强化】 2019年，泉港区执行干部选拔任用四项监督制度及《党委（党组）讨论决定干部任免事项守则》，按照干部选任“凡提四必”要求，坚持将监督关口前移，防止干部“带病提拔”。做好12380举报、考察预告、任前公示举报和日常群众信访举报件的调查处理，加大对领导干部谈话提醒、函询和诫勉工作力度。开展专项整治，制定印发《中共泉港区委组织部 泉港区民政局关于进一步从严控制和规范领导干部在社会团体、基金会兼任职务的通知》《开展领导干部配偶、子女及其配偶违规经商办企业行为专项整治的实施方案》等制度方案，定期组织开展企业兼任职、社团兼职、因私出国（境）等专项排查工作。是年共审批备案领导干部在社团兼职7人次，清理规范违规兼职离退休科级干部3人次，审批干部因私出国（境）24人次。

【干部专业能力水平提升】 2019年，泉港区着眼适应新时代新要求，构建“大培训”格局，制定印发《2019—2022年泉港区干部教育培训规划》，推动完善干部培训内容体系、组织架构和运行机制。探索联合办班异地培训模式，组织80多人次科级干部赴贵州大学、上杭县委党校等地培训，推动干部队伍能力素质提升。把急难险重岗位、“吃劲”任务作为培养历练干部的“试金石”，通过挂职锻炼、跟班学习、巡察调训等形式常态化选派优秀干部，让干部在党建、扶贫、发展、民生、维稳“五个一线”砥砺品质。是年抽调100多人次参与重点项目建设、脱贫攻坚、巡视巡察、主题教育等中心工作，推动干部提高应对复杂局面、服务基层群众和推进经济发展的能力。加强对干部的日常考察了解，强化对干部队伍履历分析和业务能力评价，交流选拔具备相关专业和从业经历的机关干部到专业性技术领导岗位任职，推动人力资源优化配置。

【人才体制机制改革】 2019年，泉港区全面对接市级人才政策，调整优化高层次人才认定标准和享受工作生活待遇政策规定，同步健全第六、第七次层次人才认定标准及相关配套待遇，打通服务人才“最后一公里”。以机构改革为契机，协调区委编办、区人社局等职能部门将行业、领域人才队伍建设列入部门“三定”方案，明确各涉才单位人才工作责任清单、服务清单。推进企业高层次人才自主评价试点，指导纳川、百川2家试点企业自主评价人才11人，新确定联合石化、兴通船务等企业为第二批试点企业。健全区域主导产业人才评价机制，指导福建师范大学泉港石化研究院、区人社局等单位研究制定石化产业人才认定标准，放大产业聚才效应。是年全区新引进培养省级以上高层次人才33人、市级高层次人才270人，兑现高层次人才各类补助资金245万元。

【重大人才引育工程】 2019年，泉港区搭建人才技术高效供需对接平台，推出“高校青年人才—企事业单位”双选会、产业转型升级及技术需求对接会、海峡论坛·“泉台青年交流汇”系列活动等一批重大引才引技项目，吸引109名石油化工相关专业青年人才落户泉港，促成厦门大学、福州大学等高校40名专家学者和区内企业签订合作协议7项、合作意向30多项。高位对接福建人才创业周，举办泉港专场活动，引进1个人才创业团队。推行优秀大学生实践锻炼常态化机制，举办第二届预选大学生实践锻炼服务团活动，确定41名大学生到区内企事业单位实践锻炼。深化地校企人才合作共育，与厦门大学能源学院共建大学生社会实践基地，开展能源化工博士服务团泉港行活动，邀请

2019年1月25日，产业转型升级及技术需求对接会泉港专场召开（区委组织部 供图）

厦门大学能源学院10名博、硕士，深入园区企业进行项目对接、技术联合攻关等，打通地方企业与高校技术创新、人才培养渠道。推进“五个培育壮大工程”和“六个培养支持计划”，指导督促人才职能部门分类制定培育方案和配套政策，通过举办培训班、技能竞赛、名师带徒等措施，强化全区各行业人才队伍的培养和储备。是年全区累计培训各类人才4000多人次。

【平台聚才用才效应发挥】 2019年，泉港区加大“两院四中心”等技术创新平台人才政策供给，全面激发人才创新创业动能。福大石化学院鲍晓军教授团队获国家自然科学基金重大类项目1000万元立项资助，泉港石化研究院挂牌建设“福建省环境友好高分子材料创新中心”，全区3个项目获得市级高层次人才创新创业专项补助。依托石化产业集群布局，推进化学工程科学与技术创新福建实验室、石化科技众创园等一批平台建设，逐步打造链条完整、功能齐全的人才创新创业孵化育成体系。发挥企业引才聚才主体作用，实施科技创新能力提升计划，鼓励企业加大研发投入、人才引进。是年新增省级科技型中小企业、科技小巨人企业22家，兑现企业自主创新奖励237.78万元。

【人才创新创业环境优化】 2019年，泉港区落实党政领导挂钩联系高层次人才制度，定期联系和走访慰问高层次人才，广泛征求人才意见和建议，及时帮助解决实际困难。推进“高层次人才服务专窗”建设，实行“一站式”受理、办结、答复制度，为各类次人才提供政策咨询、项目申报、业务办理等“一揽子”服务。深入推进综合型、行业型、专业型、窗口型人才之家设立，常态化举办各类主题的人才沙龙活动，拓展联系服务人才工作阵地。是年共建成5家区级“人才之家”，2家入选市级“人才之家”。兑现高层次人才医疗保障待遇，开通人才就医绿色通道，落实高层次人才免费体检、健康疗养工作。加强人才创业扶持，组织开展2019年度高层次人才科技创新项目申报，对入选项目最高给予50万元资助。强化人才工作宣传，在泉港广电台、“泉港组工”微信公众号开辟人才宣传专栏，制作人才政策宣传卡片，定期发布人才政策“小贴士”，造浓人才工作氛围。

【机关政治建设】 2019年，泉港区委组织部开展部机关“不忘初心、牢记使命”主题教育，创新推行三个“一刻钟教育”工作法，严格落实支部“三会一课”、组织生活会、主题党日、党员“三诺”等基本制度，引导组工干部自觉守初心、担使命。全年共组织开展“忆革命先烈·做时代先锋”“筑牢初心使命·忠诚履职担当”等主题党日活动12场，召开专题党课9次、专题研讨10次，支部党员完成承诺事项98件。创新推行支部“333”工作模式，破解党建责任落实和党员学习教育、作用发挥等方面难题，提升支部标准化、规范化水平，该做法获评全区“十佳党支部工作法”。落实部机关《全面从严治党主体责任清单》，建立履责纪实台账，实行“工作部署、目标实施、履责监督”痕迹化管理，压紧压实主体责任。出台部机关《意识形态工作责任制实施方案》，严格落实“六个纳入”“2112工作制度”“一会一报”等工作要求，制定《突发事件敏感舆情应对处置工作预案》《微信公众平台信息发布管理办法》，推动意识形态工作落细落实。

2019年7月18日，泉港区第二届预选大学生实践锻炼服务团启动仪式举行

（区委组织部 供图）

【信息工作】 2019年，泉港区建立组织系统信息宣传工作协同联动、合力攻坚机制，健全“全员信息员”、信息量化考评、信息员跟班等制度，推动信息工作提质增效。2019年，共完成重点课题7篇，编发《泉港组工》11期，在上级党委、组工刊物上刊发信息100多条。其中，《“三链统筹”助力乡村雁阵起航》《“土导师”带来大变化》《创新基层组织“三维工作法”》等重点信息先后被《中国组织人事报》《新华每日电讯》《八闽快讯》等刊物采用刊发。做好网络宣传和舆论引导工作，遴选成立一支由19名骨干组成的网宣员队伍，传播社会正能量。是年，共完成原创网评文章100多篇、发帖跟帖900多条。加强“泉港组工”微信公众号的运营管理，建立微信矩阵，全方位展示组

织工作风采，发出主流声音，线上影响力逐日提升。是年累计推送组工动态、权威发布、党务知识等讯息290多条。

宣传工作

【强化理论武装】 2019年，泉港区坚持将习近平新时代中国特色社会主义思想作为理论学习的主题主线，制定《〈习近平新时代中国特色社会主义思想学习纲要〉学习宣传方案》《深入学习贯彻习近平总书记在参加十三届全国人大二次会议福建代表团审议时的重要讲话精神的学习宣传方案》等文件，部署谋划全区理论学习工作。制定《泉港区党委（党组）理论学习中心组学习制度》，举办全区理论工作推进会暨党委（党组）理论学习中心组经验交流会，深入总结成效、交流经验，推动中心组学习制度化、规范化建设；推进理论学习走实走深，举办“开心辞典”知识竞赛、中华经典诵读展演活动、“学习强国”有奖知识竞答、“悦读泉港·书香满城”全民阅读系列活动等学习活动10多场；紧密结合“不忘初心、牢记使命”主题教育，举办区委中心组专题讲座、交流研讨29场（其中专题讲座14场，专题研讨11场）。推进“学习强国”学习平台推广运用，加入认证组织党员比例、参与度、人均积分、稿件供应等指标均位居全市前列，60多条信息在福建分平台展播。深化“百支千场万人”大宣讲活动，成立泉港区乡村讲师团，组建理论政策、乡村文明、农村教育、农技、科技、卫生健康、灾难预防、文化、文艺等小分队16支共130多名成员。方言小戏小分队运用“莆仙戏”“北管”“芗剧”“快板”等形式宣讲新思想，讲唱结合、寓教于乐，典型经验在人民网、《福建日报》等主流媒体报道。组织开展“共祝祖国好，同赞家乡美”主题宣讲，围绕“庆祝新中国成立70周年”“学习贯彻党的十九届四中全会精神”等主题，推进党的创新理论“八进”，吹响干部群众凝心聚力的奋进号角。创新开展“泉港好，大家会更好”异地商会、在外乡贤主题宣讲活动，精心准备经济建设、城市建设、生态建设、文化建设、好人好事、美景美食等6个主题，组织赴福州、厦门、西安、三亚、海口等异地泉港商会开展宣讲5场，讲述泉港好故事，传播泉港好声音。

【抓牢意识形态工作】 2019年，泉港区严格落实党委（党组）意识形态工作责任制，发挥协调、指导、督查职能，落实“2112”制度，督促各级党委（党组）书记履行“第一责任人”职责，落实“三个带头”“三个亲自”，学习贯彻《中国共产党宣传工作条例》、宣传思想工作和意识形态工作会议、文件精神，分析研判和处置意识形态领域重点舆情、重点问题，研究部署意识形态和宣传思想工作。抓好各级巡视、巡察反馈关于意识形态领域问题的整改落实，重点结合省委第七轮巡视泉港区意识形态工作责任制专项检查发现问题，边巡边改、即知即改。健全意识形态工作分析研判、考核评估、督查通报、挂钩联系等机制，出台《2019年泉港区党委(党组)落实意识形态工作责任制考核办法》，实施部务会成员挂钩联系制度，对镇(街道)、区直各单位落实情况常态化、全覆盖督查。举办区委中心组“网络意识形态工作”专题讲座，增强镇（街道）、区直部门“一把手”的责任意识。落实“一会(展)一报”制，加强对辖区内讲座、论坛、报告会、研讨会等阵地管理，抓好各类博物馆、文化馆、展览馆、百姓书房、文明礼堂和爱国主义教育基地的建设和管理。开展五大“扫黄打非”专项行动，共出动48人次，发放绿书签500余张，收缴非法出版物160多册，检查印刷企业15家次、出版物经营单位32家次，立案2起，结案2起。共年检合格出版物经营单位33家，印刷企业5家。

【主题宣传活动】 2019年，泉港区组织开展庆祝中华人民共和国成立70周年暨“泉港好大家会更好”主题宣传系列活动，围绕传播“好声音”、开展“好宣讲”、学习“好榜样”、创作“好作品”、组织“好赛事”、打造“好品牌”六个“好”，开展“点赞泉港”主题歌咏比赛、“记忆泉港·时代变迁”大型图片展、“吉祥泉港·幸福

2019年10月17—18日，区委开展“不忘初心、牢记使命”主题教育第四次集中学习研讨
（区委报道组 供图）

生活”抖音秀、“最美家乡·最美乡音”方言作品征集、第三届“网络孝文化节”等18项主题活动。承办2019年泉州市文化科技卫生“三下乡”集中服务活动，市、区两级共有30多个单位参与，共帮扶捐赠765万元的物资、项目和资金，是全省参与单位最多、参加群众人数最多、募集资金最多的分会场。开展优秀传统文化进校园活动13场，征集优秀传统文化传承发展示范点30多个，建成6个“名人进文化休闲空间”试点。陈平山烈士红色革命教育基地入选第五批泉州市爱国主义教育基地名单，区社会救助服务中心获评2019年度市级学雷锋活动示范点。

【加强新闻报道】 2019年，泉港区围绕中央、省、市重大新闻宣传主题，立足中华人民共和国成立70周年、“不忘初心、牢记使命”主题教育、扫黑除恶、“泉港好大家会更好”主题宣传，结合实际，组织策划新闻报道，发稿数量和质量提升。共在上级主流媒体和重点新闻网站发表新闻报道1560篇，其中新华每日电讯3篇、人民日报1篇、福建日报194篇、泉州晚报1000多篇。做好第十一届海峡论坛·泉台青年交流汇系列活动宣传报道，共在学习强国、新华网、中新社、中国台湾网、台湾旺报、美国维加斯新闻报等境内外23家媒体刊发原创稿件43篇。开展“国际视野下的丝路新起点——全球商报媒体高层泉港行”活动，香港经济导报、日本半月文摘、德国华商报等20多家知名媒体高层人士到泉港体验、参访。通过多种形式多种渠道，全方位宣传报道泉港，提升泉港在海内外的知名度和影响力。区委报道组获评2018年度福建日报社“优秀报道组”、1人获评“十佳通讯员”。

【深化媒体融合】 2019年，泉港区整合广电台、报道组、新闻中心、广电传媒和电影公司等力量建设区融媒体中心，系全市第一家经公开招投标并一次建设到位、完整投用的区级融媒体中心，融媒体中心建设工作走在全市前列。印发《关于加强和改进党的新闻舆论工作的实施方案》，首批将各镇（街道）、重点单位政务微信纳入稿源“白名单”，规范和改进新媒体宣传。组织互联网企业参与网络公益宣传、微视频征集活动，其中微电影《于向阳处》荣获全国第四届平安中国“三微”比赛微电影作品奖、《泉州市泉港区审判执行工作》入选百幅网络正能量图片作品，增强网络媒体凝聚力和黏合度。开设“政务通”微发布平台，发布划片招生、扫黑除恶、危化品应急处置、减税降费等群众关切问题6期。福建新闻摄影学会首个县级基地在泉港挂牌。区广电台获评“全省电视新闻协作先进县级台”，“泉港广电”政务微信号全年推送新闻近1000条，40条阅读点击量破万，其中“这个国庆节，把五星红旗接回家”单条阅读量5万+人次，入列全国县级电视台微信年度百强榜第80名，获“泉州十佳政务微信公众号”“泉州最具影响力公众号”称号。

2019年9月27日至10月10日，“记忆泉港·时代变迁”大型图片展举办

（区委报道组 供图）

【把牢舆论导向】 2019年，泉港区成立区委网络安全和信息化委员会、敏感舆情应对处置工作领导小组及工作专班，完善“统一调度、协调处置、协同作战”的应急指挥体系。探索建立舆情通报制度，采取“日监测、周分析、季通报”方式，编印《全区网络舆情及处置情况通报》4期、《近期舆情分析报告》2期、《一周舆情分析报告》49期。编写《突发敏感事件新闻发布工作手册》，包含突发事件新闻发布的基本原则与要求、媒体管理与服务、新闻发布案例等内容，突出实用性、简便化，为相关单位科学处置突发舆情提供有益参考，妥善做好突发事件的信息发布和舆情处置工作。建立区网络安全和信息内容管理执法联席会议制度，督促7家政务、商业网站向社会统一公布举报受理方式，指导相关新闻单位申请《互联网新闻信息许可证》，完成网站安全信息二级保护备案。会同网安部门开展关键信息基础设施网络安全检查、网络安全知识宣传下基层、“宪法宣传周”活动，对24家重点网站、9个重点部位进行全面“体检”，共发现高危漏洞3个、安全隐患32处，下发整改通知书12份。开展网络游戏账号非法售卖行为专项整治，摸排12

个“老上访户”重点账号、794个网站（僵尸网站483个）以及4个重点商业网站（平台），清理影片资源150个，提请处置2个非法游戏网站、清理整治8个违规账号。深化“网络铁军”建设课题研究，调整充实一支64人的网络阅评员、联络员队伍，组织参加全省网络舆论工作、全省舆情应急处置专题、全区增强“四力”专题、全区网评员和联络员业务培训班，并将新闻发布会模拟演练作为学习培训重要课题，提高新闻发布业务水平，开展网评实战119场次、正面跟帖2700多条。落实“岗位练兵，跟班学习”制度，各镇（街道）、重点区直单位分别选派1名业务骨干，到宣传部（网信办）跟班学习2个月，为基层宣传战线培养人才、储备人才。

【文化体制改革】 2019年，泉港区实施项目带动战略，编制“六大旅游产品”实施方案，推进惠屿旅游村、黄田旅游村、涂岭旅游休闲集镇、土坑海商聚落特色文化旅游示范基地等六大旅游产品创建；黄田溪漂流、正大伊思梦湖、红星逸凡青少年户外教育基地、金钟潭冰雪大世界、极速滑道、丛林穿越和全区首个7D玻璃桥等一批旅游项目建成对外开放。泉州市泉港区闽台青少年文化交流营地开发项目、土坑村历史文化产业街区和泉港惠屿生态休闲渔村及惠屿“生态岛礁”工程项目被列为2019年泉州市文化产业重点项目。土坑村古建筑群入选第八批全国重点文物保护单位。新创建下炉、钟厝2个省级乡村旅游村，全区现有省级旅游村12个，秀溪村获评省级四星级乡村旅游村，樟脚获评省级三星级乡村旅游村。组织区内文化企业参加泉州市首届文创展、第十七届全国工艺品博览会、第四届三亚国际文化产业博览交易会等会展，荣获各类奖项30多个。推出《番薯浇米》《泉之港》《七彩涂岭》等泉港元素的影视和音乐作品，电影《番薯浇米》荣获第三届平遥国际电影展“藏龙”单元最受欢迎影片，并入选德国慕尼黑电影节。

统战工作

【服务经济发展】 2019年，泉港区委统战部牵头抓好统战联谊招商活动协调对接工作，组织参加泉州市产业项目专场招商推介会，实现联络联谊和招商引资双赢，对接湄洲湾肖厝港区鲤鱼尾4号泊位工程及仓储项目。在山东召开第八届异地商会会长联席会议，以“改革发展创新业·新风引领新时代”为主题，达成落户区内的泉怡全自动纯净水、新耀新材料、开普勒新能源汽车驱动电机等项目4个，总投资额20.1亿元。举办“泉台青年交流汇”系列活动，促进两岸融合发展，签订意向协议总成交额1.6亿元。

【助力民生改善】 2019年，泉港区委统战部引导区各民主党派开展法律宣传援助、新春送祝福、图书捐赠、义诊、卫生宣传等社会服务活动，惠及群众2000多人。是年，积极向上争取协调区内27户危房改造对象纳入泉州市“同心安居工程”，落实帮扶资金108万元。协同市委统战部、市宗教团体发起“帮助小琴英”公益活动，号召全区统一战线成员、部机关干部积极参与，募集善款约36万元。引导非公有制经济人士“倡简办家事、树文明新风”，投身参与峰尾镇公益事业促进会、泉港五中奖教奖学基金会、泉港区扶贫开发协会“扶贫济困”事业等建设8000多万元。举办2019年度“海西春雨”助学活动，引导厦门商会、广东促进会回乡帮扶贫困学生82人41万元。开展“百家场所帮百村”及宗教慈善活动，全区宗教界捐资用于慈善救助、残障弃婴医疗照顾、慰问孤寡老人等300多万元。

【密切政党关系】 2019年，泉港区委统战部协助区委落实政党协商计划，组织民主党派负责人参加全区工作会议、庆祝中国共产党成立98周年暨“两优一先”表彰大会、区委四届十二次全体会议等各类民主协商会10场。组织各民主党派及知联会班子成员开展“弘扬才溪调查精神，提升参政议政质量”主题调研活动，为乡村振兴建言献策。引导区各民主党派发

2019年6月29日，泉港区庆祝中国共产党成立98周年暨“两优一先”表彰大会召开

（区委报道组 供图）

挥界别优势，积极参政议政，区两会期间，区各民主党派提交团体提案67件，纳入重点提案7件。

【推进党外知识分子与新的社会阶层人士统战工作】 2019年，泉港区委统战部协调区政府帮助区党外知识分子联谊会、新社会阶层联谊会在区文化中心设立办公场所并自筹资金进行装修，加强两个团体阵地建设。引导区知识分子联谊会凝聚会员，发挥人才智力优势，开展大数据健康调研取得阶段性成果。承办福建省“新动八闽-新联会杯”羽毛球团体邀请赛，全省各地新的社会阶层人士汇集一堂，加强交流、增进友谊。联合区新社会阶层联谊会编写《统赞泉港》《四心合力新征程》歌曲，获得广泛传唱。

【促进民族团结】 2019年，泉港区委统战部将少数民族扶贫工作纳入全区脱贫攻坚、乡村振兴战略整体布局和农村集体产权制度改革工作，争取各级民族补助资金159万元，用于柳亭村基础设施、郭厝村回族文化馆及钟厝村民族团结进步创建等项目建设。深化拓展市直、区直单位挂钩帮扶民族村（社区）机制，帮助少数民族村争取帮扶资金149万元。开展民族团结进步宣传月活动，举办“吉祥三月三 泉港最平安”畲族文化节，营造浓厚创建氛围。充分挖掘和利用小坝村作为第二批中国少数民族特色村寨的影响力、辐射力，带动民族村借助特色资源打造特色村寨。重点推进莺峰村第四批中国少数民族特色村寨试点村的特色村寨发展规划，打造莺峰村特色村寨建设，有效提升和改善人居环境。建成郭厝回族文化展示馆，成立郭厝回族文化研究会，设立兼合式党支部，推动基层党建与民族文化有机融合。

【规范宗教事务管理】 2019年，泉港区委统战部对宗教领域11个方面17个具体问题加强排查、推动整改。严格落实宗教教职人员和宗教活动场所主要教职任职备案管理办法，完成宗教教职人员备案23人。加大宗教类出版物的出版印刷流通的规范管理力度，严禁境外政治读物进入宗教场所。启动“助力新时代、共筑中国梦”爱国主义教育活动，推进“安全生态和谐寺观”创建，深入开展文明敬香、简化丧葬礼俗活动，全面开展“国旗、宪法和法律法规、社会主义核心价值观、中华优秀传统文化”进宗教活动场所活动。举办宗教干部及宗教界人士业务培训班2期培训260人次，加强对“三支队伍”的宗教政策、法律法规培训教育。健全完善宗教工作三级网络两级责任制，配齐网格员109人，强化日常检查，及时掌握动态。开展宗教活动场所消防安全知识培训和应急实战演练，提高场所管理水平，增强安全防范意识。

【发挥非公经济领域优势】 2019年，泉港区委统战部深化“守法诚信经营、坚定发展信心”实践活动，加强非公经济人士的理想信念教育。举办“智汇新城•吉祥泉港”企业家沙龙3期，通过开展专家讲授、精英路演、参观学习、座谈交流等活动，帮助企业家提素养、觅商机、促合作。制定《关于推动构建亲清新型政商关系的意见》，为秉承“不拿企业分文的高效优质服务，给足企业面子的温馨体贴关怀”的“泉港态度”和打造风清气正、主动靠前服务的营商环境提供制度保障。组织到企业开展“构建亲清新型政商关系 打造健康营商环境”系列活动，增进政商坦诚交往、亲清交融。积极推动银企对接，区内6家银行共授信区工商联会员70亿元人民币，破解中小会员企业融资瓶颈。

【加强海内外联谊】 2019年，泉港区委统战部积极筹备成立香港泉港同乡会，全年接待香港泉州台商投资区同乡会探访团、马来西亚惠安总商会访问团等海内外团组800多人次，积极推介泉港城市发展、产业布局以及未来绿色石化港口新城的发展规划，展示泉港独特魅力和相关政策。组团参加香港惠安同乡总会、泉州台商投资区旅港乡亲联谊会、香港泉州台商投资区同乡总会等社团换届活动，密切与华人企业家、高层专家、重要侨领和政界人士的联系，拓展交流合作渠道。积极实施“归侨侨眷关爱工程”，开展区内列入低保的贫困归难侨调查摸底工作，发放散居贫困归难侨、大病大灾归难侨补助资金。坚持重大节日走访慰问归侨侨眷制度，走访慰问贫困归侨、侨眷20余户，了解生产生活情况，发放慰问金。

【健全协调机制】 2019年，泉港区按照机构改革，区民宗局、侨办并入区委统战部，内设股室由原来的4个调整为5个。健全工作机制，调整区党员领导联系党外代表人士对象、制定区领导挂钩联系异地商会制度，调整区委统一战线工作领导小组成员，完善宗教工作联席会议制度，制定领导小组工作规则、领导小组办公室工作细则，形成统战工作合力。

精神文明建设

【概况】 2019年，泉港区精神文明创建工作以习近平新时代中国特色社会主义思想为指导，全面学习贯彻中共十九大和十九届二中、三中、四中全会精神，贯彻落实全省文明办主任会议和全市宣传部长会议精神，围绕区委、区政府中心工作和《2019年泉港区精神文明创建工作要点》，倡导践行“泉港好，大家会更好”理念，自觉承担起“举旗帜、聚民心、育新人、兴文化、展形象”使命任务，突出庆祝中华人民共和国成立70周年的主线，培育和践行社会主义核心价值观，深化群众性精神文明创建活动，提高人民思想觉悟、道德水准、文明素养和社会文明程度，全区精神文明创建工作取得新成效。

【学习贯彻习近平新时代中国特色社会主义思想】 2019年，泉港区坚持把学习贯彻习近平新时代中国特色社会主义思想作为首要的政治任务来抓，以"两学一做"学习教育制度化常态化为抓手，以各类文明创建活动为载体，开展理想信念、中国梦、形势政策、成就宣传等教育活动，引导全区精神文明战线深刻把握习近平新时代中国特色社会主义思想的核心要义，自觉做习近平新时代中国特色社会主义思想的坚定信仰者、忠诚实践者，增强"四个意识"、坚定"四个自信"、做到"两个维护"。

【"不忘初心、牢记使命"主题教育】 2019年，泉港区委文明办围绕主题教育总要求、根本任务、具体目标，严格组织集中学习研讨、调查研究、专题党课、检视整改问题，以理论滋养初心、引领使命，聚焦群众反映的有关问题，推动移风易俗工作深入开展，加强未成年人思想道德建设，常态化抓好文明城市创建工作，全面开展志愿服务活动。

【新时代文明实践中心工作】 2019年，泉港区委文明办组织各镇（街道）、区直相关单位赴上杭县（首批全国试点地区）学习考察，研究制定推进新时代文明实践中心工作方案，筹建区文明实践中心活动场所，明确涂岭镇和界山镇为市级新时代文明实践试点镇，指导两个乡镇提前做好筹备工作，围绕群众需求，积极开展理论宣讲、政策解读、文艺演出等文明实践活动。

【弘扬时代新风】 2019年，泉港区委文明办做好公益广告宣传载体优化提升工作，牵头组织区广电局、区电力公司、电信公司、移动公司、联通公司等单位，对电力环网柜、光缆交接箱等箱体公益广告进行整体规划设计。共投入50余万元，完成城区150余个箱体公益广告彩绘。实施传统节日振兴工程，重点抓好春节、元宵、清明、端午、中秋、重阳等传统节日活动，营造节日浓厚氛围，推动"我们的节日"主题活动深化。举办泉港区第三届"网络孝文化节"之"孝敬"主题微公益广告创作活动，评选出一等奖2名、二等奖4名、三等奖5名。落实旅行社行前教育、旅行团文明督导、游客不文明行为记录、旅游"红黑榜"等制度，强化宣传教育，倡导文明旅游。深化诚信示范街区（行业、单位）创建活动，完成南山中路市级"诚信经营示范街区"创建申报工作，推进诚信体系建设，增强群众诚信观念。

【道德模范选树培育】 2019年，泉港区委文明办紧扣庆祝中华人民共和国成立70周年主线，组织参加第六届泉州市道德模范和第七届全国、第六届福建省道德模范评选，作为唯一的县（市、区）在市第六届道德模范座谈会代表作典型交流发言。广泛开展道德模范学习宣传，开展泉港区道德讲堂总堂活动和道德模范、身边好人、新时代好少年走进泉港二中巡讲活动，共有600余名干部职工和学校师生参加。落实帮扶礼遇道德模范相关措施，组织开展慰问贫困道德模范活动，共走访慰问26人次，发放慰问金、慰问品3万元。落实文明家庭创建要求，推进"传家训、立家规、扬家风"活动，前黄镇凤北村家风家训文化展示中心入选市级家风家训馆。

【精神文明建设宣传】 2019年，泉港区委文明办创新载体建设，拓宽宣传途径，围绕"图说我们的价值观""讲文明树新风""庆祝新中国成立70周年"等主题，依托电视广播、墙体围挡、公园广场等传统载体进行广泛宣传，新建1座社会主义核心价值观主题公园和8个文明创建工作宣传栏，指导区公交公司完成公交站公益广告整改工作，重点宣传道德模范、志愿服务、未成年人思想道德建设等内容。利用门户网站、微信公众号、短视频平台等新兴媒体，在人民网、新华网、中国文明网、学习强国、泉州晚报等各级媒介上刊发新闻信息稿件300多篇。集中编印《泉港市民文明手册》《移风易俗宣传画册》9000余份，组织分发到辖区内各镇（街道）、村（社区）、汽车站、大型酒店等场所。

【文明城市创建】 2019年，泉港区委文明办根据文明城市创建月测评新标准、新要求，重新修订《泉港区文明城市创建考核办法》，运行泉港"文明在线"创城管理平台，开展常态化巡查、暗访性测评，针对测评中发现的问题，制定长效整改措施，开展专项整治，指导督促各责任单位做好薄弱环节整改提升，消除文明城市（区）创建工作中的难点瓶颈问题。组织赴外地实地学习考察、开展全国文明城市创建工作业务培训、制作文明城市创建专题宣传品、开展问卷调查等方式，完善创建机制，夯实创建基础。

【基层文明创建】 2019年，泉港区委文明办围绕实施乡村振兴战略，加大农村文明创建力度，推进文明礼堂建设，新建涂岭镇前欧村、山腰街道锦祥社区等文明礼堂，累计投入经费200余万元，开展各类活动36场次。落实中央文明办调研组来泉开展非公企业精神文明创建专题调研时的指导意见，出台有关文件，发动非公企业广泛参与文明创建，全区新增2个非公企业申报对象。举办文明单位（村镇、社区、校园）届中材料申报工作培训会，组织73个文明单位开展结对共建，指导1个全国文明单位、28个省级文明单位、50个市级文明单位、78所学校完成届中申报工作，全区各级文明单位申报数量、成效同步提升，形成和保持创先争优强劲势头。

2019年1月8日，“新风泉港 简爱一生”青年文明集体婚礼举行

（区委报道组 供图）

【移风易俗工作】 2019年，泉港区委文明办出台《泉港区2019年移风易俗工作专项整治实施方案》，召开全区深化移风易俗工作现场推进会和专题会，针对丧事扰民、婚丧铺张浪费等问题开展重点整治活动。组织对区直各部门和各镇（街道）履行移风易俗工作职责情况进行督查，建立工作台账，做到一季一通报、一年一考评，查找整改共性问题11个，个性问题97个。汇编全区移风易俗典型案例读本，其中2个案例入选全市典型案例读本。在泉港区第八届异地商会会长联席会议期间，举行“移风易俗·热心公益”颁奖仪式，表彰区内17位企业家。联合团区委、区广电局等单位，举办全区青年文明集体婚礼，制作《倡导婚嫁从简 引领文明新风》公益宣传微视频，提倡婚事新办，破除陈规陋习。在确定14个典型示范村基础上，利用古大厝、家风家训馆、文化长廊打造界山镇玉湖村、前黄镇前黄村等一批移风易俗宣教典型，建成峰尾镇上楼村移风易俗主题宣传长廊，涂岭镇前欧村移风易俗主题公园。

【未成年人思想道德建设】 2019年，泉港区委文明办开展未成年人思想道德教育实践活动。开展“扣好人生第一粒扣子”主题教育实践，承办泉州市“新时代好少年”先进事迹发布会和全区中小学生“清明祭英烈”“童心向党”歌咏等活动。组织开展优秀童谣征集推广活动，4首优秀童谣分别获得泉州市优秀童谣征集活动二、三等奖。启动首届泉港区“新时代好少年”评选表彰活动并举行先进事迹发布会，全区16名品学兼优的同学入选首届泉港区“新时代好少年”。

2019年1月15日，区委文明办工作人员在前欧村为群众讲解移风易俗内容

（区委文明办 供图）

【强化未成年人课外活动阵地管理】 2019年，泉港区委文明办组织锦祥社区等6个社区开展“暑期活动营”活动，全区共有1000多名未成年人参加活动。建好、管好、用好乡村（城市）学校少年宫，前黄坝头中心小学少年宫成功入选2019年中央专项彩票公益金支持项目（全市唯一），通过上级验收，正式启用。开展省级文明校园与学校少年宫结对共建活动，举办2019年泉港区乡村（城市）活动成果展演，推动学校少年宫常态化开展优秀传统文化、闽南文化进校园活动。推进未成年人心理健康辅导站（室）建设，举办“公益九月”“阳光心灵，亲近父母”“走进感觉统合，开启智慧大门”未成年人心理健康辅导进校园进社区进家庭等公益活动，共举办18场次心理健康教育进校园公益活动和泉州市未成年人心理健康辅导“公益九月”（泉港专场）活动。

【志愿服务】 2019年，泉港区委文明办扩大志愿服务品牌影响，制定《泉港区2019年志愿服务工作实施方案》，组织开展春节、清明、学雷锋日等主题志愿服务活动。推行公共场所志愿服务活动网格化管理，组织41个市级以上文明单位，在每月第一周周六固定开展公共场所志愿服务活动。共开展12场次，1000余人参加，社会反响良好。联合区民政局启动“505”微心愿公益项目，在全区101个村（社区）505个贫困家庭征集微心愿，共开展“505”微公益主题活动26场次，征集微心愿物品3000多份、价值150多万元，参与总人数5000多人，其经验做法2次被国务院办公厅刊发推广，并获省领导批示肯定。依托全国志愿服务信息系统，推进“互联网+志愿服务”制度建设，指导各级文明单位（学校、社区）做好志愿者注册、招募以及志愿活动项目发布等工作。全区共有志愿者团体207个，注册志愿者15275人，发布志愿者项目8741个，服务时长总计77万个小时。鼓励、支持、指导民间志愿服务组织依托志愿服务驿站等载体开展帮扶困难群众、关爱环卫工人、环境保护、助老敬老等主题志愿服务，取得良好成效。

【意识形态工作】 2019年，泉港区委文明办把加强意识形态工作作为文明创建重要内容，与业务工作同部署、同落实、同检查、同考核，推动意识形态工作规范化、制度化和常态化致。根据上级关于意识形态工作部署，及时修订考评细则，将意识形态工作纳入全区各类精神文明创建测评体系之中，在文明单位、文明村镇、文明社区、文明校园考评中，重点查看重视加强意识形态建设，落实意识形态工作主体责任制的相关情况，实行“一票否决”制，凡对意识形态领域出现问题的，一律不得评先评优，确保意识形态工作落到实处。综合运用“文明泉港”微信公众号、微博等平台，优化栏目设置，及时更新动态要闻、政策文件、党建工作、精神文明建设等信息，在网上唱响主旋律，传播正能量。

信访工作

【概况】 2019年，泉港区信访态势稳定：群众进京到非接待场所上访1人次，同比下降75%，到国家信访局上访14人次，同比上升85.7%；到省上访30批31人次，同比批次下降42.3%、人次下降61.7%；到市上访30批41人次，同比批次下降21.1%、人次下降69.4%；到区上访172批1760人次，同比批次下降23.2%、人次下降29.5%。节点工作持续好转，重要时期群众越级上访数量得到有力遏制，没有发生大规模集体到省市及进京越级上访、没有发生因信访问题处理不当引发群体性事件、个人极端事件和负面炒作。

【推动信访工作责任落实到位】 2019年，泉港区领导高度重视信访工作，区委常委会、区政府常务会、区长办公会多次专题研究重大活动期间信访、信访积案化解等工作。区委、区政府主要领导经常对信访工作做出批示，研究制定重点信访案件区领导包案机制，带头亲自包案信访疑难案件。区分管领导常态化组织召开信访问题协调会，化解信访突出问题。各相关区领导全力抓好分管领域信访化解工作，共同推动信访工作落实到位。通过落实区领导包案，是年5件省市信访积案全部化解息访，16件市级已化解14件，息诉息访13件。建立领导下访机制。区委、区政府主要领导坚持开展每月15日定点接访活动，区四套班子领导和公检法“三长”坚持到信访局轮值接听群众来电、接待群众来访，对群众反映的问题，逐案纳入“路线图”及时办理。2019年，开展书记、区长接访群众活动13场次，接待群众25批33人次。创新工作机制。延续重大活动期间的好经验好做法，做到措施不变，力度不减，有效保障全区社会安定稳定。同时，创新方法和机制，每天由信访联席会议总召集人主持，召集政法、公安、网信办、信访和各镇（街道）及重点部门领导集中会商，综合研判各类信访信息，实时采取应对措施，取得良好成效。

2019年11月15日，区委书记梁炳辉（中）到区信访局接访群众

（区委报道组 供图）

2019年8月15日，区长颜朝晖（后排右一）到区信访局接访群众（区委报道组 供图）

【“强基促稳”三年专项行动】 2019年，泉港区推进民意诉求回应机制创新专项行动。提升“12345”便民服务平台。以涂岭镇作为试点，探索推行网格信息平台增加“便民服务诉求”功能。推行“三所联调”、“三室联动”效应，创新社会矛盾纠纷化解调处机制。是年，“12345”平台共受理群众诉求2965件，及时回复率100%，及时查阅率99.97%，群众满意率98.04%。加大干部轮岗力度，结合实际情况和业务需要，调整网络信访中心人员分工，安排业务人员到市信访局跟班学习，提升信访业务水平。督促有权处理机关严格按照“四联系”工作机制要求，主动联系信访人，调查核实，征询办理意见和评价，并做好解释和疏导工作。是年，信访机构及时受理率、有权处理机关及时受理率、按期办结率均为100%，信访机构满意率为92.9%，有权处理机关满意率为57.4%。推行“最多投一次”阳光信访工作机制，按照精准转交、精准研判、精准办理、精准督查、精准帮扶、精准处置、精准问责等制度，做好“最多投一次”相关工作，推动阳光信访。是年，全区办理“最多投一次”信访事项4件。开展信访案件化解攻坚。推进历史信访积案化解息访。按照挂钩联系乡镇（街道），对历史信访积案实行区领导包案督办，逐案压实化解主体责任，逐一制定“问题清单、任务清单、责任清单”，落实“五个一”化解措施。是年，市强基促稳交办的16件历史信访积案化解14件，化解率87.5%，息诉息访13件，息诉息访率81.25%。

【夯实基层基础】 2019年，泉港区抓好中央信访工作督察反馈意见整改落实。对照意见提出的8个方面整改任务、23项整改措施，逐一制定整改措施，抓好整改落实，访督察反馈意见基本整改到位。结合“治安最安全、执法最满意、社会最平安”吉祥泉港创建活动，通过采取做全矛盾大排查、做精纠纷大调解、做好积案大化解等系列措施，确保重大活动期间社会安定稳定。是年省“两会”期间到省上访3人次，同比下降85%；全国“两会”、第二届“一带一路”国际高峰论坛、亚洲文明对话大会、中华人民共和国成立70周年庆祝活动、十九届四中全会等系列重大活动期间，没有发生群众进京到非接待场所上访现象。开展“三无”镇村创建活动。将“三无”创建开展情况纳入各镇（街道）综治绩效、文明乡镇（街道）和美丽乡村考评内容，推动矛盾纠纷化解在萌芽状态，做到小事不出村、大事不出镇、矛盾不上交。结合“信访评理室”创建工作，引入和发挥社会力量，坚持精准精确、快接快处、马上就办，推动“三无”活动深入开展。全区建立“信访评理室”109个，开展信访事项评理62件。深入开展扫黑除恶专项斗争。畅通与纪委（监察委）、公检法等部门的信息对接渠道，强化线索信息快速移送反馈，通过采取集中摸排和滚动摸排相结合的办法，强化涉黑涉恶线索的时效性。专项斗争开展以来，共排查线索48条，其中3条线索已经公安机关处理。

保密工作

【保密普及】 2019年，泉港区委保密办做好《保密工作》杂志征订，增强全区机关、单位工作人员的保密常识和保密意识。

【保密检查】 2019年，泉港区委保密办加强全区保密检查和指导工作，增强各个单位保密责任意识和法律意识，开展保密自查和保密专项检查，及时发现并规范个别计算机内存在的泄密风险，督促各单位严格落实各类保密管理要求，指导各单位根据保密管理要求改变工作方法。

【保密审查】 2019年，泉港区委保密办配合上级单位开展保密审查工作，对全区各单位网络使用情况进行摸底统计，加强各单位网上发布信息的审查力度，加强各单位涉密人员的审查力度。

【保密队伍建设】 2019年，泉港区委保密办督促各单位内部的保密工作领导小组建设，强化保密人员素质。同时加强区委保密办自身的工作队伍建设，针对保密人员力量不足的现状，增设一名干部充实保密委办公室队伍。

【落实保密整改】 2019年，泉港区委保密办根据各单位保密自查情况和区委保密办抽查情况，督促相关单位按照保密检查后的结果进行整改，要求所有涉密单位配备保密柜存放密件、配发光盘刻录机和张贴计算机责任标签、严禁内外网计算机混合使用、涉密和非涉密计算机要做到物理隔离使用，手机和无线设备禁止连接至内网和涉密网计算机等，杜绝涉密隐患。

机关党的工作

【加强机关党的政治建设】 2019年，泉港区直机关党工委坚持政治统领，指导区直机关各级党组织把政治建设融入党内集中学习教育、民主生活会、组织生活会、主题党日活动以及评议考核等各项工作中。引导带动机关党员干部自觉提高政治站位和政治觉悟，牢固树立“四个意识”、坚定“四个自信”，坚决做到“两个维护”，践行“一个带头、三个表率”。制定下发区直机关《关于开展“不忘初心、牢记使命”主题教育实施方案》，按时序推进六个专题集中学习研讨和一个专题讨论等工作。指导督促区直机关各党组织严格执行《关于新形势下党内政治生活的若干准则》，落实“三会一课”、主题党日、民主生活会、组织生活会、民主评议党员、个人重大事项报告等制度。广泛发动区直机关各级党组织开展别具特色的主题党日和政治生日活动。落实意识形态工作责任制，把加强和改进意识形态工作贯穿于机关党建工作全过程。建强机关党建宣传阵地，用好管好“泉港机关微党建”微信公众号，坚持从政治上牢牢把握正确舆论导向，定期节选推送中共十九大精神、《中国共产党章程》和习近平总书记讲话、党的政治建设、党风廉政建设、吉祥泉港建设、区直机关各级党组织机关党建工作的好经验好做法、市级优秀党员和党务干部先进事迹、扫黑除恶、移风易俗等内容，全年共推送信息100多条。

【加强基层组织建设】 2019年，泉港区直机关党工委结合“海丝先锋”达标创星活动，对机关党组织进行深入排查，分类整理上报机关软弱涣散党组织情况，确定软弱涣散党组织1个。深化提升“全域示范工程”。培育区行政服务中心党支部、北大培文外国语学校党支部等9个党组织为示范点，组织机关党建“全域示范工程”观摩暨“互联互帮 协调发展”工作交流会，新培育民政局、一中、文化联合支部3个示范点，推动先进支部提质扩面，发挥典型引领作用。结合区委党支部工作法评选活动，下发《关于规范区直机关党支部内设党小组的通知》，指导各级党组织推进标准化和规范化建设。举办泉港区首届“十佳党支部工作法”现场展示评选活动，4个参赛党支部工作法获得“十佳党支部工作法”称号，4个机关党支部工作法获得“优秀党支部工作法”称号。

2019年9月23日，全区机关党的建设工作会召开　　（区委报道组 供图）

【落实全面从严治党】 2019年，泉港区直机关党工委完善工作推进机制，召开2019年区直机关党的工作部署推进会，传达全市机关党的工作会议精神，总结成效，部署任务。配合机构改革，做好涉改单位机关党组织调整设置工作，下发《关于区直机关党组织调整方案的说明》，完成区直机关党组织的更名隶属调整，制定调整后的党组织分类明细表，规范理顺党组织设置运行，力促同步健全机关党的基层组织和党的工作机构，同步配足配强机关党的工作力量。严格按照《中国共产党章程》和《中国共产党组织工作条例》要求，抓好14个系统党委和新设立的公安分局机关党委的集中换届选举工作，制定换届选举工作方案，明确选举的程序和规定、要求，指导督促各系统党委、机关党委严格按照要求开展换届选举工作。在系统党委设立专用账户，负责所辖党支部的党费收缴使用管理。配合区委区政府落实“两代表一委员”工作通报和评议制度，发挥党代表人大代表沟通党委、政府和群众的桥梁纽带作用。召开部分机关党支部书记抓基层党建工作专项述职会议，督促其履行好“第一责任人”职责。召开2018年度系统党委书记抓党建工作专项述职评议会，细化责任清单，对巡视巡察中机关党建工作存在的问题，进行重点帮助、专项指导、督促整改。对于区委巡察办转来的11个党组织党建方面存在问题，党工委专门下发《中共泉州市泉港区委区直机关工作委员会关于督促区委第五轮巡察中发现机关党建方面问题整改的通知》，组织开展机关党建方面问题督促整改工作。

【提升党建项目化管理质量】 2019年，泉港区直机关党工委推广“党建联动强堡垒”工作模式，培育区检察院党支部、区税务局机关党支部、区总工会党支部、区财政局党支部和区实验幼儿园党支部等5个党组织为示范单位，形成机关各党支部间以强带弱，强强联手，共同促进的新局面。组织开展“党建联动强堡垒、不忘初心当先锋”主题现场展示活动，现场通过重温入党誓词、情景剧《我把芳华献给你》、“党建联动强堡垒”工作好经验好做法展示、2019年“两优一先”对象表彰等形式，激励区直机关广大党员干部学先进学榜样。发动机关各级党组织从实际工作中发现总结、挖掘提炼促进机关机制活的有效做法和有益经验，推进党建工作与业务工作协调发展。推荐报送的《“505微公益”创建“救急难”新模式》获得第二届全省机关体制机创新优秀案例征集评选活动一等奖、2019泉州市机关体制机创新优秀案例评选活动特等奖，选送的其他案例获得市级三等奖1篇、优秀奖1篇；2个特色党建项目分获2019市直机关特色党建竞赛二、三等奖；党工委围绕党建联动试点、党群系统围绕创新干部奖励机制等方面开展的2篇党建重点课题调研论文均获得市直评选二等奖。

【学习型党组织建设】 2019年，泉港区直机关党工委开展“大学习”活动，推进“两学一做”学习教育常态化制度化，把学习贯彻习近平新时代中国特色社会主义思想、中共十九大和十九届四中全会精神作为首要政治任务，区直机关各级党组织采取示范引领学、支部集中经常学、深入基地实践学、运用平台自主学、组织会议交流研讨学等方式，推进“大学习”走深走实走心。督促机关各级党组织健全完善学习制度，组织开展集中学习、党员领导干部讲党课、作辅导报告等活动，定期上报学习情况，提高学习质量。指导督促区直机关按要求做好“学习强国”平台的推广运用，引导党员依托“学习强国”“党员e家”等平台强化党员学习教育管理。办好泉港机关微党建微信公众号“党员课堂”栏目，定期节选推送学习资料，加强机关理论学习的引领，是年共推送有关习总书记重要讲话精神及贯彻落实情况相关信息30余条。

【机关党员队伍建设】 2019年，泉港区直机关党工委把从严治党要求贯穿到党员发展和教育、管理、监督各个环节，在教育系统党委开展2019年度拟发展对象入党公开答辩活动，通过10位拟发展对象诠释入党初心、党章党史党建应知应会知识问答、评委现场评判和点评、与会人员现场点赞等形式，增强对入党考察的可信度和操作的透明度，提升入党积极分子质量。举办2019年发展对象和入党积极分子培训班，共117名对象参加，发展预备党员28名。推行党务实操进课堂，举办三期区直机关党务干部培训班，由党工委干部领课、备课、授课，采取理论讲解、现场示范、实际操作、互动交流相结合的办法，系统科学地将发展党员、民主生活会、组织生活会、支部换届等应知应会的基础党务知识传授给机关159名党务干部。

老干部工作

【思想引领】 2019年，泉港区成立区委老干部党校，拓展离退休干部党员政治学习和党性锻炼平台。依托老年大学、老干部活动中心、基层老年学校等活动阵地，通过专家辅导、集中宣讲、送学上门等形式，全方位多途径引导老干部常悟常进、常学常新。是年共举办习近平新时代中国特色社会主义思想专题辅导讲座18场次、集中学习研讨100多次，为老干部征订中国老年报、福建老年报、泉州晚报等报纸杂志111份。建立离退休干部党支部书记常态化轮训机制，组织支部书记前往三明宁化等地

2019年1月22日，区委书记梁炳辉（右一）走访慰问区内老党员、老干部

（区委报道组 供图）

参加党性教育，打造“五强”离退休干部党组织书记队伍。召开全区经济社会发展情况通报会，及时通报全区发展变化和工作情况，全面落实老干部政治待遇。推进“老党员之家”建设，为离退休干部党员就近学习活动提供平台，建成“老党员之家”4个、“老党员服务站”13个。深化党建项目化运作，选树培育“桑榆金晖映党旗”等一批特色品牌，提升离退休干部党建工作水平。

【服务保障】 2019年，泉港区健全区领导挂钩联系、工作人员“一对一”服务制度，壮大集区、原单位、镇（街道）、村（社区）、社会等多位一体的服务团队，建立起全方位的挂钩联系服务网络。是年共走访慰问老干部300多人次，发放节日慰问金15.1万元，慰问病困老干部、遗属10多人次。完善特困老干部帮扶机制，加强对高龄、独居、多病老干部的关心关爱，提高服务保障水平。探索建立居家养老、医养结合的老干部养老模式，组织老干部体检，建立老干部健康档案，协调办理离休干部医疗优待证，为离休干部提供就医“绿色通道”。积极整合政府部门、社会组织、市场主体优势资源，为老干部提供钟点保洁等家政服务，推进老干部服务精细化。实施离休干部“一人一策”方案，聚焦老干部个性化需求，组织开展亲情助老、健康助老和智慧助老行动，逐步实现由重物质保障向满足精神需求转变、普遍服务向个性化服务转变。

【引领老干部作用发挥】 2019年，泉港区突出“文化养老”，巩固省级示范性老干部活动中心创建成果，重点争创省级达标老年大学，积极拓展离退休干部学习和活动空间。围绕“十个一”行动，搭建“学、谈、演、书、展、讲”等平台，开展“银龄正能量，助力新泉港”正能量主题活动，引导老干部发挥余热、服务社会发展。组织老干部广泛进行“传承红色基因、讲好红色故事”“夕阳红吉祥泉港”宣讲，引导老干部讲好初心故事、培育时代新人。举办“展桑榆风采·献祖国华诞”系列活动，通过“欢庆元宵·乐享银龄”游园会、“我和祖国同行”书画展、“老年人健步走”、第十八届老干部健身节等活动，倡导健康积极的生活方式，丰富老干部精神文化生活。推进离退休干部党员认岗履责志愿服务活动，组织325名老党员签订志愿服务承诺书，开展履职服务。深化“不忘初心，助力发展”桑榆志愿服务活动，引导老干部在移风易俗、文明创建、环境美化、关心下一代、净化网络环境、弘扬新风正气等方面开展志愿服务。2019年，建立老干部网宣员队伍1支、宣讲团6个、艺术团体7个、桑榆志愿服务队13支，桑榆志愿者500多人。

党校教育

【概况】 2019年，泉港区委党校突出主业主课，推进“六个课堂”建设，加强教学管理，提升党校教育培训实效。共举办春季科级干部、春季股级干部、秋季科级干部等3个主体班次，培训学员125人次；举办区直机关党务干部、基层党支部书记“不忘初心、牢记使命”主题教育研讨班、城市基层党建、宣传思想文化、平安建设暨扫黑除恶专项斗争业务、党外干部和3支队伍等18个专题班次，培训学员1380多人次。

【发挥党校主阵地作用】 2019年，泉港区委党校作为培训主阵地，突出理论教育和党性教育的主业主课地位，在主体班课程精心设置党性修养、党史党章、党纪党规、作风建设等专题，将习近平新时代中国特色社会主义思想和中共十九大精神列入主体班次教学内容重中之重，保证“主课”课时达到总课时的70%以上。改变传统的“教师讲、学生听、满堂灌”模式，采取集中轮训、专题辅导、研讨交流、情景模拟、知识测试等方式，让理论教育和党性教育入脑入心。

【开设“异地课堂”】 2019年，泉港区委党校适应新时代新形势新要求，探索联合办班异地培训模式，精心选择有典型意义的现场教学和名师课程，通过实地、实情、实景的讲解和感悟，让

2019年10月10日，区长颜朝晖为2019年秋季科级干部培训班学员及政府办全体干部职工上“不忘初心、牢记使命”主题教育专题党课

（区委报道组 供图）

学员开拓视野、提升能力、把握机遇。先后组织相关班次去南京大学、重庆大学、贵州大学、江阴市委党校、厦门城市党建学院、宁化县委党校等开展异地培训，加强党性教育和理想信念教育，引导学员们边考察、边思考、边研讨，在相互交流中寻找差距，提高学员分析、研究和解决现实问题的能力。

【打造“本土课堂”】 2019年，泉港区委党校根据干部教育培训的实际需要，积极研究、探索本土化的现场教学模式，在廉政警示教育基地现场教学点的基础上，建设完善“黄田之路”展馆、凤阳“跨村联带”党建示范区、秀溪“美丽乡村”建设示范点、涂坑“家规家训传统文化”建设示范点、兴通集团“非公党建”示范点、陈平山纪念馆等作为党校现场教学点。把区基层党建示范点纳入现场教学，聘任兼职教师，综合运用现场讲授、互动交流、亲身体验等多种形式，将课堂理论带入现场实践教学。

【搭建“党性锤炼课堂”】 2019年，泉港区委党校坚持在主体培训班次建立学员临时党支部，推进校机关党支部与其结对共建，推选1名党员校领导和1名校机关支部党员分别结对帮带1个学员临时党小组。把党性教育锻炼和临时党支部活动紧密结合起来，组织学习党的政治理论，开展党性分析，严肃党的政治规矩和政治纪律，开展形式多样、生动活泼的“七个一”党日活动（听一堂党课、唱一首党歌、重温一次入党誓词、参加一次红色体验、接受一次警示教育、开展一次团队拓训、进行一次党的知识测试）。

【推进“云端课堂”】 2019年，泉港区委党校利用福建干部网络学院，在每次主体班次上开设网络专题学习课程，设置必修课和选修课，学员根据自己空余时间安排，上线接受规定的必修和选修课程培训，并实行学分制管理，提升干部培训课程的针对性实效性，有效缓解“工学矛盾”问题。精心设置《习近平新时代中国特色社会主义思想导学》《新时代领导干部的政德建设》《新媒体环境下的党群沟通》等多门课程，引导党员干部自主选学。利用微信群平台，定期发布权威资讯、热点聚焦和学习参考内容，引导党员利用碎片化时间随时随地在线学习理论知识。

【举办“基层党校巡回大讲堂”】 2019年，泉港区委党校发挥基层党校（含乡镇党委党校和区直各党委党校）平台作用，指导推进基层党校特别是镇（街道）党校规范化建设，力促基层党校培训工作常态化运作。拓展延伸和提升基层党校培训，开展“基层党校巡回大讲堂”活动，精选7个专题52个选学课题，重点推动学习贯彻中共十九大精神、习近平新时代中国特色社会主义思想三十讲理论培训。全年在乡镇党委党校和区直各党委党校举办讲座培训12场次，约1190多人次参加学习。

机构编制

【优化机构职能设置】 2019年，泉港区委编办根据《泉州市泉港区机构改革实施方案》文件精神，全面加强党对机构改革的领导，调整优化区级党政机构职能，建立健全和优化区委对重大工作的领导体制机制，同步推进深化人大、政协机构、群团组织、执法队伍等重点领域改革。改革后，区本级设置党委工作机关10个、政府工作部门25个（含垂直派驻机构2个），合计共设置党政机构35个。其中：新组建6个部门，分别为区自然资源局、区农业农村和水务局、区卫生健康局、区退役军人事务局、区应急管理局、区城市管理局；更名5个部门，分别为区直机关工作委员会、区科学技术局、区工业和信息化局、区住房和城乡建设局、区文化体育和旅游局。按时序完成全区33个党政部门“三定”规定制定工作，重新核定党政机关领导职数110名，共核减12名。深入推进综合行政执法改革，重新组建市场监管、文化市场、交通运输、农业、城市管理等5个领域综合行政执法队伍。整合区委党史研究室和区地方志编纂委员会办公室，设置区委党史和地方志研究室，新设“区巡察工作服务保障中心”，核增事业编制7名，撤销区委台湾工作办公室下属事业单位“对外交流服务中心”“台湾渔民事务工作站”和区民政局下属事业单位“老龄事业服务中心”等3家事业单位，收回事业编制7名。

【规范机构编制管理】 2019年，泉港区委编办按照“编随事走，人随编走”原则，统筹全区党政机关编制资源，根据行政机关职能划转和隶属关系调整，相应转隶事业单位人员编制。会同组织、人社部门开展人员转隶工作，确保24个部门184名编内人员转隶工作平稳有序完成。配合区委组织部、区退役军人事务局等做好大学生村官转任2名、选调生任用1名、营级以下军官转业安置4名、退伍士官安置5名，盘活现有事业编制资源60名用于保障卫生健康、应急管理、审计保障以及石化应急重要岗位招考和遴选用编需求；建立齐抓共管机制，把落实“区管校聘”的教师管理体制创新工作列为重点，优化全区全日制教职工人员控制数核定方式、节点，赋予教育系统编外教师招聘权限，2019年核定招聘部属高校师范毕业生及硕士研究生新任教师10名及小学、幼儿园编外教师120人，倾斜保障教师用编需求，有效缓解教师队伍结构性缺编矛盾。

【加强事业单位登记管理】 2019年，泉港区委编办完善事业单位登记管理与机构编制管理配合联动制度，建立健全事业单位法人监管机制，及时落实年度报告书公示制度，梳理印发办事流程，压缩办事时限，严审登记事项变更，加强事业单位登记档案管理。在法定时限内对社会公示全区165家事业单位法人，新设立登记事业单位3家，注销登记事业单位21家，变更登记59家，完成15个事业单位法人“双随机”实地抽查工作。

【推广中文域名注册】 2019年，泉港区委编办运用泉港区政务内网、微信群等新媒体工作平台，加大中文域名注册宣传力度，深入摸底收集全区中文域名注册情况，明确工作时限。本年度新注册政务域名8个、公益域名34个，政务域名续费57个、公益域名续费319个，登记率100%，统一代缴中文域名运行费6.36万元。

【推进社会信用代码赋码管理】 2019年，泉港区委编办主动承担统一社会信用代码赋码管理工作，加强部门互动，强化证书监管。通过印发服务指南等明确责任分工、细化任务分解，科学部署、严抓落实，全区共发放机关代码证74张、群团代码证12张，其中由于信息变更等原因，本年度重新发放机关代码证27张、群团代码证1张。

巡视巡察

【概况】 2019年，泉港区委共开展两轮四批次常规巡察（其中一批次为配合省委巡视上下联动巡察）和一次脱贫攻坚专项交叉巡察，全年横向覆盖15个区直单位、2个区管国有企业，纵向下沉至6个镇（街道）93个村（社区）。四届区委计划巡察59个单位开展巡察42个单位，覆盖率71.18%，共发现问题94个，移交问题线索35条，立案4人，党纪政务处分1人，谈话提醒7人，通报批评1人，挽回经济损失67.63万元。

【省委巡视泉港】 2019年，根据省委巡视工作统一部署，省委巡视十组于10月8日进驻泉港开展常规巡视，区委巡察工作领导小组高度重视，第一时间提请区委牵头成立省委巡视泉港区联络协调工作小组，制定巡视进驻联络工作方案，做好省委巡视保障联络工作，并根据省委巡视上下联动工作要求，派出两个巡察组对南埔镇、区发改局党组开展联动巡察，省委巡视组于11月18日结束巡视泉港工作。

【区委常规巡察】 2019年，泉港区共召开区委“五人小组”会议2次，专题研究区委第五轮常规巡察及区委第六轮巡察暨脱贫攻坚专项交叉巡察综合报告，区委书记对巡察发现的重点问题，点出具体人、具体事，并提出处置意见。共召开6次区委常委会，把巡察工作列为区委常委会年度工作要点，及时听取汇报，定期研究成果运用，加强分类处置，明确整改责任。根据市委巡察工作领导小组安排，区委巡察工作领导组及时制定专项巡察交叉联络协调工作方案，在配合市委交叉巡察组做好本区集中开展推动“六个落实”专项交叉巡察工作的情况下，从区委巡察人才库中抽调纪检监察、财税、民政部门相关人员组成巡察组，赴洛江区同步集中开展推动“六个落实”专项交叉巡察工作。区委书记针对脱贫攻坚、形式主义、官僚主义等巡察中发现的问题亲自约谈被巡察单位主要党政领导，并督促区委分管领导履行一岗双责。做到亲自部署、亲自过问、亲自协调、亲自督办，要求被巡察党组织及时建立问题清单、任务清单、责任清单，抓细抓实整改工作，确保巡察问题整改“件件有着落、个个有回音”。区委巡察机构建立“边巡边改”问题定期研判机制，对梳理的问题逐个进行集体研判，确定违反中央八项规定精神、侵害群众利益、工作作风等可边巡边改问题，及时向被巡察党组织下发《边巡边改通知书》，要求即知即改，把责任压实到具体责任人。全年共下发《边巡边改通知书》29份，督促立行立改，全部完成整改。

【完善区委巡察机构】 2019年，泉港区根据中央办公厅《关于市县党委建立巡察制度的意见》有关规定和省委巡视工作领导小组部署要求，经区委研究决定，于2019年10月9日调整区委巡察工作领导小组成员。加强干部队伍配备，提供巡察坚实保障。根据《省委关于建立市县党委巡察制度的意见》和《市委机构编制委员会办公室关于县级机构编制调整有关事项的通知》精神，为加强区委巡察工作队伍力量，完善内设机构设置，经四届区委常委会第84次会议研究同意，区委巡察办“综合督查股”分设为“综合股”和“督查股”，增设“巡察工作保障服务中心”，核定编制16名，其中行政编制9名，事业编制7名，其中科级职数6人，主任、副主任各1名，巡察组正副组长各2名。

综述

【概况】 2019年，泉港区人大常委会以习近平新时代中国特色社会主义思想为指导，全面贯彻中共十九大精神和十九届二中、三中、四中全会精神，落实习近平总书记参加福建代表团审议时的重要讲话精神，围绕中心，服务大局，忠实履行宪法和法律赋予的职责。

【会议活动】 2019年，泉港区人大常委会共召开常委会会议7次，主任会议15次，听取审议“一府两院”专项工作报告11个，组织视察、专项调研18次，开展执法检查4次，作出决议决定9项完成区四届人大三次会议确定的各项任务。

重要会议及活动

【区第四届人民代表大会第四次会议】 2019年12月19—21日在泉港会议中心、中心工业区行政办公区召开，出席会议的代表189名。会议听取和审议区长颜朝晖所作的《泉港区人民政府工作报告》，听取和审议泉港区2019年国民经济和社会发展计划执行情况与2020年国民经济和社会发展计划草案的报告，审查和批准泉港区2019年国民经济和社会发展计划执行情况的报告与2020年国民经济和社会发展计划。会议听取和审议泉港区2019年预算执行情况与2020年预算草案的报告，审查和批准泉港区2019年预算执行情况的报告与2020年预算。听取和审议区人大常委会主任陈守川所作的《泉港区人大常委会工作报告》、区人民法院代院长林天法所作的《泉港区人民法院工作报告》、区人民检察院检察长黄清源所作的《泉港区人民检察院工作报告》。会议通过关于泉港区人民政府工作报告、泉港区2019年国民经济和社会发展计划执行情况与2020年国民经济和社会发展计划、泉港区2019年预算执行情况与2020年预算、泉港区人民代表大会常务委员会工作报告、泉港区人民法院工作报告、泉港区人民检察院工作报告的决议。本次大会共收到代表建议、批评和意见143件。大会依法选举产生泉州市泉港区人民法院院长1人、泉州市泉港区第四届人民代表大会常务委员会委员2人，林天法当选泉州市泉港区人民法院院长，陈惠旺、陈孙艺当选为泉州市泉港区第四届人民代表大会常务委员会委员。

2019年12月20日，泉港区第四届人民代表大会第四次会议召开

（区委报道组 供图）

【常委会会议】　区四届人大常委会第十六次会议　2019年1月25日召开。会议听取和审议《2019年区人大常委会工作要点》《泉港区人民法院关于提请审议确定我院人民陪审员名额数的议案》。审议通过人事任免事项。

区四届人大常委会第十七次会议　2019年5月30日召开。会议听取和审议区人民政府关于农村劳动力培训就业转移情况的报告、区人大常委会关于开展安全生产和生态环保综合监督实施方案（草案）、区人大常委会调研组关于全区企业国有资产管理情况的报告（书面）、部分市人大代表履职报告。审议通过人事任免事项。

区四届人大常委会第十八次会议　2019年8月2日召开。会议传达学习习近平对地方人大及其常委会工作作出重要指示精神。听取和审议区人民政府关于2018年度环境状况和环境保护目标任务完成情况的报告、区人民检察院关于检察公益诉讼工作的报告、区人大常委会检查组关于《水污染防治法》执行情况的报告（草案）、区人大常委会检查组关于《中华人民共和国教师法》及《福建省实施〈中华人民共和国教师法〉办法》执行情况的报告（草案）、区人大常委会调研组关于乡村振兴战略实施情况的报告（书面）、区人大常委会调研组关于预防青少年违法犯罪情况的报告（书面）。审议通过关于提请许可对泉港区第四届人大代表连其兴采取强制措施的议案、人事任免事项。

区四届人大常委会第十九次会议　2019年10月12日召开。会议听取和审议区人民政府关于2018年区本级财政决算的报告、关于2018年区本级预算及其他财政收支情况的审计工作报告、审查和批准2018年区本级财政决算、区人民政府关于2019年1—8月份国民经济和社会发展计划执行情况、关于2019年1—8月份预算执行情况的报告、区人民政府关于外事侨务工作的报告、人民法院关于执行工作的报告。会上区人大常委会调研组书面报告关于泉港医联体发展情况。审议通过人事任免事项。

区四届人大常委会第二十次会议　2019年11月15日召开。听取和审议《泉港区人民政府关于提请审议泉港区2019年财政预算调整（草案）的议案》、《泉港区人大常委会关于补选部分泉港区第四届人民代表大会代表的实施方案（草案）》、区人大常委会执法检查组关于《中华人民共和国环境保护法》实施情况的报告。听取和审议区人民政府《关于加强落实规范居民小区物业管理的建议》和《关于进一步加强我区企业安全生产及环境安全监督管理的建议》办理情况的报告，听取和审议区人大常委会调研组关于以上2件代表建议办理情况的调研报告（书面），并开展满意度测评。听取和审议区人民政府和石化工业园区关于石化产业环保工作的情况报告，听取和审议区人大常委会调研组关于石化产业环保工作的调研报告（书面），并开展满意度测评。听取和审议区人民政府关于安全生产和生态环保工作的报告、区人大常委会调研组关于安全生产和生态环保工作的调研报告（书面），并进行专题询问。听取和审议区人大常委会调研组关于石化园区安控区安置情况的报告（书面）。审议通过人事任免事项。

区四届人大常委会第二十一次会议　2019年12月2日召开。会议前组织视察区政府2019年度重点项目和为民办实事项目进展情况。会议听取和审议区政府关于2019年度重点项目和为民办实事项目进展情况的报告。听取和审议区第四届人民代表大会常务委员会代表资格审查委员会关于个别代表的代表资格审查报告，并开展区人大常委会2019年度工作评议会议测评。

区四届人大常委会第二十二次会议　2019年12月10日召开。会议听取和审议区政府关于区四届人大三次会议代表建议办理情况的报告。听取和审议区政府关于城乡居民基本医疗保险工作情况的报告、泉港区人大常委会关于召开泉港区第四届人民代表大会第四次会议的决定、区第四届人大四次会议文件1-6、区第四届人大四次会议关于设立泉港区第四届人民代表大会社会建设委员会、监察和司法委员会的决定、区第四届人大四次会议第一次全体会议上主席台就坐人员名单、区人大常委会工作报告。并通报区人大常委会2019年工作评议结果。

2019年11月15日，区人大常委会关于石化产业安全生产和生态环保专题询问会议召开　（区人大办 供图）

依法履职

【加强政治理论学习】 2019年，泉港区人大常委会以党组会议、理论学习中心组、党支部“三会一课”等制度为依托，先后召开专题学习会、专题讲座、专题研讨19次。通过系统学、跟进学、联系实际学，全面持续深入学习贯彻习近平新时代中国特色社会主义思想，树牢“四个意识”，坚定“四个自信”，坚决做到“两个维护”。

【强化常委会政治责任】 2019年，泉港区人大常委会修订完善常委会党组工作规则，发挥“把方向、管大局、保落实”的重要作用，确保人大监督、重大事项决定、人事任免等各项工作始终置于党的领导之下，保证人大工作的正确方向。坚持围绕区委重大决策部署，谋划开展人大工作。严格执行请示报告制度，保证人大各项工作与区委决策部署同频共振、同向发力。坚持党管干部原则和人大依法任免相统一，确保党委意图落实。

【服务大局】 2019年，泉港区人大常委会落实区委关于加强人大对国有资产监督职能的要求，首次开展企业国有资产管理情况调研，推进高新产业园区、建发公司、大众公交等5家区属国有企业拓展实体经营业务，增强自身造血功能。调研乡村振兴工作，助推政府302个乡村振兴项目、7个省级乡村振兴示范村建设。支持区重点项目建设，区人大常委会5名班子成员挂钩联系33个区重点项目，其中4名分别担任福厦高铁、石化安控区片区指挥部正、副指挥长，积极推动项目建设；视察并听取区政府重点项目和为民办实事项目进展情况，助力打好项目攻坚战。开展行政审批服务提质提速专题调研，在上年综题询问的基础上跟踪问效，推动区政府出台18条便民利企新举措；设立企业登记综合服务窗口，“一窗受理、集成服务”，将企业开办设立时间由3个工作日精简至4个小时，优化营商环境。

代表工作

【完善代表履职保障】 2019年，泉港区人大常委会坚持以制度建设为引领，积极构建代表履职工作平台，健全全区域覆盖、线上线下同步的代表履职服务保障体系。规范提升区级“代表之家”、8个“人大代表联系群众活动室”、20个村居“代表联系群众活动站”、 延伸建设3个代表专业小组活动室，形成以“室、站”为中心、覆盖全区、面向选民的代表履职网络。深化代表履职公开工作，开展代表履职述职活动，组织9名市代表、31名区代表回选区向选民报告履职情况并接受测评。完善代表履职激励机制，评选17名履职优秀区代表给予通报表扬；在泉港广播电视台开辟《人大视线》专栏，集中宣传代表履职事迹。拓宽代表知情知政渠道，邀请省、市、区代表207人次列席常委会，参加调研、视察、执法检查、工作评议等工作；协助做好代表参加区委、区政府工作情况通报，扩大代表知情权。

【提升代表履职水平】 2019年，泉港区人大常委会在常委会指导下，各镇（街）代表联系群众活动室（站）落实“八个一”制度，开展“拆迁村集体资产保护和管理”“我为实施乡村振兴战略做贡献”“移风易俗我带头·扫黑除恶我参与”“建设吉祥泉港·人大代表在行动”“人大代表助力综治‘三率’提升”等形式多样、内容丰富的主题活动，督促重视解决失地群众就业、行政审批服务提质提速、企业安全监管、农业防灾减灾、违规营运车辆整治、校车安全运行等问题。结合新时代人大工作新要求，组织常委会组成人员、各镇（街）人大主席（工委主任）和部分市、区人大代表进行业务培训，定期向代表寄送学习资料、发布履职信息，努力提升代表履职监督能力和水平。

【密切联系群众】 2019年，泉港区人大常委会践行党的群众路线，坚持和落实“双联”制度，依托代表联系群众活动（站），落实每周1次联系接待选民制度，听取意见建议、了解民情民意，发挥桥梁纽带作用。是年常委会组成人员走访联系代表87人，群众231人，收集建议意见126条；代表走访联系选民3200多人次，收集建议意见378条，主要涉及学前教育规划、征迁群众就业保障、农村石结构房屋改造审批、打击走私油等方面内容。研究梳理、协调办理、分类督办，解决代表和群众集中关注的问题，推动政府开展打击成品油走私“五大行动”、开通钟厝片公交车线路、规范小区物业管理、合理规划幼儿园布点等。

人事任免

【概况】 2019年，泉港区人大常委会坚持党管干部与人大依法任免相统一，规范完善任前法律知识考试、任前供职发言、宪法宣誓、奏唱国歌以及颁发任命书等程序，增强被任命人员的宪法意识、法治意识和责任意识。全年共任免国家机关工作人员46人次，补选区四届人大代表6名。按照国家监察体制改革试点工作要求，及时召开常委会任命区监察委员会副主任和委员，依法做好有关工作。

【任免情况】 区四届人大常委会第十六次会议（2019年1月25日） 免去吴文辉的泉州市泉港区人大常委会山腰

街道工作委员会主任职务；吕伟成任泉州市泉港区科学技术局局长，免去其泉州市泉港区科技和知识产权局局长职务；吴文辉任泉州市泉港区工业和信息化局局长；庄学良任泉州市泉港区自然资源局局长。

区四届人大常委会第十七次会议（2019年5月30日） 接受赖繁彩辞去泉港区第四届人大常委会委员和第四届人民代表大会代表职务的请求，本决定报本级人民代表大会会议备案；任命刘梅坤为泉州市泉港区人大常委会山腰街道工作委员会主任；撤销陈银才的泉港区民宗局局长职务；任命汤奎武为泉港区人民政府副区长（挂职），挂职期满所挂任职务自然免除；免去刘敬福的泉港区商务局局长职务；任命陈光营为泉州市泉港区人民法院立案庭庭长；任命胡元明为泉州市泉港区人民法院刑事审判庭庭长，免去其泉州市泉港区人民法院民事审判第一庭庭长职务；任命蔡兴凤为泉州市泉港区人民法院民事审判庭庭长，免去其泉州市泉港区人民法院民事审判第二庭庭长职务；任命连青竹为泉州市泉港区人民法院生态环境审判庭庭长，免去其泉州市泉港区人民法院刑事审判庭庭长职务；任命叶绿萱为泉州市泉港区人民法院南埔人民法庭庭长，免去其泉州市泉港区人民法院南埔人民法庭副庭长职务；任命郑平珍为泉州市泉港区人民法院立案庭副庭长，免去其泉州市泉港区人民法院民事审判第二庭副庭长职务；任命郭文波为泉州市泉港区人民法院民事审判庭副庭长，免去其泉州市泉港区人民法院民事审判第一庭副庭长职务；任命庄毅芬为泉州市泉港区人民法院生态环境审判庭副庭长，免去其泉州市泉港区人民法院审判监督庭副庭长职务；免去邱生云泉州市泉港区人民法院立案庭庭长职务。

区四届人大常委会第十八次会议（2019年8月2日） 任命王艺彬为泉港区人民政府副区长；免去黄建辉泉港区人民政府副区长职务；任命林天法为泉港区人民法院副院长、审判委员会委员、审判员；免去王博古泉州市泉港区人民检察院检察员职务；免去陈华彬泉州市泉港区人民检察院检察员职务；免去林金乐泉州市泉港区人民检察院检察员职务；免去陈成龙泉州市泉港区人民检察院检察员职务；免去吴航标泉州市泉港区人民检察院检察员职务；免去庄婉雯泉州市泉港区人民检察院检察员职务；免去柯萍云泉州市泉港区人民检察院检察员职务；免去陈小强泉州市泉港区人民检察院检察员职务；接受郑敏辞去泉港区人民法院院长职务，报本级人民代表大会会议备案；决定泉港区人民法院副院长林天法代理泉港区人民法院院长职务。

区四届人大常委会第十九次会议（2019年10月12日） 接受林昀瑜辞去泉港区第四届人大常委会委员和第四届人民代表大会代表职务的请求，本决定报本级人民代表大会会议备案；接受李肇晖、肖德宝、吴文辉等辞去泉港区第四届人民代表大会代表职务的请求，本决定报本级人民代表大会会议备案；免去黄玉真泉港区人民政府副区长职务；任命肖银河为泉州市泉港区商务局局长；任命林昀瑜为泉州市泉港区自然资源局局长；免去庄学良的泉州市泉港区自然资源局局长职务；任命钟胜忠、庄炳良、何汉阳、郭海腾、林传才、林珍、施秉中、陈维龄、陈金龙、李俊强、王小霞、陈素霞、陈玉叶、李雪、林辉良、林悦开、吴文海、王飞翔、陈远彬、刘良平、吴才林、张常伟、连勇平、王碧雄、郑宗辉、郭文钟、刘美秀、吴小玲、傅晓倩、陈平辉、陈学军、林云、郑国强、林松聪、陈富忠、叶小芬、杨惠鲤、庄龙平、庄丽云、林燕杰、林清梅、柯顺胜、林丽香、林国莲、郑晶晶、肖招智、庄琳琳、郑晓强等为泉州市泉港区人民法院人民陪审员。

区四届人大常委会第二十次会议（2019年11月15日） 免去刘阳青泉港区人民政府副区长职务。

区四届人大常委会第二十一次会议（2019年12月2日） 接受王梅珠辞去泉港区第四届人大常委会委员和第四届人民代表大会代表职务的请求，本决定报本级人民代表大会会议备案；接受连其兴辞去泉港区第四届人民代表大会代表职务的请求，本决定报本级人民代表大会会议备案。

区四届人大常委会第二十二次会议（2019年12月10日） 免去朱亚联泉州市泉港区人民检察院检察员职务；免去郑琰泉州市泉港区人民检察院检察员职务。

区四届人大常委会第二十三次会议（2019年12月31日） 任命黄少伟为泉港区人民政府副区长；任命柯明好为泉港区人民政府副区长。

重要会议及活动

【常务会】　2019年1月3日，区长颜朝晖主持召开区政府第32次常务会议，研究泉港区“十三五”生态文明建设专项规划、泉港区加快扶持电子商务发展的鼓励措施有关问题，传达贯彻福建省地方政府债务管理培训会精神并研究2019年泉港区基本建设资金运作计划。

2019年2月21日，区长颜朝晖主持召开区政府第33次常务会议，传达全市“项目攻坚2018”表彰暨“强基促稳三年行动”工作部署视频会议精神，研究泉港区推进涉农资金统筹整合实施方案（试行）、湄洲湾航道四期工程—南岸航道工程(南山片区公共航道)海域使用补偿方案等有关问题。

2019年3月20日，区长颜朝晖主持召开区政府第34次常务会议，传达近期各级安全生产工作会议精神、省市生态环保工作会议精神、省市科技工作会议精神并研究泉港区贯彻意见，研究泉港区2018年实施妇女儿童发展纲要情况、《泉港区城市生活垃圾处理收费管理规定》、调整城乡居民基本养老保险基础养老金标准等有关问题。

2019年4月9日，区长颜朝晖主持召开区政府第35次常务会议，研究《泉港区畜禽粪污资源利用整区推进实施方案》《泉港区浅海网箱养殖设施清退及升级改造工作方案》《泉港区浅海网箱养殖设施清退补偿方案》《加强园林绿化管理工作意见》《泉港区基层财政能力提升专项行动实施方案（送审稿）》和2019年全区禁毒工作重点任务。

2019年5月9日，区长颜朝晖主持召开区政府第36次常务会议，会议研究《泉港区深化农村人居环境整治三年行动方案》《泉港区土壤污染治理与修复规划》《泉港区普通建筑用砂石矿场资源开发利用管理暂行说规定》《泉港区鼓励工艺美术产业发展若干意见》、祥云路改造提升工程涉及房屋征迁补偿、福鑫房地产项目相关事宜和泉港区三朱中学等五所学校教育项目勘察、设计、采购、施工总承包（EPC）等有关问题。

2019年5月15日，区长颜朝晖主持召开区政府第37次常务会议，会议传达学习中办、国办《地方党政领导干部食品安全责任制规定》文件精神，研究《泉港区关于发展壮大村级集体经济的实施意见》《关于进一步扶持建筑业发展壮大若干措施》和郭厝溪清淤及补水工程等12个基础设施建设(EPC)工程、学府北路往北延伸扩宽工程等两个项目房屋征迁补偿安置实施方案，以及后龙镇东山村旧村改造历史遗留问题。

2019年6月12日，区长颜朝晖主持召开区政府第38次常务会议，研究《泉港区防汛防台风应急预案》《关于深入开展高质量提升行动加快建设质量强区的实施意见》《泉港区“法治政府建设年”实施方案》《泉港区深化“最多跑一趟”改革进一步优化营商环境行动方案》等有关问题，听取泉港物价监测调查情况的报告。

2019年7月5日，区长颜朝晖主持召开区政府第39次常务会议，研究《泉港区关于全面加强生态环境保护坚决打好污染防治攻坚战的实施意见》《泉港区闲置低效工业用地盘活利用实施意见》《泉港区关于坚持农业农村优先发展做好“三农”工作的实施意见》《泉港区企业应急保障周转专项资金使用管理规定》和泉港区高压线走廊道路工程土石方平整、祥云路改造提升工程项目涉迁房屋等有关问题，听取消防安全工作汇报。

2019年7月24日，区长颜朝晖主持召开区政府第40次常务会议，学习《中央生态环境保护督察工作规定》并研究贯彻意见，研究泉港区全面实施预算绩效管理的若干措施、泉港区2019年度规范性文件清理工作、企事业单位人才个人所得税奖励规定延期等有关问题，传达贯彻全国、省、市违建别墅问题清查整治专项行动会议精神。

2019年8月1日，区长颜朝晖主持召开区政府第41次常务会议，研究《泉港区浅海网箱养殖设施清退补偿方案》修订、后龙镇镇区改造地块控规、全区生活垃圾飞灰处置等有关问题。

2019年8月27日，区长颜朝晖主持召开区政府第42次常务会议，传达全国安全生产电视电话会议精神，听取2019年上半年全区安全生产工作情况汇报并研究部署下阶段工作，研究泉港区财政性投融资建设项目工程变更签证管理规定，泉港区新材料高新技术园区物流基地控制性详细规划，泉港科技馆二期项目建设，南埔中心小学扩征用地项目房屋征迁补偿安置实施方案和南埔镇人民政府暂借办公经费等有关问题。

2019年9月26日，区长颜朝晖主持召开区政府第43次常务会议，研究《泉港区打赢蓝天保卫战三年行动计划贯彻实施方案》及党政领导生态环保目标责任书贯彻落实意见、第二轮生态环境保护督察涉及泉港区的信访举报件办理、《泉港区土壤污染风险防控试点工作实施方案》《泉港区提升城市供水水质行动方案》《山腰街道锦川片区350505-05-C单元（01-05地块）控制性详细规划成果》《泉州市坤蓉咨询有限公司雨朵幼儿园项目房屋征迁补偿安置方案》，以及泉港区菱溪水库至泉港引调水管道工程PPP项目绩效考核管理办法、调整泉港区锦川小区一期项目房屋征迁补偿安置方案、成立福建师范大学泉港实验小学和泉港区锦川实验小学等有关问题。

2019年10月24日，区长颜朝晖主持召开区政府第44次常务会议，传达省政府第41次常务会议相关精神，研究《泉港区党政领导干部安全生产责任制实施细则》《泉港区燃气专项规划（2018—2035年）》《泉港区农村（社区）集体资金资产资源管理规定》《菱溪水库至泉港区供水工程PPP项目房屋征迁补偿安置方案》以及九龙吉祥花园项目安置房结算及馨秀花园项目、开展年底攻坚大督查活动等有关问题。

2019年11月8日，区长颜朝晖主持召开区政府第45次常务会议，研究推进第二轮中央生态环境保护督察交办件整改、泉港区突发环境事件应急预案、泉港新材料高新技术产业园区总体发展规划和产业发展规划、泉港城市中心区一期控规D-6、D-7、D-8地块规划评估报告及修改方案等有关问题，学习《重大行政决策程序暂行条例》，听取减税降费工作及税收收入情况汇报。

2019年11月28日，区长颜朝晖主持召开区政府第46次常务会议，研究泉港区职业技能提升行动实施方案（2019—2021年）、泉港区石材（石雕）加工行业转型提升工作方案、调整泉港区高污染燃料禁燃区以及泉港区医院门诊医技综合楼及附属配套设施工程设计采购施工总承包有关问题。

2019年12月10日，区长颜朝晖主持召开区政府第47次常务会议，研究2020年区《政府工作报告》《泉港区2019年国民经济和社会发展计划执行情况与2020年计划草案的报告》《泉港区2019年财政预算执行情况和2020年财政预算草案的报告（送审稿）》及2020年全口径预算草案编制情况、2019年主要经济指标预计完成情况及2020年预期目标、2020年泉港区重点项目建设、2020年区委区政府为民办实事项目、《中国海峡人才市场 泉港区人民政府人才战略合作协议》等有关问题。

2019年12月17日，区长颜朝晖主持召开区政府第48次常务会议，传达贯彻全国、全市安全生产电视电话会议精神，研究《泉港区城市重污染天气应急预案》《泉港区人民政府关于进一步加强知识产权工作的实施意见》《泉港区支持个体工商户转型升级为企业的若干意见》，以及高铁高速沿线第三期综合整治费用等有关问题。

【区长办公会】 2019年1月3日，区长颜朝晖主持召开第28次区长办公会议，研究进一步加强政府投资工程项目招标投标管理、泉州福泉公司要求取消金山街北延伸段项目申请用地、泗洲水库除险加固工程设计变更等有关问题。

2019年2月21日，区长颜朝晖主持召开第29次区长办公会议，研究陆地港服务中心项目建设运营、《泉港区坝头溪流域水体达标方案》《泉港区菱溪水体达标方案》、福州大学石油化工学院（泉港校区）校舍一期工程二期项目建设方案调整、双溪水库工程大坝坝体及进水口护坡等项目设计变更有关问题。

【专题会】 2019年1月4日，区长颜朝晖在副区长黄玉真陪同下，率区直有关部门现场调研泉港区医院病房大楼2号楼及附属配套设施项目、泉港区中医医院修缮及配套工程、泉港妇幼保健院迁址重建项目（一期）工程等3个卫计项目建设情况和安全生产工作落实情况，并召开现场会议，协调解决有关事项。

2019年1月4日，区长颜朝晖在副区长庄一鸣的陪同下，率区直有关部门到国家电网泉港供电服务中心现场调研安全生产和电力管沟建设工作。

2019年1月4日，区政府副调研员陈国才主持召开加快推进教育系统项目建设专题协调会。会议听取区教育涉关于前一阶段教育系统项目建设协调会精神落实情况和锦川实验小学、行政核心区实验小学项目进展情况汇报，研究部署下一阶段工作。

2019年1月7日，区长颜朝晖主持召开第一季度防范重特大生产安全事故暨创建安全发展城市领导小组成员会议、安全生产“春季攻坚行动”、重大风险点管控工作推进会议。会议传达1月5日全省、全市安全生产专题工作会议精神，听取相关单位重大风险点管控工作情况汇报，分析研判安全生产工作存在的问题，研究部署下一阶段工作。

2019年1月10日，区长颜朝晖

主持召开与福建师范大学深化合作提升泉港区基础教育质量专题会议，会议听取区教育局关于泉港区人民政府与福建师范大学合作办学有关工作汇报，研究部署下阶段合作办学有关事项。

2019年1月15日，副区长王志强主持召开全区加强打击非法采运砂工作专题会议，听取相关情况汇报，明确有关事项，研究部署下阶段工作。

2019年1月21日，区长颜朝晖主持召开区政府与区总工会2018年联席会议，听取区总工会工作情况汇报，协调解决有关问题。

2019年1月21日，区长颜朝晖主持召开区政府与区人民法院、检察院联席会议。会议听取有关情况通报，研究推进下一步工作。

2019年1月22日，区政府党组副书记、石化工业园区管委会主任刘敏坚主持召开专题协调会，研究福建湄洲湾氯碱工业有限公司临时停车场建设有关问题。

2019年2月15日，区政府党组副书记、东部海域征用指挥部总指挥刘敏坚主持召开南山片区进港航道海域征用工作专题协调会，听取进港航道前期手续进展情况汇报，研究部署下阶段工作，明确有关事项。

2019年2月19日，副区长郭荣华组织召开儿童福利院建设工作专题会议，听取区民政局、教育局、高新产业园区建设有限公司、特殊学校等单位有关情况汇报，研究部署下一步工作。

2019年2月25日，区政府党组副书记、石化工业园区管委会主任刘敏坚带队实地踏勘泉港高速出口至港区廊道绿化景观提升项目现场，并在南埔镇政府三楼党委会议室主持召开项目建设专题协调会，听取各参建单位工作情况汇报，研究解决项目建设有关问题。

2019年2月26日，副区长郭荣华主持召开泉港区殡仪馆项目设备采购协调会。听取区民政局、财政局、住建局、公管办、泉州市泉港中冶天风项目管理有限责任公司和中国一冶集团有限公司关于该项目设备采购主体、采购渠道和存在问题的汇报，协调解决相关问题。

2019年3月1日，副区长傅文星主持召开全区PPP项目协调推进会，会议传达《泉港区重点项目专项督查工作领导小组关于对泉港区基础设施提升工程PPP项目进行督查的情况通报》、《泉港区住房和城乡规划建设局关于泉港区基础设施提升工程、民生综合工程PPP项目专项检查的通报》《泉州市审计局关于泉州市2018年第四季度国家重大政策落实情况跟踪审计的报告》，听取各项目公司有关工作情况汇报，对各项目存在问题进行协调。

2019年3月11日，区政府党组副书记陈相成主持召开城市管理项目协调会，会议听取区城管局关于泉港区市政给排水七镇连通工程PPP项目、郭厝溪流域综合整治项目、泉港植物园二期工程等项目建设进展情况及存在问题汇报，听取后龙镇、峰尾镇对泉港区植物园二期工程项目征拆迁进展情况汇报，研究解决项目推进有关问题。

2019年3月11日，区政府党组副书记陈相成主持召开全区绿化管养专题协调会议，通报全区主次干道（含在建项目）绿化管养基本情况，部署全区绿化管养有关工作。

2019年3月13日，区长颜朝晖主持召开郭厝溪黑臭水体整治工作部署专题会议，研究推进郭厝溪黑臭水体整治工作。

2019年3月19日，区政府党组副书记陈相成主持召开郭厝溪黑臭水体整治工作专题协调会，会议听取各牵头单位的工作汇报，研究协调郭厝溪黑臭水体整治工作推进过程中存在的问题。

2019年3月19日，副区长庄一鸣主持召开企业接待日专题协调会。会议听取泉州航立工贸有限公司、福建庄信实业集团、泉州建华建材有限公司、福建省百川资源再生科技股份有限公司4家企业有关情况汇报，研究解决相关问题。

2019年3月26日，区政府党组副书记陈相成主持召开福炼公司泉港生活区部分房产及土地权属变更专题协调会，听取区自然资源局、福炼公司等单位关于福炼生活区权属变更情况汇报，研究解决生活区部分房产及土地权属变更问题。

2019年3月27日，副区长庄一鸣召集区政府办、商务局、海关驻泉港办事处、福建联合石化供应流通部、泉州华星燃气有限公司等单位，研究泉州华星燃气有限公司进口液化石油气检验检疫有关事宜。

2019年4月2日，副区长陈清拥主持召开公交线路调整协调会，会议听取区大众公交公司关于对途经通港路施厝村至柯厝村路段公交线路调整方案的汇报，并进行研究讨论。

2019年4月4日，区政府党组副书记、石化工业园区管委会主任刘敏坚主持召开泉港区高速出口至港区廊道绿化景观提升工程精品段边侧绿地及提升段初步设计评审会，听取福建艺景园林工程有限公司对项目精品段边侧绿地及提升段初步设计文件汇报，与会人员对方案进行评审和讨论。

2019年4月8日，区政府党组副书记、石化工业园区管委会主任刘敏坚主持召开泉港高速出口至港区廊道绿化景观提升工程通港路倒桥至西海路段弱电缆化入地专题协调会，听取移动、电信、联通、广电网络集团等4家弱电单位有关工作情况汇报，研究解决项目建设有关问题。

2019年4月15日，副区长王志强主持召开全区河长制工作推进会。会议听取区河长办、各镇（街道）及相关单位推进落实河长制工作情况汇报，研究协调解决有关问题。

2019年4月24日，区政府副调研员陈国才带领区委宣传部、区教育局、卫健局、市场监管局、公安分局等单位相关领导到泉港二中、后龙星星幼稚园等学校开展学校食品安全及校园周边环境整治工作检查，并召开专题会议，听取区教育局、卫健局、市场监管局关于学校食品安全及校园周边环境整治工作的汇报，研究部署下一阶段工作。

2019年4月25日，区政府党组副书记陈相成主持召开泉港区涂岭镇溪西至路口324国道两侧综合整治项目驿坂基督教堂征迁安置补偿专题协调会，听取项目建设指挥部关于项目驿坂基督教堂征迁进展情况汇报，研究解决具体事项。

2019年4月29日，区长颜朝晖在副区长王志强、陈清拥的陪同下，率区直有关部门主要负责人开展“五一”国际劳动节前安全生产和防汛工作检查，实地检查了福建坚石电力线路器材有限公司、泉州华尔宝树脂有限公司等生产经营单位安全生产工作情况以及坝头溪安全生态水系二期（前黄段）水利工程建设情况，召开会议推进落实。

2019年4月30日，副区长傅文星、陈清拥主持召开泉港区公交综合车站工程（业务综合楼、汽车维修车间）项目建设协调及建筑设计风格评定会。会议听取区大众公交公司工程建设存在问题及解决方案、福建省第五建筑工程公司设计成果情况的汇报，研究协调解决有关问题。

2019年5月6日，副区长傅文星主持召开山腰盐场海晶大厦项目竣工验收专题协调会。会议听取福建宏地置业有限公司关于山腰盐场海晶大厦项目进展和存在问题情况的汇报，研究解决相关问题。

2019年5月6日，区政府党组副书记陈相成主持召开郭厝溪黑臭水体整治工作推进会，会议听取领导小组综合协调组及区新城投资公司（业主单位）关于上阶段整治工作开展情况及下阶段工作计划的汇报，并就下阶段工作进行部署。

2019年5月9日，副区长黄玉真率区民宗局、山腰街道办事处、荷池石结构改造指挥部、荷池社区居委会等单位负责人对山腰街道清源庵、天妃宫出现庙宇殿堂和僧舍楼墙体地面开裂情况进行现场查看，在山腰街道四楼会议室召开专题会议，研究解决两个宗教活动场所安全隐患问题。

2019年5月10日，副区长王志强主持召开泗洲水库至湄南调节池新建管道工程协调推进会，协调解决有关问题，研究部署相关工作。

2019年5月10日，区政府党组副书记刘敏坚主持召开南山片区水利项目西滞洪区工程变更专题会议，研究明确有关事项。

2019年5月15日，区政府党组副书记陈相成主持召开全区重点项目调度会。会议对第一季度重点项目督查组督查的22个“回头看”滞后项目进行调度，并协调解决有关问题。

2019年5月21日，区政府党组副书记陈相成主持召开锦川小区分房工作专题协调会，听取南埔镇分房工作汇报，协调解决存在问题，就有关事项进行明确。

2019年5月28日，副区长傅文星、王志强在区行政管理中心一楼第三会议室组织召开福厦客专泉港站站区详细规划评审会，听取规划编制单位中铁第四勘察设计院集团有限公司的规划汇报，对规划成果作认真讨论与研究，并形成专家评审意见。

2019年5月30日，区委常委刘刚、区政府党组副书记陈相成、副区长汤奎武主持召开教育系统项目建设专项协调会议。会议听取区教育局关于教育项目建设推进情况的汇报，分析推进过程中存在的困难与问题，研究部署下一阶段工作。

2019年5月31日，区长颜朝晖主持召开全区第二季度防范重特大生产安全事故暨创建安全发展城市领导小组成员会议。会议观看事故警示教育视频、传达学习《泉州市安全生产事故隐患排查治理问题整改督办和问责移送暂行规定》，分析研判当前安全生产形势，研究部署下阶段安全生产工作。

2019年6月12日，副区长刘阳青主持召开清源庵安全隐患整改专题协调会，听取泉州勘测设计院有限公司对清源庵建筑物沉降、裂缝监测情况汇报，研究解决清源庵安全隐患问题。

2019年6月13日，副区长王志强组织召开部分城建项目规划专题会，会议听取区自然资源局关于部分城建项目规划管理相关情况的汇报，研究解决有关事宜。

6月14日，区政府党组副书记陈相成主持召开全区建筑施工安全生产整治工作专题会，研究部署推进全区建筑施工安全生产整治工作。

2019年6月19日，区委常委、统战部长陈龙津，副区长傅文星受区政府颜朝晖区长的委托，主持召开政府性建设项目筹融资工作小组会议，副区长傅文星部署筹资常规工作和省政府张志南常务副省长召开专题协调会前期对接工作，会议听取各相关部门向上争取资金事项进展情况的汇报。

2019年6月19日，区政府党组副书记陈相成、副区长傅文星组织召开协调会，研究解决盐湖城、原润邦华庭项目建设存在的问题，会议听取福建宏地置业有限公司、福建泉州仟珞房地产有限公司申请协调解决有关事项的汇报，经充分讨论形成相关工作意见。

2019年6月26日，区委副书记苏松炎主持召开发展壮大村级集体经济专题会议，听取新城投资公司与塘头村、柯厝村、先锋村、上楼村、峥嵘村、锦联村、菜堂村、叶厝村、溪头村、锦祥社区、聚福社区等11个薄弱村（社区）合作项目等有关情况汇报，协调解决相关问题。

2019年7月10日，区委常委、

人武部部长施有良支持召开泉州建华建材有限公司一期项目不动产权登记证办理专题协调会，研究解决相关问题。

2019年7月31日，区委常委刘刚、区政府副调研员陈国才组织召开教育系统项目建设专项协调会议。会议听取区教育局关于教育项目建设推进情况的汇报，分析推进过程中存在的困难与问题，研究部署下一阶段工作。

2019年8月6日，副区长庄一鸣、陈清拥组织区直有关单位、海警、海关、港口、海事等部门和沿海相关镇(街道)，现场检查辖区水域扣押船舶安全锚泊状况，召开泉港辖区扣押船舶安全工作协调会，协调解决有关问题。

2019年8月9日，区政府党组副书记陈相成、副区长郭荣华组织召开全区骨灰堂违法占地问题整改协调会议。会议听取区自然资源局关于全区骨灰堂违法占地查处整改情况的汇报，研究存在的问题并提出处理意见。

2019年8月13日，区政协副主席邱金谋主持召开荷福小区项目建设推进会，听取泉港区锦福建设有限公司对当前施工建设及存在问题的情况汇报，协调解决相关问题。

2019年8月14日，副区长傅文星主持召开泉港区菱溪水库至泉港引调水管道工程PPP项目（菱溪水库至泉港区供水工程PPP项目）专题协调会，研究协调项目推进过程中存在的问题。

2019年8月27日，区长颜朝晖主持召开培植税源拓宽收入专题会议，会议听取区财政局汇报，研究关于争取辖区外税源实施意见。

2019年8月28日，区政府党组副书记陈相成主持召开全区自然资源工作协调推进会，会议通报全区批而未征批而未供用地清理、2018年度土地卫片执法检查整改及2019年度补充耕地情况，对下阶段工作进行部署安排。

2019年8月28日，区人大常委会副主任赵琼花、区政府党组副书记陈相成主持召开山腰（原项五孔）水闸改建工程临时围堰导流工程项目专题协调会。会议就山腰（原顶五孔）水闸改建工程导流工程工程量增加有关问题进行专题研究。

2019年9月2日，副区长陈清拥、副调研员陈国才组织召开进一步办好少体校工作专题会议，听取区少体校和福师大泉港实验中学相关工作汇报，研究解决下一步推进少体校工作具体举措。

2019年9月3日，区政府党组副书记陈相成主持召开新城投资公司基础设施建设（EPC）项目推进会，听取项目情况汇报，协调解决存在问题，研究部署下一阶段工作。

2019年9月3日，区政协副主席邱金谋主持召开清源庵房屋墙体开裂专题会议，听取泉港区锦福建设有限公司关于清源庵因荷福小区项目施工造成建筑物进一步沉降、墙体裂缝等存在问题的情况汇报，协调解决相关问题。

2019年9月5日，副区长傅文星、陈清拥组织召开泉港区公交车防护隔离设施和一键报警系统安装工作协调推进会。会议听取区大众公交公司关于公交车安全防护隔离设施和一键报警系统安装工作进展的情况汇报，研究协调解决有关问题。

2019年9月11日，副区长庄一鸣组织召开泉港区农村生活污水治理工作推进会。会议听取会与单位关于全区农村生活污水治理工作推进情况、存在的问题、工作建议的汇报，并部署下阶段农村生活污水治理工作安排。

2019年9月12日，区委常委、人武部部长施有良主持召开新民街世茂璀璨星城一期项目协调会，听取世茂云城关于当前项目建设中存在问题的汇报，协调解决相关问题。

2019年9月18日，副区长庄一鸣主持召开专题会议，研究落实中央第二轮生态环境保护督察信访交办件的整改要求，妥善推进辖区水泥砖厂整改处置工作。

2019年9月24日，区政府党组副书记陈相成召集区城管局、区水利水务公司和泉港供电服务中心等有关单位负责人，就解决城区周边房地产项目用电，配套建设相关市政道路电力电缆管沟有关事宜进行专题研究。

2019年9月30日，区长颜朝晖在副区长陈清拥陪同下，率区直有关部门主要负责人开展国庆节前安全生产工作检查，实地检查泉港区植物园无极限游乐园安全生产工作以及福建湄洲湾氯碱工业有限公司消防挂牌督办项目整改情况、应急管理部执法检查指出问题整改情况和国庆期间企业安全生产工作情况，召开会议督促落实。

2019年9月30日，区长颜朝晖开展“不忘初心，牢记使命”安全生产领域专题调研，并主持召开建立和完善安全生产领域应急机制专题研讨会，听取区应急局关于相关课题调研成果的汇报，研究建立和完善安全生产领域应急机制有关问题。

2019年10月9日，区长颜朝晖主持召开全区违建别墅问题清查整治及批而未供闲置土地专项清理专题会，通报全区违建别墅问题清查整治及批而未供闲置土地专项清理等相关工作进展情况，部署下阶段重点工作。

2019年10月9日，区政府党组副书记、石化工业园区管委会主任刘敏坚主持召开泉港石化工业园区南山片区公共应急池工程设计变更专题会议，听取项目建设单位、项目组有关项目设计变更情况的汇报，研究设计变更相关事项。

2019年10月21日，区政府党组副书记陈相成主持召开城建项目专题协调会，研究协调泉港区市政给排水七镇连通工程PPP项目、泉港新城基础设施建设（EPC）项目建设存在问题。

2019年10月23日，区政府党组副书记陈相成主持召开南埔镇肖厝村兰陵广场非法占地问题专题协调会议。会议听取南埔镇人民政府关于兰陵广场三栋公寓楼的情况说明和区自然资源局关于南埔镇肖厝村兰陵广场非法占地情况的汇报，研究存在的问题并提出处理意见。

2019年10月23日，区政府党组副书记陈相成率实地走访调研庄园明珠、福炼生活区、逸涛小区等3个老旧小区，并组织召开全区老旧小区整治提升工作推进会，听取相关情况汇报并部署下阶段工作。

2019年10月29日，区政府党组副书记陈相成现场调研学府北路往北延伸扩宽工程、泉港植物园二期工程等市政项目，并召开项目建设协调会，明确有关事项。

2019年10月31日，副区长庄一鸣主持召开专题会议。落实中央第二轮生态环境保护督察信访交办件整改要求，妥善推进群众反映关于“南埔镇南埔村顶西的农田上建有十几家石材厂（无厂名），离居民区很近，无证违规经营，粉尘，噪音扰民，污水直排”问题整改处置工作。

2019年11月4日，区长颜朝晖在区领导陈龙津、陈相成的陪同下，率区直有关部门负责人，调研祥云路改造提升工程建设情况，实地查看沿线建设、管理、环境和安全文明施工等，并主持召开现场会，听取后龙镇、新城投资公司、中建川公司、光正监理公司和路港公司有关情况汇报，研究解决有关问题。

2019年11月15日，副区长郭荣华、石化工业园区管委会副主任陈宗旗主持召开华星石化增建液化石油气储罐项目安全距离拆迁有关问题专题协调会。会议听取福建华星石化公司关于华星石化增建液化石油气储罐项目进展情况及存在问题的汇报以及相关部门和第七片区拆迁指挥部对该项目安全距离内房屋拆迁等工作意见，并协调解决有关问题。

2019年11月21日，区政府党组副书记、石化工业园区管委会主任刘敏坚主持召开百宏石化公司PTA项目大件设备运输工作领导小组成员会议，听取百宏石化公司关于PTA项目大件设备运输进展情况的汇报，研究协调解决PTA项目大件设备运输有关问题。

2019年12月2日，副区长傅文星主持召开媒体反映界山镇玉湖村东亭自然村缴费多年未通自来水问题专题协调会议，听取界山镇有关工作情况汇报，协调解决相关问题并研究部署下阶段工作。

2019年12月2日，副区长谢梓骞主持召开泉港区医院门诊医技综合楼及附属配套设施工程项目专题协调会议，听取区卫健局和泉港区医院关于该工程项目有关情况的汇报，研究协调项目投资估算和工期相关问题。

2019年12月3日，区政府党组副书记陈相成主持召开新城投资公司基础设施建设（EPC）项目征地拆迁工作协调会议，听取项目进展情况汇报，协调解决存在的问题，研究部署下一阶段工作。

2019年12月3日，区政府党组副书记陈相成主持召开南山南路道路提升改造工程及锦绣街改造提升工程项目协调会，听取新城投资公司相关工作汇报，研究协调项目建设存在的问题。

2019年12月5日，副区长陈清拥主持召开专题会议，研究解决肖厝港区到港船舶生活垃圾、生活污水处置渠道不畅问题。

2019年12月6日，区政府党组副书记陈相成主持召开南埔镇锦川小区安置房交房结算专题会议，听取南埔镇关于仑头村群众反映锦川小区交房结算有关事项的汇报，协调解决存在的问题，就有关事项进行明确。

2019年12月13日，副区长傅文星组织召开原润邦华庭项目有关问题协调会，听取仟珞房地产公司关于当前项目建设中存在问题的汇报，研究协调相关问题。

2019年12月24日，区长颜朝晖主持召开区政府与区总工会2019年联席会议，听取区总工会工作情况汇报，协调解决有关问题。

政务纪要

【概况】 2019年，泉港区政府办在区委区政府的坚强领导下，围绕全区经济社会发展大局，立足参谋助手、统筹协调、办文办会、督察督办、服务保障等职能，创新工作方法，完善工作机制，提高服务水平，保障政府各项工作高效运转。

【精简文件会议】 2019年，泉港区政府办精简文件会议，落实为基层减负各项措施。发文方面，严格执行年度、月份发文计划，根据要求压缩文件号，每月向各部门征求下个月拟以区政府或区政府办名义发文的计划安排，统筹、衔接好计划内的文件，除区领导批示或上级要求限时印发的文件，计划外的文件原则上不再受理。全年区政府本级发文100件（以市基层减负统计口径），比2018年同期减少125件，同比减少55.56%。收文方面，规范区政府批示件办理工作，明确公文办理时限、强化办理情况督查，提升文件运转时效，全年共办理政府收文4192份，其中：本级收文2062件、市级来文283件、省级来文139件、信访件37件、秘密文件70件、临时文件1601件，未发生文件延误、误办、错办、漏办。会议方面，提倡合并开会、套开会议，少开会、开短会。2019年，区政府本级召开会111场（以市基层减负统计口径），比2018年同期减少124件，同比减少52.77%。

【强化督查问责】 2019年，泉港区政府办共发出《督办通知》50期，政务督查通报8期，交督办省、市政府工作任务、全区工作会、为民办实事项目、区政府工作报告、人大建议、政协提案、区政府常务会、办公会及区领导批示等督办各类任务计3948项，确保政务督查工作真正落到实处。对3件市人大代表建议和4件市政协提案、161件区人大代表建议和176件政协提案进行分解督办，代表建议和政协提案办复率和满意率100%。

【文稿拟制】 2019年，泉港区政府办牢固树立服务理念，把领导满意作为文字综合工作的出发点和落脚点，全年累计完成各类文字材料329篇，约115万字（不包含政务工作信息），其中完成区领导讲话稿278篇，约105万字，整理区政府、区政府党组会议纪要51篇，约10万字。

【政务信息】 2019年，泉港区政府办来共向省上报信息393条，被采用27条，其中福建信息17条，专刊1条；向市上报信息512条，被采用103条，其中增（专）刊、专报件4条，正刊45条，转报省上54条，在年度信息量化评比中已连续八年位居全市前茅，充分发挥信息工作的参谋助手作用。政讯专报《泉港区持续深化“放管服”改革着力打造一流的营商环境》获市政府王永礼市长批示肯定。

【电子政务】 2019年，泉港区政府办规范开展信息公开工作，以区政府和政府办名义发布信息86件，受理公民依申请公开14件，全部在规定时限内答复。做好政务公开工作，对2019年度政务公开工作主要任务进行分解，确保工作落到实处。做好区政府网站管理及保障工作，迁移区政府门户网站至市政府统一平台，新网站于7月2日上线。做好区政府门户网站信息保障工作，累计发布信息3500条，通过国务院、省市12次抽查通报。开展互动交流活动，安排12期“在线访谈”，开展10期民意征集和网上调查。做好视频会议技术保障，排除各类故障34次，保障100多场次视频会议顺利召开。做好全区政务新媒体管理，全区31个政务新媒体全部登记备案，关停2个无力维护的新媒体。开展全区政务新媒体更新维护管理情况大检查，发现问题59个，及时督促整改。

【应急值班】 2019年，泉港区政府办落实24小时值班制，值班人员定岗定责，完善工作台账，规范填写值班记录，应急值班工作有序运转。出台《中共泉港区委办公室 泉港区人民政府办公室关于做好节假日值班工作的通知》《泉港区关于节假日值班工作细则》，强化值班带班制度，规范全区值班工作。加强与区委宣传部、公安分局网安办的沟通衔接，共同分析、研判涉及全区的敏感信息、舆论舆情，快速捕捉，第一时间核实并迅速上报，为区委区政府决策提供信息支撑。编制泉港区委区政府总值班室信息呈报件164期（同比下降54.4%），记录并呈报重要值班信息15期，上报市总值班室值班信息报告7份。接听、办理群众来电反馈问题620多件。

【后勤保障】 2019年，泉港区政府办整合区行政管理中心物业管理处，加强安保力量，完善配套设施，开展环境卫生整治和垃圾分类工作。完善机关食堂设施设备，改善食堂菜品质量和品种，加强卫生管理，为入驻单位提供良好的环境。加强公务用车管理，对平台公务用车安装2.0北斗系统，实现实时管理和监控。结合“1+X”专项督查，开展全区党政机关办公用房巡检工作，重点抽查前黄镇政府、中心工业区行政办公区及区行政管理中心各入驻单位28个，发现问题责令限期整改。深入驻区部队走访慰问，密切部队与地方的关系。为泉港驻军部队争取上级资金，改善官兵生活条件。严格落实项目监管，提升海防项目建管水平，完成2条海防路和一座桥梁的建设，向上申请海防项目5个，完成量、申请量均为全市第一。

效能建设

【深化机关效能建设】 2019年，泉港区效能办深化机关效能建设，弘扬“马上就办、真抓实干”优良传统作风，组织开展“机关效能建设督查月”和全区纪律作风整顿等活动，通过采取实地走访、视频监控、直接体验、受理效能投诉等方式，对重点项目建设、防抗台风暴雨、节假日值班值守、为民办实事、“12345”便民服务平台以及行政服务效能和干部精气神情况等明察暗访。是年共开展各项效能督查83次、发现存在问题98个、印发效能通报9份、发出效能提示函26份、效能整改函1份，受理效能投诉件14件、效能问责5人、效能约谈8人、通报批评2个单位。

【两代表一委员”工作通报和评议制度建立】 2019年，泉港区效能办建立“两代表一委员”工作通报和评议制度，加强与“两代表一委员”之间沟通和联系，提升代表委员对区委区政府工作的知情度和满意度，助推“吉祥泉港”创建和年度绩效评估工作争先创优。是年于8月、11月分别召开19场通报会，向579名“两代表一委员”通报区委区政府工作，听取和了解“两代表一委员”有关区委区政府中心工作推进情况的工作意见建议，对各系列绩效评估参评单位进行现场书面评议。

【健全完善绩效评估工作方案】 2019年，泉港区效能办在2018年度绩效考评基础上，健全完善2019年度全区绩效评估工作方案，按照机构改革后单位部门所属类别，重新梳理提出各系列参评单位，结合区委、区政府重点工作，将强基促稳、全面从严治党、意识形态、吉祥泉港等重点工作作为绩效评估目标考评重要内容，并全面覆盖各参评单位。创新激励第一系列参评单位在“强基促稳、吉祥泉港、重点项目、安控区安征迁、安征迁专项工作”等五项重点工作单列考评排名位前三名的，实行“专项晋档”（不占用既定的优秀、良好等次名额），分别予以对应晋升为优秀、良好等次。5项重点工作单列考评总得分排名末位的，年度综合考评不得评为优秀等次。参照市直以及其他兄弟县市区，提高绩效考评结果绩效基础奖和绩效奖励金额度，严格要求落实单位内部量化结果运用。

重点项目进展情况

【概况】 2019年，泉港区共确定区级重点项目242个（在建项目160个、预备项目82个），总投资1277亿元，年度计划投资285.87亿元，1—12月累计完成投资282.90亿元，占年度计划的98.96%，比去年同期增长5.70%。其中，在建项目160个，累计完成投资260.48亿元，占年度计划100.92%；预备项目82个，累计完成投资22.42亿元，占年度计划80.78%。新开工建设项目75个（含预备转在建16个），建成投产（或部分建成）项目70个。

【项目推进】 2019年，从项目整体情况看，全区160个在建重点项目中投资额超序时进度126个，占在建项目总数78.75%；投资额未达到序时进度有34个，占在建项目总数21.25%。82个预备重点项目中超序时推进52个，占预备项目总数的63.41%。

表 3　泉港区 2019 年 1—12 月重点项目分级进展情况汇总表　单位：亿元

序号	项目类别	项目个数	总投资	2019 年计划投资	1—12 月累计完成投资
一．省重点项目合计		16	555.75	83.03	83.35
1	在建	12	512.94	80.33	82.66
2	预备	4	42.81	2.7	0.69
二．市重点项目合计		25	638.92	88.3	87.92
1	在建	16	528.45	83.55	86.27
	其中，区管在建考核类	14	490.05	77.55	78.54
2	预备	9	110.47	4.75	1.65
三．区重点项目合计		242	1277	285.87	282.9
1	在建	160	861.36	258.11	260.48
2	预备	82	415.64	27.76	22.42

为民办实事项目

【基本情况】 2019年，泉港区共兴办为民办实事项目6项28件，项目总投资10858万元，其中市级以上拨款934万元，区级拨款7019万元，自筹资金2905万元。截至年底，项目均已完成或基本完成。

【项目谋划】 2019年，泉港区为民办实事建设项目涵盖交通、环保、城建、文化、教育、体育、卫生、养老、扶贫、社保、助残等领域群众关心的热点、难点和焦点问题。区委、区政府在扩大项目覆盖面的同时，提升项目的系统性和延续性，做到点面结合、统筹兼顾，打造高质量、广覆盖、可操作性的亮点工程。

【项目建设】 2019年，泉港区委区政府坚持以人民为中心的发展理念，牢牢把握服务民生、凝聚人心这个出发点和落脚点，推进经济和社会全面协调发展。针对全区医疗事业存在的短板，强化卫生体系建设，提升乡村医疗卫生服务建设，新、改、扩建乡村卫生服务一体化管理村卫生所16家；针对空巢老人，建设“互联网+”居家养老助残服务项目、老年服务中心和居家养老服务站；针对弱势群体救助问题，2019年全区为社会救助对象9424人办理人身意外伤害保险，其中城市低保1305人、农村低保7259人、特困人员614人、孤儿246人，对23户居住危房的低保户每户按6万元的建设补助；针对城区交叉路口安全隐患顽疾，对城区5个路口临时红绿灯进行升级改造。针对美丽乡村建设已连续实施7年，重点建设乡村休闲公园、百里河道清淤、乡村道路亮化等工程，全区新农村面貌得到较大改观；完善图书馆建设，连续5年把充实馆藏图书量列入为民办实事，丰富群众文化生活。

表 4　2019 年泉港区委、区政府为民办实事项目完成情况表

项目名称		资金安排	建设内容	主办单位	完成情况
一、乡村振兴	1. 乡村道路亮化工程	总投资 505 万元，区级拨款 300 万元，自筹 205 万元	1. 普通亮化：计划安装普通路灯 800 盏（包括单臂竖杆路灯）区财政初步预算安排补助资金 70 万元，自筹 40 万元。2. 太阳能亮化：计划安装 1000 盏，区财政初步预算安排补助资金 210 万元，自筹 160 万元。3. 计划路灯维修 250 盏，区财政初步预算安排补助资金 20 万元，自筹 5 万元	农水局	已完成
	2. 乡村休闲公园建设	总投资 200 万元，区级拨款 100 万元，自筹 100 万元	建设 6—8 个乡村休闲公园，每个公园建设面积 1000 平方米左右。主要功能设施配备有小型活动广场、新增绿地、休闲路径、景观亮化、户外活动设施、桌椅等园林景观	农水局	已完成
	3. 乡村医疗卫生服务提升工程	总投资 480 万元，区级拨款 320 万元，自筹 160 万元	根据中共中央国务院印发《乡村振兴战略规划（2018—2021 年）》文件精神及市卫计委要求，全区 2019 年拟新、改、扩建乡村卫生服务一体化管理村卫生所 16 家，每家建筑面积约 120 平方米，每平方米需 2500 元，合计每家 30 万元（区镇按 2:1 配套），总计 480 万元	卫健局	已完成
	4. 乡村综合性文化服务中心（乡村文化传习所）建设	总投资 420 万元，区级拨款 280 万元，自筹 140 万元	全区共建 28 个乡村综合性文化服务中心，其中镇级文化站 7 个，村级文化中心（文化传习所）21 个，每个补助 10 ~ 20 万元，共 280 万元。镇级文化站基本功能包括多功能活动厅、书刊阅览室、培训教室、文化信息资源共享工程基层点和管理用房，以及室外活动场地、宣传栏等配套设施。村级文化中心建筑面积不低于 200 平方米，基本功能包括宣传栏、图书室、多功能室、科普活动室、广播室、文体活动室、文体设备、农村电影固定放映点、法律图书角，配套建设群众文化活动广场	文体旅游局	已完成
二、文旅设施提升	5. 黄素石修缮项目	总投资 400 万元，省级以上拨款 60 万元，市级拨款 60 万元，区级拨款 120 万元，自筹 160 万元	组织对石楼主楼进行修缮，并对外围石楼及围墙、花圃相关设施进行维护修缮，打造以观光、休闲、体验为特色的文化旅游区	前黄镇	已完成
	6. 图书馆提升	总投资 200 万元，区级拨款 150 万元，自筹 50 万元	新增馆藏图书 8 万册，新增数字资源 2TB	文体旅游局	已完成
	7. 健身步道	总投资 280 万元，区级拨款 210 万元，自筹 70 万元	全区建设 7 条健身步道，每条投资金额 40 万元，其中区级 30 万元，镇、村 10 万元。健身步道建设标准：长度不小于 1 公里，最窄宽度不小于 1 米，路面材料通常用以水泥地、鹅卵石或沥青为主；整条步道规格统一，路面无突起，无障碍物，台阶总长度不少步道总长度的 8%，各关键节点、功能区、岔路口合理设置导示标识	文体旅游局	已完成
	8. 大雾山省级森林公园一期工程	总投资 700 万元，区级拨款 700 万元	根据《泉港大雾山省级森林公园总体规划（2018—2027）（初稿）》，2019 年拟在笔架山林场建设部分森林旅游项目，初步开发笔架山林场森林旅游资源，具体建设内容包括建设旅游步道、休憩平台、公厕等基础设施	自然资源局	基本完成
三、生态环境整治	9. 龙马溪玉山段景观提升整治工程	总投资 300 万元，区级拨款 120 万元，自筹 180 万元	对龙马溪玉山段（总长 1 公里）河道进行疏浚清淤、沿线两侧进行护栏安装及绿化景观提升，其中，龙马溪两侧护砌共 2 公里，疏浚清淤 1 公里，安装两侧护栏共 2 公里，建设两侧慢道 2 公里，绿化景观提升 2 公里、溪边建休息亭 1 个，计划投资约 300 万元。将建成岸绿、水清、河洁的自然生态环境，为居民提供优美、舒适、卫生的生活休闲环境	界山镇	已完成

续表4

项目名称		资金安排	建设内容	主办单位	完成情况
三、生态环境整治	10. 泗洲水库水环境提升整治工程	总投资890万元，市级拨款120万元，区级拨款500万元，自筹270万元	1. 在一级保护区内沿库边易倾倒建筑及工业垃圾位置建设防护网，保障全区人民饮水安全；2. 修复泗洲引水渠，该渠道自菱溪水库上游引水入泗洲水库年引水量达600万立方米，相当于新建一座双溪水库，为全区提供可靠的水资源保障和沿途千余亩农田灌溉用水;3. 防汛仓库、水质监测站综合楼建设、监测站设备采购及库区环境整治，提升水库防汛应急保障，实时监测饮用水源地水质情况	农水局	已完成
	11. 界山镇鸠林村百年水利太阳陂修复项目	总投资250万元，区级拨款120万元，自筹130万元	太阳陂始建明朝，源于仙游县园庄镇，位于仙游县枫亭镇霞街与学士交界处，是百年水利工程，从拦水坝往下游有引水渠近2.5公里，该水渠灌溉界山镇鸠林、河阳、东张、狮东、大前、潘南盐场等五个村一个场，近5000亩农田，受益人口近2.5万人，是界山镇主要灌溉及饮用水源之一，具有较大排洪泄洪作用。近年来，太阳陂遭受严重破坏，面临坍塌危险，计划对整个太阳陂坎进行加固整修和再建长200米、宽150米荡水场，进行全面修缮保护	界山镇	已完成
	12. 峰尾镇联岩村埭沟排灌渠整治工程	总投资120万元，区级拨款60万元，自筹60万元	该渠长期排水不畅，100多亩农田及两个自然村1000多户群众经常受淹。对联岩村埭沟原有两条农用渠道进行改造，合流后改线新建渠道，保证区域内渠道的灌溉及排水功能。A段160米砼护坡及砼底板；B段163.2米砼护坡及砼底板；C段原有渠道清淤80米，A、B合流后改线新建砼渠道145.3米	峰尾镇	已完成
	13. 昆山溪排涝提升工程	总投资750万元，区级拨款750万元	昆山溪排涝提升工程建设，主要对昆山溪河道折转处、水闸、桥涵、汇合口等节点及钟厝溪等进行整治，并利用泵站提水外排。受益到山腰街道、前黄镇辖区约3000户共1万人	山腰街道农水局	已完成
	14. 一田港排污设施建设工程	总投资300万元，区级投资200万元，自筹100万元	一田港全长650米，进行排污管道建设，受益山腰街道三个村（锦川、锦山、锦联）约300户共2500人	山腰街道	已完成
四、交通设施完善	15.“四好农村路”建设	总投资1175万元，市级以上拨款514万元，区级拨款661万元	根据《泉州市人民政府办公室关于印发泉州市进一步推进“四好农村路”建设（2018-2020年）实施方案的通知》文件精神，结合乡村振兴战略工作要求，2019年：1. 实施农村公路养护生态示范路通港路40.901公里，涉及中山路、界东路、国华线等，投资675万元；2. 实施农村公路安全生命防护工程35公里，投资50万元；3. 实施县道和重要乡道的养护专项工程，投资250万元；4. 推动乡镇实施农村公路新改建里程20公里，补助200万元	交通运输局	已完成
	16. 峰尾镇校园周边道路修缮	总投资200万元，区级拨款100万元，自筹100万元	峰尾镇郭厝村、峥嵘村及前亭村小学周边道路修造多年，目前已破损严重，污水未收集，影响学生通行。对相关道路进行修缮，其中中心小学周边道路拟投入30万元、峥嵘小学60万元、前亭小学60万元，其他小学50万元	峰尾镇	已完成
	17. 城区五个路口临时红绿灯升级改造	总投资498万元，区级拨款498万元	对5个道路交通安全隐患路段进行整治，尽快消除道路交通安全隐患。1. 公园东路与汾阳街交叉口；2. 公园东路与新民街交叉口；3. 公园东路与中兴街交叉口；4. 学府路与新民街交叉口；5. 学府路与中兴街交叉口	交警大队	已完成
五、民生事业保障	18. 基层医疗卫生单位设施提升工程	总投资150万元，区级拨款90万元，自筹60万元	1. 山腰街道社区卫生服务中心停车场改造提升工程（50万元）；2. 涂岭镇卫生院停车场升级改造提升工程（40万元）；3. 涂岭镇卫生院院内4000平方米场地硬化环境绿化亮化提升工程(60万元）	卫健局	已完成

续表4

项目名称		资金安排	建设内容	主办单位	完成情况
五、民生事业保障	19. 特校食堂工程	总投资 300 万元，区级拨款 300 万元	新建建筑面积 1120 平方米食堂及消防水池、绿化、硬化等附属设施	教育局	已完成
	20. 农村集体聚餐食品安全便民服务	总投资 180 万元，区级拨款 80 万元，自筹 100 万元	1. 在各镇（街道）适宜村居（社区）改造或建设村居（社区）集体聚餐场地（家宴中心）14 个；2. 组织开展农村集体聚餐从业相关人员培训；3. 开发微信程序，在线签订食品安全责任书，远程获取食品安全指导等功能；4. 开展农村集体聚餐所用外烩食材进行专项抽检	市场监督管理局	已完成
	21. “互联网 +”居家养老助残服务	总投资 265 万元，市级拨款 60 万元，区级拨款 205 万元	继续在全区开展“互联网 +”居家养老助残服务，服务对象包括 80 周岁以上老年人（山腰、峰尾、后龙中心城区 70 周岁以上）、特困供养人员、低保对象、建档立卡的贫困人口、重点优抚对象、计划生育特殊家庭成员的中老年人和重度残疾人，服务内容分为基础信息服务和实体援助服务；基础信息服务（约 8000 人）：政府免费为服务对象配发具有“SOS”一键呼救功能的老人手机并提供每人每月 20 元的基础信息服务费。实体援助服务（约 300 人）：政府为部分符合条件的服务对象（特困失能老人、重度残疾人、特困供养人员）提供助洁、助餐、助浴、助残、助行、换季、代购等多种上门服务；为 5 个夕阳红康乐服务站试点村老人提供居家养老服务	民政局	已完成
	22. 城乡社区居家养老服务站（农村幸福院）	总投资 1090 万元，市级拨款 30 万元，区级拨款 190 万元，自筹 870 万元	建设 5 个老年服务中心，6 个居家养老服务站，以满足老年人生活照料、餐饮服务、文化娱乐、情感交流、精神慰藉等基本需求为主，相应设立厨房、餐厅、日间照料室、娱乐活动室、健身房等	民政局、老龄委办	已完成
	23. 低保家庭安居房建设	总投资 180 万元，市级拨款 90 万元，区级拨款 90 万元	拟建设 30 户，市、区财政按 1:1 比例补助	民政局	已完成
	24. 社会救助对象人身意外伤害保险	总投资 35 万元，区级拨款 35 万元	继续对全区社会救助对象 9424 人办理人身意外伤害保险，其中城市低保 1305 人、农村低保 7259 人、特困人员 614 人、孤儿 246 人	民政局	已完成
	25. 城乡社区“儿童之家”	总投资 70 万元，区级拨款 70 万元	开展农村“儿童之家”建设是妇联系统贯彻实施泉港乡村振兴战略，促进农村儿童特别是留守儿童关爱服务体系建设的一项重要关爱工程，根据“两纲”提出的：“到 2020 年，90% 以上的城乡社区建设一所为儿童及其家庭提供游戏、娱乐、教育、卫生、社会心理支持和转介等服务的儿童之家”的目标，2019 年度拟建设 7 个城乡社区“儿童之家”	妇联	已完成
	26. 行政服务中心标准化改造提升	总投资 170 万元，区级拨款 170 万元	对中心场所进行标准化改造，打造一流营商环境，提升区行政服务中心“一站式”功能和服务规范化水平：1. 大厅办公区改造，对窗口功能区进行重新整合，提升群众办事体验获得感。2. 卫生间提升改造、增设无障碍设施。3. 屋面防水。4. 增设便民服务设备	行政服务中心管委会	已完成
六、社会综合治理	27. 社会治安综合保险	总投资 250 万元，区级拨款 200 万元，自筹 50 万元	保险范围涵盖家庭财产损失、家庭财产盗窃损失、家庭财产诈骗损失、“两抢”案件救济救助责任、突发性事件造成第三者人身伤亡及财产损失、政法干部责任、见义勇为人员人身保险责任、道路交通事故救济救助责任保险八个方面	公安分局	已完成
	28. “雪亮工程”三期与人脸识别系统项目	总投资 500 万元，区级拨款 400 万元，自筹 100 万元	进一步完善“雪亮工程”防控体系项目，2019 年拟增加监控点 700 个（300 万元）、人脸识别摄像机 100 个（200 万元）	公安分局	已完成

政府信息公开

【概况】 2019年，泉港区政府信息4372条并向社会主动公开编制索引目录的政府信息1600条，其中通过区政府门户网站及各部门网站的政府信息公开专栏向社会主动公开政府信息1600条，全文电子化网站公开率100%，区政府网站政府信息公开专栏年度访问总量超过36.3万次。受理依申请49件，按期答复49件，其中予以公开19件、部分公开2件，无逾期；区政府办受理14件，按期答复14件，无逾期。

【网站建设】 2019年，泉港区政府门户网站（www.qg.gov.cn）统一为全区各部门和乡镇（街道）共32个单位开设单位信息公开栏，统一版面、统一平台建设、统一管理；各单位不再单独设置信息公开网站。2019年7月2日，区政府门户网站完成改版并成功上线。

【信息查询】 2019年，泉港区在区档案馆、区图书馆、区行政服务中心分别设置政府信息查阅点。全区各单位制作的主动公开信息送交区档案馆、区图书馆和行政服务中心等信息查阅点。自此，群众可在三个信息查阅点查阅最新政府信息。

表 5　　2019 年泉港区主动公开政府信息情况表

第二十条第（一）项			
信息内容	本年新制作数量	本年新公开数量	对外公开总数量
规章	0	0	0
规范性文件	52	52	52
第二十条第（五）项			
信息内容	上一年项目数量	本年增/减	处理决定数量
行政许可	210	0	899
其他对外管理服务事项	192	−2	162
第二十条第（六）项			
信息内容	上一年项目数量	本年增/减	处理决定数量
行政处罚	2426	26	297
行政强制	127	0	12
第二十条第（八）项			
信息内容	上一年项目数量	本年增/减	
行政事业性收费	51	1	
第二十条第（九）项			
信息内容	采购项目数量	采购总金额（万元）	
政府集中采购	70	5249.69	

表 6　　2019 年泉港区收到和处理政府信息公开申请情况表

（本列数据的勾稽关系为：第一项加第二项之和，等于第三项加第四项之和）	申请人情况						
	自然人	法人或其他组织					总计
		商业企业	科研机构	社会公益组织	法律服务机构	其他	
一、本年新收政府信息公开申请数量	49	0	0	0	0	0	49
二、上年结转政府信息公开申请数量	0	0	0	0	0	0	0

续表6

<table>
<tr><th colspan="3" rowspan="3">（本列数据的勾稽关系为：第一项加第二项之和，等于第三项加第四项之和）</th><th colspan="7">申请人情况</th></tr>
<tr><th rowspan="2">自然人</th><th colspan="5">法人或其他组织</th><th rowspan="2">总计</th></tr>
<tr><th>商业企业</th><th>科研机构</th><th>社会公益组织</th><th>法律服务机构</th><th>其他</th></tr>
<tr><td rowspan="14">三、本年度办理结果</td><td colspan="2">（一）予以公开</td><td>19</td><td>0</td><td>0</td><td>0</td><td>0</td><td>0</td><td>19</td></tr>
<tr><td colspan="2">（二）部分公开（区分处理的，只计这一情形，不计其他情形）</td><td>2</td><td>0</td><td>0</td><td>0</td><td>0</td><td>0</td><td>2</td></tr>
<tr><td rowspan="8">（三）不予公开</td><td>1. 属于国家秘密</td><td>0</td><td>0</td><td>0</td><td>0</td><td>0</td><td>0</td><td>0</td></tr>
<tr><td>2. 其他法律行政法规禁止公开</td><td>0</td><td>0</td><td>0</td><td>0</td><td>0</td><td>0</td><td>0</td></tr>
<tr><td>3. 危及“三安全一稳定”</td><td>0</td><td>0</td><td>0</td><td>0</td><td>0</td><td>0</td><td>0</td></tr>
<tr><td>4. 保护第三方合法权益</td><td>2</td><td>0</td><td>0</td><td>0</td><td>0</td><td>0</td><td>2</td></tr>
<tr><td>5. 属于三类内部事务信息</td><td>0</td><td>0</td><td>0</td><td>0</td><td>0</td><td>0</td><td>0</td></tr>
<tr><td>6. 属于四类过程性信息</td><td>0</td><td>0</td><td>0</td><td>0</td><td>0</td><td>0</td><td>0</td></tr>
<tr><td>7. 属于行政执法案卷</td><td>0</td><td>0</td><td>0</td><td>0</td><td>0</td><td>0</td><td>0</td></tr>
<tr><td>8. 属于行政查询事项</td><td>0</td><td>0</td><td>0</td><td>0</td><td>0</td><td>0</td><td>0</td></tr>
<tr><td rowspan="3">（四）无法提供</td><td>1. 本机关不掌握相关政府信息</td><td>15</td><td>0</td><td>0</td><td>0</td><td>0</td><td>0</td><td>15</td></tr>
<tr><td>2. 没有现成信息需要另行制作</td><td>4</td><td>0</td><td>0</td><td>0</td><td>0</td><td>0</td><td>4</td></tr>
<tr><td>3. 补正后申请内容仍不明确</td><td>0</td><td>0</td><td>0</td><td>0</td><td>0</td><td>0</td><td>0</td></tr>
<tr><td rowspan="7">三、本年度办理结果</td><td rowspan="5">（五）不予处理</td><td>1. 信访举报投诉类申请</td><td>0</td><td>0</td><td>0</td><td>0</td><td>0</td><td>0</td><td>0</td></tr>
<tr><td>2. 重复申请</td><td>0</td><td>0</td><td>0</td><td>0</td><td>0</td><td>0</td><td>0</td></tr>
<tr><td>3. 要求提供公开出版物</td><td>0</td><td>0</td><td>0</td><td>0</td><td>0</td><td>0</td><td>0</td></tr>
<tr><td>4. 无正当理由大量反复申请</td><td>0</td><td>0</td><td>0</td><td>0</td><td>0</td><td>0</td><td>0</td></tr>
<tr><td>5. 要求行政机关确认或重新出具已获取信息</td><td>0</td><td>0</td><td>0</td><td>0</td><td>0</td><td>0</td><td>0</td></tr>
<tr><td colspan="2">（六）其他处理</td><td>7</td><td>0</td><td>0</td><td>0</td><td>0</td><td>0</td><td>7</td></tr>
<tr><td colspan="2">（七）总计</td><td>49</td><td>0</td><td>0</td><td>0</td><td>0</td><td>0</td><td>49</td></tr>
<tr><td colspan="3">四、结转下年度继续办理</td><td>0</td><td>0</td><td>0</td><td>0</td><td>0</td><td>0</td><td>0</td></tr>
</table>

表7　2019年泉港区政府信息公开行政复议、行政诉讼情况表

<table>
<tr><th colspan="5">行政复议</th><th colspan="10">行政诉讼</th></tr>
<tr><th rowspan="2">结果维持</th><th rowspan="2">结果纠正</th><th rowspan="2">其他结果</th><th rowspan="2">尚未审结</th><th rowspan="2">总计</th><th colspan="5">未经复议直接起诉</th><th colspan="5">复议后起诉</th></tr>
<tr><th>结果维持</th><th>结果纠正</th><th>其他结果</th><th>尚未审结</th><th>总计</th><th>结果维持</th><th>结果纠正</th><th>其他结果</th><th>尚未审结</th><th>总计</th></tr>
<tr><td>0</td><td>0</td><td>0</td><td>0</td><td>0</td><td>0</td><td>0</td><td>0</td><td>0</td><td>0</td><td>0</td><td>0</td><td>0</td><td>0</td><td>0</td></tr>
</table>

区行政服务中心工作

【概况】 2019年，泉港区行政服务中心共收件65803件，办结64825件，总办结率98.51%，提前办结64678件，提前办结率99.77%，即办件50345件，即办率77.66%。区交易中心共完成各类交易229宗，交易额21.93亿元，节约额1.17亿元，增值额0.13亿元。其中：建设工程进场交易122宗，交易额14亿元，节约额1.1亿元，节约率7.28%；政府采购97宗，交易额1.94亿元，节约额0.07亿元，节约率3.44%；土地出让9宗，成交总价1.94亿元，增值额0.13亿元，增值率7.03%；PPP项目1宗，总投资4.05亿元。另政府采购网上超市采购751宗，交易额0.16亿元。

【规范服务事项“三统一”工作】 2019年，泉港区行政服务中心对入驻窗口的政务服务事项进行全面梳理，遵循“统一规范、全面准确、合法有效、动态管理、便于应用”的梳理原则，不同层级的政务服务事项实现“三统一”（统一编制规范的事项名称、法定依据、事项类别、事项编码，统一规范完善审查环节、审查内容、审查标准、审查要点、注意事项等内容，统一规范收件、审核、审批等流程），实现审批服务“无差别受理、同标准审批、零自由裁量”。是年共梳理出进驻事项1030项中的862项“三统一”事项，“三统一”事项占有率84%。

【持续深化“最多跑一趟”改革】 2019年，泉港区行政服务中心窗口29个部门共梳理事项1042项，其中“最多跑一趟”事项612项、“一趟不用跑”事项430项，梳理率达99%；乡镇便民中心235项全部实现 “一趟不用跑”办理。

【推进抵押登记“一条龙”服务】 2019年，泉港区行政服务中心通过授权各大银行的方式，深化“政银合作”。在各大银行网点建立抵押贷款、不动产登记“一条龙”服务，让群众在各大银行网点办理抵押贷款时，一并办理抵押登记相关事项，实现不动产登记“一次成”“马上办”目标。全年共受理不动产业务547宗，累计减少1641个工作日。

【加快电子证照存用“两不误”步伐】 2019年，泉港区行政服务中心加快电子证照存用工作，凡可通过“泉州市电子证照共享服务系统”查询共享到的电子证照（或批文），不再要求申请人重复提交相关纸质证照（或批文）。泉港区全年共新增证照30507个，新增批文14210个；存量证照转化28555个，存量批文转化12346个。实现行政审批和公共服务事项支持电子证照应用的事项2942个，证照调用率达60%以上。

【启动“一体化”行政服务平台上线运行】 2019年9月，泉港区“一体化”行政服务平台建设正式上线试运行。中心29个窗口单位和7个镇（街道）便民服务中心均已完成事项梳理匹配工作，共进驻事项1045项，办事大厅进驻事项均达到“三星级”及以上（“五星级”事项97项），98%进驻事项可实现网上在线办理，实现与省市网上办事大厅业务互联互通。

【强化“网上申办”宣传引导】 2019年，泉港区行政服务中心在简化网上办事流程的基础上，加大群众“网上申办”的宣传与引导工作。是年网上申办件3982件，占中心进驻审批系统办件49%。

【推行“全岗通”集成服务】 2019年，泉港区行政服务中心出台《泉港区深化“最多跑一趟”改革进一步优化营商环境行动方案》等一系列政策文件，推出十八条优化营商环境新举措。深化“一窗受理、集成服务”，以企业和群众办好“一件事”为标准，实行“前台综合受理、后台分类审批、统一窗口出件”“全岗通”服务新模式。由“一事跑多窗”变为“一窗办多事”，实现办事群众从找部门到找政府的转变。新的办事大厅整合划分成民生事务综合服务区、企业登记综合服务区、不动产登记综合服务区、工程建设综合服务区、咨询导办和投诉服务区、自助服务区等“六大主题服务区域”。

【健全项目审批联审联办机制】 2019年，泉港区行政服务中心推行“一口受理、同步审批、限时办结、信息共享”的并联审批审查机制，按照“立项用地规划许可”“工程建设许可”“施工许可”和“竣工验收”四个阶段启动交叉并联会商会审。全年共受理并办结并联审批件91件，办结91件，压缩审批时限438个工作日，节约材料194件，压缩环节91个，提高项目审批速度。

【构建项目服务帮办体系】 2019年，泉港区行政服务中心将全区57个重点前期审批项目、为民办实事等项目纳入“绿袋”服务范畴，由中心代办员对这些项目进行跟踪协调，推动项目审批提速提效。建立企业帮办服务机制，对有需求的投资项目提供全程“保姆式”代办、帮办服务，依托工业代办中心，成立“帮办窗口”，秉持“专人服务，一帮到底”的理念，建立帮办机制，为企业提供免费的帮办、咨询辅导、政策建议和跟踪协调。全年共服务90家企业13680人次，受理审批代办业务共276件，办结276件，办结率100%。

【深化“自助办”服务工作】 2019年，泉港区行政服务中心24小时自助服务区共进驻13个部门15台自助终端设备，可办理便民事项60项，行政审批事项700项，确实解决上班无时办事，下班无处办事的难题。2019年，共受理办件10000多件，办结率100%。

【实现企业开办“零费用”】 2019年，泉港区行政服务中心实现企业开办“零费用”，从是年的6月21日起凡是到中心办事需复印、邮寄和企业新开办需刻章的费用统一由政府支付，全市率先实现企业开办“零费用”。全年为企业新办免费刻制印章479套，提供免费邮寄150单。全省首个将企业开办时限压缩至4个小时以内办结。

【交易“常规化”工作】 2019年，泉港区行政服务中心延长招投标网上办事链条，逐步实现从网上信息发布到网上受办理等工作。共审核发布招标公告、招标文件、答疑澄清修改、中标公示等各类交易信息950条。对进场交易项目，实施交易过程跟踪服务、全程记录，对存在异常问题及时反馈跟踪，规范做好专家抽取服务。采购人根据《泉州市政府集中采购目录及限额标准》自行确定采购方式，并录入政府采购网上公开信息系统，无需纸质申报。规范交易档案管理，对进场交易项目的档案及时整理成册，做的一项目一档案，确保档案材料管理规范、完整。

【加大交易规范化管理】 2019年，泉港区行政服务中心做好政府采购项目网上场地预约和代理人员人脸识别签到工作。推行政府采购网上超市工作。全年区网上超市交易共751宗，交易额0.16亿元。加强政府采购活动内部控制管理，加快推进政府采购电子化实施，提升政府采购透明度。

【探索数据可视化应用】 2019年，泉港区行政服务中心结合“互联网＋”、大数据等技术的发展应用，依托泉州市公共资源交易平台，研发交易数据分析系统，探索数据可视化应用，加大对全区建设工程、政府采购、产权交易、土地出让等公共资源交易数据的采集、汇总、分析，为各项业务发展提供强有力的技术支撑，强化全区公共资源交易监管，提升交易服务效能和水平。

【加强代理进场行为监管】 2019年，泉港区行政服务中心严格按照《泉州市招标代理机构及从业人员进场人员行为规范与评价管理办法（试行）》的要求，对代理进场交易实行人脸识别，严格代理从业行为，加强代理机构考核评价行为，提高代理服务质量，提升招标活动工作效率和服务水平。是年共对两家招标代理机构场内代理从业不规范行为进行通报，并在市代理评价系统扣分、公示。

【探索“绩效化”窗口管理】 2019年，泉港区行政服务中心出台《泉港区行政服务中心窗口及窗口工作人员绩效考核试行办法》，从“工作纪律、服务态度、办件管理、办事结果”等四大方面入手，开展窗口及工作人员绩效考评。

【拓宽政民互动渠道】 2019年，泉港区行政服务中心设立“跑一趟没办成投诉中心”。凡属“最多跑一趟”和“一趟不用跑”办事清单事项，企业和群众到区行政服务中心跑一次没办成，均可投诉。制定相应的投诉流程和相关要求，并指派专人负责接件、记录和反馈，做好投诉台账登记。另一方面设立“找茬窗口”，征求优化服务“金点子”。提升公众的获得感和体验度。截至2019年底共收到找茬意见23条，回复23条。

人事人才

【事业单位、编外工作人员公开招聘工作】 2019年，泉港区完成春季公开招聘事业单位工作人员16人；秋季招考目前完成笔试工作，计划招录20人。招聘编外人员44人，充实全区干部队伍。

【机构改革业务移交和人事手续办理】 2019年，泉港区人社局做好机构改革涉改事项公务员管理和军转安置工作的移交工作。办理因机构改革人员转隶人事调动相关手续。完成区国土局和国道324线涂岭公路超限检测站整体下放划转和部分区内机构人员转隶工作。

【工资收入管理】 2019年，泉港区人社局严格执行各项工资福利政策，牵头组织开展“1+X”规范津贴补贴专项督查，规范津贴补贴发放工作，严肃收入分配纪律，督促整改清退资金34.2万元。

【修订人才政策措施】 2019年，泉港区以人才总量倍增为导向，深入实施“双创泉港”人才发展战略，构建“项目+平台+人才”聚才模式，提升引才用才留才环境。修订完善《泉港2019-2020年度紧缺急需人才引进指导目录》《泉港区高层次人才认定暂行规定》和《泉港区高层次人才享受工作生活待遇暂行规定》等文件，加大政策宣传和优惠兑现落实力度，扩大政策影响力，释放人才政策红利。

【人才总量倍增行动】 2019年，泉港区人社局建立100多家区内规模以上重点企业工作联系群，及时征集、汇总和发布各企业精准引才需求信息，帮助企业引才，全区新增市级高层次人才299人，区级高层次人才28人，各类人才1.57万人。落实安居保障等促进高校毕业生就业创业优惠政策，共有692家用人单位和586名高校毕业生加入，申报安居保障记录305人。

【强化人才服务能力】 2019年，泉港区人社局扶持优加众创空间、泉港石化学院、泉港石化研究院、泉港永嘉天地、泉港文化中心等5家“人才之家”开展人才活动。兑现引进高层次人才省级推介奖励资金5人17万元；发放高层次人才津补贴74人61.65万元、购房补贴7人23万元；组织开展2019年度高层次人才健康体检活动，提升引才环境。

政协泉州市泉港区委员会

综 述

【委员履职服务管理】 2019年，政协泉港区委员会出台《关于建立区政协委员工作通报和评议制度的通知》；增设连金忠、林琴棋委员冠名工作室，设立政协委员冠名工作室临时党支部。是年，委员冠名工作室共为群众解决问题或提供帮助63次，反映社情民意21件，委员工作室成为群众反映社情民意的重要通道，该项工作作为泉州市政协亮点特色工作之一，在省政协来泉调研会上作经验汇报；设立“泉港区政协委员活动室”，开展新春茶话会、政协委员冠名工作室座谈会、“履职半边天•三月享芬芳”主题活动、文史资料征集及采编工作座谈会、摄影技能讲座、“闻香品茗，联谊长知”主题活动等。

【中华人民共和国成立70周年庆祝活动】 2019年，政协泉港区委员会围绕庆祝中华人民共和国成立和人民政协成立70周年，举办“政协委员乒乓球友谊赛”，组织区政协委员、各民主党派人士、政协联络委共42人参赛，提高委员的凝聚力和向心力。与区委宣传部联合举办“记忆泉港•时代变迁”图片展，通过历史照片联展生动回顾新中国成立70周年来泉港美好生活奋进的辛路历程。举办泉港区庆祝中华人民共和国成立和人民政协成立70周年座谈会，围绕“泉港好大家会更好”主题，回顾和总结建区以来泉港区经济社会和人民政协事业取得成就，凝聚推进泉港高质量发展的共识和动力。

【“爱心链接”活动】 2019年，政协泉港区委员会深化“爱心链接”活动，先后在春节、儿童节和暑假期间深入村户组走访病困户、贫病困学生，送去慰问金26.6万元；开展“困境、留守儿童关爱工作”专题视察活动，组织委员实地走访民政局社会救助中心、界山清莲庵及东张“儿童之家”，就全区困境、留守儿童保护工作提出建议，引导委员与困境、留守儿童开展结对帮扶活动，为孤残儿送上慰问金2万元；配合市政协做好庵堂孤残儿的慰问活动，落实慰问金5万元；帮助4名少数民族大学生争取市政协专项助学金1.2万元。

重要会议及活动

【全委会议】 区政协四届四次会议2019年12月19日至20日召开，会议听取

2019年12月19日，区政协四届四次会议召开　　（区委报道组 供图）

并审议政协泉州市泉港区第四届委员会常务委员会工作报告和提案工作情况报告；列席泉港区第四届人民代表大会第四次会议，听取并讨论《政府工作报告》和计划、预算报告；邀请泉州市泉港区人民法院、人民检察院通报工作情况；审议通过政协泉州市泉港区第四届委员会第四次会议提案审查委员会关于政协四届四次会议提案审查情况的报告。选举产生陈龙津为区政协第四届委员会主席，陈国才、王梅珠为区政协第四届委员会副主席。区政协四届三次会议期间，共收到委员提案188件，立案178件。

【常委会议】 区政协四届十三次常委会议 2019年2月13日召开，传达学习省、市政协全会精神；研究通过区政协第四届委员会常务委员会2019年工作要点和2019年重点调研计划、重点视察计划；汇报区政协四届三次会议以来提案立案情况；协商通过区政协有关人事工作。

区政协四届十四次常委会议 2019年6月20日召开，围绕“全区餐饮行业监管工作”开展专题协商，区市场监督管理局、城市管理局、消防救援大队通报区内餐饮行业监管工作的相关情况；协商通过区政协有关人事工作。

区政协四届十五次常委会议 2019年9月19日召开，组织学习市县政协主席工作座谈会会议精神；协商通过区政协有关人事工作，同意钟海平辞去区政协第四届委员会副主席职务。

区政协四届十六次常委会议 2019年12月9日召开，邀请区政府通报2019年度提案办理情况；邀请区纪委监委通报2019年度党风廉政建设情况；邀请区委政法委通报2019年度全区社会治安综合治理情况；传达学习上级文件精神；协商通过区政协四届四次会议有关事项；协商通过区政协有关人事工作。

区政协四届十七次常委会议 2019年12月19日召开，听取中共泉港区委关于推荐政协泉州市泉港区第四届委员会主席、副主席候选人名单的说明；协商提出政协泉州市泉港区第四届委员会主席、副主席候选人建议名单；协商大会《选举办法》（草案）；协商大会总监票人、监票人名单（草案）；听取各组召集人汇报关于四届区政协常务委员会工作报告、四届三次会议以来提案工作情况报告以及“两院”工作情况通报的讨论情况；同意朱云鹏辞去区政协第四届委员会主席职务、委员资格。

区政协四届十八次常委会议 2019年12月20日召开，听取各组召集人汇报政府工作报告、计划、预算报告、酝酿候选人名单、大会总监票人、监票人名单（草案）、大会选举办法（草案）和大会决议（草案）的讨论情况；审议通过大会选举办法（草案）；协商确定候选人名单；审议通过大会总监票人、监票人名单（草案）；协商确定大会总计票人、计票人名单（草案）；审议通过大会决议（草案）。

政治协商

【助推经济发展】 2019年，政协泉港区委员会针对民营经济发展问题，走访发改、工信、商务等部门和区内民营企业，就民营企业生产经营现状及发展遇到的问题进行调研，对石化主导产业下游的民营经济发展问题进行分析，形成《推动民营经济快速发展几点思考》专题调研报告。在促进民营经济发展专题协商会议上，区政府主要领导、分管领导，相关职能部门与80多位工商企业界委员进行面对面协商，委员就营商环境优化、资源要素保障、加大政策扶持、促进商贸服务业发展等方面提出意见建议，并形成专题协商专报件得到区政府主要领导批示办理。

【关注社会热点】 2019年，政协泉港区委员会针对石化安控区项目产生的社会综合治理问题，提出“拆迁村赌博问题整治”“拆迁中群众矛盾调解”“解决涉迁村群众就业养老问题”“建筑垃圾规范管理”等意见建议；针对涉迁群众反映强烈的传统殡葬习俗问题，区政协委员冠名工作室开展调研，与民政部门进行对口协商，形成《关于在规划区域内实行集中治丧的建议》社情民意；针对城市精细化管理问题，组织提案回头看和现场督办活动，组织委员督查山腰司法所设立涉侨维权工作室、行政服务中心场所提升建设等重点提案推进情况；针对老旧小区改造升级、规范小区物业管理、治理施工噪音、提升排水排涝体系等委员多年反复提交的提案，进行跟踪督办推动城市管理顽疾问题的解决。

【提升履职质效】 2019年，政协泉港区委员会设立委员活动室，举办委员新春茶话会、“三八”国际妇女节传统文化欣赏与实践、古驿道文史征集等委员文化交流活动，增强委员的归属感和凝聚力；增设2个政协委员冠名工作室，推动界别优势覆盖更加全面；组织部分政协委员赴贵州遵义开展“不忘初心，牢记使命”革命传统教育活动，参加贵州大学开办的“政协委员业务能力提升培训班”，就新时代委员责任担当、履职要求进行教育培训，激发委员履职积极性。

履职为民

【聚力改善民生】 2019年，政协泉港区委员会关注“舌尖上的安全”，在四届十四次常委会上组织委员围绕“餐饮行业监管”开展专题协商，邀请职能部门与委员就餐饮安全监管工作进行面对面协商，委员提出科学处理餐厨垃圾、加强订餐平台监管、加大餐饮油烟整治、发展生鲜冷藏物流等意见；关注“学前教育改革发展趋势”，组织开展“我为学前教育献一策”金点子征集，总结全区学前教育发展实践，完成关于政府购买教育服务的相关调研课题；关注“粮食安全民生大计”，组织市政协委员走访中央储备粮泉州直属库，了解粮库标准化、规范化运行情况，知晓粮库在平抑物价、保障民生方面的重要作用，组织区政协委员深入晶海轻化、中心粮库、禾兴生态等了解全区现代农业发展现状，围绕现代农业的规模化、集约化和科学化发展积极建言献策。

【强化民主监督】 2019年，政协泉港区委员会依托“两代表一委员”工作通报和评议制度，召开2次共3场区政协委员区情通报会，听取经济和社会发展各项工作推进落实情况的通报，对区直各部门进行现场评议并提出相关工作建议；在四届十六次常委会上邀请区纪委监委、区委政法委，分别通报党风廉政建设情况和社会治安综合治理情况，委员们就相关工作给予肯定并提出意见建议；组织委员旁听区内首例涉黑案件宣判及“村官涉贪污罪案件”庭审活动，参加“携手关爱共护明天”检察院开放日活动。

学习联谊

【深化联络联谊】 2019年，政协泉港区委员会加强与在外乡贤、政协委员的联络联谊，组织走访福州商会、厦门商会、西安商会，宣传区委四届十二次会议精神，全方位宣传推介“经济总部回归”和特色项目建设；注重与上级政协的学习借鉴，配合市政协到泉港开展石化园区发展、学前教育优质普惠发展、重点项目建设、委员冠名工作室工作等调研视察活动；强化与兄弟县（市、区）政协的沟通联系，先后接待漳州龙海市政协、莆田秀屿区政协到泉港考察学习“区管校聘”改革工作，接待河北沧洲市政协、广东揭阳市政协、江苏南通市政协到泉港考察调研，重点推介港口优势、石化产业发展情况，扩大泉港的对外宣传。

【发扬民主团结】 2019年，政协泉港区委员会围绕宗教场所管理、宗教团体建设和宗教界服务社会情况，组织委员视察宗教活动场所，到峰尾义烈庙、山腰华林寺、山腰基督教堂等宗教场所，就和谐生态寺观教观创建提出意见建议，并引导宗教界人士团结引导信教群众，服务经济社会发展；加强宗教文化保护开发，收集整理全区佛教寺院资料和图片40余份，报送市政协编撰《泉州佛教梵刹文化综览》，展现泉港地方宗教文化独特内涵；加强与党派团体的团结合作，邀请各民主党派、工商联、人民团体参加政协的调研、座谈、视察、专题协商等活动，加大对党派团体提出意见建议的跟踪落实。

调研视察

【调研活动】 2019年，政协泉港区委员会组织对近年来全区发展壮大民营经济的经验、问题进行梳理和归纳，就如何发展民营经济开展“推动民营企业发展 高质量落实赶超”的专项调研活动，走访区发改局、工信局、商务局、市场监管局、税务局和部分民营企业，了解近年来发展民营企业发展上遇到的经验和存在的问题，提出推动民营经济发展的五点建议。结合市政协开展“推进学前教育优质普惠发展”专题调研，组织区政协教育界委员撰写“推进学前教育优质普惠发展”专题调研子课题——《政府购买教育服务的实践与思考》，从机制创新、队伍建设、经费保障等方面深入调研，针对相关问题提出意见及建议供政府相关职能部门作为工作参考，此份调研文章报送市政协文教卫委并得到采纳。

【视察活动】 2019年3月29日，政协泉港区委员会组织全区相关界别委员开展现代农业专题视察活动，到福建省泉州晶海轻化有限公司、泉港区中心粮库、福建禾兴生态农业有限公司等处，了解全区现代农业发展现状和目标，对如何实现现代农业的规模化、集约化、科学化进行交流讨论，委员就相关问题提出意见和建议。4月29日，组织开展宗教活动场所专题视察活动，带领部分区政协委员视察宗教活动场所，到峰尾镇义烈庙、山腰街道华林寺、山腰基督教堂等宗教活动场所，详细了解了各场所宗教活动制度建设、场所管理、财务管理、服务社会等情况。5月15日，开展泉港古驿道历史文化挖掘与保护专题视察活动，到大德桥、驿坂古街、涂岭古街和无量桥（浮浪桥）等处，由南向北沿着古驿道，听取关于古驿道历史文化挖掘工作介绍，现场查看古驿道现状与保护等情况。6月5日，组织开展困境、留守儿童关爱工作专题视察活动，到民政局社会救助中心，界山镇鸠林村清莲庵以及东张村南洋楼“儿童之家”，区儿童福利院建设工地，详细了解关爱困境、留守儿童事业建设及工作开展情况。

政治建设

【履责督责】 2019年，泉港区纪委监委把学习贯彻习近平新时代中国特色社会主义思想作为主线，与学习贯彻中共十九届四中全会精神贯通起来，自觉担负起“两个维护”的重大政治责任，协助区委健全主体责任检查方式，推动党委部门首次共同参与开展2019年度主体责任落实情况检查。强化靶向督导和压力传导，全年督促整改问题159个，精准问责4个党组织和11名党员领导干部，推动主体责任落实落细。

【巡察工作】 2019年，泉港区纪委监委协助完成十届省委第七轮进驻泉港巡视工作，贯彻执行区委巡察五年规划，覆盖率76.4%。全年共开展2轮4批常规、1次专项交叉巡察，横向覆盖17个区直单位，纵向下沉7个镇（街道）101个村（社区），发现问题94个，移交问题线索35条，给予党纪政务处分4人，谈话提醒和组织处理12人，推动整合修订包括规范50万元以下村集体工程简易招投标在内的农村“三资”监管新规定等相关制度。

【宣传教育】 2019年，泉港区纪委监委根据省市纪委要求，全面开展“一镇一孝廉”建设，做大做强本土廉洁品牌。人民日报出版社推出区委区政府主编的《土坑刘氏家规家训》，为全区勤廉教育、移风易俗等工作提供参考读本。建成凤北李德遂文化园等一批廉洁文化基地，并依托区内主流媒体力量，深入挖掘、拍摄7个镇（街道）孝廉典型任务纪录片，内容涵盖郭良、李德遂、卢琦等古代廉吏廉德故事以及陈其伟、蔡玉华等当代尽孝尽职楷模，通过多渠道、多层次、多媒体传播，使泉港“廉能量”充分释放、深入人心。

正风反腐

【强化惩治腐败】 2019年，泉港区纪委监委共立案110件，党纪政务处分105人，其中科级干部7人；运用第一、二种形态处置165人次，占比80.71%。其中，用10天快查快结1起2人征地拆迁补偿领域的贪污留置案件，并从中深挖彻查形式主义官僚主义问题1起3人，共组织100多名区镇村安征迁干部旁听庭审。抓好案后整改“后半篇文章”。是年向涉案单位下发纪律检查建议书2

2019年11月1日，全区纪律作风整顿动员部署会召开　（区委报道组 供图）

份、监察建议书2份、整改通知书4份，推动建章立制8项，以“不敢腐”的震慑推动扎牢“不能腐”的制度笼子。

【深化专项治理】 2019年，泉港区纪委监委坚持问题导向，加大执纪执法力度，督促有关单位履行监管职责，纠“四风”特别是形式主义官僚主义突出问题，深化扶贫领域、民生领域、扫黑除恶和移风易俗四个专项治理工作，服务保障全区发展大局，是年共查处群众身边的腐败和作风问题24起38人、党员干部涉黑涉恶问题5起5人。

【纪律作风整顿】 2019年，泉港区纪委监委紧盯重要节点，密切关注“四风”问题隐形变异新动向、新表现，共开展明察暗访2批次，督促整改问题42个，查处违反中央“八项规定”精神问题13起19人。结合主题教育，在全区开展纪律作风集中整顿，解决“作风建设不实、不担当不作为”等6个重点问题，暗访曝光16个办事服务窗口作风问题，严肃查处不担当不作为问题3起3人，专项治理漠视侵害群众利益不正之风问题12个处理21人。

监督首责

【强化专项监督】 2019年，泉港区纪委监委围绕项目攻坚，发挥3个重点项目建设督查小组作用，对7个进度严重滞后重点项目涉及的16个责任单位亮灯发函督办，推动“五个一批”各项指标位居全市前列。在此基础上，将危化品安全生产一并纳入“大监督”，树牢“再监督促规范保安全显关爱”的政治站位，既抓问题清单督促整改曝光一批问题危化企业，抓帮扶清单主动服务企业排忧解难，经验做法获市纪委主要领导批示肯定。

【加强职能监督】 2019年，泉港区纪委监委发挥职能部门监管作用，延伸拓展“1+X”督查机制，立足监督的再监督，重点监督各职能部门履行监管工作情况。探索创设“政务通微发布”官方媒体网络监督平台，及时回应关切，答疑解惑、正面引领，累计播出教育就学、个人建房、扫黑除恶、应急管理、减税降费等6个专题，网络点击量10万+，社会反响好。

【激励担当作为】 2019年，泉港区纪委监委正向上失实澄清正名，为敢于担当的干部撑腰鼓劲，累计为受到不实举报的干部澄清正名48件52人次，帮助卸下思想包袱、轻装上阵。反向上打击诬告陷害，匡正风气、教化社会，牵头组建专案组，重拳出击、全面彻查风安村1起6人恶意信访、诬告陷害违纪违法典型案例，其中2人涉嫌刑事犯罪被依法提起公诉，1人受到党纪重处分，另有3人违反国家信访条例移送公安机关处置，邀请省电视台拍摄警示教育专题片，以现身说法的形式以案示警，专报件获市委和市纪委主要领导批示肯定。针对巡察发现的一些特定历史环境下的纪律作风问题，按照“三个区分开来”原则，建立容错纠错会商机制，2019年来，共对2个因政策变化原因导致村财投资失利的问题进行容错免责。

组织建设

【队伍建设】 2019年，泉港区纪委监委严格落实“六带头、六严禁”，规范执纪执法权力运行，采取全员培训、全员测试、轮岗交流、业务轮讲、跟班学习等形式，全面拉练队伍、提升素质能力。发挥机关党支部、工会作用，举办“廉洁齐家话中秋”干部职工家属代表座谈会，倡导健康生活、快乐工作。在“不忘初心、牢记使命”主题教育中创新推出“党员政治生日”“我手写我初心”“红色朗读者”等一批精品活动载体，增强全区纪检监察干部参与主动性，提升主题教育的活力和实效。与市纪委机关三级联创实施“清风惠屿”党建引领乡村振兴项目，用文化凝聚队伍，展现纪检监察系统良好精神面貌。

【机构改革】 2019年，泉港区纪委监委深化落实纪检监察体制改革工作，完成区监委向7个镇（街道）派出监察组，统一派出乡镇（街道）监察机构职责权限，完成人事调配、印章启用等工作。印发区纪委监委机关“三定”方案和区纪委监委派驻机构改革方案，赋予派驻机构相应监察权，按照干部管理权限重新规范任命委机关干部和派驻机构干部的职务名称。建立年度纪检监察创新项目“金点子”征集立项机制，全年共研究确定7大项12个子项目，实行项目化运作、清单化管理、绩效化考核。针对镇、村两级同级监督难和监督力量不足问题，创新提级单列纪委副书记推荐区管副科级后备干部人选推荐名额、提级选派村级纪检监察员、用好片区协作机制、实施“1+X”大监督，实现组织网络、监督机制和监督方式“三个全覆盖”，推动监督向基层延伸全覆盖。

【强基促稳】 2019年，泉港区纪委监委牵头承担“强基促稳”服务基层化解矛盾、打通“末梢神经”监督全覆盖等两个专项行动。创新信访举报“四项机制”，试点推行“纪检监察+综治调解+派出所民警”联动化解，全年信访举报总量、重复访同比下降均在50%左右，化解信访积案11件，做法入选全市“强基促稳”典型案例，受到中国纪检监察报专题报道，在2019年全市“强基促稳”两次专项考评中均获第一。率先建立区、镇两级片区协作提级监督机制，区级由纪委监委班子成员分别统筹调度六大片区，镇级下派106名干部兼任驻村纪检监察员，实现全区所有镇（街道）和村（社区）“末梢神经”监督全覆盖。

中国国民党革命委员会泉州市泉港支部委员会

【学习教育】 2019年，中国国民党革命委员会泉州市泉港支部委员会坚持每个两月召开一次支委会议，每月召开一次党员会议，并形成制度。深入学习贯彻落实习近平新时代中国特色社会主义思想、习近平总书记系列重要讲话和中共十九大和中共十九届二中、三中、四全会精神、习近平总书记在庆祝中华人民共和国成立70周年大会上的重要讲话精神、习近平总书记在庆祝人民政协成立70周年大会上的重要讲话精神和民革中央十三届六次中常会精神。组织开展“不忘合作初心，继续携手前进”主题教育活动。7月，前往永春开展“不忘合作初心，重走红色路线”主题教育活动。10月8日，组织参加民革中央副主席、福建省主委邓力平来泉开展“不忘合作初心，继续携手前行”主题教育宣讲。11月27日，召开“不忘合作初心继续携手前进”主题教育暨宣讲活动。组织参加各种培训班、学习研讨班。4月，3名党员刘荣演、林嘉林和陈智平参加民革福建省委2019年省、市骨干党员培训班；6月份组织参加区委统战部组织开展的“弘扬才溪调查精神，提升参政议政质量”参观学习活动；11月7日，林文将和陈德义参加泉港区2019年党外干部暨3支队伍培训班。

【组织建设】 2019年，中国国民党革命委员会泉州市泉港支部委员会发展新党员4名。截至12月底，支部共有党员41名。其中市政协常委1人，区政协常委1人，区政协委员2人；副处级干部1人，正科级干部1人，副科级干部3人。

【参政议政】 2019年，中国国民党革命委员会泉州市泉港支部委员会在区政协四届四次会议上，向大会提交集体提案8件、个人提案3件，社情民意1篇。其中《关于加强石化企业安全生产监督的提案》《关于安征迁中应重视贫困群众生存问题的提案》被区政协确定为2019年度重点提案；向市委会提交《关于为公交驾驶员营造安全驾驶环境建议》被市政协十二届三次会议立案。11月，向市委会《关于建立食品药品安全监管体系的建议》和《关于健全完善矛盾纠纷化解工作长效机的建议》等提案。完成《落实落细惠台便民措施打造台胞台企登陆第一家园》等调研文章。

【社会服务】 2019年，中国国民党革命委员会泉州市泉港支部委员会开展精准扶贫、社区服务和扶贫帮困等各项社会服务活动，联合区审计局在山腰街道陈庄社区开展走访慰问活动、“迎新春、送春联”活动和开展法律宣传援助活动。开展金秋助学行动——结对慰问前黄籍贫困优秀大学生，慰问金5000元。开展募捐活动，为泉港一中林同学捐款6千多元；向由市委统战部牵头组织的“同心助学　松柏成长”行动捐款1万元。

中国民主同盟泉州市委员会泉港区总支部委员会

【概况】 截至2019年12月底，中国民主同盟泉州市泉港区总支部委员会共有盟员90人，本科学历盟员63人占70.0%，中高级职称盟员69人占76.7%，文化教育界别38人占42.2%，女盟员18人占20.0%，退休盟员6人占6.7%。市人大代表1名，区人大代表1名，区政协委员10名，区政协副主席1名，民盟泉州市第十五次大会代表6名，其中常委和委员各1名。

【学习教育】 2019年，中国民主同盟泉州市泉港区总支部委员会组织盟员深入学习贯彻习近平新时代中国特色社会主义思想、中共十九大和十九届二中、三中、四中全会精神。在庆祝中国共产党成立70 周年之际，开展“不忘合作初心，继续携手前进”主题教育实践系列活动，坚持正确政治方向，坚定不移走中国特色社会主义道路，践行“四新”“三好”要求，教育引导广大盟员牢固树立“四个意识”、坚定 “四个自信”、坚决做到“两个维护”。4月4日，组织盟员到前黄镇三朱革命斗争纪念馆开展“缅怀先烈，牢记历史”祭扫活动；6月30日至7月1日，组织盟员参加区委统战部举办的赴龙岩上杭县参观古田会议旧址和闽西革命历史博物馆；9月21—22日，组织盟员到宁德寿宁县下党乡学习习总书记当年“三进下党”扶贫攻坚的生动实践，到福安市溪柄镇柏柱洋瞻仰闽东苏区纪念馆。加强盟员政治思想教育，10月23—24日，盟员陈国育、刘良明、黄永红等参加盟市委举办的“不忘合作初心，继续携手前进”主题教育暨新盟员培训班学习。12月12日，召开“不忘合作初心，继续携手前进”主题教育暨学习十九届四中全会精神专题会议。刘碧新、段靖莲、陈国育、朱小红、陈敬成和郑育能等骨干盟员参加区委统战部、民盟泉州市委会等培训学习。

【组织建设】 2019年，中国民主同盟泉州市泉港区总支部委员会严把盟员数量、质量关，按照组织发展程序，共发展新盟员4名。是年，主委王梅珠被提拔为副处级干部，4名盟员分别在行政、企事业单位担任副科级以上领导干部，3名盟员被列入区管副科级后备干部。10月13日，民盟泉港总支前黄支部“盟员之家”揭牌。6月，在民盟福建省十三届常委会第九次会议暨2019年组织工作会议上，获评“2018年度民盟福建省先进基层组织”荣誉称号。

【参政议政】 2019年，中国民主同盟泉州市泉港区总支部委员会在“两会”上，盟总支及盟员提交区政协集体提案15件，个人提案14件，大会发言1篇。完成《聚力脱贫攻坚，助推乡村振兴》等专题协商发言，配合盟市委开展《构建泉港、泉惠石化园区的污染防控协作长效管理机制》专题调研，为区委、区政府及市委会决策提供参考。积极参加人大、政协、法院、检察院等视察、检查、工作通报，在区政府、法院、检察院等工作报告征求意见会、工作情况通报会上，提出意见建议。盟员人大代表、政协委员、监督员等围绕“脱贫攻坚”议题进行专题视察，把参政议政、盟务工作、社会服务等融入到脱贫攻坚民主监督工作中，有效发挥民主监督作用。

【社会服务】 2019年1月3日，中国民主同盟泉州市泉港区总支部委员会与仁爱医院等联合举办主题为“共圆中国梦”迎新春文艺晚会。1月17日和12月28日，先后组织盟员书法家到峰尾诚峰村、涂岭樟脚村开展“迎新春、送春联”服务活动，为群众现场书写春联3000多幅。1月29日，组织前黄支部盟员参加献血活动，共8人次2500毫升。3月8日，为泉港一中患病林同学捐款12550元。5月29日，联合盟市委到峰尾镇开展助力乡村振兴主题活动，盟员向郭厝村同心书屋捐赠人民币2万元，向前亭村文化广场捐助5万元，走访慰问贫困户并送上慰问金。先后于5月8日、9月8日和12月4日组织医卫界盟员参加全市统一战线在后龙镇举办的“不忘初心 共筑同心——庆祝新中国成立70周年义诊赠药扶贫活动”、涂岭镇和峰尾镇送医送药义诊活动，共计义诊620多人次。盟员钟荣信在教师节、重阳节期间，向周边中小学和村老协会捐助约15万元；盟员周福辉在困难群众精准帮扶和贫困学子结对帮扶等活动中共捐助6万元。围绕庆祝中国共产党成立70 周年系列宣传活动，盟员陈敬成参与筹划排演十多场次“我和我的祖国”大型音乐快闪活动，展示泉港文化软实力。

中国民主建国会泉州市委员会泉港区支部委员会

【概况】 截至2019年12月，中国民主建国会泉州市委员会泉港区支部委员会会员人数共34人，男会员26人，占76.47%；女会员8人，占23.53%；中级职称14人，占41.17%；副科级干部3人，在单位、企事业中担任中、高层负责人19人。有市政协委员1名，区政协委员5名，人民检察院党风检风监督员1名。

【学习教育】 2019年，中国民主建国会泉州市委员会泉港区支部委员会组织会员学习中共十九大、十九届三中四中全会精神、习近平新时代中国特色社会主义思想、习近平总书记在庆祝中华人民共和国成立70周年大会上的重要讲话精神和习近平总书记在庆祝人民政协成立70周年大会上的重要讲话精神。组织会员学习贯彻各级有关文件精神，引导全体会员将区委区政府的决策部署和民建上级组织的工作要求贯彻到实际行动和实际工作当中。1月24日，召开年度工作总结会，学习习近平总书记在民营企业座谈会上以及改革开放40周年大会上的讲话精神，传达区“两会”和民建泉州市委十二届四次全体(扩大)会议精神，部署2019年度工作重点。组织开展“不忘合作初心，继续携手前进”主题教育学习活动。10月29日，召开“不忘合作初心 继续携手前进”主题教育活动动员部署会议，传达省、市开展主题教育活动的文件精神并解读《民建泉港区支部开展“不忘合作初心 继续携手前进”主题教育活动方案征求意见稿》，共同学习《习近平新时代中国特色社会主义思想学习纲要》和《郝明金主席在民建中央“不忘合作初心 继续携手前进”主题教育活动动员部署大会上的讲话》。10月30日，印发《民建泉港区支部开展“不忘合作初心 继续携手前进”

主题教育活动方案》。

【组织建设】 2019年1月24日，中国民主建国会泉州市委员会泉港区支部委员会召开2019年工作会议，回顾总结2018年在思想政治建设、参政议政、社会服务、组织建设、宣传工作、会员风采等六个方面的主要措施及所取得的成效，对支部2019年工作提出要求。8月6日，支部召开上半年工作总结会议。6月，选派肖明春、郑宜辉、庄慧根参加区委统战部组织开展的“弘扬才溪调查精神，提升参政议政质量”视察学习活动。11月7日，陈志东副主委参加泉港区举办2019年党外干部暨三支队伍培训班；11月8日，廖晓红副主委参加民建福建省委、泉州市委举行2019年社情民意培训班。12月，郭东玲、施锦英被民建泉州市委会授予“新闻宣传工作先进个人”称号。强化组织发展工作，坚持和遵循“注重质量、兼顾数量、保持特色、改善结构、组织发展与后备队伍相结合”原则，注重发展政治觉悟高、素质好、能力强、有代表性的入会积极分子加入，是年发展2名会员。

【参政议政】 2019年，中国民主建国会泉州市委员会泉港区支部委员会在区政协四届四次会议上积极建言献策，共提交提案13篇。其中集体提案8篇，会员中的政协委员提交个人提案5篇。提案内容分别涉及经济建设、城市规划建设、医疗卫生、文化教育、民生经济等领域。《再提关于大力推进泉港建筑废弃物资源化利用的提案》被列为区政协四届三次会议重点提案。完成《全媒体和大数据时代网络统战工作研究》《关于全面建立全区青少年近视防控体系的建议》等调研文章的撰写，提出具有建设性、合理性的对策和建议。组织会员积极参加中共泉港区委、区政府、区政协、区委统战部及有关部门召开的协商会、情况通报会、座谈会、征求意见会等，分别就《政府工作报告》《全区重点建设项目进展情况》《为民办实事项目办理情况》等问题提出意见和建议，为区委区政府科学决策和推进泉港区民主政治建设发挥积极作用。10月29日，民建泉州市委会副主委、惠安县副县长汪水永率队到泉港开展调研活动。

【社会服务】 2019年1月30日，中国民主建国会泉州市委员会泉港区支部委员会开展“民建关爱民生 济困传递爱心”2019年春节扶弱助困暖心回头看慰问活动，走访慰问全区7个镇共30户孤寡贫困家庭，为他们送去15000元慰问物品。3月2日，与统战部到清源庵开展“3·5”学雷锋日志愿服务活动，为孩子们带去书籍、学习用品、玩具等，进行视力检测及健康用眼指导。3月7日，向泉港一中林同学捐助爱心款5000元。5月24日，线上首批认领6个“微心愿”，为6个贫困家庭圆梦。6月6日，开展“6·6”爱眼日宣传周活动启动仪式。现场发放爱眼知识宣传资料、宣传品；开展眼睛健康的预防、干预咨询与眼疾检查等；提供免费医学验光、视力筛查；免费为60岁及以上老年人赠送老花镜，并走进各中小学义务为学生提供视力检测与爱眼护眼知识讲座。

中国民主促进会泉州市泉港区支部委员会

【概况】 截至2019年12月，中国民主促进会泉州市泉港区支部委员会会员总数19人，男性会员13人，占68%；女性会员6人，占32%；大专以上学历18人，占95%；中、高级职称9人，占47%；副科级干部1人，区政协委员2人、区政协常委1人。

【学习教育】 2019年，中国民主促进会泉州市泉港区支部委员会组织会员以会议或书面阅读的形式，认真学习贯彻党的十九大报告精神，学习中共十九届四中全会精神及习近平在参加十三届全国人大二次会议福建代表团审议时的重要讲话精神；开展“不忘合作初心，继续携手前进”学习教育活动。

【组织建设】 2019年，中国民主促进会泉州市泉港区支部委员会贯彻好、落实好民主集中制，实行支部委员责任制和个人分工负责制，推动支部议事决策向科学化、程序化、规范化和制度化发展；积极做好人才发现、培养工作，扩充后备干部队伍人才库；组织会员参加各种培训班、学习研讨班，全面提高会员自身素质。

【参政议政】 2019年，中国民主促进会泉州市泉港区支部委员会在区政协四届四次会议上积极建言献策，共提交8件集体提案。提案内容涉及医疗卫生、教育文化、城市规划建设、环境保护、民生改善等领域。围绕泉港城区建设、新时期农村社区建设等重点课题开展走访调研，撰写《校园及周边食品安全监管工作调研报告》《新时期党外知识分子思想政治工作实践研究》等调研文章。其中《校园及周边食品安全监管工作调研报告》作为区政协四届四次会议大会发言材料。《关于泉港区现有化工企业整改提升扶持的建议》被列为区政协2019年度重点提案。

【社会服务】 2019年，中国民主促进会泉州市泉港区支部委员会积极参加上级组织的各项公益活动。3月5日，组织会员参加由区委统战部组织的“3·5”学雷锋日志愿服务系列活动，为山腰街道清源庵的孩子们带去书籍、学习用品、玩具等，并现场为孩子们指导硬笔书法。4月26日，参加由民进泉州市委会、泉州市教育科学研究所联合举办的“送教下乡”活动，现场向峰尾镇诚平小学捐赠价值5000元图书。9月8日，副主委陈小琴参加泉州市委统战部组织开展的“统一战线泉州健康行-庆祝中华人民共和国成立70周年义诊赠药”活动。参与文化教育和扶贫帮困等公益活动；3月7日，向泉港一中林同学捐献爱心款5000元；5月24日，支部线上首批认领5个“微心愿”，为5个贫困家庭圆梦；6月3日，在南埔镇柳厝小学开展爱心图书捐赠活动，现场捐赠图书近400册，总价值6000元；10月7日，开展“九九重阳送温暖”慰问活动，为前黄镇前烧村老协会送去慰问金5000元；12月16日，举行2019年度泉港一中助学金发放仪式，为5名品学兼优的贫困学生每人发放助学金1000元。

中国农工民主党泉州市泉港区总支部委员会

【概况】 截至2019年底，中国农工民主党泉州市泉港区总支部委员会共有主委1人，副主委3人，总支委员5人，下设综合、医卫、文教、经济科技和泉港医院5个支部，党员人数93人。其中，大专以上学历80人，占86%；中、高级职称63人，占67%。文化、教育界30人，占32.26%；医卫界37人，占39.8%；生态环保、经济科技、法律界27人，占29%。处级领导1人，正、副科级领导5人，在各个单位担任中、高层负责人的有30多人。

【学习教育】 2019年，中国农工民主党泉州市泉港区总支部委员会总支常抓思想理论学习不懈。1月27日，召开三届三次全体会议，学习传达农工党十六届二中全会精神、农工党福建省委十二届三次全体会议精神和农工党泉州市十四届委员会第四次全体会议精神。3月17日，召开总支委扩大会议，传达2019年全区工作会议精神和中共泉港区委统战部《关于在全区统一战线中深化开展“统赞泉港”活动的通知》精神。9月7日，召开总支扩大会，传达学习农工党中央深入开展“不忘合作初心，继续携手前进”主题教育活动动员部署会精神、农工党福建省十二届常委会第八次会议精神和《中国农工党泉州市委会深入开展“不忘合作初心,继续携手前进”主题教育活动方案》《中国农工党泉州市委会廉洁风险预警提示活动实施方案》。10月27日，召开总支委扩大会议，领导班子成员共同签署《个人廉洁自律承诺书》。开展“不忘合作初心，继续携手前进”主题教育活动，组织学习农工党中央陈竺主席在“不忘合作初心，继续携手前进”主题教育活动动员部署会上讲话。多次以支部活动形式开展学习实践活动。10月13日，组织退休老党员赴厦门鳌园开展爱国主义主题教育活动；11月9日，联合农工党泉州中医院支部到陈平山烈士陵园及故居开展“不忘合作初心，继续携手前进”主题教育活动。

【组织建设】 2019年，中国农工民主党泉州市泉港区总支部委员会发展新党员3名。加强党员教育培训，多次组织骨干党员参加各级各类培训，1人次参加省委会组织的骨干党员信息培训，2人次参加市委会组织的社情民意信息研讨会，1人次参加市委统战部组织的党外知识分子代表人士培训班，1人次参加民主党派基层组织负责人培训班，4人次参加区委统战部组织的党外干部暨三支队伍培训班，4人次参加区委统战部组织的才溪调查精神学习活动；组织3名新党员参加泉州市委会举办的新党员培训班。加强组织凝聚力建设，春节前总支领导班子对退休老党员、患病党员进行走访慰问；开展“三八”国际妇女节主题学习活动、“6·5”世界环境保护日活动、重阳节敬老红色文化教育活动；与农工党城厢区支部开展交流座谈会等。完善党员联络平台，建成农工党泉州市委会市级组织的第一家党员活动室依托总支海丝文化实践基地和“网上党员之家”，在公众号上开设“党员之家”专栏。

【参政议政】 2019年，中国农工民主党泉州市泉港区总支部委员会共向市委会报送20篇社情民意，其中《关于将电子烟纳入烟草监管的建议》《建议规范城市店面招牌标准，提升城市形象》得到省委会采用。讨论确定调研课题，多次组织课题组成员前往各镇卫生院等实地考察，完成《加强偏远乡村村医队伍建设 助力乡村振兴战略实施》省级调研课题一篇，荣获一等奖。提前讨论布置年底区“两会”政协提案撰写选题方向与要求，组织开展调研，形成15篇提案。

【社会服务】 2019年3月2日，中国农工民主党泉州市泉港区总支部委员会参加泉港统战系统“3•5”学雷锋日志愿服务活动，为山腰清源庵的孩子们带去关心和祝福；3月17日，联合举行“情暖雷锋月 基层健康行”大型义诊活动，共为200余名群众提供义诊服务，发放健康宣传材料200余份。3月22日，联合多家单位开展3月24日第24个世界防治结核病日暨学校传染病防控宣传周活动，通过讲座、义诊咨询、分发宣传材料、终结结核千人承诺签名等形式宣传常见传染预防知识，共发放各类宣传品6100份。4月7日，联合开展以“维护人人健康，迈向全面小康”为主题的世界卫生日宣传服务活动，发放宣传手册600余份，接受咨询100余人次，测量血压100余人次，免费健康体检100余人次，发放脸盆、洗衣粉、限油量杯、避孕药具等健康礼包100余套。4月17日，联合开展以“科学抗癌，预防先行”为主题的“2019年全国肿瘤防治宣传周”宣传活动，开展联合义诊。4月27日，联合举行第33个“全国儿童预防接种宣传日”暨第17个《中华人民共和国职业病防治法》宣传周宣传活动，接受群众咨询100多人次，分发相关宣传材料300余份、宣传小礼品200多份。5

月15日，联合举办活动主题为“科学补碘益智，健康扶贫利民”大型现场宣传咨询活动。9月8日，协办“不忘初心共筑同心——国庆70周年泉州统一战线义诊赠药扶贫活动”，组织医卫界党员参加义诊。11月9日，联合开展“同心助医助学”活动，累计义诊近百人次，免费赠送5000余元药品，发放医保政策宣传材料近百份。

中国致公党泉州市泉港区总支部委员会

【学习教育】 2019年，中国致公党泉州市泉港区总支部委员会开展“不忘合作初心，继续携手前进”主题教育活动，成立主题教育活动领导小组，制订主题教育活动实施方案，完善领导班子、骨干党员理论学习制度。开展“党员之家”建家活动，实现“出示范、出品牌、出先进、出成果”的“四出”目标，致公党完成“党员之家”建设。坚持把查找不足、整改提高贯穿主题教育活动始终，领导班子成员强化自身建设作表率，强化理论武装聚焦“学”，坚定理想信念聚焦“诚”，保持政治本色聚焦“严”。下发市委会主题教育活动征求意见表，为召开领导班子民主生活会，联系整改落实情况，开展批评和自我批评打好基础。结合庆祝中华人民共和国成立70周年、人民政协成立70周年，开展形式多样、内容丰富的主题宣传教育活动。协助省委会在泉港举办“侨海同心筑梦 礼赞祖国华诞”全省机关气排球赛，荣获第一名；选送作品参加泉港区政协“新时代 新泉港”庆祝新中国成立70周年、人民政协成立70周年书画摄影展；选送作品参加“我和我的祖国”泉州市统一战线庆祝新中国成立70周年宣讲会；参加区委统战部“弘扬才溪调查精神，提升参政议政质量”主题调研活动，为乡村振兴建言献策；选送3名新党员到市委会参加“不忘合作初心、继续携手前进”主题教育活动暨新党员培训班；参与全区统一战线庆祝新中国成立70周年“我和我的祖国”音乐快闪活动；协助致公党泉州市委会到南埔镇肖厝村举办“义诊赠药及慰问帮扶活动”，为辖区群众提供免费医疗服务，共同献礼中华人民共和国70华诞。

【组织建设】 2019年，中国致公党泉州市泉港区总支部委员会践行“四新”“三好”要求，学习贯彻中共十九大和十九届二中、三中、四中全会精神，结合总支部工作实际，把区委、区政府的重大决策和工作部署转化为全体党员的政治自觉、思想自觉和行动自觉，发挥民主党派界别优势，融入发展大局，促进社会和谐稳定，推进泉港经济社会各个领域工作展现新作为。健全和完善领导班子成员岗位责任制，每季度坚持召开领导班子成员中心组学习会和民主评议会。以中国致公党成立95周年为契机，开展优良传统教育为主题的活动，加强对习总书记关于中国特色社会主义新型政党制度理论以及加强和改进统一战线工作重要思想的学习，夯实共同思想政治基础。完善“一支部一提案”活动机制，根据市委会统一部署要求，对标全面建成小康社会和“十三五”规划收官要求，围绕稳增长、促改革、调结构、惠民生、防风险、保稳定工作等群众关切的热点方面问题，开展调查研究。创新侨务工作举措，促进经济社会融合发展。多措并举做好爱心助学、助困、助侨等社会服务工作。全年共发展新党员5名，综合素质评价普遍较高。其中科级干部2人，中级职称以上3人，平均年龄36.9岁。

【参政议政】 2019年，中国致公党泉州市泉港区总支部委员会在政协泉港区四届四次会议上，总支提交集体提案12件，政协委员提交个人提案8件。提案经过深入调研，内容涉及人才工作、乡村振兴、政务改革、社会管理、侨务工作等方面，其中《关于安征迁大背景下如何提升党群干群关系的调研》作为大会发言材料在会上交流。完善“一支部一提案”活动机制，开展“提案质量年”活动，充分发挥领导班子、基层党员的集体智慧，完善调研机制，通过合作、成立调研组、深入基层收集材料等形式，调动广大党员的积极性和专业特长，提高调研成果质量。全年总支共向市委会申报8个调研课题，立项6件。

【社会服务】 2019年，中国致公党泉州市泉港区总支部委员会做好爱心助学、助困、助侨等社会服务。共举办2场庆祝中华人民共和国成立70周年义诊赠药活动，协助泉港区委统战部开展“统一战线泉州健康行——庆祝中华人民共和国成立70周年义诊赠药活动”，为周边群众提供免费疾病问诊、健康咨询等服务，惠及群众300多人。开展“幸福新时代，泉港新风貌”暨重阳节退休老党员慰问活动，联合区民政局赴南埔镇柳厝村开展“爱心帮扶”慰问活动，为2名贫困户发放“爱心款”2000元。选送作品参加上级部门举办的“讲同心故事，话改革开放”征文活动，以“泉港好，大家会更好”为主题，开展泉港好声音传播活动，为喜迎中华人民共和国70华诞营造良好氛围。选派代表参加区委统战部党外干部“三支队伍”培训班，提升工作能力。协助区委统战部更新和完善侨情资料库，做好泉州市侨乡文化名镇名村的申报工作，加大对全区华侨名人故居、华侨特色宅院等侨乡文化的保护力度，因地制宜推进侨文化发展。发挥民主党派成员联系广泛的优势，在安控区安征迁工作、重点项目攻坚克难等社会综合治理方面中做好矛盾化解工作，促进社会和谐稳定。

泉港区总工会

2019年12月24日，泉港区政府与区总工会2019年联席会议召开（区总工会 供图）

【概况】 2019年，泉港区总工会坚持以习近平新时代中国特色社会主义思想为指导，贯彻落实中共十九届四中全会精神，围绕区委工作大局，突出讲政治、促发展、抓服务、强基础，团结带领全区广大职工坚定不移地推进“观念立区、主业强区、生态优区、富民兴区、和谐安区”，开创全区工会工作新局面。

【职工思想建设】 2019年，泉港区总工会加强学习引导，开展“不忘初心、牢记使命”主题教育，筑牢工会系统增强“四个意识”、坚定“四个自信”、做到“两个维护”的政治根基。组织机关党员开展“线上+线下”专题学习，举办集中学习讨论10场次，撰写心得体会25篇，掀起“大学习”热潮。加强思想引导，参与庆祝中华人民共和国成立70周年系列活动，承办“点赞泉港”主题歌咏比赛，组织企业职工代表队参赛；举办“国庆”电影专场，邀请208名职工观看《我和我的祖国》。组织祭扫革命烈士陵园、参观廉政教育基地。开展10场“讲好泉港故事 发出工会声音”劳模、工匠进基层宣讲活动。加强网上引导，全面落实意识形态工作责任制，严格执行信息发布审核制度，管好“泉港工会”微信公众号；开展2019年“网聚职工正能量·争当中国好网民”主题活动；组织职工参加“习近平总书记关于工人阶级和工会工作的重要论述”“我和我的祖国 同学习共成长”网上学习答题活动。

【凝聚职工力量】 2019年，泉港区总工会畅通职工成长渠道，举办“当好主力军·建功新泉港”系列劳动技能竞赛，组织仪表维修、电焊、砌筑、护理等竞赛6场次，承办全市消防技能竞赛，近400名一线职工参赛。与区人社局联合出台《职工劳动和技能竞赛组织管理暂行规定》，命名表彰“泉港金牌工人”4名、“泉港区职业技术能手”18名。发挥劳模“头雁效应”，苏文连获评全国五一劳动奖章，张肇宏获评“八闽工匠年度人物”，张河水获评省五一劳动奖章，杜天瑞、刘祖博、吴良江获评“泉州工匠”。举办劳模、工匠创新成果展，9名劳模、工匠现场展示创新项目。依托张肇宏全国劳模工作室，设立全省首个石化行业职工技能实训基地，举办各类技能培训38班次、人数近900人次。推荐64项职工创新项目参加国内外展评，获国际发明展金奖1项、银奖1项、铜奖2项；全国发明展银奖1项、铜奖2项；全省百万职工“五

2019年9月25日，泉港区首场工会会员日线下活动举行　（区总工会 供图）

小”创新大赛一等奖2项、二等奖3项、三等奖6项。完善职工创新项目配套奖励办法，累计为41个创新项目配套奖励资金9.4万元。

【服务职工】　2019年，泉港区总工会开展结对帮扶活动，回访脱困解困职工和在档困难职工；“两节”期间慰问困难职工68人次、劳模109人，发放慰问金27.6万元。医疗互助参与职工1.5万人，发放互助金80.2万元，受益职工400人次。为48个基层单位“送清凉”，赠送清凉饮品2000箱、防暑降温物品2700盒，下拨“送清凉”专项经费7.2万元。提高“金秋助学”资助标准，就读大专及以上的每生资助6000元，高中、中专、中职生每生资助2000元；帮助14名困难学生与爱心单位、爱心人士结对，连续资助直至毕业。举办首场线下会员日活动，组织40多个商家参展，提供300多种优惠产品。深化“新泉港人”关爱行动，组织“同吃年夜饭”“泉港一日游”等活动，邀请春节期间留守外来工“包场”看电影。深化农民工创业扶助工程，10个项目入选泉州市2019年“农民工创业联盟行动”扶持项目。举办环卫工人关爱月系列活动，为100名环卫工人赠送保温杯，开展义诊送健康、“爱心替岗”活动，设置爱心饮水点5个，为361名环卫工办理医疗互助。深化“吉祥泉港”创建活动，推进“强基促稳”三年行动，开展“遵法守法·携手筑梦”职工法治宣传活动4场次。推荐10名劳动关系“和谐使者”，组织一批企业开展共建和谐劳动关系承诺活动。深入26个户外作业和高温岗位，检查督促落实高温补贴政策。开展职业病防治“三查一看”，指导整改问题18个。开展“安康杯”竞赛活动，广泛动员职工立足岗位“查隐患、促安全”，排查安全隐患43条、提合理化建议46条。

【夯牢基层基础】　2019年，泉港区总工会举办全区基层工会干部培训班4场次，308人次基层工会干部参加。加大行业工会组建力度，组织13家“八大员”企业组建工会，1347名职工入会。13个系统工会发挥作用，实现对区直各单位工会有效覆盖。深化“职工之家”创建活动，推进基层工会规范化建设，命名表彰“泉港区先进职工之家（小家）”20个。组织50户职工家庭参加“小候鸟”亲子游；举办第三届职工羽毛球赛，12支代表队140多名职工参赛；与区直机关党工委联合举办“提振精气神·勇赴新征程”趣味活动，来自全区16个系统192名干部职工参加。与团区委等单位联合举办“新风泉港·简爱一生”青年集体婚礼；陈锦河、王玉真家庭获评福建省“职工最美家庭”，吴良江当选2019年度泉州市“最美职工”。

共青团泉州市泉港区委员会

【概况】　2019年，泉港团区委深入学习贯彻中央、省委、市委和区委党的群团工作会议精神，以深化共青团改革

2019年1月8日，“新风泉港 简爱一生”青年文明集体婚礼举行

（区委报道组 供图）

为动力，以工作创新和问题导向为基本原则，围绕“泉港好，大家会更好”主旋律，团结带领全区团员青年积极投身建设，贡献青春力量。

【组织青年建功奋进】 2019年，泉港团区委开展青年安全生产示范岗争创活动，认定12个一线生产车间、班组为“年度青年安全生产示范岗”，激励引导广大青年职工强化安全生产意识。开展省市“青年五四奖章”“两红两优”推报和区级“一红两优”评选活动。通过表彰先进事迹，树立青年典型，引导团员青年继承和发扬五四精神，投身泉港经济社会建设。开展“青春建功、青春活力、青春奋进、青春纪念”等系列主题活动。以纪念五四运动100周年，献礼中华人民共和国70周年华诞为契机，组织中小学师生及青年代表开展“青春心向党·歌唱我的国”五四主题快闪活动。

【创新人才服务模式】 2019年，泉港团区委开展寒假返乡大学生咨询会。利用寒假大学生返乡时间，联合区人社局、区委人才办在福州大学石油化工学院（泉港校区）举办相关政策宣传咨询会，鼓励产业急需高校毕业生来泉港就业创业，300多名石化专业学生参加咨询会。举办第二届“优秀大学生实践锻炼服务团”活动。动员来自19所高校不同专业的41名预选大学生对接机关企事业单位提供岗位参与实习活动，多渠道拓展大学生实践锻炼。

【打造青年联谊品牌】 2019年，泉港团区委组织单身青年开展“爱在公益中”“爱益起”“爱团缘”等青年联谊活动。解决青年婚恋问题，帮助在泉港工作、生活的青年安家立业、扎根新城，服务单身青年500多人次。线上推出“团缘泉港”青年交流联谊小程序。搭建单身青年交友交流平台，结合线下专场联谊活动，形成“青春泉港·为爱团缘”活动品牌。

【分类引领思想政治】 2019年，泉港团区委举办“青春火炬·先锋旗帜”五四运动百年展，组织基层团委书记、少先队辅导员、学生代表通过重温入团誓词，了解五四运动历史，增强听党话、跟党走的行动自觉。开展“缅怀革命先烈·弘扬爱国精神”清明节主题祭扫活动，200多名团员青年及少先队员通过聆听革命故事、重温入团入队誓词、为烈士敬献花圈等活动，实地接受精神洗礼。结合庆祝中华人民共和国成立70周年，组织各中小学校共2000多名中小学生，通过举行升旗仪式、共唱国歌、开展国旗下演讲，引导激励广大青少年做担当民族复兴大任的时代新人。坚持培育和践行社会主义核心价值观，组织100多名少先队员代表走进土坑古民居、朱汉膺故居、东张村等地实地研学，传承红色基因。围绕“学习习爷爷讲话精神”“鲜红领巾光荣队员”“童心共话泉港好”“红色基因我们传承”等4个主题开展50余场活动，教育引导广大少先队员把个人理想融入祖国、家乡发展的大追求中。

【新媒体宣传】 2019年，泉港团区委运用新媒体和互联网技术，依托“两微”和短视频分享平台，生成“微公益”“微课堂”“团小青看泉港”等线上宣传品牌，联系服务青年。制作“图说青年大学习”“致敬五四先驱，传承五四精神”等动漫作品，团员青年2万多人次参加学习活动。是年“青春泉港”微信公众号累计发布推文210多篇，总阅读量近30万人次，拥有固定粉丝2万多人，长期保持全省县级团委微信综合影响力榜单前10名，获评“2018年度泉州微信最具影响力公众号（团委）”称号。

【青年交流互动】 2019年，泉港团区委开展“品味刺桐古城·文化寻根之旅”——第五届海峡两岸高校大学生记者挑战赛。组织台湾大学生走进山腰盐场、峰尾古城实地参观，精心策划“赏北管音乐、品泉港红团、试古法制盐”等互动体验项目，让台湾青年感受两岸共同历史记忆。开展第十一届海峡论坛·泉台青年交流汇活动，通过青年互动交流、分享创业经验，宣传来泉就业创业政策和机遇，并通过两岸青少年艺术展、武术交流、北管交流等，促进两岸青年交流沟通。

【重点青少年群体服务管理】 2019

2019年7月18日，泉港区第二届预选大学生实践锻炼服务团启动仪式在福大石化学院泉港校区举行 （区委报道组 供图）

年，泉港团区委开展社会闲散青少年、不良行为青少年、留守儿童等重点青少年群体的服务管理。主动融入区委、区政府“强基促稳”三年行动，成立泉港区鹏程青少年社工服务中心，通过政府购买服务、职能部门资源整合、青年志愿者广泛参与等，降低青少年涉罪率、犯罪率、重新犯罪率均有所下降。开展吉祥泉港创建宣传活动暨“12355”法治进校园活动，联合区委政法委、司法局、法院等单位，全年开展综合性普法宣传30场，青少年模拟法庭10场、法制讲座20场、法宣游园活动30场、法治图片展览50场、法治主题班会50次，共计160场次活动，累计为9700多名中小学生宣传普及法治教育内容。

【志愿者队伍建设】 2019年，泉港团区委每季度开展青年志愿者便民服务进社区活动，围绕“泉港好·大家会更好”宣传主题，弘扬“奉献、友爱、互助、进步”志愿服务精神，引导青年主动参与社会文明治理。定期组织家园义工协会、助残青年志愿者服务队、青年党员志愿服务队开展助老助残志愿行动，深入村（居）帮助残疾人进行居家环境清洁、义剪、义诊等活动。组织青年志愿者服务“点赞泉港”主题歌咏比赛、第四届“海艺节”、全国交通安全日等大型活动，保障活动有序开展。开展区情区史志愿讲解员招募、培训工作，正面宣传推介泉港“石化筑高地、融合建新城、生态立样板、共享奔小康”发展成就。承担第十届世联会等政务接待讲解任务5场次，服务海内外嘉宾600余人。

【关爱困难青少年群体】 2019年，泉港团区委在春节、端午节、中秋节、重阳节等传统节日期间，聚焦孤儿、事实孤儿、建档立卡贫困家庭青少年、服刑在教人员未成年子女等群体，开展慰问帮扶和亲情陪伴，是年共慰问困难青少年200多人，发放慰问物资5万多元。组织青年党员志愿者进特校，开展“爱益起·关爱陪伴成长”活动用爱与温暖陪伴孩子们快乐成长。开展青少年暑期自护教育暨“七彩微心愿·青号来实现”活动，邀请市、区级青年文明号代表帮助留守儿童完成“微心愿”90个。

【基础团务规范管理】 2019年，泉港团区委坚持全团上下大抓基层的鲜明导向，推进团的基层建设，提升团的组织力，推动全区“智慧团建”系统建设。通过召开全区“智慧团建”工作部署动员会，编制印发《泉港区智慧团建用户使用手册》，建立微信工作指导群等，明确“团员线上报到、团员编号清查、清理空心团支部、毕业学生团员团组织关系转接”等四项重点任务，“智慧团建”工作进度各项指标位居全省前列。建立健全基层团组织考核制度，制定《2019年村级团组织负责人绩效考核方案》，建立基层团委团建工作述+职评议制度，推动基础团务工作落实。

【激发基层团组织活力】 2019年，泉港团区委广泛开展团支部星级评定工作。牢固树立“全团抓学校”的意识，分类制定建设标准。通过评定星级的方式，健全“三会两制一课”制度，规范和强化入团仪式、团费收缴、团籍管理、团的组织生活等基础团务工作，巩固提升一般组织，整顿落后组织，提升基层团组织活力。2019年，全区共创建五星级团支部36个，四星级团支部34个，三星级团支部179个，达标团支部38个。召开2019年泉港区基层团建述职评议会，各镇（街道）团（工）委书记围绕思想引领、服务大局、服务青年、组织建设、共青团改革等工作的开展情况以及基础团务落实情况，突出智慧团建、团员报到、星级团支部创建等线上活动开展情况作述职报告，推动全面从严治团工作向基层延伸。

【提升团员先进性】 2019年，泉港团区委推进从严治团，严把入团入口关，规范入团程序，从源头上确保发展团员质量，是年共发展团员810名，团青比35%。结合重要节点，抓好团员的仪式教育、实践教育和团员意识教育。开展泉港区“青春心向党 建功新时代”纪念五四运动100周年特别主题团日活动暨退队入团仪式。通过组织新发展团员参加退队入团仪式，老团员重温入团誓词，新团员观看《入团第一课》教学视频，深化入团仪式教育，增强团员的荣誉感和责任感。

泉港区妇女联合会

【概况】 2019年，泉港区各级妇联组织紧紧围绕“强基促稳”工作大局，紧贴妇儿需求、提升项目层次、彰显妇联担当，推进全区妇联工作上水平、出成效。“为幸福家庭护航”专项行动，“儿童之家”建设得到上级妇联的肯定，工作做法在《中国妇女报》《福建政法》等刊登。

【思想引领】 2019年，泉港区妇联在微信公众号开设“展巾帼风采 创时代新风”专栏，宣传优秀女性、巾帼集体先进典型。召开“巾帼心向党 建功新时代”科级女干部座谈会。联合山腰街道妇工委在陈庄社区妇女之家开展“巾帼心向党 礼赞新中国”唱响祖国颂歌群众性宣传教育活动。组织各村（社区）“妇女之家”开展“同跳一支舞 共抒国家情”广场舞展演活动，全区有57个村（社区）“妇女之家”2000多人参加。组织区职业女性联谊会会员到龙岩古田开展“不忘初心 牢记使命”女性素质提升培训班。

【巾帼建功】 2019年，泉港区妇联召开巾帼文明岗业务培训会，评选命名区级“巾帼文明岗”10个。联合农商行实施“巧妇贷”项目，共借贷2568.87万元，联合人社局等部门举办女性专题招聘会，提供2000多个适合岗位。举办职业女性沙龙9期，参与人数近400人。举办2019年闽姐姐创业就业技能培训班、新型职业女农民培训班等，共培训3期，160余人参加。区职业女性联谊会2家会员企业代表泉州市妇联参展第十七届中国·海峡项目成果交易会巾帼馆。培育省级巾帼文明岗3个，培育市级以上“三八红旗手（集体）”11个。

【关爱妇女】 2019年，泉港区妇联开展2019年“母亲健康1+1”公益募捐活动,共募集资金15.48万元。联合区职业女性联谊会、中国人寿保险泉港区支公司举办关爱女性健康公益讲座，共80余人参加。开展2019年“新春送温暖 巾帼暖人心”慰问活动，为全区“两癌”贫困妇女、困难妇女干部、困难妇女群众、困境儿童、巾帼调解室、全国五好文明家庭等共57户送去价值近10万元慰问金及慰问品。联合区妇女儿童活动中心、区直机关妇工委、区文化馆举办机关女子瑜伽培训班，共计130余人参加。

【文明家庭建设】 2019年，泉港区妇联评选命名区级“平安家庭”示范户100户，区级最美家庭54户。联合区纪委、区委史志室举办“传承廉洁家风 弘扬清风正气”主题讲座。联合区委文明办、区文联、区文化体育和旅游局、区职业女性联谊会举行“弘扬优秀家庭文化 培育文明和谐家风”泉港区首届巾帼书画作品展。在母亲节期间开展“献礼祖国 咏叹母爱”书信征文活动。召开“家家幸福安康工程”部署推进会暨妇联系统半年工作会议。在“泉港半边天”微信公众号开设“家国70载·记2019年最美家庭”专栏9期，展播“最美家庭”事迹。打造“爱家讲堂”品牌，围绕家风传承、家庭教育、家庭健康等主题举办宣讲活动15场次。

【巾帼维权】 2019年，泉港区妇联开展“为幸福家庭护航 化解家庭危机”专项活动，在全区共排查出101户矛盾纠纷家庭。组织公安、检察、法院、司法、民政、镇级调解室等部门领导及专家召开妇女援助中心联席会暨化解“危机家庭”专家问诊会。联合区司法局开展农商杯“创建吉祥泉港 护航幸福家庭”法律知识竞赛，全区首个律师家事调解室在福建欣港律师事务所揭牌。组织开展向身边榜样学习暨村级家事纠纷调解工作推进会，为村（社区）级家事纠纷调解室授牌。联合区委政法委、区文联、泉港区律师家事调解室等十多家相关单位，在龙山社区开展“助力强基促稳 党员在行动”志愿服务进社区宣传咨询活动。妇女援助中心通过政府购买社会服务方式，构建“妇工+社工+专家+调解员”一站式维权工作平台和维权一体化服务，全年共接待来访来电61件158人次，稳控率100%。开展以“弘扬宪法精神，推进国家治理化体系和治理能力现代化”为主题的“宪法宣传周”系列活动。

【儿童工作】 2019年，泉港区妇联联合区关工委、区职业女性联谊会到区特殊教育学校开展慰问活动，捐赠慰问金及慰问物资共计3万多元。联合区政协办、区关工委、区计生协会、前黄镇党委政府等单位举办“我们和留守流动儿童在一起”主题关爱活动，为前黄村儿童之家揭牌，捐赠儿童之家、前黄小学价值7万多元的资金及物资。联合区关工委、教育局开展“相伴同悦读 共抒国家情”亲子阅读系列活动。组织开展泉州市“故事爸妈总动员”全城志愿活动、“相伴阅读 让爱飞翔”亲子阅读、家庭公益大讲堂等讲座10场，惠及家长及孩子900多人。组织各镇（街道）“儿童之家”开展暑期公益培训班。开展以“守护童年·悦享暑期”为主题的水上安全教育活动。联合区图书馆、区新华书店成立7支“阅读达人”志愿服务队、招募18名“阅读达人”志愿者。联合区职业女性联谊会开展“展巾帼风采 创时代新风”庆三八暨关爱妇女儿童发展基金成立仪式。9个“儿童之家”纳入市、区级为民办实事项目。

【“两纲”实施】 2019年，泉港区妇联调整区妇女儿童工作委员会组成人员和“两纲”统计监测组、专家评估组成员。联合区效能办开展成员单位“两

2019年6月23日，泉港区“学党史 跟党走”村（社区）妇联主席履职培训班开班
（区委报道组 供图）

2019年11月20日，泉州市"启梦者"科普巡展走进后龙镇三川中学

（区科协 供图）

纲"完成情况考核。配合区人大常委会开展落实"两纲"情况调研。在"泉港半边天"微信公众号开设"聚力促两纲 开出幸福花"系列专题宣传。

【组织建设】 2019年，泉港区妇联培育命名8个村（社区）"妇女之家"示范点。召开2019年妇联工作会议，联合区委党校举办"学党史 跟党走"村（社区）妇联主席履职培训班，全区各村（社区）妇联、乡镇妇联负责人等110余人参加培训。举办石化科普知识专题讲座，每月组织各级妇联执委开展集中学习会。指导区职业女性联谊会召开第三届第二次会员大会暨庆祝中华人民共和国成立70周年文艺汇演。指导区国有资本投资运营有限公司、电子商务行业协会成立妇联。在各镇妇联开展比学赶超"十个一"活动、开展村（社区）妇联组织应知应会"十个一"活动，指导各级妇联组织发挥职能。

泉港区科学技术协会

【组织镇（街道、场）科协换届工作】 2019年，泉港区科协组织全区各镇（街道、场）科协召开代表大会，结合上级科协改革要求，选举产生新一届科协组织，以更好推动全区《全民科学素质纲要》工作的实施。

【科普场馆建设】 2019年，泉港区科协贯彻落实《全民科学素质行动计划纲要》，按照"建阵地、常开放、树形象"的工作目标，推动社会化办科普进程，全区科普场馆建设平台稳步发展。在争取市科协补助11万元资金基础上，区科协配套补助6万元，建成前黄坝头中心小学校园创新工作室和锦山村、狮东村青少年科学工作室，建成东张村和溪西村科普惠农服务站。

【泉港区教育科普基地(科技馆二期)项目建设】 2019年1月29日，泉港区科协组织召开区科技馆二期项目建设工作协调会。根据会议精神，对初步方案进行修改，8月5日，征求各相关单位意见，根据各单位反馈意见，对方案再次进行修改。8月27日，经区人民政府第42次常务会议研究通过并形成会议纪要，12月17日，完成初步设计及概算（代可研）的批复工作。

【基层科普行动计划项目申报】 2019年，泉港区科协按照规定程序组织申报基层科普行动计划项目，给予全区2019年新增学校创新工作室、青少年科学工作室、科普惠农服务站、科普基地、科普带头人、农技协、企业科协等项目建设资金补助，提升基层科普服务能力和科普教育功能。落实基层科普行动计划项目4家共补助资金共7.5万元；基层科普组织建设3家共补助资金共1.5万元。

【科普宣传】 2019年，泉港区科协共开展科普宣传活动20场，其中科普进社区3场、科普进村9场、科普进学校7场、科普进企业1场。活动现场通过举行科普图片展、科普猜谜、专家咨询、分发科普书籍等，鼓励群众学习科学知识，践行绿色健康的生活方式。

【流动科技馆巡展】 2019年，泉港区科协加强中小学生的科技创新教育，培养学生的动手能力，提高青少年科学素质，联合区教育局主办"流动科技馆"巡展活动，共展出展品40件，科普知识展板60幅，巡展7所学校，以"体验科学、启迪创新"为主题，参观人数近1万多人次。

【青少年科技创新】 2019年，泉港区科协发动全区中、小学组织学生参加省、市青少年科技创新大赛、机器人竞赛、科学影像节等多个赛事。在第34届福建省青少年科技创新大赛，获科技实践活动三等奖1项，科幻画二等奖1项。在第五届泉州市青少年机器人竞赛，6支队伍参赛，其中1支队伍获二等奖，5支队伍获三等奖。在福建省第十七届青少年机器人竞赛中，1支队伍参赛并获得二等奖。在第十六届泉州市青少年科技创新大赛中，获科技创新项目二等奖3项、三等奖5项；科技实践项目获得二等奖3项、三等奖1项；科幻画项目获得一等奖2项、二等奖4项、三等奖9项。在第五届泉州市青少年科学影像节，获一等奖2项、二等奖6项、三等奖3项。

在第十届全国青少年科学影像节，获三等奖6项。

【科普网络平台建设】 2019年，泉港区科协完善科普网络，以“泉港科普”微信公众号为平台，刊发科普图文信息700多条，适应新时代发展要求，对泉港科普公众号、泉港区科普信息网进行优化升级；与泉港电视台签约，每周播放《科普新说》。加大推进科普信息化建设力度，促进传统科普宣传方式与新兴媒体相结合，将科普信息资源定向、精准送达目标人群，强化科普信息在社区、农村、学校等的落地应用，完成“科普e站”13个，其中“乡村e站”10个、“校园e站”3个，累计完成各类“科普e站”47个。

泉港区归国华侨联合会

【基层组织建设】 2019年，泉港区侨联召开区侨联三届二次常委会议，根据《中华归国华侨联合会章程》，增选廖联深为区侨联副主席。开展“基层组织建设年”活动，8月20日，山腰街道侨联召开第七次归侨侨眷代表大会，选举庄秀吉为山腰街道第七届侨联主席；8月27日，界山镇侨联召开第二次归侨侨眷代表大会，选举陈金山为界山镇第二届侨联主席；10月19日，南埔镇侨联召开第五次归侨侨眷代表大会，选举陈秀发为南埔镇第五届侨联主席；12月26日，涂岭镇侨联召开第三次归侨侨眷代表大会，选举章纪辉为涂岭镇第三届侨联主席；12月27日，后龙镇侨联召开第四次归侨侨眷代表大会，选举黄美良为后龙镇第四届侨联主席。强化“侨胞之家”建设。界山镇东张村侨联获得省级“侨胞之家”荣誉称号。拓展侨青交流平台，推荐庄少扬、钟云平等11名泉港区侨界青年加入泉州市侨青会。

【搭建交流平台】 2019年，泉港区侨联加强区内外沟通交流。8月20日，德化县和三班镇两级侨联到界山镇东张村侨联参观考察，加强交流互鉴，取长补短，共同打造好华侨文化的“品牌名片”。9月11日，市侨联副主席钟文玲率市侨界青年联合会一行到区侨界青年联合会会员企业福建兴通海运集团调研，召开泉州市侨青联和泉港区侨青联工作交流座谈会，紧密团结侨界新生代，为地方经济社会发展建设贡献侨界新生代力量。

【拓展联谊】 2019年，泉港区侨联加强侨胞拓展联谊，增进乡情。春节期间，拜访、接待加拿大侨胞郑巧梅。3月7日，接待回乡祭祖的世界石狮同乡联谊会及泰国林氏宗亲总会访问团一行83人来，访问团捐赠30万元作为奖教教学；4月4日，接待马来西亚惠安总商会署理总会长拿督庄国安夫妇一行8人回乡探亲谒祖；4月19日，接待马来西亚隆雪惠安公会副会长陈春顺夫妇一行20多人回乡探亲谒祖；5月30日，接待马来西亚槟城《光华日报》编辑陈碧珠携亲回乡探访；6月13日，接待马来西亚隆雪惠安公会副会长、CP集团总裁陈秋标夫妇一行；6月17日，接待新加坡庄氏公会庄田青夫妇一行；11月21日，接待新加坡惠安公会一行40人到泉港参观访问。

【协助侨胞寻根谒祖】 2019年10月，泉港区侨联镇经过多方了解、询问，帮助前来参加第十次世联会的惠北乡亲郑兆莱找到在峰尾镇峥嵘村失散30多年的亲人。

【走访侨资企业】 2019年，泉港区侨联在新春伊始走访威豪集团、顺美家私、红运当头工艺美术馆等侨青会会员企业，实地了解企业生产经营状况、发展前景、存在问题等方面情况，就优化企业投资环境、产品开发、引进项目等问题与企业进行深入探讨。

【推进“网上侨联”】 2019年，泉港区侨联通过“泉港侨联”微信公众号向海外侨亲、归侨侨眷推送侨联工作信息57期，让他们更方便、快捷、及时了解家乡经济社会发展情况，传递侨界正能量、传播家乡好声音，向海外侨胞、港澳台同胞传递“泉港好，大家会更好”的家国情怀。

【侨界困难群众慰问和扶持】 2019年，泉港区侨联在两节期间开展“迎新春·送温暖·暖侨心”侨界困难群众慰问和扶持工作，向省、市侨联争取贫困侨专项救助和本级财政筹集资金9.2万

2019年11月21日，新加坡惠安公会到泉港参访交流 （区侨联 供图）

元，慰问、扶持困难侨界群众79户。

【公益活动】 2019年，泉港区侨联积极开展各类公益活动。7月，联合中国人寿保险泉港公司到界山镇东张村开展“移风易俗引风尚 文明新风润侨乡”暨归侨侨眷银龄安康基金发放活动，为全区125名60周岁以上归侨购买“银龄安康基金”375份，保险范围包括意外身故或伤残、意外伤害住院津贴。9月6日，举行首届“陈秋标奖教奖学基金”奖励大会，对2018—2019学年全镇教育教学成绩优异、业绩突出的教师及品学兼优的学生及凤翔小学优秀师生、凤翔村“中高考英才奖”获得者予以表彰奖励，颁发奖励金20万元。9月11日，泉州市第十一届“侨青助学”助学金颁发仪式在惠华中学举办，共发放助学金11.10万元，111位贫困学生获得帮助，向惠华中学捐赠21256.8元用于资助该校的贫困学生。10月20日，惠华中学举办建校暨华侨办学30周年纪念大会，旅马来西亚侨胞丹斯里林玉唐、丹斯理邱财加各捐赠10万元支持惠华中学改善办学条件。10月29日至11月2日，联合泉州爱尔眼科医院分别在南埔、涂岭、峰尾等35个村（社区）开展“侨爱心、光明行”义诊活动，500余人群众接受白内障检测，免费为老年人进行治疗白内障手术49例。12月4日，市委统战部、市侨联、市华侨服务中心、华侨历史博物馆和区侨联联合在峰尾镇诚峰村开展“同心义诊赠药”志愿服务活动，为260多人询医问诊。春节期间，组织区镇侨联到峰尾镇诚峰村开展“写春联、送温暖、送祝福”活动，为侨界群众送上新春祝福。

【维护侨益】 2019年，泉港区侨联健全和完善涉侨维权服务工作机制。4月17日，联合区司法局在山腰街道司法所挂牌设立一个区涉侨维权服务工作站，聘任维权专员，负责涉侨纠纷调解与案件受理，为办理涉侨案件、化解涉侨纠纷提供保障。强化普法宣传，构建和谐侨乡。分别于7月、9月到东张开展两场涉侨法律法规宣传活动。12月4日，在峰尾镇开展“12·4”国家宪法日侨法主题宣传活动，邀请专业律师团队为侨乡人民解疑释惑。

【推进“台港澳·侨史馆”布馆】 2019年，泉港区侨联运用华侨华人研究成果，通过现代陈列手法，设置人物风采、实物展示、南洋楼故事等展区，展示泉港籍海外乡贤发展拼搏、爱国爱乡、奉献桑梓的事迹，宣传泉港华侨文化、发扬爱国主义精神。

【移风易俗活动】 2019年，泉港区侨联联合涂岭镇举办“相约秀溪 共享甜美”移风易俗暨第二届元宵节文艺晚会；7月，联合中国人寿保险泉港公司开展“移风易俗引风尚 文明新风润侨乡”暨全区归侨银龄安康基金发放活动；10月6日，举行“张福国亲属“移风易俗公益慈善基金”捐赠仪式。利用端午、中秋等传统节庆到挂钩村开展“我们的节日”主题活动，引导侨界群众把“普度”“佛生日”变为“文体活动日”“公益慈善日”“环境整治日”等。

泉港区工商业联合会

【深化主题教育】 2019年，泉港区工商联开展革命传统、创业精神传承教育，记录泉港区民营经济的发展历程、建设成就和企业家历史贡献。发挥工商联（总商会）副主席、副会长、常执委和商协会领导班子的榜样带动作用，老一辈企业家的传承作用和新生代企业家生力军作用，通过培训“领”，行家“带”、友邻“帮”等方式，教育引领身边人，提高非公经济人士的政治思想觉悟。召集非公经济人士聆听泉州市企业家讲师团举办的专题讲座，联合区工信局举办“智汇新城•吉祥泉港”企业家沙龙，共3期组织非公经济人士100多人次参加，通过专家讲授、精英路演、参观学习、座谈交流等形式，帮助企业家提素养、觅商机、促合作。扩大对工商联会员和非公经济人士中年轻一代、创二代企业家教育培训覆盖面，配合泉

2019年9月11日，泉州市第十一届“侨青助学”助学金颁发仪式在惠华中学举办

（区侨联 供图）

港区委统战部组织非公经济人士到重庆大学、浙江大学等地研修交流。

【泉港区第八届异地商会会长联席会召开】 2019年6月28日，主题为“改革发展创新业 新风引领新时代”的泉港区第八届异地商会会长联席会在济南召开，邀请专家分析当前经济运行的热点问题以及民营企业如何应对中美贸易摩擦；区税务局相关负责人解读减费降税有关政策，并对适用条款作具体指导；部署“守法诚信经营、坚定发展信心”非公经济人士理想信念教育活动和“统赞泉港”工作；各异地商会作工作经验交流。通报表扬陈庆堂、陈秋标、肖亿文等17位企业家“移风易俗、热心公益”典型事迹；授予山东省泉港商会、福州市泉州泉港商会、三亚市（福建）泉港商会等7个单位为“热心公益 造福桑梓”荣誉单位。会议期间举行4个总投资额20.1亿元的项目签约仪式；宣传关于泉港区发展建设、特色旅游、风味小吃、风土民情和企业家“移风易俗”典型人物，搭建异地商会、同业协会、企业家之间交流互能平台。

【社会服务】 2019年，泉港区工商联联合区委统战部、文明办向非公经济人士发出《倡简办家事 树文明新风》的倡议书，录制《与新风同行——企业家在行动》《新风兴 泉港好》公益电视宣传片，引领非公经济人士树立“不比排场比慈善”文明新风。联合区文明办、民政局等单位开展“505”微心愿扶困济危行动和“移风易俗有奖问答”活动。8月15日，厦门市泉州泉港商会60余名乡贤返乡举行“海西春雨”助学活动，共为66名受助学生分发助学金33.5万元；8月16日，广东省泉港经济文化促进会6位乡贤代表返乡开展“海西春雨”助学活动，共向16名受助学生发放8.3万元助学金。区政协副主席、工商联主席陈庆堂向惠华中学捐款500万元，捐资200万元帮扶涉迁困难群众、慰问界山镇100多位70岁以上老人；恒昂工贸公司向区红十字会刘经文医疗救济基金捐资1000万元、捐资200万元后田村发展公益事业；鑫桥租赁公司捐资200万元、兴通海运集团捐资100万元。区工商联（总商会）6位副主席、副会长捐献5万元善款资助身患重疾的泉港一中林同学；区总商会女企业家开展中秋节关爱老人活动共发放爱心物资、款项合计3万多元。由非公经济人士组成的团体会员泉港家园社工服务中心踊跃参与政府购买服务，承接“志愿者服务驿站”“泉港区救急难”等公益项目，举办“2019‘浓情腊八·爱暖中华’千家公益联合爱心送粥活动”“爱心汇聚中国年·和风温暖长寿乡”2019年新春大型公益慰问活动，慰问全区7个镇（街道）150户孤寡老人，发放慰问资金及物品共4.5万元。是年，有33名企业家简办家事和商务庆典活动，捐善2210万元用于家乡扶贫、济困、助学、奖教等公益事业。

2019年6月28—29日，泉港区第八届异地商会会长联席会在山东济南召开

（区委报道组 供图）

【回归工程】 2019年，泉港区工商联引进天骄化学聚醚多元醇系列材料改扩建、泉怡全自动纯净水、新耀新材料、开普勒新能源汽车驱动电机、要要股份公司医疗器械，福建港泉置业公司新型建筑等6个项目落户泉港，总投资额27.1亿元。

【“泉港好，大家会更好”主题宣讲】 2019年，泉港区工商联承办“泉港好，大家会更好”主题宣讲活动，走进西安、厦门、福州、海南等4个异地商会宣讲，全方位展示泉港区人文历史、风土人情、地方特色等，增进在外乡贤对泉港认识，增强对家乡的归属感、认同感。10月22日，第十届世界惠安泉港泉州台商投资区同乡联谊会“寻根之旅”一行近600人参访泉港，了解泉港建设成就。

【优化营商环境】 2019年，泉港区工商联联合区法院，建立民营经济领域纠纷多元化解机制，帮助企业解决纠纷；组织会员企业参加市中级人民法院知识产权案件庭审现场观摩及司法答疑会活动和“青年企业家法制教育课”，增强基层商协会、会员企业的知识产权保护意识和依法办企观念；联合区检察院，建立社会信用排查和预警机制，参照执行市检察院、工商联《关于建立健全检察机关与工商联沟通联系机制继续深化十二项工作的实施意见》，净化非公经济从业环境；联合区公安分局，建立联系通报协作机制，重点打击防范经济犯罪，保护企业合法权益；联合政府有关部门，建立民企诉求沟通机制，实行不定期“探亲式”走访调研会员企业，梳理汇总企业发展中遇到的问题，报送协调有关部门，推动问题解决与反馈，加强民营经济重点产业行业运行预测和研析，为党委、政府决策提供参考依据。联合金融机构，建立金融服务机制，促进银企对接，区内6家银行共授信总商会会员70亿元，破解中小会员企业融资瓶颈。指导会员企业每个季度开展运行状况调查，上报全国工商联民营企业调查系统；发动玲珑集团公司等7家企业参与全国工商联民营企业社会责任调研；推荐兴通海运集团等10家重点企业参加市工商联（总商会）开展的“走百家企、上千堂课”调研活动，倾听会员企业心声。执行区委区政府《关于推动构建亲清新型政商关系的意见（试行）》文件精神，建立区领导挂钩联系异地泉港商会制度、区领导挂钩联系重点非公企业制度、区领导与企业家恳谈会制度等。组织会员代表偕同厦门市泉港商会走进区检察院党风廉政教育基地，举行“亲清检商、护企发展”座谈会，增强企业家们法律风险防控意识。

【四届四次执委会议召开】 2019年12月6日，泉港区工商联召开四届四次执委会议，书面学习全国工商联动员部署“不忘初心、牢记使命”主题教育会议精神、《泉港区工商联关于以“守法诚信经营，坚定发展信心”为重点深入开展非公有制经济人士理想信念教育工作方案》，通报泉港区2019年经济社会发展情况，总结2019年泉港区工商联（总商会）工作成效，谋划2020年工作思路。会议表决增补施建国、吴笛、林顺富等12人为工商联常务委员，郑杰聪、林朝阳、谢桂萍等8人为工商联执行委员。

2019年12月6日，泉港区工商联（总商会）四届四次执委会议召开

（区委报道组 供图）

【推进基层商协会改革发展】 2019年，泉港区工商联注重引导基层商协会建立健全各项工作机制，督导所属商协会按照“四好商会”标准规范化建设，有效提升其科学规范运作水平。区商家服务协会、厦门市泉州泉港商会、龙岩市惠安泉港台商区商会荣膺2018—2019年度福建省“四好”商会。6月28日，山东省泉港商会正式成立，连清强当选会长；9月6日，龙岩市惠安泉港台商区商会换届，邱庆宗当选会长；9月21日，漳州市惠安泉港台商区商会换届，杨国斌当选会长；9月30日，南安市惠安泉港台商区商会换届，黄明忠当选会长。筹备成都泉港商会。

【组织参政议政】 泉港区工商联蔡汉明、陈龙福、林蓉三位副主席被聘为泉港区效能建设监督员。“两会”期间，泉港区工商联执委中的人大代表，政协常委、委员共提案和议案共53项。

【19个异地泉港商会会长名录】

1. 永安市惠安·泉港商会会长：江伟忠
2. 厦门市泉州泉港商会会长：陈凯军
3. 沙县惠安·泉港商会会长：
4. 福州市泉州泉港商会会长：陈庆堂
5. 三亚市（福建）泉港商会会长：连式林
6. 海口市福建泉港商会会长：林志强
7. 西安市福建泉港商会会长：朱梅元
8. 深圳市泉州泉港商会会长：刘国彬
9. 广东省泉港经济文化促进会会长：连国鹏
10. 三明市惠安·泉港商会会长：
11. 北京惠安·泉港·台商区商会会长：张荣清
12. 长三角惠安·泉港·台商区商会会长：黄世杰
13. 龙岩市惠安·泉港·台商区商会会长：邱庆宗
14. 河北省惠安·泉港·台商区商会会长：李国兴
15. 南安市惠安·泉港·台商区商会会长：黄明忠
16. 漳州市惠安·泉港·台商区

商会会长：杨国斌
17. 北京泉港企业商会：庄清宝
18. 石狮市惠安·泉港·台商投资区商会会长：萧惠扬
19. 山东省泉港商会会长：连清强

泉港区科学社会科学界联合会

【“锦绣讲坛”专题讲座】 2019年，泉港区社科联创新活动形式，打造“可移动”版“锦绣讲坛”，推动讲坛进机关、进乡镇（街道）、进村（居）、进企业、进学校和进基地,深化“锦绣讲坛”六进活动。举办“学习弘扬“晋江经验”，推动泉州高质量发展”“长篇小说《海边春秋》创作分享会”“兴文化·育新人”传统文化报告会、“2019年福建高考志愿填报策略与技巧”等十余场专题讲座。

【社科普及宣传周活动】 2019年，泉港区社科联围绕“礼赞新中国 奋进新时代”主题，组织开展2019年社科普及宣传周系列活动，举办启动仪式、“开国大典”主题图片展、“学习强国”社科知识有奖竞猜、“社会科学在你身边”普及咨询、非遗项目现场展等十余个活动项目，发动各阶层群众参与福建省第十一期社科知识有奖答题活动。

【主题宣传活动】 2019年，泉港区社科联丰富普及宣传的形式和内容，围绕宣传贯彻习近平新时代中国特色社会主义思想，组织“礼赞新中国 点赞新泉港”2019年“开心辞典”知识竞赛；围绕“泉港好，大家会更好”宣传主题，组织“吉祥泉港”第三届少年古诗文大赛；围绕庆祝中华人民共和国成立70周年，组织举办“记忆泉港•时代变迁”大型图片巡展；围绕深化普及移风易俗、弘扬时代新风，组织“移风易俗应知应会”线上有奖问答活动；围绕传承弘扬中华优秀传统文化，组织“辉煌七十年 奋进新时代”中华经典诵读展演活动与区委宣传部和文体新局等单位联合举办庆祝改革开放40周年“海丝之光·砥砺前行”书法作品展暨泉港区书法家协会首届会员书法作品展。与区文体旅游局和后龙镇党委、政府等单位联合举办“春禊有约好声音 吉祥泉港漾清风”第四届上巳节活动，传播学习家规家训、引领清廉社会风气。与区委宣传部、文明办等单位联合举办2019年“悦读泉港.书香满城”全民阅读系列活动启动仪式，组织签名赠书和锦绣讲坛专题讲座等项目。与区文联联合举办“丹青绘发展·奋笔抒辉煌”书法美术作品联展，展示新时代下的泉港人文精神。

【社科书籍赠阅】 2019年，泉港区社科联向区社科联委员、社科人才库成员赠阅《习近平用典》《习近平讲故事》等理论读物，在全区社科界兴起学习贯彻习近平新时代中国特色社会主义思想的热潮；在2019年泉州市文化科技卫生“三下乡”活动中，向社会各界赠送《社会科学概况》《历史文化名人丛书》《移风易俗主题宣传册》等社科普及读物800余册，广泛开展社科知识的普及宣传；在“悦读泉港·书香满城”全民阅读系列活动启动仪式中，向机关干部及学生代表赠送长篇小说《海边春秋》600余册；在“锦绣讲坛”进虎石文明学堂主题宣传活动中，向虎石文明学堂图书室赠送散文集《心抵万里》500余册，为推动乡村振兴提供精神动力和文化滋养；在社科普及宣传周活动中，赠送泉港本土作家社科书籍等1000余册。

【社科基地建设】 2019年，泉港区社科联落实《关于加强社会科学普及基地建设的实施意见》，加强对社科普及基地的服务和指导，定期走访察看社科普及基地建设情况，引导发挥示范、带动、辐射作用。与市社科联联合组织50组亲子家庭到市级社科基地山腰下江晒盐技艺坊和樟脚古民居开展研学行活动，体验晒盐技艺和传统村落文化。全区共有9个区级社科普及基地和2个市级社科普及基地，各社科基地利用资源优势开展形式多样的社科普及活动，发挥宣传普及阵地作用。

2019年10月19日，泉港区社科普及宣传周系列活动启动仪式在界山镇东张村举行
（区社科联 供图）

【加强社科理论研究】 2019年，泉港区社科联加强社科人才资源整合、凝聚社科力量，制定出台《泉港区社会科学规划项目管理办法》，提高区社科规划项目效益，调动社科人才理论调研积极性。与区委宣传部联合开展“壮丽70年•建功新泉港”第十五届“泉港论坛”理论征文活动，并汇编出版。落实2019年泉州市社会科学规划项目征集的工作，上报《海丝背景下泉港头北话在台湾的传播与演变》选题被纳入2019年市社会科学规划项目立项课题。与区委宣传部、界山镇等单位联合举办“泉港区家风与乡村文化振兴研讨会”，组织社科人才信息库成员代表参加研讨会并提交论文，安排代表作现场发言，为振兴乡村文化建言献策。

【加强社科联组织建设】 2019年，泉港区社科联根据《福建省社会科学普及条例》有关规定，为加强对全区社会科学普及工作的宏观指导和统筹协调，有效整合区政府办、区委宣传部、文明办等15个机关单位，建立泉港区社会科学普及工作联席会议制度，制定《泉港区社会科学普及工作联席会议成员单位工作分工》，组织、联系和协调各成员单位发挥优势、形成合力，共同参与全区社会科学普及活动。

泉港区残疾人联合会

【概况】 2019年，泉港区残联加快建设残疾人全面小康社会进程，全面提升残疾人社会保障体系、服务体系建设和基础建设管理水平，获“全省残联系统先进集体称号”。

【残疾人社会和生活保障】 2019年，泉港区残联按照泉港区《“十三五”加快残疾人小康进程规划纲要》要求，构建民生保障网。全区3113名贫困残疾人纳入低保、349名贫困残疾人纳入特困户，8名残疾人享受孤儿保障。1131名一级重度残疾人享受每人每月发放110元护理补助，3073名二级重度残疾人得到每人每月发放60元护理补助。5025名残疾人（一、二级重度残疾人及三、四级低保残疾人）获得每人每月70元困难生活补助。落实提标扩面政策，全年6307人次一户多残的残疾人家庭每人每月得到50元或100元不等生活补贴。全区持证残疾人全部纳入新型农村合作医疗体系，为其缴交个人费用。推动残疾人参加新型农村社会养老保险工作，为重度残疾人代缴最低标准养老保险费，按最低缴费档次的50%代缴轻度残疾人养老保险费。完成残疾人家庭危房改造修缮7户，为20名残疾人发放机动轮椅车燃油补贴，临时困难救助130名困难残疾人，投入29.145万元为全区9715名持证残疾人购买意外保险。

【实施残疾人康复工程】 2019年，泉港区残联建立辅具适配补助制度，全区55名残疾人购买辅助器具获得11.6837万元补助。开展残疾人托养工程，为82名省级残疾人居家托养提供补助，每名补助2000元。落实市级低保重度肢体残疾人居家托养补助421名，每名1000元。推进全区残疾儿童康复训练，155名0～14岁残疾儿童在定点康复机构进行康复训练，每人每年补助不超过15000元。联合区卫计局、疾控中心、盐务局等十几个成员单位在奇隆广场开展宣传“防治碘缺乏病日”及残疾预防、辅具适配知识宣传活动。推行“互联网+”居家养老助残服务，为全区老年人、重度残疾人提供基础和实体服务，基础服务每人每月35元，实体援助服务每人每月50元，525名残疾人得到基础和实体服务。

【提高残疾人就业服务水平】 2019年，泉港区残联开展残疾人就业援助和就业服务，组织残疾人参加残疾人就业专场招聘会4场，推荐到企业就业15名。委托泉州市育才技术学校举办计算机应用操作、鞋料加工与手工操作、农村养殖技术三个培训班，培训残疾人110名。落实“1+6”扶持残疾人就业创业政策，为14名自主就业创业残疾人提供社会保险补贴5.208万元。扶持农村贫困残疾人就业创业，为17户贫困“零就业”残疾人家庭开展就业创业和种养殖提供补助8.5万元。印发促进残疾人就业增加残疾人家庭收入政策宣传册3000本，加强宣传。组织参加泉州市盲人保健按摩职业技能竞赛，获一等奖1名、优秀奖3名。加强和规范残疾人就业保障金征收和管理工作，征收就业保障金1359.11万元，为残疾人工作提供资金保障。

【残疾人教育、文体和维权工作】 2019年，泉港区残联开展贫困残疾学生及残疾人家庭子女助学工程，169名大中专、高中残疾学生或贫困残疾人家庭子女获得扶残助学金31.25万元。选送作品参加2019全市残疾人艺术作品展，获得手工类剪纸1名金奖。开展残疾人文化进家庭“五个一”活动，帮助贫困、重度残疾人读一本书、看一次电影、游一次园、参观一次展览、参加一次文化活动，丰富残疾人精神文化生活。在泉港特校举办残健共迎“助残日”文艺汇演；在残疾人在线网站发布信息64篇，新建“泉港残联”微信公众号，发布信息75篇，通过移动公司播发助残短信6万条，在全社会营造关心、帮助残疾人的良好社会氛围。保障残疾人合法权益，聘用律师为区残联常年法律顾问，及时处理残疾人来信来访，维护残疾人正当权益，协调解决残疾人来信来访及法律问题82个。加强残疾人证管理，全年核发残疾人证3996本，核销残疾人证288本。

泉港区文学艺术界联合会

【概况】 2019年，泉港区文学艺术界联合会围绕中华人民共和国成立70周年主题主线，坚持守正创新、“二为”方向、“双百”方针和“两创”方法，坚持以人民为中心的工作导向，履行文联行业主导职能，强化理论武装和思想引领，引导推动文艺精品创作，开展文艺惠民为民乐民活动，加强行风建设和文艺人才培养，推进深化改革和职能转型，推动文艺文联工作再上新台阶。

【组织主题文艺活动】 2019年，泉港区文联组织开展各类主题文艺展示活动。1—6月配合区直机关党工委、总工会开展机关干部职工庆祝新中国成立70周年散文大赛征稿活动。3—5月配合区委宣传部、区直机关党工委、人社局、残联开展“同心追梦·共奔小康”2019残疾人艺术作品展暨爱心助残广场活动（获金奖1件、优秀奖2件）。3—9月，配合区委文明办开展泉州市“德艺双优好少年”选拔赛暨喜迎新中国成立70周年“祖国在我心中”优秀作品展演（获一等奖4个、二等奖16个、三等奖28个）。3月6日，联办泉港区首届巾帼书画作品展。4月，开展“践行新思想·建功新时代”身边的感动主题演讲比赛，配合区委宣传部等单位开展2019年“悦读泉港·书香满城”全民阅读系列活动。5月，联办“献礼祖国·咏叹母爱”书信征文活动，配合区委文明办开展2019年泉州市优秀童谣征集推广活动（获二等奖1首、三等奖3首）。6月，配合举办“童声歌唱新时代”2019年全国快乐阳光泉港赛区选拔赛。6月26日，联办“筑梦新中国，点赞泉港好”“注重家庭，注重家教，注重家风”悦读吟诵会。8月8日，联办2019年泉港区“全民健身日”暨“吉祥家庭·幸福乐行”全城嗨跑节活动。9月18日至10月8日，联办“礼赞新中国 讴歌新时代——“泉港好，大家会更好”泉港惠安台商三地美术作品联展（95幅）。9月20日至10月31日，开展2019年全民读书月活动；9月29日至10月7日，联办“记忆泉港·时代变迁”大型图片展（261幅）；9月21日，联办“全闽共舞·礼赞新中国”福建省第三届广场舞大赛泉港赛区选拔赛暨“吉祥泉港·美好生活”广场舞大赛；9月29日，联办“我和我的祖国·点赞泉港”主题歌咏比赛。10月，举办“筑梦新中国·点赞泉港好”诗文比赛；10月16日，举办“丹青绘发展·奋笔抒辉煌”书法美术作品联展（160幅）；10月19日，配合区委宣传部、社科联开展2019年社科普及宣传周活动。11月8日—16日，承办泉州市“古城展风采·盛世铸辉煌”摄影图片展泉港巡展。12月31日，配合区委宣传部、文明办等单位开展“辉煌七十年·奋进新时代”中华经典诵读展演。

【加大文艺精品扶持力度】 2019年，泉港区文联发挥福安文艺创作奖励扶持基金作用，2018年共奖励文艺创作项目12项，奖励12.5万元，扶持重点文艺创作项目12项，扶持10.5万元，“泉港文联”微信公众号对入选作品连载推介，扩大精品文艺的宣传和传播。

【推进原创文艺精品创作】 2019年，全区文艺工作者共获得国家级奖项5个、省级奖项3个、市级奖项4个；入展国家级展览4个、省级10个、市级9个；发表省级刊物作品5篇；新创作文艺作品7项。2018年度福安重点文艺创作扶持项目3个。谋划文艺创作选题，整合文艺创作项目资源，推荐4部著作申报省级文艺项目补助，推荐7部作品参加省级评选。推荐申报2019年度省第九届百花文艺奖5项，唱响主旋律，传播正能量，讴歌新时代，宣传“泉港好，大家会更好”。

【加强文艺骨干人才选拔培养】 2019年，泉港区文联建立“文艺名家工作室”申报制度，开展2019年度申报工作，发挥文艺拔尖人才的示范引领作用，做好传帮带，2019年新晋国家级会员1人（中国作协）、省级会员3人、市

2019年10月16日，泉港区庆祝新中国成立70周年“丹青绘发展·奋笔抒辉煌”书法美术作品联展在区文化中心举行 （区文联 供图）

级会员12人。

【丰富节庆文化】 2019年，泉港区文联组织“我们的节日”重点传统节庆日文艺活动8项：开展“新春走基层、文化进万家”，指导摄影家协会配合泉州市“欢乐泉州”、文化“三下乡”集中服务活动免费为农民拍摄全家福，义务开展全民健身日暨“吉祥家庭·幸福乐行”全城嗨跑节趣味合影活动；指导书法家协会配合市、区“三下乡”活动开展“书法走基层 春联进万家”“党报送祝福 春联抒真情”等义务书赠春联活动6场次，赠送春联3300副，受赠群众2000多人；圭峰文化研究会和音乐舞蹈家协会举办第二十二届“圭峰之春”文艺联欢晚会，并同步进行网络直播；音乐舞蹈家协会举办“相约村晚·诚平之夜”文艺晚会；锦祥北管艺术团深入社区举办“北管庆新春专场音乐会”、开展“我们的节日·端午”走进聚福社区专场演出活动，在传统文化节日里有文艺界的声音和文艺工作者的身影。推进开展“向人民汇报”“到人民中去”“送欢乐下基层”文艺展演惠民乐民活动3项：音舞协会协办“泉港之夏”基层宣传文化巡演（8月），戏剧协会承办“百姓大舞台”新春戏剧展演（2月）、“泉港之夏”戏剧展演（8月），送欢乐送知识送艺术下基层。

【实施优秀传统文化传承发展工程】 2019年，泉港区文联联办“兴文化·育新人”传统文化专题报告会2场，申报2019年泉州市优秀传统文化传承发展专项资金项目2项。

【开展中华优秀传统文化、中华美育进校园活动】 2019年，泉港区文联指导泉州北管市级传承人庄炳文带领北管团队到庄重文实验小学、坝头中心小学、北大培文外国语学校、文化中心北管传承基地开展公益培训，传承北管音乐文化；南音市级传承人颜财法常年坚持义务培训前黄前烧村和三朱学校学生的南音技能，弘扬南音非遗文化，2人均获得市文联通报表扬；戏剧协会副会长庄少强深入15所中小学、幼儿园开展掌中木偶演出，宣扬传统美德故事，传承优秀传统文化；音舞协会于5—12月开展2019年“传统文化进校园”（南音、北管、芗剧）活动。

泉港区慈善总会

【概况】 2019年，泉港区慈善总会贯彻中共十九大、十九届四中全会精神和习近平新时代中国特色社会主义思想，严格依照本会章程，倡导慈善意识，多方筹募慈善资金，实施慈善救助，建立自律机制，配合政府救助弱势群体，维护社会公平正义，推动和谐泉港建设。

【拓宽募集渠道】 2019年，泉港区慈善总会把资金筹募作为慈善工作首要任务，广泛宣传发动，拓宽募捐途径。采取重点对象登门拜访、部分企业电话联络，会长多次登门拜访企业家陈庆堂，募捐345万元；结合当地慈善资源实际和捐赠者意愿，开展先找项目再募集资金方法，发动社会爱心人士捐赠29.52万元为泉港一中林同学提供医疗救助，深圳市森立建筑工程有限公司捐赠200万元、青海兴鼎安房地产开发有限公司捐赠100万元用于峰尾镇教育、文化等慈善公益事业；深挖各方面慈善资源，努力扩大筹集范围，加入慈善募捐行列等。至2019年11月30日，共认捐到位善款1203.07万元。

【慈善救助】 2019年，泉港区慈善总会坚持“边募捐、边救助”的工作方针，实施“慈善助医”“慈善助残”“慈善助学”“慈善助困”“慈善公益”等五大品牌多个慈善资助项目，帮扶困难群体、化解矛盾纠纷、维护社会和谐稳定。至2019年11月30日，共投入资金1998.14万元，使9万多名群众得到不同形式的帮助。是年投入122.6万元为363人次低保户或低保边缘家庭等特困危重病人（如癌症、白血病、尿毒症、重度暴力精神病等）提供医疗补助和生活救助；投入10.42万元为128名白内障手术患者实施慈善医疗救助。为28名特困残疾人家庭人员患有重危病症提供9.23万元生活补助或救助。投入善款145.14万元用于慈善助学，其中投入41.95万元资助83名在校贫困大学生就

2019年5月10日，泉港区“兴文化·育新人”传统文化专题报告会在区会议中心举办 （区委报道组 供图）

读大学，投入103.19万元用于部分中小学师生奖教、奖学、助学。利用“两节”等节日，走访慰问特困家庭6户、庵堂3户慰问资金5万元；投入16万元购买慰问物资慰问帮助500个贫困家庭；投入26万元慰问关爱贫困妇女儿童；投入26.26万元慰问贫困户、寺院孤寡、急难救助362人次。根据捐资者定向专项慈善基金的用途，列支善款500万元，用于泉港区教育事业设施建设；列支善款27.1万元支持村级老协会活动、助老活动和养老院建设；列支254.3万元用于泉港中医院、界山卫生院、山腰卫生院建设；投入30万元用于自来水建设；投入25万元用于贫困家庭“爱心链接”。

【慈善文化宣传】 2019年，泉港区慈善总会通过多种形式，宣传《中华人民共和国慈善法》、发展慈善事业的重要意义和国家对慈善捐赠的优惠政策。通过微信公众号、广电台等媒体及时宣传报道各项慈善救助和募捐活动、工作开展情况、慈善特色活动和慈善义举活动，激发社会各界的慈善意识，激励更多单位和群众参与慈善事业，扩大慈善工作的影响力。

泉港区国际贸易促进会

【企业走访调研】 2019年，泉港区贸促会深入企业开展大走访大调研活动，实施重点外向型企业定点联系制度，了解区外贸企业发展中存在的困难和问题，撰写《发挥贸促职能作用服务外贸企业发展》《贸易摩擦背景下商事法律服务的途径探索》等两篇调研文章，联合商务局建议金融办、工信局、人行惠安县支行等部门推动银行机构采取扩大信贷融资规模以及鼓励企业直接融资等多项措施，帮助企业缓解融资难题。

【展览商贸活动】 2019年，泉港区贸促会围绕区重点支柱产业，深挖展会资源，借助国际性展会的导向作用，提升企业参展意识和参展能力，深化与发改、工信、商务等部门合作，采取点对点、一对一等方式，引导企业积极参展，提升参展针对性和实效性。组织引导区外贸企业参与“一带一路”建设，组织金燕海洋、恒昂工昂、安然纺织等企业参加“第五届海丝国际品牌博览会”“出席中国—柬埔寨商务与投资论坛”“选择美国”投资研讨会、“第二届海峡仲裁论坛”“2019中国—加拿大双边经贸发展论坛”“21世纪海上丝绸之路博览会暨艺术海丝博览会（福州5·18）”等，组织行业优秀企业参展，推动区优势企业开拓进出口业务。优化服务，开展展前、展中、展后的宣传、配对、回访等工作，建立企业参展“需求档案”。

【宣传培训】 2019年，泉港区贸促会注重服务，深入企业宣传贸易相关法律、法规，为企业提供法律咨询，及时为企业发布经贸预警信息；会同商务局举办省、市外贸政策宣讲会，全面宣传贯彻国家促进外贸发展政策措施，指导企业用好政策促进发展；会同商务局、泉州海关驻肖厝办事处开展送政策上门宣讲，实地走访外贸企业，了解企业生产经营、订单、存在问题等情况；开展全省文化会展企业发展情况调研工作，组织企业参加“欧美市场鞋服产品标准法规及企业社会责任解析”“涉外商事法律服务八闽行”（惠安站）培训“国际商事法律风险防范”讲座；帮助企业了解全球合规管理的最新趋势和要求，组织金燕海洋等企业参加省贸促会、中国贸促会商事法律服务中心在福州举办“企业合规管理培训班”，帮助企业经营合规风险评估应对，提升经营质量效能。密切关注对美贸易政策变化，加强与各行业商协会和重点企业的联络沟通，建立应对贸易摩擦挂钩联系点，跟踪中美经贸摩擦动向对企业影响情况，收集企业对美国拟议中的3000亿征税产品进行评论意见。指导、支持企业争取省市区相应的由于中美贸易政策影响相关的扶持政策。

【深化服务企业】 2019年，泉港区贸促会以注重企业“实际”、突出服务“实干”、做到效果“实在”的“三实”要求，主动融入企业、服务企业，采取与企业“坐下谈、上门听、面对面”等多种形式，组织企业参加国家、省、市开展的各类展览会活动，帮助企业开拓国际国内市场，争取签订更多的出口订单，扩大区出口规模。组织会员企业参加各类经贸交流活动，提供不同需求、方式多样的共性和个性化服务。通过业务培训、会员联谊、商务交流等活动平台，加强会员企业之间的交流互动。建立会员企业档案，注重会员队伍信息反馈，为有效服务开辟渠道。

泉港区红十字会

【主题活动】 2019年1月底，泉港区红十字会在清源庵、祥云寺、清莲庵、山腰街道鸢峰村等地区开展“红十字博爱送万家”主题活动。

【人道救助】 2019年1月，泉港区红十字会发放“泉港区刘经文红十字医疗救助基金”2018年第四季度救助款50.88万元，惠及56名困难群众。4月，发放“泉港区刘经文红十字医疗救助基金”2019年第一季度救助款41.2万元，惠及53名困难群众。7月，发放“泉港区刘经文红十字医疗救助基金”2019年第二季度救助款27.73万元，惠及32名困难群众。10月，发放“泉港区刘经文红十字医疗救助基金”2019年第三季度救助款48.34万元，惠及62名困难群众。

【应急救护知识普及】 2019年1月13日，泉港区红十字会在后龙第二中心幼儿园开展应急救护普及讲座，共30余人参加。1月19日，举办2019年第一期红十字救护员培训班，12名区内红十字志愿者通过培训取得红十字会救护员证书。3月10日，举办2019年第二期红十字救护员培训班，林德气体公司14名员工通过培训取得红十字会救护员证书。3月24日，举办2019年第三期红十字救护员培训班，13名区内红十字志愿者通过培训取得红十字会救护员证书。3月27日，在泉港六中开展应急救护普及讲座，共50余人参加。4月10—11日，举办2019年第四期红十字救护员培训班，林德气体、石化工业区消防大队共65人通过培训取得红十字会救护员证书。4月17日，开展应急救护普及讲座，泉州新港拖轮公司、沙格港务公司50名员工参加。5月9日，在泉港二中开展体验式生命教育暨水上安全进校园活动，250余名学生参加。5月11—12日，举办2019年第五期红十字救护员培训班，万家鑫轻工发展有限公司24人通过培训取得红十字会救护员证书。5月19日，举办2019年第六期红十字救护员培训班，12名区内红十字志愿者通过培训取得红十字会救护员证书。5月25日，与区妇联联合举办月嫂技能培训班，30余人参加。6月4日，在玉湖中心小学开展应急救护普及讲座，200余名学生参加。6月9日，举办2019年第七期红十字救护员培训班，15名区内红十字志愿者通过培训取得红十字会救护员证书。6月13日，在界山东凉小学开展应急救护普及讲座，近200名学生参加。6月17日，在国电泉州热电有限公司开展应急救护普及讲座，100人参加。6月19日，在山腰街道钟厝村开展党员志愿服务暨红十字健康关怀进乡村主题志愿服务活动，200余人参加。6月26日，在界山东凉小学开展应急救护普及讲座，100余名学生参加。7月28日，举办2019年第八期红十字救护员培训班，13名区内红十字志愿者参加。7月31日，在区科技馆举办“救在身边 科技同行”暑期科普共建活动，100余人参加。8月5—6日，联合区妇联在栖霞社区、凤阳村儿童之家开展2019暑期儿童安全教育活动，150余人参加。8月7日，联合团区委开展“守护七彩童年 阳光筑梦未来”主题活动，近100人参加。8月12—16日，联合教育局举办“守护生命”夏令营活动，40名小学生参加。9月1日，举办2019年第九期红十字救护员培训班，共8名区内红十字志愿者参加。9月9日，在峰尾中心幼儿园开展应急救护普及讲座，100余人参加。10月12日，在泉港六中应开展应急救护普及讲座，600余人参加。10月15—16日，在泉港一中应开展应急救护普及讲座，800余人参加。10月20日，在泉港一中应开展应急救护普及讲座，400余人参加。10月24日，在界山玉湖中心幼儿园开展应急救护普及讲座，300余人参加。11月5日，在庄重文实验小学开展应急救护普及讲座，50余人参加。11月28日，在湄洲湾港口管理中心开展应急救护普及讲座，80余人参加。11月28日，在庄重文实验小学开展应急救护普及讲座，400余人参加。11月30日，在迅达石化开展应急救护普及讲座，100余人参加。9月7日至12月22日，在区青少年校外活动中心开展2019年秋季培训班，27人参加。12月9日，举办2019年第十期红十字救护员培训班，区文旅开发有限公司14名员工通过培训取得红十字会救护员证书。

2019年5月8—10日，泉港开展纪念第72个“5·8世界红十字日”系列主题活动

（区委报道组 供图）

【志愿服务】 2019年5月8—10日，泉港区红十字会在山腰街道锦塔社区、涂岭镇黄田村开展“纪念第72个世界红十字日暨红十字健康关怀进社区（乡村）活动”主题志愿服务活动。6月9日，在山腰街道钟厝村、鸾峰村、叶厝村开展“红十字健康关怀进社区（乡村）活动”主题志愿服务活动。

泉港区计划生育协会

【概况】 2019年，泉港区共有计生协会组织128个，会员31585人，占全区总人口8%；各级协会理事1126人，协会小组长733人；全区共创建先进镇（街道）协会5个，占比71%；合格村（社区）协会和一流村（社区）协会95个，占比95%，其中一流村协会54个，占比54%；

“五好”协会小组520个，占比70.7%；全区共培植一流村“样板”村25个，合格村“样板”村35个，“五好协会小组”典型283个；“六好”示范村（居）50个，占镇（街道）总数50%。2019年，协会会长由区原人大常委会副主任、正处级退休干部朱合兴担任，按协会“三定”方案配备常务副会长1名、专职副会长1名；区级协会工作经费按要求纳入财政预算；共有镇（街道）级计生协会会长7人，秘书长7人，村（居）计生协会会长101人。泉港区实验幼儿园早教指导中心被中国计生协会确认为全国优生优育指导中心项目点。

【救助帮扶】 2019年，泉港区计生协会开展资助贫困计生女孩上大学活动，从符合资助条件的帮扶户中精准帮扶8名，分别采取四年全程资助的方式每名2万元帮助贫困计生女孩上大学；实施紧急救助，是年共救助因病因灾造成生活特别困难的计生家庭78人次，发放救助款22.6万元；开展真情关怀，两节期间慰问计生特殊家庭和计生困难群众70户，发放慰问金7万元；深入开展宣传服务系列活动，以“五月份协会会员活动日”为契机，全面开展优生优育、“全面二孩”政策、儿童早期发展、青春健康教育进校园、走访慰问计生困难户和计生特殊家庭等系列活动。

【生育关怀】 2019年，泉港区计生协会围绕新时期计生协会“六项重点任务”，开展生育关怀行动，巩固提升开展以“五关怀”为主要内容的关怀服务项目，为育龄群众排忧解难。全区累计共筹集生育关怀基金682.2万元，其中社会募集127.2万元，拓展和实施生育关怀项目29个，创建和拓建就业培训、“三优”服务等类型的生育关怀基地12家，建立“青春健康教育进校园”拓展点11个。2019年，又增加投入10万元，新增加拓展项目点5个，受教育青少年学生2.5万人。同时投入14万元，完善14个儿童早期发展项目点配套设施建设。

【计生家庭帮扶项目】 2019年，泉港区计生协会实施幸福工程帮扶，全区运行幸福工程项目120个，占用资金110万元(其中省5万元，募集资金8.5万元，区配套43万元，镇街道配套53.5万元），累计投入资金306.3万元，涉及7个镇（街道），101个行政村，惠及人口2060人。全区累计投入项目515个（其中一至十七轮项目已到期，完成项目465个，收回资金256.3万元）。推行计生小额贴息帮扶，至2019年，共落实小额贴息贷款4388万元，财政贴息330.18万元，累计帮扶2073户计生困难户发展生产，及时还贷率100%。实施计生家庭意外伤害保险，为全区10000户计生家庭办理意外伤害保险，是年，全区共出险44户理赔金37.27万元。

【计生失独家庭帮扶】 2019年，泉港区计生协会慰问新发生失独家庭3例，慰问金每户13000元，为全区18户计生失独家庭办理意外伤害保险。采取购买服务的形式，与第三方签订协议，在各个重大节日对全区18户失独家庭逐户上门走访，共慰问68人次，发放慰问金19万元；成立18个失独家庭“关爱小组”，建立经常联系、走访慰问、了解需求、解决问题制度。

【企业计生协会建设】 2019年，泉港区共建立独立型、联合型、挂靠型流动人口和企业计生协会14家，覆盖流动人口育龄妇女2158人，占80%以上，其中50人以上企业计生协会7家，组建率达100%。投入10万元，创建3个市级流动人口企业计生协会示范点，4个区级流动人口企业计生协会示范点。

法　治

平安泉港创建

【落实领导平安建设责任】 2019年，泉港区严格落实综治平安建设领导责任制，区委主要领导主持召开开展“治安最安全、执法最满意、社会最平安”吉祥泉港创建部署会，区委、区政府与各镇（街道）签订《党政领导平安建设（综治工作）责任书》，参与综治调研、平安宣传、入户访视等活动，推进吉祥泉港平安创建。是年对15个单位进行通报，对4名相关责任人进行通报批评，向17个单位发出工作整改函。年终群众安全感率、扫黑除恶好评率省级调查均位列全市第3位，获评泉州市平安建设（综治工作）优秀等次，行政争议调解“泉港范本”入选为全市“强基促稳”创新案例。

【扫黑除恶专项斗争】 2019年，泉港区坚持党政主导、政法主抓、部门协同，定期召开区委常委会会议、区政府常务会、党组（扩大）会、专题会议研究部署。健全完善“打财断血联动”等7项工作机制，将扫黑除黑工作列入平安单位和绩效考评重要内容。是年共组织开展3轮调研，点对点、面对面交流指导、督促推进，通报问题情况，严格督促整改落实。按领域分部门对2014年以来各类行政执法案件和信访件进行重新梳理，对找不出问题的，排不出线索的，由主要领导签字背书。坚持“一案三查”和“三个书记”直接盯，落实纪检监察与政法机关线索移送、同步办理、案件会商三项工作机制。聚焦成品油走私、保健品市场乱象、生态环保领域、房地产市场秩序、建筑市场行业乱象、矿产资源整治、打击“渣霸”“两违”治理百日攻坚等专项行动，建立以职能部门为主体的治乱责任体系。专项斗争开展以来，共查办党员干部和公职人员涉黑涉恶或充当“保护伞”案件6件6人，办结6件6人。其中，党员干部和公职人员涉黑涉恶案件3件3人，党员干部和公职人员充当“保护伞”3件3人，给予党纪政务处分5人、组织处理1人。侦破黑恶势力案件均摸排出涉黑涉恶腐败或“保护伞”问题线索并全部完成处置。专项斗争以来，共核查部、省级线索50条，提请办结率100%，认定办结49条，认定办结率98%，位列全市

2019年3月18日，“治安最安全、执法最满意、社会最平安”吉祥泉港创建活动工作部署会召开　（区委报道组 供图）

前列。是年共打掉恶势力犯罪集团1个，恶势力团伙2个，破获九类涉恶案件55起，刑拘九类涉恶人员79人。是年年中、年终全省平安建设“三率”调查中，扫黑除恶群众好评率分别为83.25%、87.25%，分列全市第4位、第3位。

【平安建设防控网建设】 2019年，泉港区改革“110”接处警勤务新模式，实行主城区由巡特警全天候24小时为主负责处警，打造“1-3-5”分钟最快反应圈、优化“5-10-15”分钟快速反应圈。在全市率先升级智慧警务建设，形成智能化、立体化治安防控网。实施小案快侦、行政案件快办机制，强化合成作战，建立全流程盯案机制。是年共立刑事案件1399起，其中立“两抢一盗”案件547起，同比降低7.76%；破获现案747起，同比上升8.89%，其中破获八类案件60起，同比上升7.14%。组织开展联合设卡、“拉网清村”、海上查缉、路面巡查、智能打击等“五大行动”，是年共办理无合法手续成品油行政案件571起，行政拘留71人次；以非法经营罪立走私成品油刑事案件35起，打掉走私团伙10个，采取刑事强制措施97人；累计查扣运输涉私车辆951部、油船16艘，缴获成品油1839.75吨，捣毁地下油罐225处，取缔海上输油管道235处4200余米。

【基层平安创建】 2019年，泉港区谋划建立石化园区“安全卫士”防护网、打造专业化“网络铁军”等22个专业化创新项目，提高全区社会治理社会化、法治化、智能化、专业化水平。命名表彰南埔镇塘头村综治中心等10个综治中心为“2019年度泉港区十佳综治中心”，以评促建、以建促用、以用促优，推进区镇村三级综治中心实体化规范化建设。邀请市委党校教授和市扫黑办专家为全区基层干部开展平安建设暨扫黑除恶专项斗争业务培训，累计培训1000余人次；组织政法维稳干部到贵州大学开展为期一周的专题研修，提高基层干部政法综治维稳工作和化解各类风险隐患能力。在全市率先将电信诈骗受害群体和道路交通事故救济救助责任纳入社会治安综合保险范围，共有423户合计获得670170.4元补助，受损获赔率97.82%。

【平安创建宣传】 2019年，泉港区开展创建“吉祥泉港”暨“12355”法治进校园宣传活动，举办160场校园普法宣传，开展校园安全风险辨识和等级评估，配齐配足安保警用器械，全区学校视频监控与区公安分局指挥中心实现联网。开展“为幸福家庭护航”专项活动，组织开展化解“危机家庭”专家问诊会，探讨婚姻家庭矛盾纠纷化解，是年成功化解101户，化解率100%。举办“创建吉祥泉港 护航幸福家庭”法律知识竞赛，表彰54户区级“最美家庭”、100户区级“平安家庭”示范户。《福建政法》宣传推介该做法。通过抓机关带系统，丰富提升平安医院、企业、交通、铁路、边界、景区等形式多样的平安创建。

【特殊人群管控】 2019年，泉港区坚持“应排尽排、应治尽治、应补尽补”原则，健全完善“镇（街道）牵头，家庭监护、卫健救治、民政救助、残联帮扶、公安处置”的救治管理责任落实体系，设立严重精神障碍患者专项基金，对落实严重精神障碍患者监护责任的监护人每人每月发放300元的看护管理奖金，是年共发放上年度近60万元。对家庭经济困难无力支付治疗费用的对象，由区财政每年预算专项资金统一兜底，是年区财政兜底66.6292万余元，解决患者家属的后顾之忧。采取政府购买服务的方式，与人保泉港支公司签订《泉港区严重精神障碍患者监护人责任保险》。成立泉港区领航社区矫正服务中心，探索社区矫正非执法类项目外包工作，建成上联司法部、下通司法所的社区矫正远程视频督察系统，开通全省统一建设的社区矫正监管指挥管理系统，启用社区矫正工作人员“矫务通”APP和社区服刑人员“社矫在线”APP，推进“智慧矫正”建设。是年共接收社区矫正对象257名，解除222名，当前在矫322名，开展调查评

2019年3月28日，泉港举办创建“吉祥泉港”宣传活动暨泉港区“12355”法治进校园160场宣传活动启动仪式
（区政法委 供图）

估177份，作出警告66人次，配合公安机关抓捕网上追逃撤缓人员1名，收监执行3人。

【矛盾纠纷化解创新】 2019年，泉港区完善矛盾纠纷多元化解机制，搭建“1+7+N”多元化解平台，通过区、镇、村三级矛盾纠纷多元化解中心的建设，畅通矛盾纠纷受理、流转、反馈、督查、通报机制，是年共排查调处各类矛盾纠纷1888起，调处成功1887起，调处成功率99.95%。创新形成“源头治理、多元化解、全程全域、共治共赢”的行政争议调解机制，成为全省先进典型，获评“2018年度福建法院十大改革创新举措”，省高级人民法院发文全省推广。《人民日报》以《福建泉州市泉港区探索行政争议调解新机制 省了官司 消了怨气》《政务智库报告》以《福建泉港：积极创新行政调解新机制有效化解矛盾纠纷》为题专题报道。5月全市行政争议调解工作现场会在泉港召开并推介“泉港经验”。对信访积案实行区领导包案督办，落实“五个一”化解措施。

【提升执法规范化水平】 2019年，泉港区公安机关制作现场执法音视频记录规范性课件，面向一线基层民警开展以扫黑除恶、警务接处警、执法记录仪等内容的专题培训。修改完善执法质量考评办法，对各执法单位的执法情况进行全面考评，是年共开展10次执法质量月考评。随机抽取评查法院、检察院、公安分局刑事案件、行政案件和民事案件共15件，对部分案件存在事实认定不够准确、适用法律不够准确、办案程序不够严谨、办案期限不够严格、文书制作不够规范等问题进行通报，及时整改纠错。推进“互联网+公安政务服务”，完善法律援助值班律师工作机制，是年共受理法律援助案件310件，挽回经济损失共计389.39万元。

【入户宣传访视】 2019年，泉港区开展“百名干部（干警）访千户活动”，共发放平安创建宣传材料约42万份。对近三年在侦未破刑事案件和未了结民事纠纷组织镇村干部、驻片民警和相关执法部门深入开展电话访、书信访、上门访、再回访等“四访”工作。是年共走访发案家庭1151户，召开警民座谈会200多场次。区直各单位按照区直单位综治“三率”挂钩村（社区）联系表，深入挂钩村加强工作指导、协调解决实际问题、支持平安创建经费、赠送平安宣传品、开展平安访查，帮助挂钩村做好群众安全感提升工作。

【吉祥泉港宣传】 2019年，泉港区在城区主干道、镇村主要路口或人群集中区域设置以“创建‘治安最安全、执法最满意、社会最平安’吉祥泉港”等主要内容的大型宣传牌100多块、刷写固定标语500多幅，设置宣传栏300多个，利用沿街店铺LED滚动播放宣传标语。为全区所有固话用户开通平安彩铃，向38万名移动用户发送平安宣传短信。编印《扫黑除恶专项斗争应知应会常识》和《坚决铲除黑恶势力 净化泉港治安环境》等宣传折页共4万份，印发平安宣传单22万张、平安扇6万把、平安伞800把、平安袋5000个。深化“法律八进”，实施“百千万计划”，开展“新春法治宣传”“送法下乡”“法律进寺庙”“六一法治进校园”“妇女维权法治竞赛”“百场法制电影下基层”等系列法治宣传活动。开展“吉祥泉港 平安相伴”抽奖宣传活动，通过网络直播、现场电话连线等形式，扩大宣传范围，引导广大群众积极参与平安建设，解决群众不敢接、不愿接、不会接等接通率不高问题。利用全区各级各部门微信公众号、官方网站、官方微博等新媒体，定期推送《【@所有人】平安泉港请您代言，万元大奖等您带回！》《【点赞】泉港好，大家会更好！请您为“平安泉港”代言》等平安信息，引导群众当好平安代言人。微电影《于向阳处》《守护》在全国第四届平安中国“三微”比赛中荣获微电影作品奖和十佳作品奖。中共中央政法委员会主管的《长安》杂志是年第8期（总第314期）首次刊发《泉州市泉港区听民声解民纷》一文，介绍泉港区深入基层听民声解民纷，护航经济社会发展的经验做法。

2019年6月19日，2019年上半年“治安最安全、执法最满意、社会最平安”吉祥泉港创建宣传活动颁奖仪式举行 （区委报道组 供图）

公 安

综 述

【概况】 2019年，泉州市公安局泉港分局以中华人民共和国成立70周年大庆安保维稳工作为主线，以防范化解各类重大风险为基点，以创建“治安最安全、执法最满意、社会最平安”吉祥泉港为目标，深化扫黑除恶专项斗争，推进“强基促稳”行动，创新理念、制度、机制、方法，有效整治社会治安。泉港区在2019年年底全省平安建设“三率”测评取得良好成绩，其中群众安全感率99.08%、位居全市第三名，扫黑除恶好评率87.25%、位居全市第三名，执法工作满意率97.07分、位居全市第八名。全年刑事案件破案率53.4%，创历史新高。

【完成70周年大庆安保】 2019年，泉州市公安局泉港分局围绕中华人民共和国成立70周年大庆安保维稳主线，扎牢反恐防暴防线，精细防控安全隐患，聚力化解涉稳风险，化解矛盾纠纷，收集上报国保情报信息102条，创新信访“三个一”工作法，全国“两会”、第二届“一带一路”高峰论坛、第二届数字中国峰会、海峡论坛、中华人民共和国成立70周年大庆、中共十九届四中全会等重大活动期间实现“零非访”工作目标。

【推进扫黑除恶】 2019年，泉州市公安局泉港分局围绕“深挖根治”阶段性目标，严把线索“核查关”，开展线索问题“大排查、大起底”，核查省部级以上线索34条，办结33条，办结率97.06%；打掉恶势力犯罪集团1个、团伙2个，破获黑恶9类典型案件53起，刑拘9类涉恶人员91名，查封、冻结和扣押涉案财物价值26.5万元，专项斗争绩效位列全市县级公安机关第二名。

【打击成品油走私活动】 2019年，泉州市公安局泉港分局组织开展联合设卡、“拉网清村”、海上查缉、路面巡查、智能打击等，推动区政府投入700万元建设反走私综合治理体系，借力5G、人工智能等现代高科技手段，形成对打击成品油走私活动的压倒性态势。年内，共办理涉成品油走私行政案件571起，打掉“7·19”“10·09”“10·10”等走私团伙10个，采取刑事强制措施97个；查扣车辆915部、油船16艘，缴获成品油1839.75吨，捣毁地下油罐225处4200余米。

【维护经济秩序】 2019年，泉州市公安局泉港分局开展打击违法传销、非法集资、恶意逃废债务犯罪、涉税犯罪“百城会战”等专项行动，利用“云端”主战打击模式，常态化开展线索接收、研判分析及上报反馈工作，共采集录入人员身份信息及其资金、物流、通讯、轨迹等“四流”数据3081200条，立经济案件51起、破49起，抓获各类经济犯罪嫌疑人43人，刑拘35人次，逮捕30人次，取保28人次，移送起诉52人次，并抓获经济犯罪类网上在逃人员14名，成功破获公安部督办的“福建和甲有限公司涉嫌组织领导传销活动专案”。

【提升合成作战质效】 2019年，泉州市公安局泉港分局强化合成作战，推进合成勘验、合成研判、合成抓捕，建立全流程盯案机制，对每一起案件都做到深度经营、快侦快办，重拳打击群众反映强烈的多发性侵财型违法犯罪，全年共立刑事案件1399起，比升7.62%；破747起，比升8.89%。立盗抢骗案件973起，比升5.76%；破400起，比升12.68%。受理行政（治安）案件2260起，同比下降2.9%；查处1136起，同比上升0.5%。

【行业安全整治】 2019年，泉州市公安局泉港分局按照“全覆盖、全掌控”目标要求，对全区299家旅馆业、寄递物流业、加油站、机修业、放射源物品、剧毒化学品、烟花爆竹批发企业和民爆物品仓库等行业场所开展清查整治，及时整改安全隐患，提升场所行业阵地控制力；对全区178家重点单位重要部位常态化开展安全大检查，督促全区137家中小学幼儿园安全管理实现封闭化管理100%，一键报警与公安机关

铁骑巡逻 （区委报道组 供图）

联网100%，视频监控与公安机关联网100%；督促全区127辆公交车全部安装驾驶室防护舱，喷涂张贴警示标语，16条公交路线均在相关停靠点设置安全警戒线。

【交通安全整治】 2019年，泉州市公安局泉港分局围绕“防事故、保安全、促畅通”的工作目标，坚持常态化集中整治，严查酒驾、醉驾、超员超载超速、涉牌涉证、城市道路交通违法等各类重点交通违法行为，现场查处各类严重交通违法行为23992起、非现场查处142760起。制定《全区公安机关预防 道路交通事故集中整治行动方案》，组织开展预防道路交通事故集中整治行动，是年全区共发生适用一般程序处理交通事故131起，造成死亡33人，受伤120人数，直接经济损失38250元。

【社会治安整治】 2019年，泉州市公安局泉港分局开展打击整治黄赌等违法犯罪专项整治行动，查获涉赌行政案件83起、破获涉赌刑事案件14起、涉黄刑事案件3起、涉黄治安案件7起，综合成绩排名居全市第二名；组织开展全区娱乐场所接纳未成年人联合整改专项行动，查处招用娱乐场所接纳未成年人违法行为2起；开展打击食药环犯罪“昆仑”行动，查处“昆仑”3号非法经营案件1起，涉案价值120余万，破获“昆仑”4号案件7起，抓获犯罪嫌疑人5名；持续开展“禁毒2019两打两控”暨“飓风肃毒2019”专项行动，破获涉毒刑事案件14起，抓获涉毒犯罪人员14名、吸毒违法人员73名，梳理管控状态472人次，社区戒毒社区康复执行率均达100%。强化拘留所安全管理工作，共收拘723人。

【网络安全整治】 2019年，泉州市公安局泉港分局以“净网2019”专项行动为载体，强化网络阵地管控，落实24小时网络巡查机制，整治网上政治谣言和有害信息，严厉打击突出网络违法犯罪和新型犯罪，打造清朗网络空间。全年，共报送网络信息2775条，检查区内重要信息系统和重点网站48次，发现高危漏洞59个，发出整改通知书17份，行政处罚2起。

【智慧警务建设】 2019年，泉州市公安局泉港分局推进城安系统七期、雪亮工程三期、10X系统和老旧探头维护改造建设，探索引入萤石云服务平台，初步形成“点上覆盖、线上连接、面上成网”的智能化立体化监控体系。

【夯实基层基础工作】 2019年，泉州市公安局泉港分局以开展“强基促稳”三年行动为契机，贯彻落实市“两办”关于保障和提升新形势下公安基层基础工作的实施意见，攻坚年度23项重点推进任务，完成全区警务网格地图标绘工作，全区划分为28个警务网格，配备网格民警34名。全面推进警务室星级创建工作，打造社区警务室的“泉港样板”，完成东张警务室（五星级）和岭头、后乾两个四星级警务室建设并投入运行。印制《智慧房屋操作手册》，开展智慧房屋应用业务135763条次。开展流动人口与出租房屋信息采集工作，全区在库流动人口数43016人。在聚福社区试点建立全区首个“智能门禁”管理服务社区。

【“110”接处警勤务新模式】 2019年，泉州市公安局泉港分局学习推广新时代“漳州110”，围绕“四警四化”要求，9月6日，在锦绣广场举行110接处警勤务新模式启动仪式暨反恐处突演练活动，实行主城区由巡特警全天候24小时为主负责处警，优化“1-3-5”“5-10-15”分钟快速反应圈，提升快速反应能力。依托龙头岭公安检查站、12个进出城治安卡点，及泉港汽车站、中闽百汇及永嘉天地商场城市等要害部位和人员密集型场所的5个执勤驻点，及13支最小作战单元架构，适时开展武装设卡盘查及“关城门”堵截演练，提升反恐防暴应急处置和风险防控能力。11月11日，2019年县级公安机关应急队伍东片区拉动处置演练成功举行，分局获得全市县级公安机关拉动处置演练考核第1名。

【便民服务】 2019年，泉州市公安局泉港分局推进公安“放管服”改革，将港澳商务签注备案时限缩短至5个工作日，签注时限缩短至2个工作日，并

2019年9月6日，泉港区举行“110”接处警勤务新模式启动仪式暨反恐处突实战演练

（区委报道组 供图）

增加支付宝缴费方式，方便群众，共受理、审核各类出国境证件18608人次，省内外异地受理出入境证件申请1076多人次。落实10项交警“放管服”改革措施和公安交管服务经济社会发展服务群众企业6项措施，共办理车管业务38600多笔、驾管业务12800多笔。制发第二代居民身份证28373张，受理异地户籍居民身份证5858张，办结户口业务50607人次。全市率先将电信诈骗受害群体和道路交通事故救济救助责任纳入社会治安综合保险范围，共有423户合计获得670170.4元补助，受损获赔率100%。

【法治公安建设】 2019年，泉州市公安局泉港分局固化“每月一练”“每月一考”，通过定期开展集中培训、专家讲座、旁听庭审、“法制大讲堂”、案件点评等多种形式的法制培训，提升民警警务实战理论水平和执法能力。持续开展执法突出问题专项整治，并通过民调中心组织开展民意调查4万余人次，整改问题100余个，有效提升执法质量。年内，共立案监督1505起，移送起诉393起615人，提请逮捕198起336人，补充侦查142起361人。

消 防

【概况】 2019年，泉港区消防救援大队按照“党政同则、一岗双责”规定，围绕“防风险保平安迎大庆”火灾隐患整治年行动和各重大活动安保等核心任务，保障辖区火灾形势和队伍两个稳定，完成重大活动期间的消防安全保卫工作，成功处置“5·21”石化园区新华福项目仓库火灾等。2019年，全区共接警1355起（其中火灾69起），出动消防车辆1862次，消防人员10449人次，抢救疏散被困人员135人，抢救财产价值449.6万元，直接经济损失50.9991万元。同比上年，火灾起数下降25%，损失上升106%，无人员伤亡。

【救援力量优化整合】 2019年7月，泉港立足辖区石化产业企业分布情况和灾害事故特点，依托泉州市消防救援支队指挥中心，统一整合泉港石化工业园区消防大队、福建联合石化公司消防支队、福建湄洲湾氯碱工业有限公司专职消防队等5支消防队伍救援力量，探索建立“统一指挥、就近调度、同步出动、专常兼备”消防救援联勤联训联动工作体系，推动消防救援工作转型升级。7月，区政府下发实施《关于建立健全消防救援联勤联训联动工作体系的通知》，大队结合“日常接处警、执勤训练、队伍管理、装备建设”等工作，多次组织队内骨干队员深入5支企业专职队，开展督促指导队伍建设、执勤训练等工作，并定期开展拉动测试和灭火演练，对企业专职队到达“火场”时间、应急处置效果等情况进行检验，推进实现辖区消防救援工作“灭早灭小”。

【抢险救援演练】 2019年，泉港区消防救援大队针对辖区石化企业多、高速交通事故多发特点，将抢险救援作为队伍工作拓展的方向，做好处置突发事件和灾害的应急准备。成功处置“5·21”泉州新华福合成材料有限公司仓库火灾等一系列的急、难、险、重任务，是年共组织重点单位熟悉和演练187次。强化灾害事故应急综合救援队伍建设，配齐配强救援人员及装备，开展灾害事故应急拉动演练，联合公安、应急、住建、交警等多部门联合开展2019年危险化学品生产安全事故暨突发环境事件应急演练、2019年公共交通突发事件应急处置演练、建筑工程消防应急演练等。

【火灾防控】 2019年，泉港区消防救援大队围绕“今冬明春”火灾防控、“防风险保平安迎大庆”火灾隐患整治年行动以及“三合一”场所消防安全百日会战行动等防火中心工作，紧盯石化企业、“多合一”场所、群租房、劳动密集型企业等十一类重点场所（区域），着重整治疏散通道不畅通、消防设施损坏停用等十类突出风险问题。发动行业部门，推动各镇（街道）、派出所、村（社区）等基层执法力量，加大火灾隐患排查整治力度，强化各项整治措施，全面消除火灾隐患，严惩各类消防违法违规行为，防范各类消防安全突出风险。区政府定期督查通报各行业部门、乡镇（街道）消防重点工作落实情况，区“三合一”整治办跟踪工作进度、开展“三合一”场所消防安全百日会战行动督查，区公安分局开展派出所消防工作督导，集中开展出租房消防安全等各类专项整治行动。完善部门联动工作机制，集中消防安全检查行动，最大限度地将执法力量部署到火灾高发、防范薄弱的时段和场所，做好消防安全保卫工作。全年大队共检查单位606家次，督促整改火灾隐患和违法行为672处，下发责令改正通知书259份，下发行政处罚决定书18份、临时查封决定书5份，责令“三停”单位5家，罚款14.58万元，确定重大火灾隐患单位1家，并督促整改销案，消防安全重点单位检查率达100%，消除大批消防安全隐患和违法行为。发动公安派出所开展消防安全整治专项行动，共检查单位20060家次，督促整改火灾隐患35173处，下发《责令改正通知书》17615份，下发行政处罚决定书21份，罚款4550元。提请区政府下发《关于开展泉港区“三合一”场所消防安全百日会战行动工作方案》，发动各镇（街道）、行业部门开展“三合一”专项整治工作，组织召开“三合一”场所消防安全百日会战行动部署会、推进会、约谈会暨现场会，组织区“三合一”整治办领导小组成员单位抽调人员到“三合一”整治办成员单位工作人员进行集中办公，发挥整治办作用，督促指导各行业部门、镇（街道）、派出所推进“三合一”专项整治工作。全区共排查“三合一”场所510家（生产性场所97家，经营性场所413家），完成整改455家，整改率89.2%。

【消防宣传教育】 2019年，泉港区消防救援大队结合新修正《中华人民共和国消防法》《福建省消防安全责任制实施办法》宣贯工作，组织消防重点单位、各行业部门、镇街负责人开展专题消防培训，全方位普及消防法律法规。督促消防安全重点单位开展“生命通道逃生体验”活动。联合区教育局开展开学第一课、中小学生安全教育日、防灾减灾宣传日、暑期消防安全宣传专项行动及开展“消防进军训”等活动，举办消防安全示范课及绘画作文征集活动；对乡镇、村“两委”负责人、派出所民警、消防网格员、物业从业人员、社会单位消防安全责任人、消防微型站队员等9类重点人群进行培训，培训人数5000余人次。开展消防培训演练工作，深入各类单位场所开展消防演练、培训40余次。开展提示性消防宣传，在电视台、户外电子屏幕、楼宇视频、电影院播放消防公益短片，共播放消防公益广告4.2万条次，播放消防安全提示标语滚动字幕3.1万次，发送消防宣传短信13万余条。开展消防“七进”宣传，发放宣传资料3.2万份，受教人群5万多人，组织举办“119”宣传月大型消防主题宣传活动，在城区公交站投放5面消防公益广告和消防救援队伍形象公益广告牌。各镇（街道）、村（社区）新增消防安全宣传横幅400余条，增设消防宣传橱窗176个。与区大众公交公司签订共建协议，在驿峰路段的5个公交站台投放5面消防公益广告和消防救援队伍形象公益广告牌，助推“119”消防宣传月活动开展。大联合辖区家园义工协会、消防志愿者队伍、社区消防宣传大使深入开展“消防安全大走访”“送温暖、献爱心”等公益消防宣传工作等，帮助农村孤寡孤独老人打扫家中卫生、排查家中火灾隐患。

海 防

【完成部队转隶】 2019年，泉港区海防大队所属的4个边防派出所全部转隶划归分局，正式挂牌为泉州市公安局泉港分局海防大队。完成资产、营房、土地、建筑房屋的移交，将转改前查获的涉私台杂货、成品油涉私车辆进行没收拍卖处理。大队及原所属的4个边防派出所辅警全部移交分局统一纳入区财政预算。

【沿海管防】 2019年，泉港区海防大队联合沿海各镇（街道）、派出所对辖区775艘出海船舶，1965名渔船民逐一进行电话或实地访查，向渔船民宣传走私偷渡、前往敏感海域作业、越界生产等行为的严重危害，做到掌握船舶、渔船民动态，防止不法分子利用船舶从事违法犯罪活动。组织民警进村入巷，开展渔船民大走访，提升渔船民服务质量。与海警、海事、农水等单位共建联系，协同开展海上救援任务，消除海上安全隐患，与海警、海事、农水等部门共开展海上巡逻22次，协助救助渔船民6人次。是年全区未发生偷私渡、非法出海、越界捕捞等违法行为，夯实沿海管防基础，确保沿海一线安全稳定。

打 私

【概况】 2019年2月，泉港区委、区政府成立打私办，挂靠在区海防大队。发挥区打私办指导协调职能，牵头组织交通、海洋与渔业、海事、海警、执法局等多部门深入推进“利剑”系列专项行动。全年共立涉私类刑事案件32起，打掉走私团伙10个，采取刑事拘留96人，逮捕70人，起诉49人。查获无合法手续成品油行政案件553起，行政拘留70人次，查扣运输涉私车辆951部、油船16艘，缴获成品油1771.44吨，捣毁地下油罐225处，取缔海上输油管道235处4200余米，打私综合成效连续四年位居全市第一，上报工作成效、简报多次被市、区领导批示肯定。特别是对“10·09”“10·10”开展统一收网行动并取得重大战果，两起专案共抓获犯罪嫌疑人45人，扣押现金70多万元，冻结违

2019年8月7日，“守护七彩童年 阳光筑梦未来”关爱留守儿童活动开展。图为留守儿童参观消防执勤车辆 （区政法委 供图）

法资金200余万元。

【打击成品油走私行为】 2019年10月，区海防大队发挥打私办职能作用，深入推进联合设卡、拉网清村、清港清湾、路面巡查、智能打击等“五大行动”，组织统一行动18次，联合泉港公安分局各单位，有效遏制成品油走私违法活动，全区打私效能全市第一。

交　警

【概况】 2019年，泉港交警大队围绕“保安全、促畅通、优服务”工作目标，紧扣“事故预防、疏堵保畅和服务民生”三大任务，做好各项交通安全管理工作，全区交通安全形势总体平稳。是年，全区共发生适用一般程序处理交通事故131起，同比上升32.32%；造成死亡33人，同比上升3.13；受伤人数120人，同比上升64.38%；直接经济损失38250元，同比下降55.58%。

【执行交通安保任务】 2019年，泉港交警大队围绕“五个坚决防止，三个确保”的工作目标，紧盯“人、车、路、企业”等要素，科学合理安排警力和勤务，严格落实各项安保措施，圆满完成春运、春节、全国“两会”、清明、五一、端午、中秋,特别是70周年大庆安保等交通安保工作，营造良好道路交通环境。

【交通勤务优化完善】 2019年，泉港交警大队深入学习新时代漳州“110”精神、晋江刑警“背包”精神，开展“治安最安全、执法最满意、社会最平安”吉祥泉港创建活动，深化平安泉港建设，策应全区综治“三率”水平提升，结合交通管理实际，优化完善交通勤务模式，全面推行错时勤务，确保周末、节假日、夜间及午后等时段勤务落实到位，在城区试行网格化交通管理模式，落实高峰站点疏堵保畅、平峰巡格巡线，提升路面见警率和管理率。

【交通综合治理】 2019年，泉港交警大队结合道安三年专项行动要求，围绕“防事故、保安全、促畅通”的工作目标，落实每月“逢十”和周末夜查统一行动，坚持常态化集中整治，严查酒驾、醉驾、超员超载超速、涉牌涉证、城市道路交通违法等各类重点交通违法行为。配合开展全区打击成品油走私运输车辆违法活动和联合治超工作。全区共查处各类现场严重交通违法行为24023起（其中酒驾361起、醉驾123起、非营运大客车超员14起、摩托车超员2133起、其他车辆超员80起、货车超载807起、现场超速1187起、涉牌4208起、涉证2878起、不戴头盔12231起、未按规定让行1起），非现场执法142760起。共查处成品油走私运输车辆358起，查扣非法运输车辆358部、走私油约139.55吨，抓获33人；查获假套牌交通违法行为187起，其中假牌48起、套牌139起，行政拘留12人。

【道安基层工作】 2019年，泉港交警大队聚焦“人、车、路”三要素，做好交通安全隐患排查整治。强化基础信息采集，建立“一车一人一档”台账，每月通过电话、短信、邮寄告知函等手段开展催检催报废工作，主动走访“两客一危一货”运输企业面对面开展宣教工作，推动突出问题整改和监管制度落实。建立隐患清零机制，定期研判分析未检验、未注销、系统已注销的重点车辆分布情况及过车轨迹，动态监测“两客一危”、重型货车、校车等五类重点车辆的检验、违法处理、挂靠运营等情况，及时将隐患消除在萌芽状态。坚持问题导向，以道安为载体，依托“路长制”和农村道安APP平台，全面排查全区道路交通安全隐患，对全区排查出存在交通安全隐患，及时发函至相关职能部门督促落实整改，消除事故安全隐患。是年，全区共投入各级为民办实事项目道路隐患整治资金2341.23万元、其他日常建设维护资金40.6万元，其中完成省委省政府为民办实事项目共7处、投入约1843.23万元，完成区委区政府为民办实事项目7处、投入约500万元；完成农村道路交叉口隐患20处、临水临崖路段隐患2处；排查

2019年12月2日，泉港区“122全国交通安全日”“守规则除隐患、安全文明出行”主题宣传活动举行 （区政法委 供图）

需完善的电子类交通安全设施16处。

【“放管服”改革】 2019年，泉港交警大队在巩固提升、拓展延伸“放管服”20项改革措施基础上，推动“放管服”改革10项便民利民新措施全面落地，全面推行交管业务证明凭证清理工作，全面推行“网上办、掌上办”，全面推行车驾管业务一窗受理、集成服务和缴费支付电子化。深入推进“警保、警邮、警医”合作，强化窗口意识、服务意识，树立交警为民服务的良好形象。

【交通安全宣传】 2019年，泉港交警大队推进交通安全“七进”宣传，提升交通参与者的安全意识，减少亡人交通事故发生。组织开展“平安春运，交警同行”“开学第一课”“畅行安全路幸福奔小康”等专项宣传活动。借助微博、微信、短信等平台，及时关注、发布实时路况和安全提示信息，加大重点违法曝光力度，提升矩阵式宣传阵地影响力。针对不同行业建立交安微信群，推送典型案例，常态化开展宣教活动。利用媒体、网络和微博、微信等载体，宣传交警在保畅疏堵、事故预防、服务民生等方面工作成效。全年累计开展各类宣传活动近300多场次，发放宣传材料2万余份、发送宣传提示短信60万多条、“双微”平台共推送宣传信息600多篇（条）。

表 8　　2019 年全区道路交通事故四项指数统计表

项目	事故起数			死亡人数			受伤人数			直接经济损失		
比较数 / 事故类别	2019 年（起）	与上年同期相比		2019 年（人）	与上年同期相比		2019 年（人）	与上年同期相比		2019 年（万元）	与上年同期相比	
		2018 年（起）	%		2018 年（人）	%		2018 年（人）	%		2018 年（万元）	%
道路交通	131	99	32.32	33	32	3.13	120	73	64.38	3.825	8.611	−55.58

检 察

【内设机构改革】 2019年11月，泉港区人民检察院根据《中共福建省委机构编制委员会办公室关于省以下检察院内设机构改革有关问题的通知》完成内设机构改革。改革后泉港区人民检察院共设立3个业务部门（分别为第一、二、三检察部）和2个行政部门（办公室、政治部），其中第一检察部负责刑事案件的审查逮捕、审查起诉，第二检察部负责民事、行政检察及公益诉讼，第三检察部负责其他综合性业务。

【加强公益诉讼检察工作】 2019年9月，泉港区人民检察院成功办理非法捕捞水产品刑事附带民事公益诉讼案1起，该案系《中华人民共和国民事诉讼法》修改以来，该院提起的全区首例刑事附带民事公益诉讼案件。2019年，泉港区检察院第二检察部立足法律监督职能，牢固树立“公共利益无小事”的检察理念，坚持以办案为中心，采取“四个主动”工作措施，结合本区实际，围绕入海排污口、陆源污染物、海水养殖等重点领域开展线索摸排，坚持“精准化”调查核实方式，依托“无人机+实地复查”模式进行“网格化”巡查，全方位摸排案件线索，共巡查海岸线30多千米，搜集案件线索2条。

法 院

【概况】 2019年，泉港区人民法院狠抓执法办案，推进改革创新。全年受理各类案件9321件，同比下降3.12%，办结8660件，同比上升3.42%，结案率92.91%，同比上升5.87%，居全市法院第一；员额法官人均结案300.67件，同比上升5.02%；案件改判发回重审率0.25%，同比下降0.25%，居全市法院第二低位。先后有3个集体和19人次受到省市级以上表彰。

【依法惩治刑事犯罪】 2019年，泉港区人民法院受理刑事案件385件547人，审结362件499人。纵深推进扫黑除恶治乱，坚决“打财断血”，彻底铲除黑恶势力经济基础，推动标本兼治。专项斗争开展以来，审结涉黑恶案件6件39人，判处没收财产2人，罚金161.8万元，追缴违法所得115.8万元。依法严惩抢劫、强奸、故意伤害等严重暴力犯罪，审结案件64件74人，维护社会治安平稳。开展非法经营成品油犯罪专项整治行动，审结相关案件8件29人，防范消除安全隐患，维护生产经营秩序。加强新型网络犯罪研判应对，审结网络赌博、网络诈骗、“套路贷”等涉众型经济案件45件107人，其中王某等人开设赌场罪一案，判处罚金、追缴违法所得总额近5亿元，实际到位1.5亿元。发挥判决导向和警示功能，深入推进反腐败斗争，审结刘某、陈某、林某贪污案等涉迁职务犯罪2件3人，提出司法建议，源头预防安征迁领域职务犯罪。护航绿色发展，审结钟某、钟某非法捕捞水产品罪一案，促使被告人与相关部门签订生态修复协议，落实增殖放流，修复受损渔业资源。

2019年9月3日，泉州中院党组书记、院长陈明到泉港法院调研指导工作

（区法院 供图）

【优化营商环境】 2019年，泉港区人民法院受理民商事案件4973件，审结4757件，标的金额6.35亿元。坚持全面平等保护各种所有制经济产权，审结物权、买卖、租赁等合同案件341件。严格区分合法借贷与“套路贷”犯罪，建立职业放贷人名录，审结金融借款、民间借贷等案件1635件，标的金额2.62亿元。保障民营企业合法权益，审结涉民企案件501件，为企业挽回经济损失近1.31亿元。积极应对多元多变的市场风险，编发《民营经济法律风险防控指南》，为民营企业良性发展提供法律建议。妥善审理涉投资、股权、破产等案件18件，完善市场退出机制，助推企业管理现代化。

【综合治理大格局构建】 2019年，泉港区人民法院受理执行案件3904件，执结3478件，执行到位金额4.14亿元。依靠区委领导、人大监督、政府支持、政协民主监督，最大限度调动开展执行工作的各种积极因素，形成综合治理执行难大格局。建立“分段集约”执行工作机制，打造人力资源配置优化、前后环节相互监督、执行类案批量处理、“简案快执，难案精执”的执行“流水线”。突出执行强制性，开展专项执行33场次，司法拘留201人次，冻结存款5927.81万元，扣押车辆79部，查封不动产93宗，限制高消费2795人次。严厉打击恶意逃避执行行为，移送拒执犯罪线索4件5人，判决3件3人。健全网络执行查控体系，对3641件3911名被执行人的财产信息提起查询，初步实现“一键尽查”“一网打尽”。完善失信联合惩戒机制，发布失信名单953人次。与淘宝、京东等平台深度合作，推行“网拍+询价”，促进财产快速变现，网拍成交26件，金额1.93亿元，为当事人节约佣金564.42万元。建设执行服务中心，前移执行事务服务端口，实现收退费、网拍、信息查询、执行保险救助、举报快速反应等一体化服务，是年10月成立以来，中心接待群众来访2000人次，立案1029件，执结案件327件，发放执行款1523.81万元。

【完善现代化诉讼服务体系】 2019年，泉港区人民法院推动基层解纷网络建设，改造升级诉讼服务中心，推进一站式多元解纷机制、一站式诉讼服务中心工作。整合运用网上诉讼服务中心、移动微法院、“12368”诉讼服务热线、“1268”多元解纷模式等便民平台和工作机制，推进跨域诉讼服务、远程开庭、远程调解、网上交费等便民举措，网上立案832件，跨域立案24件，接听热线624人次，回复率100%。完善“分调裁审”机制，精准实施繁简分流，简案适用表格式文书，从简从快审理简单案件1959件，平均审理时间缩短11.8天。完善诉调对接机制，与政府主管部门、行业协会、商会等签订诉调对接协议，促进纠纷源头化解。通过人民法院调解平台等网络资源，推进线上线下互联，目前已将2个特邀调解组织、28名特邀调解员、3名法院专职调解员、118名人民调解员纳入网络。通过多元调解，分流各类案件1851件，调解成功（含撤诉）1557件，成功率84.12%，减轻群众诉累，促进和谐安定社会关系的建立。

【强化民生司法保障】 2019年，泉港区人民法院做好交通事故、人身损害赔偿纠纷联动调处，审结相关案件114件，追回损失1158.14万元。健全劳动争议裁审衔接机制，审结劳动争议、劳资纠纷案件1011件，适用小额诉讼程序，仅用3日审结918件追索劳动报酬纠纷，及时兑现工资457.02万元。深入推进家事审判方式改革，审结婚姻家庭继承案件708件，出具首份人身安全保护令。服务保障乡村振兴和脱贫攻坚，依法妥处农业承包和涉农林渔等纠纷7件，开展挂钩帮扶、走访慰问、司法救助，为困难当事人缓减免交诉讼费5.15万元，发放执行救助款30万元，拨付帮扶资金4.7万元。强化巡回审判，设立

"涉安征迁巡回审判点""惠屿巡回法庭",把司法服务送到群众家门口。

【参与社会治理】 2019年,泉港区人民法院依托府院良性互动机制,会同司法局等部门构建异地管辖"123"全程全域行政争议调解模式,推动行政争议 "全程"化解,共指导调解95件,成功调处82件,得到最高法院周强院长、省政府唐登杰省长的批示肯定。5月,全市行政争议调解工作现场会在泉港区召开。11月17日,《人民法院报》头版头条专题报道,省委政法委"清朗天空"等相继转载。围绕中华人民共和国成立70周年安保维稳工作,做好涉诉信访化解和舆情应对。加强判中、判后释法答疑,一审服判息诉率93.68%,居全市法院前列。开展"四访"工作,回访案件当事人和走访群众200人次,广泛收集群众意见建议。依法审理王某琴扰乱国家机关工作秩序罪一案,制裁恶意缠访闹访行为,引导群众依法表达诉求。司法助力严重精神障碍患者管理工作,依法作出强制医疗决定3人次。开展模拟法庭和法治讲座进校园活动12场次,培育青少年守法意识,青少年犯罪率同比下降5.56%。协助帮教失足青少年,采取困难帮扶、心理辅导、行为纠偏等方式,促使其回到正轨。

【司法公开和宣传】 2019年,泉港区人民法院完善审判流程、庭审活动、裁判文书、执行信息公开平台,公开裁判文书7853份,通过网络平台庭审直播534场次。贯彻落实《中华人民共和国人民陪审员法》,提请任命人民陪审员48名,建立进出有序的动态管理考核机制,人民陪审员参审案件852件,拓宽人民群众参与司法、监督司法的渠道。结合群众普遍关注的热点法律问题,开设"法官说法"微信专栏,发布典型案例24篇次,制作《泉港府院共建行政争议调解中心》专题宣传片,31篇工作报道和案例被人民法院报、福建法治报等媒体采用,泉港区人民法院微信公众号文章阅读量突破30万人次。

【落实司法责任制】 2019年,泉港区人民法院突出法官办案主体地位,完善审判组织、法官助理、书记员工作规范,推进人员分工专业化、类案办理集约化、辅助事务社会化。完善员额法官常态化增补机制,组织开展新一批法官入额遴选,充实审判力量。加强人员分类管理考核,选升四级高级法官2名,晋升一级法官2名。扎实推进内设机构改革,机构设置和人员配置突出以审判为中心,数量精简至8个,内部管理扁平化。

【健全科学审判管理体系】 2019年,泉港区人民法院应对近5年来年均19%的案件增长率,出台执法办案量化考核办法,用好绩效考核指挥棒,统一考评度量衡。是年,在员额法官减少4人的情况下,取得结案数、结案率"双提升"结果。院庭长发挥示范引领作用,带头承办各类案件6052件,占结案总数的69.88%。强化案件流程监管机制和平台利用,抓好节点时限预警、案件审限动态管理,法定审限内结案率100%。发挥审判委员会和专业法官会议作用,健全类案指引、关联检索机制,统一裁判尺度。强化案件质量评查,评选示范庭审、典型案例、优秀文书,推进审执精品工程建设。

【提升信息化水平】 2019年,泉港区人民法院推行运用"人民法庭工作平台",实现人民法庭信息化建设、可视化管理。南埔法庭受理各类案件1230件,办结1165件,调撤率66.18%,妥善化解涉安征迁民事案件40余件。按照上级法院和区重点项目建设要求,完成审判业务用房及室外配套工程主体结构,启动信息化项目。建立电子文档中心,电子卷宗随案生成,完善历史档案数字化扫描,执法办案实现网上阅卷。在诉讼服务大厅增配"新闻宣传+诉讼服务"终端,提供关联检索、智能推送等服务。

【强化司法能力建设】 2019年,泉港区人民法院开展司法能力提升行动,加大教育培训力度,组织参加各类业务培训106人次。理论与实践紧密结合,培树司法人才,2名法官入选泉州市审判业务专家预备人选,居全市基层法院第一。广泛开展法官沙龙、专题研讨等活动,营造调查研究浓厚氛围,4篇案例入选《中国法院年度案例》《全国法院系统优秀案例分析》,多篇文章被省市级刊物采用。

【强化司法廉洁教育】 2019年,泉港区人民法院推进全面从严治党主体责任落实,支持派驻纪检监察组落实监督责任。强化司法廉洁教育,组织干警参加各种廉政活动145人次,对节假日遵守中央"八项规定"精神和廉政纪律情况进行报备。按照区委部署,开展形式主义突出问题专项整治、纪律作风集中整顿活动。以审务督察为抓手开展各项监督检查48次,回应群众对司法廉洁的关切。完善《关于对执行干警"八小时以外"行为从严要求从严监督的规定》,抓早抓小抓预防,为司法权运行扎紧制度藩篱,筑牢司法廉洁防线。

司法行政

【宪法宣传教育】 2019年,泉港区司法局精心制定《泉港区2019年普法依法治区工作要点》,将年度规划逐项分解到具体单位,并按时序进行督促检查。5月14日在栖霞社区举办宪法专题宣传活动,9月18日在界山镇东张村开展《中华人民共和国宪法》《中华人民共和国国旗法》《中华人民共和国国歌法》《中华人民共和国国徽法》专题宣传教育活动，与区委政法委、区关工委等部门联合在全区青少年中开展以宪法为主题的“法治教育关爱青少年活动”，12月1—7日在全区范围内开展“宪法宣传周”活动，深入推动全区公民尊崇宪法、学习宪法、维护和运用宪法。

【落实“谁执法谁普法”责任制】 2019年，泉港区司法局督促区直各部门依照新一轮机构改革“三定”职责，重新梳理修订2019年度普法责任清单，列示年度重点普及法律法规、机关内部学法活动、面向执法(服务、管理)对象、与其他部门联合开展的普法活动等内容，并按普法责任清单内容进行督查检查。推动区委全面依法治区委员会办公室与区直部门签订“谁执法谁普法”责任状并纳入“法治政府建设年”活动考核范畴。

【实施“三大工程”推进全民学法用法】 2019年，泉港区司法局实施领导干部普法“龙头工程”、青少年普法“源头工程”和全民普法“社会工程”。启用“法宣在线”平台，组织全区各单位工作人员进行常态化学法，分别于6月和11月进行两次在线考试，推动国家机关工作人员学法用法，运用法治思维、法治方式开展工作、解决问题、推动发展。联合团区委等部门通过举办模拟法庭、法治讲座、法治宣传游园会、法治教育图片展览和法治教育主题班会等形式，推进青少年普法教育。深化“法律八进”活动，实施“百千万计划”，开展地方性法规宣传活动，推动建设十个融自治、法治、德治为一体的法治教育示范村、十个法治教育示范基地，开展播放百场法治电影进基层、举办百场法治讲座八进活动、建设面向群众的百个法治宣传栏并定期更新，印制《机关篇》《农村篇》《校园篇》《企业篇》法律八进以及“强基促稳”三年行动、“吉祥泉港”、扫黑除恶等宣传画册计10万份进行分发，推进普法宣传向基层渗透，向一线延伸，推进全区公民学法用法守法热潮。

【完善公共法律服务平台】 2019年，泉港区司法局推进公共法律服务实体、热线、网络三大平台融合发展，推行网上受理、审批和办公，打造数据互通、资源共享的公共法律服务网络。是年再升级70个村级公共法律服务室、28个村（社区）法律顾问示范点，为群众提供普惠精准、优质高效公共法律服务。

【优化公共法律服务水平】 2019年，泉港区司法局出台《关于充分发挥职能作用保障和服务民营企业健康发展的实施意见的通知》，审查涉及民营企业文件15份，废止涉及民营经济发展规范性文件2份，加快打造法治化营商环境。开展律师调解试点工作，推进律师参与化解和代理涉法涉诉信访工作。推行公证办证材料线上预审机制，解决“最多跑一次”难点问题，全年共办理各类公证事项1124件，其中与老百姓密切相关的公证事项占93%。在国有土地使用权及国有资产出让转让等事项中发挥公证法律监督作用，办理土地“招、拍、挂”公证7件。

【提升法律援助保障能力】 2019年，泉港区司法局有序推进刑事案件律师辩护全覆盖试点工作，健全完善法律援助值班律师工作机制，坚持“应援尽援、应援优援”，服务受援困难群众，全年共受理法律援助案件315件，挽回经济损失共计465.45万元。

【“强基促稳”三年行动】 2019年，泉港区司法局组织实施“基层法治建设提升专项行动”和“深化‘金牌带星牌’工作推动行政争议调解提升专项行动”等两个专项行动。以组织开展“六百六十”工程（开展“六个一百”：播放百场法治电影进基层、举办百场法治讲座八进活动、建设面向群众的百个法治宣传栏、评选百名法治宣传能手、完善百个村级司法行政工作室规范化建设、提升百村法律顾问服务能力建设；评选“六个十佳”：“十佳落实三项制度示范单位”“十佳法治教育示范基地”“十佳融自治、法治、德治为一体的法治教育示范村”“十佳‘枫桥经验’提升示范点”“十佳行政争议调解工作示范点”“十佳金牌调解员”）为载体，聚焦稳定主题，突出基层基础，强化源头治理，扎实推进基层依法行政和法治建设。

【法治政府建设】 2019年，泉港区司法局拟定《泉港区“法治政府建设年”行动实施方案》全文共五部分22条措施。对全区2019年度行政诉讼、行政复议案件进行统计分析，梳理行政执法与行政应诉过程中存在的问题和短板，按照“缺什么补什么”的原则，分别印发今年各个季度部门学法计划指导建议。落实区政府重大事项决策前或研究协调涉法行政事务合法性审查机制，共审核重要文件70余件，审核合同12件，参与处理涉法事务约60件。印发《泉港区人民政府办公室关于进一步加强行政规范性文件备案工作的通知》，明确规范性文件备案的范围、主体、方式及要求，确保2019年规范性文件备案审查工作实现全覆盖。全年共向市政府和区人大常委会报备规范性文件27件。依法公正办理行政复议案件，共受理向区政府提出的行政复议申请6件并已全部办结，答复以区政府为被申请人的行政复议1件，接受行政复议咨询3件，在咨询中通过辨法析理、劝说调解，直接化解其中2件行政争议。严格落实《福建省行政应诉办法》，加强全区行政应诉工作的组织、协调、指导。2019年，全区行政机关一审行政诉讼案件立案总数52件，结案总数48件，行政诉讼案件应诉率100%。应对原审被告为区政府的行政监督案件4件、以区政府为赔偿义务机关的行政赔偿案件3件、以区政府为被告的行政诉讼案件4件，以区政府为被告的海事案件1件。印发《泉港区人民政府办公室关于全面推行行政执法公示、执法全过程记录、重大执法决定法制审核三项制度的通知》，全面推行行政执法公示、全过程记录、重大执法决定法制审核制度。开展行政执法规范化试点工作，推动区城管局委托福建师范大学开展《泉港区"两违"治理行政执法规范化操作指引》项目课题研究。加强"府院"互动工作，1月21日，区政府与区法院、检察院召开联席会议，2月14日召开法治政府建设暨优化营商环境座谈会，3月29日召开生态环保领域两法衔接联席会，4月4日厦门市中院与泉州市政府在泉港召开司法服务保障闽西南协同发展区建设府院良性互动座谈会。

2019年12月4日，涂岭镇司法所开展学习宪法专题讲座　（区司法局 供图）

【深化人民调解工作】　2019年，泉港区司法局深化"金牌带星牌"调解员培养模式，5月，举办全区人民调解员培训会并组织对全区新申报星级人民调解员进行考评认定。开展矛盾纠纷排查化解工作，建立排查纠纷工作台账，及时掌握矛盾纠纷总体情况和动态。坚持区级每月民情分析例会制度以及镇（街道）级每半月拉网排查、村居级每周滚动排查、行业系统联动排查工作机制，全区全年共排查调处各类矛盾纠纷1901起，调处成功1900起，调处成功率99.94%。

【创新行政争议调解工作】　2019年，泉港区司法局创新提升行动争议调解工作，形成"源头治理、多元化解、全程全域、共治共赢"的行政争议化解"泉港范本"，获评"2018年度福建法院十大改革创新举措"和泉州市"强基促稳"三年行动首批创新典型案例。2018年《福建法院行政案件司法审查报告》专节介绍行政争议化解"泉港范本"。《人民日报》以《福建泉州市泉港区探索行政争议调解新机制　省了官司　消了怨气》专题报道。新华社《政务智库报告》专题报道《福建泉港：积极创新行政调解新机制有效化解矛盾纠纷》。5月，市政府与市中院联合在泉港召开行政争议调解工作现场会，总结推广泉港经验。

【推进人民陪审员选任工作】　2019年，泉港区司法局联合区法院、区公安分局制定人民陪审员选任工作方案，于5月份启动全区102名人民陪审员的选任工作并顺利完成。

【打造"智慧矫正"模式】　2019年，泉港区司法局建成上联司法部、下通司法所的社区矫正远程视频督察系统，开通社区矫正监管指挥管理系统，启用定位腕带、社区矫正工作人员"矫务通"APP和社区矫正对象"社矫在线"APP，推动社区矫正工作信息化建设。落实区级社区矫正中心为主的统一执行模式，全面推行分类管理、月奖惩考核制度以及未成年社区矫正对象监管、思想教育工作。组织开展社区矫正安全隐患大排查、百日安全活动、暂予监外执行人员病情专项审核等活动，依法、规范、有序推进报请特赦工作，推进社区矫正参与扫黑除恶专项斗争，落实好新入矫社区矫正对象涉黑涉恶排查认定、线索摸排、重点管控措施，确保社区矫正安全稳定。全年共接收社区矫正对象263名，解除235名，年底在矫306名，开展调查评估186份，作出警告68人次，抓捕网上追逃撤缓人员1名，收监执行3人。与区公安分局联合制定《关于建立重点人员监管工作共建共享共管联动机制的通知》，围绕社区矫正对象、刑满释放人员、社区戒毒人员等重点人员监管工作，推进机构共建、信息共享、人员共管工作。与洛江监狱建立《刑罚执行一体化共建共治共享工作机制》，构建"优势互补、资源共享、相互贯通"工作格局，组建福建省监狱参与社区矫正工作警察泉港大队，9月10日，组织80名社区服刑人员到洛江监狱开展进监狱集中教育活动。培育社会组织，成立泉港区领航社区矫正服务中心并与其签订社区矫正非执法类项目外包服务协议，推进社区矫正执法社会化。

人民武装

【民兵队伍建设】 2019年，泉港区人武部积极适应国防动员体系改革，狠抓国防动员准备和民兵预备役建设各项工作落地生根。突出抓好专武（民兵）干部和民兵各专业分队组训落实，完成军分区赋予的训练任务。压减基干民兵和普通民兵队伍，编实应急、专业、特殊三类队伍。参加上级组织的演练，通过演练，探索重要目标防卫的指挥流程，增强各级指挥员指挥素质，检验区动员系统组织能力、协同能力和保障能力，提高军地联合遂行动员支前任务能力。组织开展国防潜力调查，组织国动委各专业办公室及各镇（街道）主办人员集中办公，推动国防动员建设向纵深发展。

【征兵工作】 2019年，泉港区围绕“五率”指标，走实征兵工作六个步骤，圆满完成新兵征集任务。

【贯彻安全发展理念】 2019年，泉港区人武部贯彻安全发展总基调，严格落实战备值班制度，结合兵器室值班，落实主副班全时值守，与区委总值班室、区防汛抗旱指挥部办公室等联系，了解辖区社会动态。定时查看“情报短信报知平台”等，确保第一时间掌握情况、做出反应。开展战备演练，结合敏感期战备值班，组织作战值班室演练和营区应急小分队处突演练，提高快速反应能力。围绕省军区提出的“五无”目标，开展“学法规、训共同、整作风、正秩序”活动，严密组织“重特大安全风险评估暨安全形势分析”和参加“车勤人员集中整训”活动。开展保密隐患“大扫除”、安全大检查、专项清理整治等。落实每季度安全形势分析，常态落实办公保密、请销假、车辆派遣、兵器室周查，视频监控全时查，解决“四个秩序”不正规、保密管理不规范不断根等顽症，及时消除各类安全隐患。贯彻纠治整改总基调，按照“筹划部署、自查自纠、复核检查、整改规范”的整治思路，开展覆盖古田会议以来，所有涉地经费的清查整治，及时纠治存在问题。

国防教育

【国防知识宣传】 2019年，泉港区人武部改进国防教育方法手段，征兵期间利用户外板报宣传国防知识，通过地方广播、广场LED显示屏、报刊以及互联网和群发短信的方式加大对国防知识的宣传普及力度。

【全民国防教育】 2019年，泉港区人武部组织参加国防教育讲师团集训，增强区国防教育讲师的责任担当。在全区范围内广泛开展全民国防教育，依托党校、学校和国防教育基地建立国防教育平台，开设国防教育课，组织四套班子过“军事日”，有效增强国防观念和安保意识。

人民防空

【概况】 2019年，泉港区人防办受理城市新建民用建筑修建防空地下室审批，审批结建面积；受理城市新建民用建筑易地修建防空地下室审批，征收人防易地建设费；受理人防工程竣工验收备案，验收竣工面积。

【人防队伍建设】 2019年，泉港区建立信息防护、医疗救护、防化、心理防护、引偏诱爆、运输专业和综合应急保障队。9月18日，成功试鸣防空警报，联合泉港第二中学等学校组织第22次防空袭疏散演练活动，印发人防知识问答宣传单。

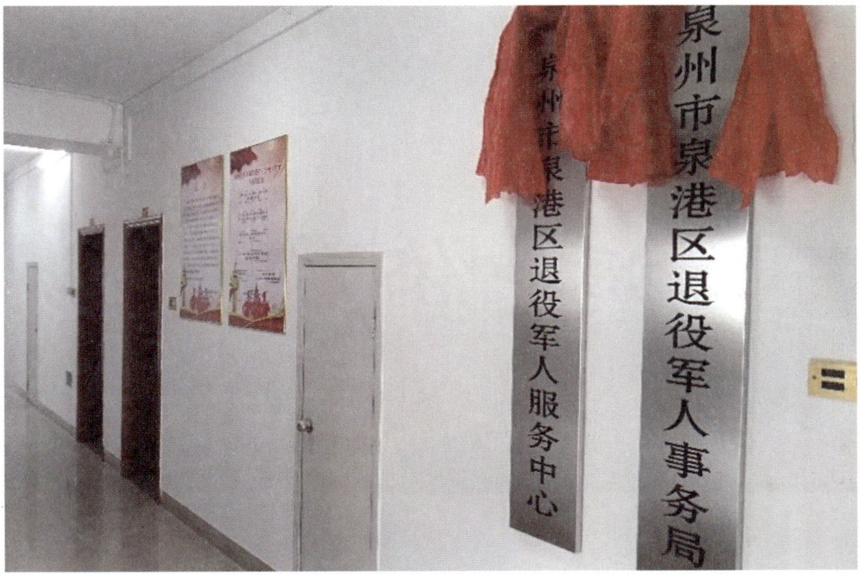

2019年5月14日，泉港区退役军人服务中心正式揭牌　（区委报道组 供图）

双拥共建

【推进军地双拥】　2019年，泉港区人武部坚持落实党管武装，落实党委议军会。组织召开党管武装述职报告会，强化各镇（街道）党（工）委、政府主要负责同志热爱国防、关心国防的政治意识。联合区退役军人事务局组织随军家属和退役军人招聘会；组织随军家属和退役军人参加统一招聘考试。落实《军人子女教育优待办法》，协调对接区教育局，确保军人子女就读。稳妥处理涉军维权事宜，维护军人军属合法权益。组织各镇（街道）开展“关爱功臣”和上门送喜报活动，营造“让军人成为全社会尊崇的职业”浓厚氛围。

2019年8月1日，区委书记梁炳辉（二排左三）慰问驻军部队　（庄垚斌 摄）

【落实拥军优属和优军惠军政策】　2019年，泉港区帮助驻泉港部队官兵和优抚对象解决工作生活问题，深入驻泉港部队走访慰问，在春节、“八一”建军节等节日，开展革命伤残军人和重点优抚对象的走访慰问活动。联合人武部、区人社局举办2019年退役军人、现役军人家属招聘会，发放宣传材料200多份。落实党委议军会议议定的“关于随军家属未就业生活保障金提高”的决议。

【落实优抚对象补助政策】　2019年，泉港区做好义务兵家属、“三属”、老复员军人、“两参”人员、一至十级伤残军人等优抚对象优待抚恤补助标准自然增长机制的调整提高工作。发放定期优抚补助金、春节物价补贴；落实优抚对象信息采集；发放义务兵或士官立功受奖奖励金；组织参加2019年春季退役士兵教育和技能培训，发放自主就业退役士兵地方经济补助金。

外事 侨务 港澳台事务

外事

【对外交流】 2019年4月10—20日，泉港区领导率团赴日本、韩国、美国开展项目合作洽谈活动。

【办理因公出国（境）申请】 2019年，泉港区共办理因公出国（境）申请前往美国、加拿大等国家进行商务洽谈、开展侨务工作、培训、参加庆典等团组8批17人次、实际出访7批15人次。

侨务

【归侨侨眷关爱工程】 2019年，泉港区积极实施“归侨侨眷关爱工程”，开展区内被列入低保的贫困归难侨调查摸底工作，发放散居贫困归难侨、大病大灾归难侨补助资金。坚持重大节日走访慰问归侨侨眷制度，走访慰问贫困归侨、侨眷20余户，了解生产生活情况，发放慰问金。

【侨情普查】 2019年，泉港区贯彻市委统战部侨情普查工作部署，深入各村开展拉网式指导，确保普查工作质量。由区委统战部、侨联联合成立督查组，到各镇（街道）、村（社区）进行督促指导，特别是对安控区拆迁村，人员力量比较分散村进行重点督导。完成归侨侨眷普查信息采集表2968份，社团14份验收汇总工作。

港澳台事务

【深化两岸融合发展】 2019年，泉港区贯彻落实习近平总书记在《告台湾同胞书》发表40周年纪念会和参加十三届全国人大二次会议福建代表团审议时的重要讲话精神，制定《泉港区关于探索海峡两岸融合发展新路的若干措施》。11月25日，召开贯彻落实中央“26条措施”专题会，传达省、市专题会议精神，部署贯彻落实中央“26条措施”工作，保障台湾同胞福祉。

【交流往来】 2019年3月15日，接待苗栗县三妈文化协会一行70人到泉港开展海峡两岸民俗文化交流及寻根谒祖参

2019年5月22日，苗栗县竹南后厝天文宫一行到泉港开展海峡两岸民俗文化交流及寻根谒祖参访活动

（区委台港澳办 供图）

2019年7月6日，泉港首届海峡两岸武术健身“大家练”活动在前黄镇前黄村涂楼文化广场举行 （区委报道组 供图）

访活动。4月3日，接待香港泉州台商投资区同乡会探亲访问团一行16人来泉港参访活动。4月5日，接待金门县惠安同乡会探亲参访团一行62人到泉港参访交流活动。5月4—5日，接待金门县金城镇贤聚泰安宫参访团一行40人到泉港开展海峡两岸民俗文化交流参访活动。5月22日，接待苗栗县竹南后厝天文宫一行105人到泉港开展海峡两岸民俗文化交流及寻根谒祖参访活动。6月7—10日，泉港区侨联主席王梅珠参加香港泉州台商投资区总会第五届董事会就职典礼活动。7月4日-7日，泉港区举办第十一届海峡论坛•“泉台青年交流汇——分享 体验融合”系列活动。7月10—13日，泉港区委统战部副部长、侨办主任叶松青参加香港惠安同乡总会第十六届董事会就职典礼活动。8月9日，接待第五届海峡两岸高校大学生记者挑战赛大学生记者代表，与台湾青年媒体人从崭新视角认识泉港、增进了解。9月25日，接待台中市社区青年交流协会一行13人到泉港参访交流活动。10月22日，接待第十届世界惠安泉港泉州台商投资区同乡联谊会和台商投资区旅游节的嘉宾到泉港开展“寻根之旅”交流活动。12月10日，接待台湾黄埔四海同心会一行14人到泉港参访交流活动。

【服务台胞台属】 2019年，泉港区共为10名老龄定居台胞及定居台胞遗孀发放生活补贴2.28万元。走访台胞台属和台资企业，了解他们生产生活困难，并帮助解决。

【服务企业】 2019年5月31日，泉港区办理泉州敬泰实业有限公司1人一年多次赴台技术指导手续。11月12日，办理福建东鑫石油化工有限公司1人一年多次往返商务访问手续。

2019年8月9日，第五届海峡两岸高校大学生记者挑战赛大学生记者代表合影 （区委台港澳办 供图）

经济管理与监督

宏观经济管理

【概况】 2019年，泉港区地区生产总值720.99亿元，同比增长7.6%；第三产业增加值133.37亿元，同比增长5.9%；居民人均可支配收入28549元，同比增长8.7%；固定资产投资（不含农户）增长16.6%；规模以上工业产值1959.31亿元，同比增长9.3%。

2019年1月24日，全区经济社会发展情况通报会召开 （林弘梫 摄）

国有资产监督管理

【夯实国资国企监管基础】 2019年，泉港区国资办落实区委、区政府关于国企改革总体部署，开展区属国有企业经营性资产清查工作，采取自查、现场核查相结合方式，对企业土地房屋建筑物、对外投资、大型设备设施等三项经营性资产进行全面清查盘点并形成报告。“1+N”公司（含下属全资、控股子公司）土地21宗，面积约806亩（含地面建筑物及公共场所的土地），房屋建筑物有41处，约24万平方米，土地、房屋建筑物经营性资产总价值约15.17亿元；对外投资经营性资产价值合计5.86亿元；大型设备设施资产价值合计6.83亿元，为企业资产整合、国有资产监管做好数据基础。

【健全国资国企监管体系】 2019年，泉港区国资办严格国资国企整合及国企内部改革工作部署，深化整合重组，完成泗洲水库、地产公司等4家区直部门管理国企整体划转至“1+N”公司，基本实现全区国企与部门脱钩，纳入国资委监管体系；推进10家国企清算撤销工作，8家企业清算撤销手续基本完成，剩余2家待解决遗留问题后开展清算撤销工作。指导完成7家粮食企业兼并整合统一划入区粮食购销有限公司，形成粮食系统“全区一企，一企多点”的经营模式。经第二轮国企整合重组，全区部门管理的30家企业，采取清算撤销、关闭停、划入“1+N”公司等方式整合重组，剩余6家国企根据企业现状暂保留并归属部门管理。推进资产整合，按照国资委第4次主任办公会议关于国有资产整合方面决策部署，完成沙格海带场、锦绣公园配套建筑资产移交；完成规划建设信息中心改制、法人和工商变更、人员安置等工作，与质监站办公楼相关检测设备报废清点后一并划入新城公司。

【提升国资国企监管成效】 2019年，泉港区国资办围绕全区中心工作，加快国有资产管理改革工作，加强区属国有资产运营管理，根据国资监管顶层设计，搭建“1+1+X”监管体系，落实完善国资监管各项制度，提升国资国企监管能力和水平。加强企业经营管理，出台《泉港区国资委所出资企业违规经营责任追究实施办法(试行)》，加强和规范所出资企业违规经营投资责任追究工作，优化国资国企监管方式，完善对区国资委所出资企业违规经营投资风险防控体系，推动所出资企业不断完善内部管理制度，提高经营管理水平，实现国有资产保值增值。规范企业融资工作，出台《泉港区区属国有企业“1+N”公司融资管理暂行规定》，加强对日常融资活动的监管，推进国资投融资工作，降低融资成本，防范财务风险，确保泉港区区属“1+N”国有企业融资工作安全有序开展。是年区属国企新增融资16.44亿元，综合融资成本均控制在规定融资成本以内。签发《关于进一步推进泉港区部门管理国资国企整合的意见》《关于同意泉港区深化国有粮食购销企业重组整合实施方案的批复》等文件，加强全区国有资产处置指导及管理工作。对企业生产经营、财务状况、债务风险、资产保值增值等加强分析评价，是年共收到区委、区政府及各部门文件近900份，发出100多份批复、意见等办文文件，涵盖对外投资、产权转让、资产出租、融资担保、资产评估等业务审核，为企业规范健康运行把关，防范企业经营风险。

【重点工作专项检查】 2019年，泉港区国资办开展重点工作专项检查。按季度开展“重大物资采购和工程建设项目招标情况监督检查”“企业负责人履职待遇和业务支出管理专项检查”及“三重一大’决策制度执行情况监督检查，共完成各项监督检查11次，下发监督检查通知8份，查出各企业经营管理、制度落实中存在的共性问题4个，个性问题3个，并跟踪整改落实，形成监督检查有效闭环。

【国企改革专项督查】 2019年，泉港区国资办从7月1日起，采取实地走访指导、座谈交流、查阅相关台账等方式对“1+N”7家公司改革重点工作推进情况进行为期近两周的专项督查，全面了解改革工作实际开展情况。对各公司全员劳动合同制、内部薪酬改革完成的不同进度进行统计分析并进行有针对性的指导、帮助。截至12月底，水利水务公司、国资运营公司率先落实国企改革部署，提前完成公司内部薪酬改革和全员劳动合同签订。“1+N”公司均已完成内部薪酬改革工作，除新城公司、石化建发公司2家公司外，其他5家公司均全面落实全员劳动合同制。

【配合人大调研企业资产管理】 2019年，泉港区国资办按照泉港区关于建立政府向区人大常委会报告国有资产管理情况制度意见要求，对区属各国企国有资产管理情况和数据汇总核实，完成企业国有资产管理情况专项报告起草，并提出报告修改完善意见。

【退役士官就业安置】 2019年，泉港区国资办会同退役军人事务局成立工作专班、召开专题会议，提供就业安置岗位、研究退役军人合同签订、社保续保等问题。是年，梳理本单位退役士兵社会保险欠缴、断缴情况，督促安置企业做好退役士兵办理补缴手续，完成退役军人社保补缴手续办理，保障退役军人社会保险权益。

【全面清欠民营和中小企业账款】 2019年，泉港区国资办配合减负办对各国企开展清理拖欠民营企业中小企业账款进行调查摸底，理清与民营企业的业务往来,对经济合同、账务记载进行核实确认,分析拖欠原因,采取日报送、月报送方式督促清欠,是年，国资办督促区属国有企业全部还清欠款，维护民营企业中小企业合法权益。

【防范国有企业非法集资、督促落实安全生产责任】 2019年，泉港区国资办加大宣传力度并通知督促区属国企开展集资风险防控工作，进行全面清理、排查，未发现所监管企业存在非法集资情况。国资国企系统牢记安全第一的发展意识，加强值守、加强监管，各公司开展“安全生产大检查”“安全生产百日攻坚战”等专项行动。各企业未发生重特大安全事故，国资国企系统安全生产形势稳定。

【提高国企人才队伍素质】 2019年，泉港区国资办着眼区属国企改革发展对人才的整体需求，抓住培养、吸引、用好人才三个环节，提高人才队伍素质，为国企发展提供智力支撑。泉港区国资办会同人社局启动2019年区属国有企业工作人员公开招聘工作。严格把好报名、笔试、面试、体检、审核等每一个关口，自觉接受国资运营公司纪委和社会监督。经公开招聘实际到岗35名工作人员由相应用人单位负责办理报到入职手续，充实泉港区国有企业人才队伍，为国企发展提供专业技术支撑。

【推进项目建设】 2019年，泉港区国资办发挥区属国企重点项目建设主力军作用，推进交通道路、各类管网、石化产业配套、景点保护与开发以及其他公共基础设施的建设运营。是年区属国企共承担重点项目建设65个（含预备项目10个），其中，完工项目5个，如期开展在建项目35个，投入资金约12亿元。国资办印发加强重点项目跟踪推进的通知，协调建设资金落实到位。

统 计

【做好第四次全国经济普查工作】 2019年，泉港区统计局于1月1日正式启动入户登记，4月30日前全面完成辖区内所有普查对象的入户调查工作，本次普查全区共划分102个普查区，223个普查小区，共有普查指导员、普查员508名，其中普查指导员167名，普查员341名。经普查2018年末，全区共有从事第二产业和第三产业活动的法人单位3535个，产业活动单位3877个，个体经营户17163个。正式登记期间召开普查业务培训会10场次，有区级主要领导参加的普查工作推进会、事后质量抽查迎检工作会2次，于6月25日通过国家验收。

【提高统计数据质量】 2019年，泉港区统计局强化跟踪督查，多次深入企事业单位调查研究，抓好经普数据质量，力求做到不重不漏，应统尽统，准确可靠。做好规模以上工业、限额以上商业、规模以上服务业、资质以上建筑业、房地产开发经营业、固定资产投资等322家一套表企业年报、季报、月报数据审核验收工作，加强对“营业收入”“营业利润”“应交增值税”等重要、易错、易漏指标的审核，逐一查看企业说明，从源头上保障统计数据真实、准确。严把“四上”企业新增入库以及固定资产投资项目新增入库的数据质量关，确保新增企业和新增项目的真实准确性。

【夯实统计基层基础】 2019年，泉港区统计局提高乡镇统计规范化建设水平，探索建立长效机制，强化各镇（街道）统计经费保障。减轻各镇（街道）四经普经费压力，共拨付45万元予7个乡镇（街道）用于普查入户登记、PDA录入工作的相关费用。强化部门统计工作，按照省、市下发的系列文件要求，夯实部门统计基础，提升部门统计工作规范化水平，加强部门合作交流，努力形成政府综合统计与部门统计相互协调、相得益彰的良好格局。加大队伍培训力度，制定和落实好全年业务培训计划，提高基层特别是联网直报单位统计人员业务能力；开展统计基础知识普及宣传和统计专业技术考试报名工作，提升统计工作者素质。全年共开展统计专业培训6次，累计培训人员530人。抓好联网直报单位申报入统，抓好“个转企”、小微企业升“四上”“四下”升“四上” 等入统工作，应入尽入，应退尽退，培育新的经济增长点。

【加快统计信息化建设】 2019年，泉港区统计局加强区、镇两级统计网络建设步伐。将7个乡镇（街道）统计专网速率由2M提速到10M，确保统计专网畅通，为加强企业联网直报管理提供良好的物理环境。推广建立电子统计台帐和电子统计报表，逐步实现数据生产、数据报送现代化。强化统计信息安全意识。建立计算机及网络信息安全应急机制，购置天融信（TOPSEC NGFW4000TG-A2106）防火墙1台，用于提高统计专网安全性，从而构建完整的统计信息安全保障体系，保障统计信息系统和统计数据安全。

【推进统计法治】 2019年，泉港区统计局强化统计法制教育，开展统计普法宣传教育，组织各类统计普法宣传，学习《中华人民共和国统计法实施条例》《统计调查证管理办法》《统计执法监督检查办法》等新法规条例，加强统计法律知识培训。加强统计执法检查，严厉查处在统计数据上的弄虚作假行为，重点查处干预调查对象独立真实报送数据、编造虚假统计资料的行为。推进诚信统计建设。贯彻落实《统计上严重失信企业信息公示暂行办法》，开展统计上严重失信企业信息公示工作，主动做好与金融、工商等行业和部门的联系协调，确保统计失信企业信息互联互通。

审 计

【审计管理体制改革】 2019年，泉港区落实审计管理体制改革，做好区委审计委员会组建工作，加强党对审计工作的领导。8月27日，区委审计委员会成立并召开第一次会议。会议审议通过《工作规则》《工作细则》，研究2019年全区审计项目计划和贯彻中央、省委、市委会议精神的初步意见，部署全区审计工作等。区委审计办发挥协调联动及审计建设性作用，落实“三个报告”制度及重要情况向区委审计委报告制度，推进审计改革，在构建常态化长效机制方面作探索。优化审计机构和人员，根据机构改革方案，将区发改局承担的重大项目稽查、区财政局的预算执行情况和其他财政收支情况监督检查、国有企业领导干部的经济责任审计等相关职责划入区审计局。改革后，机构职能及人员“三定”方案优化，新增固定资产投资审计股，机关内设股室由3个增至4个，调整部分股室职能，优化加强审计职能。

【重大政策措施落实情况跟踪审计】 2019年度，泉港区审计局重点对实行积极财政政策减税降费，化解防范经济领域重大风险，加强保障和改善民生，扶持民营经济发展，推进乡村振兴战略和实施精准扶贫、通过项目带动增强发展后劲等六方面中央和省、市、区重大决策部署和政策措施贯彻落实情况开展跟踪审计调查。推进减税降费政策落实情况跟踪审计。加大对乱收费、乱罚款、乱审批、乱设门槛等问题的揭示力度，推动更大规模减税、更明显降费，降低企业负担，促进积极财政政策落地生根，提升企业和群众对减税降费的获得感。防范化解政府债务和隐性债务，配合市审计局开展泉港区政府性债务审计，摸清泉港区政府性债务总体规模，新增债券和置换债券的情况，通过融资平台公司或承担融资功能的企事业单位举借，以财政资金承担偿还责任的隐性债务情况，针对审计发现问题提出加强债务管理的审计建议。开展清欠民营企业中小企业账款专项审计，推进清欠工作的落实，紧盯任务和时间节点进行拖欠账款清偿，助推民营经济发展环境，激发实体经济活力。开展湄洲湾航道四期南岸航道工程、泉港坝头溪流域综合整治工程项目建设情况跟踪审计，审计揭示工程项目存在的账务处理不及时、工程资料未规范管理等问题，提出有针对性的建议，促进项目加快进度、规范管理。贯彻落实省委及市委对巡视存在问题“建立健全项目指挥部管理机制，规范项目指挥部支出管理，加大监督检查和审计力度，严肃查处违法违纪行为”的整改要求，开展政府投资项目的项目指挥部管理情况专项审计，揭示项目指挥部在建设管理上存在的问题，为政府决策提供建议，促进政府投资项目规范管理，及时发挥投资效益。

【预算执行情况审计】 2019年，泉港区审计局采取省市区三级联审方式，对泉港区2018年预算执行情况及决算草案进行审计，对2018年度港航发展、工业企业技改、数字经济等资金进行专项审计，并跟踪检查上年度审计查出问题的整改情况。紧密围绕区委、区政府决策部署，抓准财税改革和财政政策重点，摸清区本级全部政府性资金规模和收支结构，重点揭露和反映预算执行和收支管理中存在的薄弱环节以及财政资金分配管理使用中的不规范行为，从体制、机制和制度上分析原因，结合实际提出加强预算编制管理、防范和化解财政风险、深化财政收入征管等建议。推动出台《中共泉港区委办公室 泉港区人民政府办室关于印发＜全面实施预算绩效管理的若干措施＞的通知》，促进财政资金规范、高效使用。选取区发改局、交通运输局2018年度预算执行情况，区司法局、残联2017—2018年度、区扶贫开发协会2016年2月至2019年5月财务收支情况进行审计。2019年10月12日，受区政府委托向泉港区四届人大常委会第十九次会议作《关于2018年泉港区本级预算执行及其他财政收支情况的审计工作报告》。

【经济责任审计与自然资源离任审计】 2019年，泉港区审计局开展区文体新局、统计局、老干局、区委党校、山腰街道、南埔镇、前黄镇、文旅公司等有关部门11名科级领导干部及国有企业主要负责人任期经济责任审计工作。深化“一体两翼”领导干部责任审计，对后龙镇党委书记、镇长及住建局局长等3名科级领导干部同步开展任中经济责任审计和自然资源资产任中审计，促进经济责任和自然资源资产审计的有机融合。审计共查出问题金额868.12万元（其中违规金额46.93万元，管理不规范金额821.19万元），促进增收节支46.44万元。针对审计发现的问题，立足从单个微观审计中发现和提炼分析，及时揭示和反映新情况、新问题、新趋势，从体制机制和对策措施共性问题等方面提出建设性意见。将中央八项规定精神“1+X”专项审计融入各项目中，重点检查涉及的区直部门单位公务接待费、因公出国（境）费、公务用车购置及运行维护费、会议费培训费开支及办公楼等楼堂馆所建设管理情况，履行审计监督职能，推动中央八项规定精神落实、落细。

【专项审计和调查】 2019年，泉港区审计局围绕打好脱贫攻坚战和乡村振兴战略，开展2018年区扶贫和乡村振兴资金及政策执行情况审计，审计聚焦“精准、安全、绩效”目标，揭示贫困户建档立卡不规范、项目资金闲置、项目未实施造成资金沉淀、政策补贴资金未兑现等问题，促进脱贫攻坚和乡村振兴工作落到实处，推动精准脱贫长效机制的建立和乡村振兴战略有序推进。落实上级审计机关部署及《中共泉港区纪委 泉港区监察委员会关于深化群众身边腐败和作风问题专项治理工作的通知》文件要求，开展泉港区薄弱校改造资金“最后一公里”专项督查，针对个别项目资金拨付不及时、项目推进缓慢等问题，及时督促，提出针对性意见，促进555万元项目资金及时拨付到位。7月23日，省审计厅督查组对泉港区薄弱校改造资金“最后一公里”专项审计情况进行督查，对审计工作予以肯定。开展泉港区非户籍人口在城市落实情况审计调查，针对发现中心城区区域小学学位缺口较大、义务教育阶段“大班额”现象仍然突出等问题，提出合理布局规划、科学优化统筹配置的建议。开展网络安全建设和绩效审计，对依法属于审计监督对象的部门和单位信息系统的安全性、可靠性和经济性进行监督检查，揭示信息系统规划、建设和运行管理中存在的突出问题和重大风险隐患，提出审计意见建议，推动完善相关制度，促进提高资金使用绩效。

市场监督管理

【优化营商环境】 2019年，泉港区市监局推行证照分离改革。对106项涉企行政审批事项进行梳理。全区新增各类市场主体5522家，其中，新增内资企业973家、外资企业6家、个体工商户4543家。简化审批流程。采取“一窗通办”、压缩企业开办时间、“互联网+政务”等服务新举措，企业开办与刻章合并办理时限由3个工作日精简压缩至

4个小时。完善退出机制。对个体工商户、内资企业实行“简易注销”制度。全区共有472家企业和259家个体工商户通过“简易注销”办理注销手续。

【创新监管方式】 2019年，泉港区市监局创新食品抽检合作方式，以购买检测人员服务模式，在三个农贸市场每日安排快检，并将当日快检结果在“泉港市管”微信公众号上公布。全年共开展快检2739批次、监督抽检413批次，不合格2批次；推进一品一码追溯体系建设。出台食品安全“一品一码”推进工作方案，落细追溯体系建设工作，邀请省局专家开展福建省“一品一码”食品安全信息追溯管理平台操作应用培训。全区188家食品生产、批发等食品生产经营主体，共上传追溯信息2243392条追溯信息；创新执业药师监管方式。创新互联网+考勤模式，以人脸识别+GPS定位的方式，通过“钉钉APP”锁定执业药师在岗在职情况，要求执业药师上、下班时要通过“钉钉APP”打卡签到、签退，对钉钉打卡情况不定期进行抽查，并将抽查情况通报给经营单位，要求其对照通报情况，开展自查自纠。全年共检查药品经营零售企业56家次，当场行政警告处罚10起，未发现执业药师挂证、兼职现象。创新特种设备安全监管方式。开展特种设备安全生产“专家百企督导行”工作，聘请2名石化承压类特种设备专家，每个月至少安排2次督导行动，对辖区28家涉及危化品、易燃易爆物品、港口危化企业开展督导。全年共检查26家，发现问题隐患已全部整改完成，防范各类生产安全事故发生。

【深化消费维权工作】 2019年，泉港区市监局推进12315、12331、12365、12358、12330“五线合一”工作，统一对外一个号码“12315” 受理消费投诉举报热线。2019年，共接到消费者投诉举报810件，其中投诉607件，办结率100%，为消费者挽回经济损失13.75万元。

【价格监督管理】 2019年，泉港区市监局承接价格监督管理职能，开展小微企业收费优惠减免政策落实情况专项抽查、转供电环节电价重点治理、医疗服务价格重点治理工作等工作。制定下发《泉港区落实小微企业收费优惠减免政策专项抽查实施方案》《泉港区转供电环节电价重点治理工作实施方案》等工作方案，采取随机抽查、重点检查、诉转案等方式，检查相关商业银行网点10个，走访企业316家次，检查相关医疗机构76户次，查处医疗机构价格案件7件，处罚没款189.96万元。

安全生产监督管理和应急管理

【概况】 2019年，泉港区应急管理局以安全生产领域改革发展为抓手，实施安全发展战略，坚持科学发展、安全发展，制定出台执行《泉港区党政领导干部安全生产责任制实施细则》，落实安全生产“党政同责、一岗双责”制度，推动风险分级管控体系和隐患排查治理体系双重预防机制建设，坚守“红线”意识，深化各行业领域安全生产专项整治。严格落实行政处罚，狠抓主体责任落实，严厉打击重大非法违法行为，抓好各类安全生产法律法规贯彻执行。全区各类生产安全事故起数9起，同比下降30.8%，死亡4人，同比下降55.6%，实现双下降，没有发生较大以上生产安全事故。

【统筹推进改革发展】 2019年，泉港区应急管理局学习贯彻泉港区《关于推进安全生产领域改革发展的意见》，结合实际制定相应方案和具体措施。围绕74项重点改革任务，突出重点难点，细化工作措施，完成改革发展任务68项。

【厘清安全生产职责】 2019年，泉港区应急管理局牵头制定全区各相关单位安全生产和消防安全目标责任，明确各级党委政府及其部门安全生产和消防安全监督管理职责，以一个单位一个文本的形式分解安全生产目标任务，形成“一级抓一级、层层抓落实”的工作机制。

【强化巡查整改销号】 2019年，市巡查泉港共发现问题269项问题，其中涉及政府层面问题4项，乡镇（街

2019年4月18日，泉港区委理论学习中心组举行突发环境应急事件处理专题讲座
（区委报道组 供图）

道）、石化工业园区层面问题49项，区级部门层面问题86项，企业层面问题130项。是年完成问题整改268项，剩余1项已取得突破性进展。

【突出源头风险管控】 2019年，泉港区应急管理局有序推进全区安全风险分级管控工作，开展风险辨识评估。配合泉州市城市安全风险评估调研组开展城市安全风险评估，通过召开座谈会、实地走访考察等方式，对7个镇（街道）、27个区直部门开展调研，全面评估城市主要风险构成、分布以及整体风险水平。强化重大危险源管控。组织专业人员或聘请第三方机构开展重大风险辨识评估，排查重大风险点49处、重大危险源企业20家，明确重大风险名称、类型、采取的管控措施、责任部门等内容，对企业上报的重大风险和重大危险源评估报告进行审核备案。对国务院安办重点县专家指导服务工作组发现的7项重大事故隐患，予以挂牌督办，实行台账式管理，按照专家组整改建议逐项制定整改方案，并按整改责任、措施、资金、时限、预案“五到位”抓好闭环管理，7项重大事故隐患中全部整改完成。

【完善隐患排查治理体系建设】 2019年，泉港区应急管理局将涉及危险化学品、非煤矿山、烟花爆竹、交通运输、消防重点单位以及规模以上等六大重点行业领域和完成标准化建设的企业全部纳入“智慧安监”信息管理平台监管，扩大纳入“智慧安监”信息管理平台的企业范围、数量，督促企业采集并更新、完善基础信息，确保信息采集的真实性、准确性、完整性和时效性。截至2019年底，纳入平台监管的企业共443家，共上报隐患20952条，已整改20949条，限期整改3条，隐患整改率99.99%。

【安全生产“春季攻坚行动”】 2019年，泉港区应急管理局根据全市统一部署，开展危险化学品、道路和水上交通、消防安全、建筑施工、烟花爆竹、非煤矿山、人员密集场所、渔业船舶、特种设备、工商贸行业、森林防火等11项专项整治行动，集中精力、人力、物力落实重大风险点安全管控措施，深化问题隐患排查治理，坚持对标找差。全区共出动检查组475个，检查生产经营单位1165家次，检查发现事故隐患1623项，已全部整改完成。

2019年1月28日，区委书记梁炳辉（左二）率队检查春运和节前安全生产工作
（林弘樱 摄）

【危险化学品重点企业专项检查】 2019年，泉港区应急管理局在2018年12月14日启动危化品安全专项整治百日行动基础上，于3月29日开展危化品安全专项整治百日行动“回头看”，5月9日开展危险化学品隐患排查整治专项行动。全年累计检查企业112家次，发现隐患及问题196项，完成整改190项，责令限期整改6项。

【危险化学品经营专项整治】 2019年，泉港区应急管理局以开展全区加油站（含散装汽油）安全专项整治行动，落实散装汽油购销实名登记制度，累计出动执法人员128人次，检查加油站（散装汽油）59家次，发现问题和隐患58条，完成整改58条。

【烟花爆竹零售安全专项整治】 2019年，泉港区应急管理局坚决贯彻落实“两关闭”工作要求，全面提升全区烟花爆竹零售点整体安全经营条件，有效遏制非法经营及防范安全事故发生。区烟管办组织各成员单位和各（镇）街道在烟花爆竹零售旺季开展烟花爆竹零售“零容忍”联合执法检查，推进烟花爆竹经营环节安全工作。全年共组织开展4次联合执法检查，随机抽查烟花爆竹零售点36家，检查发现安全隐患和问题75项，责令整改75项，落实整改隐患率100%。

【“法治政府建设年”活动】 2019年，泉港区应急管理局按照“四个一律”“五个一批”的要求，对重大事故隐患置若罔闻、安全管理混乱、不吸取事故教训不采取防范措施、职业病危害严重且控制措施不力、抵制安全生产执法或抗拒执法指令等方面的案件，对投诉举报、问题突出的企业进行重拳出击，严处重罚，形成执法监管高压态势。是年共行政处罚立案42起，行政处罚358.3万元。

【查处安全生产责任事故】 2019年，泉港区应急管理局严格按照“四不放过”的原则和相关程序开展3起事故调查处理，查清事故原因，查明事故性质和责任，总结事故教训，提出整改措施，并对事故责任者提出处理意见，确保事故调查按期结案，及时公布调查处理结果。严格落实事故调查报告中相关处理意见及整改措施情况，对涉及生产经营单位相关责任人员涉嫌犯罪的，依法移送司法机关追究刑事责任；对需要追究党纪政务责任的，移送纪委监察机关依纪依规依法作出相应处理。是年共开展16件事故类处罚。

【督促企业自查】 2019年，泉港区应急管理局通过专项检查等方式督促企业要按照《危险化学品企业安全风险隐患排查治理导则》的要求，全面开展安全风险辨识、评估分级，检查事故易发的重点场所、要害部位、关键环节，采取有效措施，加强巡检，严格执行作业安全管理制度；

【安全生产责任人知识考核】 2019年，泉港区应急管理局分两批次对28家危化企业主要负责人进行安全生产知识考核，检验企业负责人安全生产履职能力，增强企业安全意识和法律意识。

【安全生产专业能力提高】 2019年，泉港区应急管理局邀请危化品重点县指导服务专家组成员对全区相关危化重点企业进行地毯式“面上安全体检”，出具检查意见建议，找准问题，剖析根源，解决企业隐患排查“找不到、查不明、管不严”的管理问题。召开企业安全管理专题培训会，重点对安全基础管理、应急救援管理、现场安全管理等方面进行系统化、全面化培训，提高安全监管队伍和企业人员的安全生产专业能力。

【落实危化再监督】 2019年，泉港区纪委、监委牵头开展全区危险化学品安全生产责任制落实情况再监督专项督查，注重关口前移，防微杜渐，将工作重点由事后追责调整到事前预防，把监督执纪有机融入日常执法中，推进危化品安全监管职责清单化、防控制度化、监管集约化，实现业务监管和“再监督”工作的同步研究、同步检查和同步督促，建立履职清单、问题清单、帮扶清单，从源头上确保各项监管工作部署更加合理、合规、合纪、合法，更好地解企业之所难、帮企业之所困。是年，共排查整治危化企业隐患问题246项，已整改239项，责令限期整改7项，累计指导帮助企业解决涉危工艺岗位培训取证难、安全培训专家缺、隐患整改方法少等实际问题28条。

【监管队伍建设】 2019年，泉港区应急管理局完成长驻危化专家续聘，突出专业化，在危险化学品企业隐患排查、安全准入、应急处置、培训教育等方面强化技术支持，提供零距离服务、专业化指导。聘用非煤矿山和职业卫生专家参与监管执法当中，有效加强执法力量，提高执法水平。是年，分批次参加福建省行政执法证培训考试，做到全局全员持证执法。

【安全宣传教育】 2019年，泉港区应急管理局发挥安全生产宣教基地、《安全第一线》电视专栏、“泉港安全生产”微信公众号、《泉港安全生产信息》专刊等宣传载体作用，坚持宣传正面、曝光负面，形成全方位、多渠道、多角度的宣传态势。是年泉港安全生产”微信公众号累计发布信息400余条，《安全第一线》电视专栏播出48期，宣教基地累计开展安全生产培训40期、5000余人参训。开展“安全生产月”系列活动，先后开展安全生产咨询日、主题宣讲、安全事故警示教育等系列活动。

【安全生产应急管理提升】 2019年，泉港区应急管理局推进应急演练进基层、进企业、进现场，促进各部门、企业应急准备、应急响应和应急指挥综合能力稳步提升。坚持定期不定期组织相关部门和企业开展生产安全事故应急救援演练。4月9日，湄洲湾氯碱公司举行氯气泄漏应急演练，采取事故现场不事先预演、演练时间不提前告知、人员队伍不集结待命的无脚本实战方式，通过跨部门联动、多队伍拉动开展应急处置，有效检验应急预案的可操作性和部门联动响应的效率。是年共累计开展危化品应急演练130余场，累计参演人数3000余人。

海关监管

【概况】 2019年，泉州海关驻泉港办事处围绕“新海关建设”总体布局，以“建一流队伍，创一流业绩”为行动目标，谋划提出“致力五关建设，打造五个基层”的工作思路，全面增强能力治理水平，严守国门安全底线，促进辖区对外开放，实现建功基层、服务“海丝”先行区建设大局。全年共监管进出口货运量3662.5万吨，征收税款111.8亿元，分别增长7.89%、下降15.75%。报关大厅首次荣膺“全国青年文明号”。

【风险监管】 2019年，泉州海关驻泉港办事处加强风险分析和正面监管，加强境外疫情监测和态势分析，强化境外传染病风险预警。对来自疫情发生国家和地区船舶、船员开展重点查验，有效防止“非洲猪瘟”“口蹄疫”和“登革热“等疫情传入。全年在口岸截获有害生物12批538种次，其中检疫性有害生物52种次，共封存来自非洲猪瘟疫区的猪肉8批次1.455吨。

【服务地方重点发展规划】 2019年，泉州海关驻泉港办事处针对泉港、惠安两地重点发展规划的跟踪机制，制定25项服务举措将总署、总关各项服务经济政策措施融合落实到口岸外经贸发展规划中。推荐并争取泉港、泉惠两个石化产业园区纳入厦门海关“一产业一对策”清单，并提出系列创新监管方案。支持“泉惠石化园区中化炼化一体化”“泉港石化园区百宏石化250万吨/年PTA”等地方重大建设项目发展。帮助两大炼化企业用好用足保税政策，助力辖区口岸进入保税时代。应口岸发展需求，推动斗尾港联检服务中心常态化驻点，提升海关对惠安口岸及石化产业的服务成效。

【助力辖区支柱产业发展】 2019年，泉州海关驻泉港办事处支持石化产业高质量发展，创新探索以“边运抵边装船”“运抵海关监管仓”混合监管模式帮助企业解决储罐罐容不足的难题，提升口岸成品油的出口效能。全年共监管成品油出口660.42万吨，同比增长24.57%，位列全国单一口岸第一名。研究探索“一企一策”，为华星石化不间断供应联合石化原料持续增长定制监管方案，实行分次靠泊监管解决企业当前岸罐罐容不足问题。助力口岸粮油产业平稳发展。帮助该企业获批小麦麸、豆皮出口资质，拓展国际市场。首创“碳化大豆炼制工业用油”方案，帮助企业挽回经济损失122万元。密切协调配合深圳、海沧等海关，确保益海嘉里进口小麦及时转运，全年共监管转运进口小麦9.92万吨，同比增长37.4%。

【促进辖区口岸扩大开放】 2019年，泉州海关驻泉港办事处密切跟踪指导中化泉州石化有限公司外走马埭码头口岸开放，为面向国际的石化产业从本口岸走出去拓展新窗口。指导肖厝物流码头和益海嘉里配合建设符合海关监管和检疫要求的小麦的筒仓存储设施，支持肖厝港争取进境粮食指定口岸接卸品类扩项至小麦。推进口岸核心能力建设，复制推广海关总署自贸区国际航行船舶供水“开放式申报+验证式监管”工作模式，增强疫情疫病防控水平，提升口岸服务国际航线船舶、货物、人员的能力。支持进口天然砂发展壮大，全年共监管进口天然砂 39.09万吨，同比增长3.94倍，助力口岸成为全省最大、全国第四的天然砂进口口岸。

【关检融合改革】 2019年，泉州海关驻泉港办事处推进关检业务大融合、单证大融合、程序大融合，实现现场审批、通关审价、查验监管、物流管控、口岸监控等各项作业“一口对外”。探索关检深度融合背景下的监管模式创新，推动运用H2018综合业务作业系统、新一代查验管理系统等平台，协助总关职能处室编写《厦门海关出口木质包装标识加施企业检验检疫管理规范》等作业规范并在厦门关区推广执行。加强与行业协会的合作，召开关企风险警示专题会，有效提高企业应对国际技术性贸易壁垒的能力，为辖区24家家具、食品企业和出口蔬菜备案基地建设保驾护航。

【优化口岸营商环境】 2019年，泉州海关驻泉港办事处精简进出口环节监管证件，提高进口货物“提前申报”比例，降低通关环节合规成本，建立健全监控分析机制，指定专人逐单逐票跟踪、分析、处置超长报关单，完善预约加班机制，实现各业务科室无缝衔接，压缩通关时长。推广关税保证保险模式，为企业提供更多样的税款缴纳方式与缴纳途径，关税保证保险金额16.30万元，共担保税款16.02亿元；推动提效降费，落实增值税降率改革新政，共减税降费14.03亿元。助力综技中心石化实验室建设，配置检测设备，提升检测能力，满足执法需求，降低执法风险，提升通关效率，使之与关区石化产业高质量发展相匹配。

【科技引领创新】 2019年，泉州海关驻泉港办事处立足口岸大宗散货特点，推动研究以“区块链”技术为基础的海关数据监管新模式。11月3日，总署综合业务司批复同意泉港办开展“区块链”应用试点工作，成为全国第二个获准试点的直属关。立足总署2020改革总体思路，开发危化品物流监管ERP辅助系统，方便海关及时获取海关监管作业区外企业储罐进出口石油化工品的液位计、流量计、温度等数据进行监控，将石油化工品进出口通关、物流环节的海关监控需求融入该辅助系统中。该系统出口部分完成试运行，可为每艘出口成品油油轮节省6小时通关时间，每月约节省70万元滞港费用。

【危化品安全监管】 2019年，泉州海关驻泉港办事处落实总关要求，制定完善《泉港办强化危化品安全监管工作方案》、编写《泉港办辖区危化品安全监管的法规制度汇编》，明确各科室涉及危化品管理的职责和协同监管机制。将危化品安全监管纳入《风险防控清单》，细化监控节点和要求，定期巡查监控，提升海关发现和处置安全监管风险能力。签订关企安全监管合作备忘录，强化监管作业场所经营单位的安全主体责任，健全安全隐患处置排除机制。加强对危化品监管一线执法关员的自身防护力度，编写《进出口危化品监管作业安全知识手册》《泉港办登轮安全作业规范》，配齐26套执法所需的各项防护设施设备和工具确保作业安全。全年共监管危化品3113.9万吨，同比增长10.67%。

【强化监管作业场所规范管理】 2019年，泉州海关驻泉港办事处注重强化监管作业场所规范管理。严格落实《厦门海关海关监管作业场所巡查操作指引》，加强对货运渠道、运输工具、上下船员的监管力度，开展口岸危化品泄漏突发事件应急处置等演练活动，提升关区口岸监管环节反恐应急处置能力。坚守国门安全底线。查获上下船员随身携带管制刀具4把，查获一起涉案货值2488.7万美元的“轻循环油”申报不实案件，为关区历年来涉案货值最大的涉嫌“申报不实”案件，并列入总署督办案件。

【综合治税】 2019年，泉州海关驻泉港办事处注重加强税政调研，注重税收预测分析、进度监控、绩效评估和专项督导，落实总署税政改革，突出属地纳税服务功能，总征税率20%。强化价格风险分析，加强大宗散货后续滞期费跟踪。提升审价补税作业成效。全年完成进口原油审价补税543.48万元。

【体制改革】 2019年，泉州海关驻泉港办事处针对“三定”落地，人员新、业务新的局面，落实办公场所、食宿保障、通勤车辆、办公设备的后勤保障工作，做好系统授权、关产转移等工作，对科室间业务结合部及重叠的职能进行全面梳理，理顺业务衔接等相关问题，组织全员培训和执法能力考试，按时按量完成学时学分。推进业务融合，实现申报单证、作业系统、风险研判、指令下达、现场执法“五统一”。及时向地方党政通报改革情况争取支持。

海事监管

【概况】 2019年，泉港海事处辖区进出港船舶2.22万艘次，同比增长6.5%，其中：国际航行船舶进出口岸1107艘次；港口货物吞吐量5232.6万吨，同比增长12.1%，外贸货物吞吐量3521.4万吨，占比67.3%；VLCC进出港196艘次，吞吐量2369.5万吨；散装液货总量占全省超过60%。征收规费2.45亿元，其中港建费2.37亿元，油污基金718.88万元；船舶载运危险货物申报3186艘次，危险货物4593.8万吨，其中原油2297.7万吨；开展船舶监督检查677艘次，其中：船舶安检327艘次，查处缺陷2013项，滞留船舶19艘；出动执法人员2139人次，开展水上巡航8830海里，陆上巡查39459公里，巡查时间1194.8小时；办理海事行政处罚67案91件，处罚金额65.09万元。全年辖区未发生安全责任事故，无死亡（失踪）人员，安全形势良好。

【危化品船舶安全监管】 2019年，泉港海事处结合辖区危险品船舶为主的特点，打造“危险品船舶监管示范区”品牌。严格落实危货申报管理，严查瞒报谎报行为，系统梳理辖区船载危险货物名录和码头作业资质，分类标识12种未列入IBC规则及常见77种危险货物名称、技术说明书和应急处置指南，夯实危防管理信息基础。梳理标识辖区危险品运输安全监管风险，督促指导辖区大型石化码头企业完善污染应急预案和应急计划，加强辖区清污单位应急能力抽查，加强船岸联合应急演练，完善风险防控和隐患排查治理机制。加强危险品船监管课题研究，联合石化企业建立危险品船舶“检、驱”工作机制，提升危险品船舶监管水平。

【客渡船安全监管】 2019年，泉港海事处协调地方政府和涉海单位加强乡镇船舶管理，推动乡镇船舶和渡船管理纳入地方政府安全生产目标责任考核，明确乡镇政府和相关涉海单位职责，共同解决渡运安全管理问题。督促客渡船管理人履行安全主体责任，严格落实恶劣气象禁限航措施，加强船员安全培训和客渡船应急演练，督促指导客渡船管理人完善相关应急预案，开展客渡船应急演练，提高船员和乘客应急能力。加强重点时段客渡船安全监管，通过电子巡航和现场巡查结合，有效监控客渡船航行动态。开展渡运安全知识宣传教育，增强群众安全意识，自觉抵制非法渡运行为，形成良好氛围。“护航学生渡”活动在央视综合频道、央视新闻频道、东南卫视、福建电视台等多个电视频道播出。推进辖区老旧客渡船舶更新改造，政府累计投资1400余万元，新建1艘客渡船和1个渡运码头，新增运力88客位，客渡船平均船龄大幅降低，渡船运力和技术状况明显改善。新建渡船投入营运前，泉港海事处提前调研摸底，鼓励引导乡镇人员参加沿海小型船舶船员适任培训，多方协调培训机构开展船员适任和等级提升“定制”培训，5名渡船船员参加培训并获得证书，有效缓解渡船持证船员储备不足难题。

【扣押船舶安全管理】 2019年，泉港海事处加强地方协作，推动泉港区政府召开扣押船舶安全工作协调会并下发会议纪要，明确由扣押单位作为船舶安全工作第一责任人，落实扣押船舶各项安全工作。明确相关沿海镇政府的属地管理责任及有关单位安全监管职责，为扣押船舶安全隐患治理打下来良好的基础。针对长期扣押船舶制定安全防范措施，泉州海事局向泉州、平潭、莆田海警局发出扣押船舶相关安全建议函，促进双方信息互通、协力共为。加大扣船水域现场巡查力度，检查被扣船舶配员、值守、日常维护保养情况，并督促扣船单位落实船舶管理责任。查处扣押船舶11艘，并及时将9艘大型船舶移出海底管线、航道等附近水域，保障辖区良好通航环境和秩序。

【“两船”和涉砂船舶专项整治】 2019年，泉港海事处按照上级单位工作部署开展“两船”和涉砂船舶违法行为。加大重点水域和岸线的巡航巡查工作力度，摸清辖区砂场、海上砂石运输作业点，掌握砂船违法作业规律。充分运用船舶报告系统和AIS、VTS等信息化手段，加大查处工作力度，从严从重处置违法行为，处罚、滞留、扣证、移送多措并举，有效震慑砂船违法行为。加强空船出港船舶跟踪，协同沿海海事机构，查处“神鱼69”等多艘沿海散货船出港后关闭AIS参与过驳运输海砂违法行为，为涉砂船舶查处提供泉州“样本”。加强与海警部门建立砂船查处协调联动机制，运用行政调查、刑事侦查手段，打击涉砂违法船舶形成监管合力，有效遏制辖区船舶采运砂和内河船舶参与海上运输等违法行为，维护辖区安全形势稳定。

【优化营商环境】 2019年，泉港海事处推进“单一窗口”建设、提升政务服务水平、提高港口服务保障能力等方面优化营商环境，提升服务质量。持续优化通航环境，做好重点水工项目监管与服务，配合交管中心做好湄洲湾船舶定线制实施、做好现场交通组织维护，优化交通组织模式。沟通协调辖区清污单位，联合港口主管部门，通过走访协调市政、城管等部门指导峰尾镇污水处理厂与船舶污染物接收单位签订接收处置协议，畅通船舶污染物上岸处置渠道，构建污染防治体系。深化海事政务改革，实行海事业务“网上办”“远程办”“预约办”“定期办”。优化船员任解职管理模式，开展港建费稽核、油污基金征收等开展业务远程受理。纸质舱单由代征单位留存和定期提交，减少服务对象出行办理海事业务频次。实行电话预约服务，安排服务对象错峰办理海事业务，提升窗口服务水平。立足海事职能，服务湄洲湾航道工程建设，加强对湄洲湾专用航标管理，协同有关部门推进湄洲湾内航标布设优化，为超大型船舶进出湄洲湾提供良好通航安全保障。经过前期调研，发挥市场主体作用，推进VLCC进出护航监管模式由警戒式护航向监督式护航转变，缩短交通管制时间，提高湄洲湾港口通航效率和码头生产效率。

边防检查

【概况】 2019年，肖厝出入境边防检查站完成年初提出的保先进、走前列、树品牌、打样板的既定目标，完成各项安保任务，有效维护口岸的安全稳定，站党委连续8年获评“先进支队级党委”。全年共检查出入境（港）船舶1232艘次，员工25215人次，查获违法违规案件1起。

【落实安保任务】 2019年，肖厝出入境边防检查站专题研究部署大庆安保工作，落实安保时期勤务等级响应机制，强化“三条底线”工作，全面织密口岸管控防线。联合莆田边检站启动口岸锚地联合执法暨湄洲湾海域“靖湾”1号、2号、3号系列行动。与泉港公安分局、泉港海关、泉港海事处签订《肖厝口岸管控合作协议》，与泉州国安局、泉州反恐支队签订《反恐工作合作协议》，与泉港、惠安两地公安机关国保部门建立联络员机制，全面提升口岸管控合力。

【增强管控能力】 创新优化勤务模式，推行小单元执勤，调整勤务小组结构，实行弹性派警，提升用警效能。严格船舶管理，严防涉恐人员潜入潜出。成立台轮监管服务课题组，对台轮100%实行梯口监护，停泊点100%实行日巡查，台轮代理100%完成备案工作。构建诚信体系，出台《肖厝口岸出入境边防检查诚信管理实施办法（试行）》，召开警企联动暨口岸信誉管理座谈会，对码头企业及代理公司两类港口涉外企业实施诚信化管理。

【提升服务效能】 2019年，肖厝出入境边防检查站深入实践企业服务专员措施，制定《外走马埭码头边防检查配套设施建设指导意见》，指导中化外走马埭码头泊位对外开放事宜，帮助企业加快推进拟新增外贸作业点的前期准备工作。健全大型油轮快速通关“133”工作机制，践行24小时全天候通关服务，实行“单类货物、专项通关”的个性化服务和“即时查验、即停即验”的便利化服务。

财 政

【概况】 2019年，泉港区一般公共预算总收入96.92亿元，比上年下降9.3%。其中，地方一般公共预算收入25.32亿元，比上年下降28.0%。全区一般公共预算支出32.98亿元，比上年下降7.7%。

【减税降费规范收入】 2019年，泉港区研究更大规模减税降费政策落地措施，全年落实减税降费7亿元。面对联合石化公司效益大幅下滑的严峻形势，加强重点行业、税源企业跟踪服务。依托税源信息共享机制，强化流动性税源和非税收入征管。争取出口企业增值税免抵调指标入库，落实培植税源拓宽收入措施，争取总部经济、销售等域外税源回流，部分弥补税收收入缺口。

【向上争取资金】 2019年，泉港区围绕石化安控区和民生重点项目建设，调整政府性建设项目筹融资工作小组，落实正向激励措施，调动向上争取资金的积极性。全年累计向上争取资金29.015亿元，有效补充石化安控区项目资金。做好石化工业区基础设施建设等专项债券发行前期准备工作。

【调整优化支出】 2019年，泉港区强化预算刚性约束，严控一般性支出和新增支出，全区“三公”经费持续下降，压减部门公用经费预算10%、专项经费预算30%，集中财力保工资、保运转、保基本民生。盘活沉淀资金，收回结转结余资金2.33亿元，优先用于民生急需支出的领域。

【补齐民生短板】 2019年，泉港区投入教育经费8.23亿元，重点支持实施20个中小学（幼儿园）新改扩建项目，提高生均公用经费标准，推进教师职业素养和“三名”工程，推行第二批“区管校聘”体制改革；投入文化旅游体育与传媒经费2968万元，支持新建健身步道、多功能运动场，支持举办第七届全民健身运动会，支持融媒体中心建设和国家公共文化服务体系示范区创建；投入社会保障和就业经费3.48亿元，支持进提高养老、低保标准，落实降低社会保险率政策和拆迁人群就业帮扶措施；投入卫生健康经费2.83亿元，中医院建成投用，妇幼保健院迁址重建等项目建设加快推进，打造泉港特色医联体。

【保障实施乡村振兴】 2019年，泉

2019年11月14日，全区实施乡村振兴战略暨农村人居环境整治和科技特派员工作推进会召开 （区委报道组 供图）

港区探索建立涉农资金统筹整合长效机制，投入乡村振兴资金1.36亿元，支持抓好美丽乡村等项目建设。投入农林水事务经费2.95亿元，推动农业农村加快发展。投入节能环保经费3395万元，支持抓好上级环保督察反馈问题整改，推进农村人居环境整治，做好垃圾分类、“厕所革命”等重点工作。拨付援宁、援藏、援疆资金2200万元。

【助力吉祥泉港创建】 2019年，泉港区助推“强基促稳”三年行动，推进吉祥泉港创建。投入公共安全经费1.55亿元，支持“雪亮工程”和城市安全信息系统建设，推进扫黑除恶专项斗争。支持落实安全生产责任制，开展危化品、道路交通、消防、食品药品等11个专项整治。

【支持经济发展】 2019年，泉港区出台促进物流、销售等行业发展措施，落实惠企政策，延续企事业单位人才个人所得税奖励，兑现各类企业扶持资金7219万元；投入科技经费6696万元，支持实施“双创泉港”战略和人才倍增计划以及各类科技企业申报，加快企业转型升级。组织银企对接项目31个、授信88.95亿元；帮助办理企业应急转贷10笔、1.12亿元。

【支持园区建设】 2019年，泉港区倾斜保障石化安控区项目建设资金需求，全年投入石化安控区建设资金61.75亿元。完善石化安控区财务管理、固定资产等制度和协议审核、资金拨付审批流程，确保资金使用安全。筹集资金9400万元，加快南山片区基础设施、公用配套等四大类项目建设。

【支持城市建设】 2019年，泉港区筹集城建资金4.41亿元。创新财政投入方式，吸引社会资本参与城市建设，完善市政配套设施，泉港医院病房楼2#楼等一系列民生综合配套项目加快推进；南山南路等道路持续提升改造；同时投入资金4.4亿元支持推进福厦客专泉港段（站）建设。支持推进城市精细管理。

【提高理财水平】 2019年，泉港区财政局组织业务培训，完成新旧政府会计制度衔接，制定差旅费、培训费等管理规定有关问题解答，规范社会化培训费用报销，完善行政事业单位国有资产管理规定，制定国有资产综合报告、专项报告，编制国有资产月报，机构改革期间国有资产管理有序交接。严格执行国库集中支付、政府购买服务、政府采购、投资评审，节约资金成本4500万元。深化预决算公开，66个一级预算单位全部完成预决算公开，完成财政部预决算公开检查。重点开展“1+X”和财政决算账表一致性等专项检查。编制政府财务报告，积极创建全面实施预算绩效管理示范点，专项资金绩效覆盖率100%，开展5个单位预算资金重点绩效评价和2个部门整体绩效评价。

【深化国企改革】 2019年，泉港区财政局推进区直部门与所属国有企业脱钩改革工作。完成区属国有企业经营性资产清查工作。建立国有企业违规责任追究和企业负责人经营业绩考核制度。全面完成薪酬制度改革，全员签订劳动合同。国投代理记账公司完成156家单位记账业务。完成区属国有企业退融资平台工作。

【牢守风险底线】 2019年，泉港区财政局编制行政事业单位内部控制报告，加强银行账户和国库资金管理，出台预算单位资金存放管理办法，开展财政暂存暂付性款项清理。制定《泉港区化解政府债务和隐性债务工作方案》，逐项落实化债措施。规范实施PPP项目，5个PPP项目合计44.29亿元已退出隐性债务监测平台，开展PPP项目合规性审查，调整2个PPP项目规模，减轻财政承受压力。

税 务

【税收概况】 2019年，泉港区组织各项收入106.46亿元。其中，累计完成税收收入95.04亿元，非税收入11.42亿元。完成一般公共预算总收入93.23亿元，完成一般公共预算收入21.32亿元。区税务局及时向区政府报送税收调研，为政府决策提供参考，区政府在《关于加强存量房税收管理的报告》《2019年1—11月税收收入执行情况的报告》《关于开展新一轮减税降费政策宣传的报告》《关于建议福建联合石油化工有限公司调整为按月申报出口退税的报告》等报告中做出批示，肯定税务部门对地方经济发展所做贡献。

【减税降费】 2019年，泉港区税务局成立减税降费工作领导小组，制订下发《泉州市泉港区税务局落实减税降费工作运行机制》，按周下发“周任务清单”，组织召开10次党委会，11次局务会，2次减税降费推进会，14次周汇报会，8次党委中心组学习，推进工作落实。制订宣传工作方案，开展“税收宣传月”活动，举办“纳税人学堂”、企业家财富沙龙、职业女性沙龙、建安行业税收管征座谈会等活动，分行业、分政策类别开展辅导；党员干部上门服务企业，开展“滴灌式”“一对一”精准辅导，将政策精准推送到户。全年累计新增减税降费6.94亿元，受惠企业7.14万户（人）次。

【专项排查整治】 2019年，泉港区税务局建立政策执行和效应分析反馈机制，加强风险分析防控、统计核算，开展疑点数据核实清理、专项税负调查和政策辅导、第三方借减税降费服务巧立名目乱收费情况专项排查整治，确保纳税人应享尽享减税降费政策。与区纪委监委共同制定《减税降费政策监督检查工作方案》，建立日常监督工作联系机制，联合开展减税降费企业专题座谈会、干部座谈会及企业实地调研，推进政策落实。

【税种管理】 2019年，泉港区税务局落实深化增值税改革政策，准确兑现调整增值税税率政策、不动产一次性抵扣政策、生产、生活性服务业纳税人可抵扣进项税额加计扣除政策、增量留抵退税政策及扩大普惠性小微企业增值税优惠政策。优化出口退税服务，提高退税办理效率，压缩各环节业务办理时间，完善业务传递流程，退税平均办理时限压缩在10个工作日以内，为当地外向型经济发展注入强劲动力。推行车购税网上申报，推广使用电子完税凭证，优化纳税人办税体验，实现足不出户纳税。电子完税凭证加强税务部门与车辆登记部门的信息共享，提高车购税各部门协同共治水平。加强年度汇算清缴，2018年度企业所得税年度申报应申报3976户，申报率为100%。落实小型微利企业所得税优惠政策，2018年度盈利小型微利企业577户，享受小型微利企业所得税优惠777.81万元。加强个税改革工作，2019年个人所得税减除费用调整政策，减免税额5671.万元，享受人数4.88万人 ；专项附加扣除减税金额782.55万元，实际享受专项附加扣除人数7230人。与自然资源局、住建部门建立工作联动机制，推进税收共治，完成建筑扬尘环保税的首个征期申报任务，申报率、入库率达100%，入库税款28.61万元。做好涉外税收管理工作，服务“走出去”企业，做好反避税案源审核工作，稳步推进国际税收管理。

【税收征管】 2019年，泉港区税务局加强欠税清缴，与法院、检察院建立交流合作机制，做好欠税综合治理、有效防范新增欠税。加强稽查积案清理，克服人手不足、稽查办案经验不足等困难，完成积案清理工作。结合四部委打击虚开骗税违法犯罪两年专项行动和扫黑除恶专项行动，对税务登记信息、发票进销项信息、申报数据进行深度分析和综合研判，统筹开展风险识别应对。制定推行工作方案，建立联络员工作机制，促进严格规范公正文明执法。开展1期专题培训，加强宣传辅导，夯实工作基础。对执法公示工作落实情况进行1次督导检查，及时的查缺补漏。开展执法公示工作情况督察1次，重点关注行政处罚和定期定额公示及时性及规范性，推进推行工作。

【纳税服务】 2019年，泉港区税务局完成办税厅改造，优化办税厅功能建设，增设1个自助办税体验区、1个专家团队咨询辅导工作区，增加15台自助办税设备，1块宣传显示屏，为纳税人提供更加便捷舒适的办税环境。窗口人员实行日学习、周测试方式，开展业务测试23次，业务小结19期，各类业务培训27期。落实《全国税务机关纳服规范》、便民办税缴费十条新举措及“最多跑一次”清单。推广网上办税，录制电子税务局操作视频25个，自然人税收管理系统操作视频13个。建立局领导值班制度、征期会商制度、周汇报制度，组建专家团队、税收志愿服务队，开设政策咨询服务岗，实行纳税申报提醒纠错、错峰申报，提高服务质效。建立纳税人诉求快速响应机制，召开座谈会、开展“大走访”、发放问卷调查，进行工作回访。办理人大代表建议和政协委员提案，与人大代表面对面恳谈，实地勘察调研，办理答复4件人大代表建议。根据第三方满意度调查结果，制定《泉港区税务局提升纳税人满意度整改方案》，形成整改任务清单，完成10个方面整改工作。

石化工业园区

【概况】 2019年，泉港石化工业园区围绕打造“先导先行的石化产业生态圈”目标，紧扣“安全环保、招商落地、服务配套、党建引领”四条工作主线，抓好签约、开工、投产三个关键环节，集中力量开展项目攻坚，推动园区经济高质量发展。推动石化产业集群发展，实现石化产值964.42亿元，完成税收81.5亿元，连续七年跻身中国化工园区前20强。

2019年3月7日，泉港石化工业园区2019年工作会召开　（区委报道组 供图）

【盯优择商】 2019年，泉港石化工业园区实施以商引商、产业招商，认真做好项目招商推介、服务对接，新签约国乔石化丙烷脱氢及聚丙烯、百宏石化年产250万吨PTA、中国燃气液化烃码头仓储、西建40万吨/年聚羧酸减水剂、天骄二三期聚醚多元醇、循环再生PET纤维等6个项目，总投资237.14亿元。储备联合石化二期120万吨/年乙烯及其下游配套项目、双氧水及环氧丙烷、烷氧基化新材料、聚苯乙烯、MDI精馏厂等项目，总投资464.8亿元。

【项目建设】 2019年，泉港石化工业园区实施“项目攻坚2019”“春季攻坚行动”活动方案，推进项目建设进度。是年新开工中海油服新材料、百宏石化250万吨/年精对苯二甲酸（PTA）、佑达精细电子化学新材料、凯美特10万吨/年食品级二氧化碳、联合石化30万吨/年烷基化装置、钜港油脂废弃物综合利用（二期）等6个项目，总投资71.91亿元。新投产佳化乙（烷）氧基化物、凯平肯拓聚氨酯汽车新材料、路桥混凝土减水剂等3个项目，总投资4.52亿元。联合石化初步计划在2023年前投资357亿元新建二期120万吨/年乙烯裂解及其下游配套苯乙烯、环氧丙烷、EO/EG、丙烯腈、苯酚丙酮等项目，主要产品将留在园区延长下游产业链。

【循环经济】 2019年，泉港石化工业园区密切跟进国家循环化改造示范试点工作中期调整及延期验收方案批复情况，督促调增企业加快建设进度。严格按照规范管理专项资金，截至2019年底下达循环经济发展专项资金总计8755.31万元，园区适时组织区直相关部门对项目专项资金使用情况等进行检查，确保资金使用安全、规范、高效。

【强化隐患排查治理】 2019年，泉港石化工业园区组织迎接国务院安办危化品重点县专家指导服务、国家应急管理部危化司专项执法检查等各级巡查共15次。贯彻落实国家应急管理部“两个导则”，建立安全隐患排查长效机制，常态联合行业主管部门，邀请相关专家对园区各入驻企业、在建工程开展巡查，在春节、两会、清明、“五一”国际劳动节、国庆和汛期等重要节点加密巡查。2019年，对入园企业开展各类安全巡查43次，巡查企业116余家次，发现隐患及问题233项，全数整改到位。

【提升应急处置能力】 2019年，泉港石化工业园区完善充实园区危险化学品应急预案等预案，严格执行值班值守制度，强化应急知识培训，建立泉港石化工业园区突发事件应急指挥平台指挥ABC岗制度，确保如遇突发事件时能够快速反应、高效应对。编制《泉港石化工业园区危险化学品事故应急处置信息手册》及《泉港石化工业园区危险化学品事故紧急隔离及疏散信息指导手册》，为危险化学品应急处置工作提供理论指导。常态化开展应急演练工作，是年共组织开展应急演练共15次，有效强化政企协同能力。

【夯实环保安全基础】 2019年，泉港石化工业园区集中力量，整合资源，抓好各类设施建设，推进各项环保安全基础性工作。泉港石化工业园区突发事件应急指挥平台完成最终验收，优化软件平台功能，基本实现园区企业监控全覆盖；有毒有害气体监控预警平台建设前期工作顺利推进，完成园区重大危险源企业、周边敏感保护目标和主要特征污染物调研工作，平台建设方案通过专家评审；推进南山片区企业应急池接管，6家企业完成接管；协调联合石化将污水纳入园区污水处理厂，推进东鑫、振戎、中燃、东港等企业共建管道将污水纳入园区污水处理厂，提升突发环境应急能力；完成《泉港石化工业园区安全生产风险评估报告》及《泉港石化工业园区整体性安全风险评价报告》，科学核定安全风险容量，提出消除、降低或控制安全风险的对策措施。

【配套服务建设】 2019年，泉港石化工业园区推进园区配套设施建设，为园区产业项目提供良好的承载基础和支撑条件。国电储灰场工程项目竣工海域使用正式通过自然资源部填海竣工海域使用验收；协调南山片区一期征迁扫尾工作，完成土地平整约650亩、坟墓搬迁210多座，为园区入驻项目提供用地。协调解决历史遗留问题6个，丈量土地约100亩，推进约570亩的土地报批。推进规划修编，《福建省湄洲湾石化基地（泉港、泉惠）总体发展规划（2018—2030）》及规划环评由市发改委上报省上，待省上按程序批复实施；《泉港石化工业区安全控制区概念性规划》通过市发改委、资源规划局组织的专家评审，并上报市政府批复；《南山片区二期控制性详细规划》完成初稿编制，并组织征求各部门意见。统筹推进园区配套项目建设，其中桥溪路等6条道路工程完成产值14850万元，全部完工；东邱路（二期）完成地基处理；西滞洪区完成总工程量75%，包括挡墙4.1千米，栏杆3.8千米，土方开挖约95万立方米，铁塔加固11座；湄洲湾肖厝港区肖厝作业区18A、18B、18C号泊位工程完成门卫箱式变电站施工；公用管廊（一期）延伸段工程完工，公用管廊下方地面硬化和防腐工程完成项目竣工验收工作，一期支管廊（通港铁路段）工程和一期支管廊——下穿漳泉铁路斗尾支线工程完成项目建议书审批和方案设计、初步设计（代可研）评审；新增泉州水汇、佳化化学、南山供热、凯美特等企业租赁管廊各类管线面积约902平方米；园区绿化项目竣工；仓埔路二期综合管网完成工程规划许可证办理；公共污水管网专项工程（近期第二阶段）已完成施工预算审核；桥溪路二期综合管网第一阶段已竣工；南山片区一期土方加高工程完成施工进度85%。坚持“企业是我的”园区服务理念，实行“周协调、月调度、季小结”及“三个一”等工作机制，解决园区项目建设中存在问题和瓶颈制约，是年为入驻项目单独专项协调65次，集中组织项目调度会11次，共为企业协调解决问题76项，服务次数达1984次，尽心为企业排忧解难。做好政银企对接工作，促成天原化工等4家企业与银行达成协议，授信金额3.34亿元，助力企业发展。

新材料高新技术产业园区

【推进众创园规划建设】 2019年，泉港区新材料高新技术产业园区推进众创园规划建设。完成部分场地清理、保安保洁进驻，完成项目建议书立项批复及方案设计、初步设计及概算、施工图设计等。积极招引科研团队入驻，利用现有厂房，与各高校科研团队洽谈，引进佑达环保、沃登卡、艺邦新材料、嘉峰新材料、友好高分子材料协同创新平台（研究院）、永芳科技6家团队入驻。2019年，实现租金收入22.38万元。改善提升众创园环境，投入资金5万元，对石化科技众创园内道路路面进行硬化，委托专业消杀机构对众创园办公楼、宿舍楼等开展白蚁消杀及道路周边杂草清除，不断改善入驻团队生产生活条件。四是积极对接运营机构。与北京国科兴和投资管理有限公司、福建省华创启达投资有限公司等对接管理事宜，推动众创园专业化、市场化运营管理。

【谋划主业经营】 2019年，泉港区高新产业园区建设公司跟投市级创投基金，认缴1000万元，入伙由市金控集团发起的泉州人才创新创业投资基金，吸引该基金在泉港投资1995万元，用于本益新材料新建自动化生产线技改项目，助推泉港企业提质增效。规范孵化基地运营，投入资金约95万元，开展孵化基地环境整治及配套设施修缮，提升物业管理水平，为入孵企业创造良好环境。结合区政府与福师大第二轮合作，与泉港石化研究院签订孵化基地整体租赁协议，增加经营性现金流收入，实现国有资产保值。2019年，孵化基地通过省科技厅省级科技企业孵化器核定，将享受多种免税政策。壮大公司资产，响应上级鼓励国有企业盘活闲置资产政策，参与司法竞拍，成功竞购原领亿新材料地块，采取电话沟通、走访、发函等多种方式催促丰泽法院清理移交用地，缴交相关税款，办理不动产权过户，短期出租部分厂房约3000平方米给百川公司用于仓储。着手设立区级产业基金，对接泉州市人才创新创业基金，筹建区级产业基金，完成基金组建方案初稿。

【园区管理服务】 2019年，泉港区新材料高新技术产业园区抓好规划编制，委托石油和化工规划设计院，完成《泉港新材料高新技术产业园区总体发展规划》和《泉港新材料高新技术产业园区产业发展规划》编制，合理布局高新园区规模范围、规划定位、产业体系和空间结构，区政府第45次常务会议研究通过。申报服务业示范区，泉港新材料高新技术产业园获批第三批泉州市现代服务业集聚示范区，获50万市级补助资金。以泉港新材料高新区为载体，申报参评第三批泉州市现代服务业集聚示范区并成功获批，获得50万元奖励金。配合开展招商选资，配合高新区管委会引进各类项目27个，总投资约26.6亿元，其中投资5000万元以上的工业项目12个（开普勒新能源、万家鑫扩建项目、工力文化产业园、新耀新材料、通灵鹿业、迅达石化、灿华再生资源、智能中医太空舱、金维他、普洛斯、建华三期、百川三厂）。筹资做好园区内设施管养。针对园区内部分路面破损、窨井盖缺失和路灯、变压器损坏等问题，筹资17万元进行维修更换，及时消除道路交通安全隐患，保障企业生产和群众出行需求。

【推进国企改革和企业党建】 2019年，泉港区高新产业园区建设公司有序完成公司整合，在按要求完成子公司股权划拨、理清资产权属、配合开展审计等工作的基础上，率先启动并按要求完成自聘员工考核、合同签订、人员“三定”和薪酬制度改革等工作。严格执行“三重一大”制度，每月定期报送决策事项。积极开展工会活动，组织开展“庆五一”系列文体活动，规范工会经费使用，保障员工福利。

【安全生产管理】 2019年，泉港区新材料高新技术产业园区严格落实安全生产“一岗双责”，定期召开安全生产工作会议，分析安全生产工作形势，与各建设项目施工单位、众创园入驻团队签订安全生产责任书，将安全生产责任层层分解落实。开展安全生产宣传教育，联合泉港石化研究院举办消防安全知识培训及演练活动，抓好防汛抗台风期间各项安全工作。组织开展安全生产大检查，对检查出来的问题，严格督促责任单位和人员落实整改措施并反馈整改结果。全年共开展各类安全生产检查10余次。强化公务车辆安全管理，加强驾驶员安全教育，落实车辆定期维护保养，全年未发生人员伤亡生产安全事故。

【推进代建项目】 2019年，泉港区高新产业园区建设公司先后承接代建项目14个，克服人手较少且缺乏工程专业人员等困难，采取有力措施，推进项目建设。已完工并办理初验5个，分别是驿坂高速出口连接线绿化提升工程、泉港区民兵训练基地靶场、驿坂廊道拓宽改造及立面整治工程（一期）、泉港中医医院修缮工程（一期、二期）；正在施工5个，分别是驿坂廊道拓宽改造及立面整治项目（二期）、妇幼保健院迁址重建（一期）项目、儿童福利院、泉港医院病房大楼2号楼、驿峰西路改造提升工程；正在办理前期手续4个，分别是泉港职业中专学校、泉港职业中专学校实训中心、泉港石化科技众创园（一期）、泉港中医医院修缮工程（三期）等。

【突破筹融资困境】 2019年，泉港区高新产业园区建设公司主动与各类金融机构、证券公司商洽对接融资工作，利用公司现有资源，优化企业经营资产和财务报表，开展筹融资工作，寻求资金支持。成功获得建行泉港支行流动贷款3000万元、招行洛江支行贷款5000万元、农商行泉港支行960万元贷款到位。

种植业

【保障粮食生产】 2019年，泉港区粮食播种面积1980公顷，总产量1.12万吨粮食生产计划层层分解落实到村到户。完成全区水稻生产功能区划定成果验收工作，共涉及5个镇（街道），38个行政村。共完成701.44公顷划定任务，符合上级验收要求，验收合格。推进粮食直补、良种补贴、农资综合补贴“三补合一”改革，2019年发放农业支持保护补贴507.5万元。加快建设高标准农田，2019年组织勘察设计面积共计212.8公顷，建设440公顷。

【绿色农业发展】 2019年，泉港区实施化肥农药使用量零增长减量化行动，建立茶树病虫害绿色防控示范区18.67公顷，示范带动茶区推广面积193.33公顷；推广农作物病虫害绿色防控3520公顷，统防统治3906.67公顷；实施测土配方施肥项目，采集送检土样27个，开展粮油作物肥料校正试验5个，建立早稻配方肥示范片13.33公顷，示范推广有机肥400公顷，辐射推广测土配方施肥面积9333.33公顷；推进粮食绿色高产高效创建，推广优质稻1333.34公顷。开展“三品一标”认证工作，2019年完成绿笛公司、争艳农场无公害农产品复查换证工作，配合市局开展金维他公司绿色食品年检工作。开展第二次农业污染源普查，完成150个典型地块进村入户调查，数据录入和质量审核。开展农产品产地环境监测，完成2019年农产品产地环境监测30个农产品样品采集、送样工作。

【农安监管建设】 2019年，泉港区共27家生产主体纳入省追溯平台，开展生产记录录入到省追溯平台及源头赋码、一品一码、贴码销售。积极开展农产品质量安全检测，完成省农业厅抽检样品27个，市农业局抽检样品60个，区、镇两级抽检4987个样品快检任务，合格率均为100%。

【推进一二三产融合发展】 2019年，泉港区推进设施农业建设，新建设施农业大棚19.33公顷，总投资1800万元，争取省级补助资金437万元。开展2019年度省级农民创业示范基地建设，共确定6个承建单位，总投资5050万元；开展2019年省级农民创业示范基地市级补助项目，共生成2个建设项目，补助环节投资131万元。开展2019年市级现代农业产业园建设，2019年共生成建设项目2个。

林 业

【造林绿化】 2019年，泉港区根据《泉州市人民政府办公室关于统筹推进2019年造林绿化工作的通知》要求，全区植树造林和森林经营任务209.33公顷，其中“三沿一环”森林景观带100公顷、村庄绿化19.33公顷，省级森林村庄2个、珍贵用材树种造林10公顷、其他造林更新80公顷。完成造林211.87公顷，占任务的101.2%，其中“三沿一环”森林景观带100.19公顷，村庄绿化19.7公顷，珍贵用材树种造林10.08公顷，其他造林更新81.91公顷。以“两高一重”沿路森林景观带、中心城区一重山景观林、乡村风景林等为重点，推进全区造林绿化工作的开展。以“3·12”植树节为契机，加强宣传力度，调动广大人民群众参与造林绿化的积极性。聘请第三方对2018年的造林补植和2019年造林项目进行验收。

【森林防火】 2019年，泉港区强化责任落实，区森林防火指挥部与各镇（街道）签订《森林防火目标责任状》，并要求各镇（街道）对森林防火工作落实网格化管理制度，层层落实森林防火行政领导负责制，按照扑火预案要求认真落实各项工作，多次组织开展对各镇扑火器材设施和森林扑火队伍建设进行全面督查。完善队伍物资，对全区的防火物资情况进行调查摸底，及时补充采购物资，结合机构改革，向区森林消防大队配置森林防火物资，并向上级争取资金和设备，向上级争取物资12万元，按标准及时更换采购各类森林防火物资器材，及时与森林派出所沟通协调，在原区级森林防火器材库需拆除重建的情况下，及时在附近新建一处用于放置森林防火器材，确保火灾时能提供充足、高效的物资器材。做好关键时期的防火准备工作，印发清明节期间森林防火工作方案，协调有关部门共同做好清明森林防火工作，检修森林防火器材，发布禁火令。部署开展科冬季森林防火工作。广泛宣传发动，印发《森林防火宣传手册》等宣传材料5000份，利用区电视台、镇、村广播、林区防火宣传栏等，广泛宣传森林防火法律、法规，以及野外用火、管火、灭火的基本常识，森林火灾危害性、森林防火重要性和生态环境保障保护必要性，提高全民森林资源保护、生态环境保护、森林防火意识。全区没有发生重大森林火灾。

【森林防疫】 2019年，泉港区自然资源局做好普查，针对往年普查力度不够，对松枯死木掌握不全、不及时情况，聘请第三方对全区松枯死木进行普查，并取样送检；加强日常工作，购置松墨天牛诱捕器160套，白僵菌粉炮5000发对全区松林开展病虫害防治。重点做好全区的松枯死木清理工作，及时下发资金，安排松枯死木伐后的处理工作，确保松枯死木清理工作有序开展；制定《泉港区2019—2021年松材线虫病防控实施方案》和《泉港区前黄镇2019年松树林分采伐改造项目作业设计书》，完成专家认证；推进前黄镇古县村松林进行预防性改造；积极向省、市林业主管部门争取资金支持，争取资金50万元；部署全区其他镇街道开展松枯死木清理工作。

【项目服务】 2019年，泉港区自然资源局针对生态公益林没有储备库，基础设施项目又急需报批的情况，向全区各单位进行摸底，将摸底情况向区政府进行申请储备库赎买29.6公顷。在涂岭镇路口村建立储备库9.6公顷，充实储备库。配合各个项目建设的规划和前期准备工作，针对今年生态公益林使用的项目限制政策，对每个项目建设的规划及时进行调整，争取市局用林指标。转报涉林报批项目13个，获批林地面积23.2248公顷。委托第三方进行湿地调查，针对前期湿地斑块与现状存在差异情况，委托第三方对全区湿地进行监测，对有差异的地块及时进行更正，上报省林业局进行审核。根据全区生态区位商品林较少，前期生态公益林界定较为分散的情况，探索生态公益林布局优化，结合饮用水库周边林分改造，制订《泉港区菱溪水库周边林地赎买改造方案》，计划将菱溪水库周边的商品林地赎买后调整为生态公益林，给林权所有者适当补助，对全区生态公益林进行布局优化。

【林业安全生产、改革与执法工作】 2019年，泉港区自然资源局对全区的林业生产企业进行检查、宣传、培训，补充各种安全物品和设备，提高安全生产意识。推进国有林场改革，推进2018年扶贫项目建设，并完善省级森林公园规划，做好2019年为民办实事项目工程设计指标、施工等工作。加强林业执法工作，及时向区政府请示，与区森林派出所沟通协调，做好2018年森林督查核查工作，护林员加大巡逻，及时制止非法占用林地、盗滥伐等现象。完成第二轮环境保护督察涉林信访件答复整改，部署全区非法占用林地清理整顿工作。

畜牧业

【概况】 2019年末，泉港区猪、羊、禽分别存栏2.83万头、1.35万只、116.84万羽。是年，分别出栏4.47万头、2.98万头、304.07万羽，肉蛋奶总产量1.35万吨，畜牧业稳步发展。

【稳定畜牧业发展】 2019年，泉港区出台《泉港区稳定生猪生产促进转型升级三年行动计划(2019—2021年)》，扶持生猪生产，保障市场供应。取消超出法律法规的禁限养规定，调整后可养区增加210.5平方千米。开展增养补栏工作，会同生态环境、自然资源等部门对全区现有9家规模养猪场进行评估，可调增养殖量近万头（含部分养殖场扩建后养殖量）。指导高风险养殖场（户）按照《感染非洲猪瘟养殖场恢复生产技术指南》采取各项疫病防控措施，提升养猪场动物防疫设施条件，配足消毒“三件套”。支持养殖场新改扩建，提升基础产能。壮大禽蛋产业，稳定畜牧增产，加快设施蛋鸡的发展，福建禾兴生态农业科技有限公司完成前黄蛋鸡养殖基地二期扩建，新增蛋鸡笼位10万羽，年新增新鲜蛋品1500吨，为生猪稳产发展替代品保市场供应。开展示范创建，提升畜产品安全。提高农业生产经营专业化水平，加强对农产品产前、产中和产后各个环节的标准化控制，推动有“标”可依，做到有“标”必依，坚持执“标”必严，突出龙头企业的引领带动作用，泉州市泉港嘉元农牧有限公司完成全区首个优质农产品（畜禽养殖）标准化示范基地创建。

【动物疫病防控】 2019年，泉港区高度重视动物疫病防控工作，强化政府防控责任，强化组织领导，强化检查监测，强化应急管理，确保不发生重大动物疫情，确保畜牧业健康稳定发展。全年共免疫猪口蹄疫、猪瘟、猪蓝耳病各3.98万头，牛羊口蹄疫2.53万头，小反刍兽疫2.42万头，高致病性禽流感103.29万羽，群体免疫密度90%以上，应免率100%。自全国各地非洲猪瘟发生以来，泉港区压实属地责任，严格落实防控措施，完善养殖场、屠宰场生物安全措施，落实风险评估和调运严管常态化，加快"养殖场减栏、散养户清栏"进度，对跨市和跨省调运猪肉产品实行"点对点、批批检"调运管理，组织开展猪肉市场整治行动、生猪屠宰整治行动、餐厨剩余物处理整治行动、生猪养殖生物安全提升行动、国门利剑行动等5个专项行动，建立健全防控长效机制。

【畜禽养殖污染防治】 2019年，泉港区推进养殖污染整治，改善农村人居环境。关闭拆除生猪养殖场（户）23户，其它畜禽养殖场（户）25户，拆除流域河湖涉水违章搭盖散养畜禽，粪污直排、违规养殖等现象得到有效遏制，主要流域水环境得到有效改善。推进畜禽粪污资源化利用，实现种养结合。按照"填平补齐"的原则，实施畜禽粪污资源化利用整区推进项目，通过推行节水改造、雨污分流、干湿分离、沼气发酵、种养结合等粪污处理利用技术，完善配套粪污收集、储存、处理、利用等整套粪污处理利用设施，建设种养结合工程9个，有机肥加工工程1个（含1个有机肥厂项目、2个粪便发酵仓项目），完成投资429.6962万元。实施有机肥代替化肥行动，全年推广有机肥6万亩。是年全区畜禽粪污综合利用率95.15%，规模养殖场粪污处理设施装备配套率100%。

【动物卫生监督】 2019年，泉港区做好动物检疫监管和动物检疫电子出证管理。2019年全区产地检疫生猪3.7257万头，屠宰检疫生猪10.0008万头，监督屠宰环节无害化处理病害猪114头，病死猪无害化处理率达100%。加强动物及动物产品质量安全执法督查，推进畜牧兽医"双随机一公开"监管。全年共开展"双随机一公开"执法检查7次，出动执法人员135人次，检查屠宰场21家次，规模养殖场14家次，兽药经营店10家次，微生物实验室2家次，动物集贸市场4家次，诊疗机构2家次，养殖及屠宰环节"瘦肉精"抽样检测4286头份，检测结果均呈阴性，合格率100%。全年案件查处11起，其中查处动物违法调运案件9起。组织开展动物检疫技能竞赛，培养动物检疫专业队伍。积极组织开展动物检疫技能培训，并选拔优秀人员参加泉州市2019年动物检疫检验职业技能竞赛，1人荣获个人三等奖。

渔 业

【概况】 2019年，泉港区水产品总产量8.81万吨，同比减少0.6%。其中：2019年海水养殖产量6.12万吨，同比增长1.8%；2019年捕捞产量（包括近海捕捞）2.56万吨，同比减少6.1%；2019年渔业经济总产值10.96亿元，同比下降0.6%。

【服务渔业】 2019年，泉港区做好渔业生产服务工作，确保强农惠农政策落实到位。完成2018年度捕捞机动渔船油价补贴发放工作，发放61艘渔船油补资金314.2967万元。发放2017年度渔船更新改造补助资金280万元，完成2018年度更新改造项目申报，新造渔船3艘，向上申请补助资金168万元。制定《泉港区水产品质量安全管理工作方案》和《泉港区水产品中禁用药物残留快速检测工作方案》，完成2019年国家级和省级产地水产品质量安全监督抽检，抽检南美白对虾等经济品种8个批次，海水贝类风险监测，抽取牡蛎等样品11批次，开展市级水产品质量安全、区级水产品中禁用药物残留快速检测工作，累计完成检测121批次。开展2019年渔业资源增殖放流，分别于7月9日在南埔镇肖厝-惠屿岛海域开展第一次增殖放流活动，投放日本对虾11300万尾、黑鲷27.5万尾、真鲷22.56万尾；10月31日在山外水库开展第二次渔业资源增殖放流活动，投放淡水鱼苗鲢鱼15万尾、鳙鱼12.527万尾。

水利建设

【水利重点项目建设】 2019年，泉港区实施水利项目33个，完成水利投资4.85亿元，占计划（3.75亿元）的129.3%，连续3年投资完成率超过120%。坝头溪流域综合整治累计完成投资3.87亿元，投资过半；争取坝头溪水系连通工程，成为全国65个入选项目之一，2019年度获中央补助资金5000万元；省级重点防洪项目顶五孔水闸改建工程、省级重点水库项目泗洲水库除险加固工程顺利建成并验收投入使用；启动全区农村水系综合整治重点县项目、城乡供水一体化项目规划。围绕乡村振兴，加快实施农田水利设施建设、农村饮水安全巩固提升、清新流域建设和水土保持建设"四大行动"，补齐民生水利短板。农田水利建设投资2600万元，同比增长40.5%；解决农村饮水不安全人口21688人；建成黄田溪、龙马溪清新流域样板工程5.5千米，"生态两岸、富美乡村"格局初显；投资300万元造林168.67公顷，提前完成水土保持任务并超额25%。

【建后管护】 2019年，泉港区在全省创新实行"委托水利设计企业进行水库管护"模式。优化原国有企事业单位养护体制，从根本上实现管养分离，打造水库管护社会化、专业化、常态化"3.0版本"，山外水库作为唯一推介点接受水利部及全国7个省市水利系统代表观摩。开展在建水利工程质量安全“双随机一公开”检查4次，通过互联网向社会公布；落实质量、安全、进度检查整改，通报和反馈问题34个，跟进整改反馈34个；举办2019年防汛业务知识暨小型水库安全运行管理培训班，受训110人。组织区直部门、相关业主对“天地一体化”监管中发现的33个不合规扰动图斑进行整改，已销号6个，已整改17个，正在整改10个；审批建设项目水土保持方案26件，应征收补偿费71.2824万元；完成水土保持设施验收报备项目6个。

【水资源管理】 2019年，泉港区农水局以“中国水周”“世界水日”为契机，通多种形式开展水法律、法规宣传教育活动增强社会公众水法意识、水危机意识和水资源保护意识。举办公开宣传活动2次，发放宣传单3500份、宣传小礼物300份，制作并悬挂横幅30幅，制作户外大型广告牌1座。完成流域面积50平方公里以上河流的河道岸线和生态保护蓝线规划批复工作；完成全区水闸调查摸底，规模以上水闸57座，登记30座；完成全区海堤调查摸底，登记海堤17条，总长42.133千米；完成区内1～10万立方米山塘调查测绘工作，摸底清查山围塘42座，注册登记21座。加大泗洲水库水源地保护力度，增设宣传牌26块，修建环库防护网4.2公里；建成引水渠修复工程，增加年入库水量600万方；建设防汛仓库、水质监测站，提升水库防汛应急保障能力，实现饮用水源地水质实时监测。县级农业水价综合改革总体实施方案（2018—2025年）全省率先编制完成并组织审查；2019年度菱溪水库灌区农业水价综合改革项目获上级批复，并争取补助155万元，完成主体设备安装。

防汛抗旱

【汛情】 2019年，泉港区年平均降雨量1060毫米,与2018年相比减少31.3%，降水量年内主要集中在5—6月的梅雨季节及7—9月的台风季节，主要表现短历时强降雨较多。区防指共启动防台风Ⅳ级应急响应4次，防台风Ⅲ级应急响应1次，防台风Ⅱ级应急响应1次，启动防暴雨Ⅳ应急响应7次，防暴雨Ⅲ级应急响应2次。受台风暴雨影响直接经济总损失508.21万元，受灾人口2130人，转移人口324人。农作物受灾面积1175亩（粮食作物1135亩），损坏护岸5处，城区多处出现内涝，淹没总历时达12小时以上，未发生因台风暴雨而引发的人员伤亡事件。

【旱情】 2019年，泉港区降雨较往年同期值减少较多，水库、塘坝等水利工程蓄水已严重不足，溪流沟渠来水量较少，特别是利园农业、海西农业基地所在的龙马溪，出现多处断流，严重影响农业灌溉，截至12月4日，全区受旱影响农作物面积877亩。为扎实做好防旱抗旱工作，界山镇委托海西农业公司在狮东村新建取水机井1座，投入资金8万元，缓解龙马溪周边农田灌溉用水压力；涂岭、前黄等镇组织修复受损水闸、堤岸等水毁设施，组织清淤疏浚溪沟渠道，减少灌溉水源渗漏，尽可能保证农业灌溉用水；区农水局专门从防汛抗旱经费中安排10万元支持涂岭、界山镇抗旱设施修建。

【防汛备汛】 2019年，泉港区发现各类防汛安全隐患43处，其中水利工程类24处、涉水工程类4处、设备类8处及其他防汛隐患7处；修订完善防汛各类预案，重新修编108个区、镇、村级防汛防台风应急预案，审查审批12座小型水库2019年汛期防洪调度运用计划和防洪抢险应急预案。新增一批救生衣、救生圈、应急发电机等防汛物资与器材。更新调整区直机关干部防汛抢险突击分队和应急分队24支341人，灾后重建施工队伍24支1178人，灾后重建技术队伍21支114人，各镇（街道）防汛抢险应急救援队伍1125人。

【山洪防治】 2019年，泉港区开展2018年、2019年山洪灾害防治项目建设，完成投资188.6692万元，新建2处自动雨量站、1处自动水位雨量站、1处自动水位站更新改造、2处视频监测站、15处简易雨量水位报警器、4处内涝监测设备、28处无线预警广播和9处预警展播系统，升级调整18处视频监测站。

【防汛基础建设】 2019年，泉港区新建11套水位水尺自动识别系统、4套内涝预警系统、9套预警展播系统，项目完成投资78万元；组织对防汛相关责任人及一线应急救援队伍等150余人开展多场次培训，内容包括防汛业务知识、防灾减灾应急管理、应急救援技能等；向泉州森林消防大队捐赠一批防汛抢险用的救生衣、救生绳、铁锹、铁镐、锄头等物资，助力防汛一线应急抢险队伍的救援力量。

工 业

综 述

【规模以上工业实现产值】 2019年，泉港区规模以上工业实现产值1909.31亿元，同比增长9.3%；工业增加值510.66亿元，同比增长7.8%；技改投资同比增长43.1%；工业用电41.10亿千瓦时，同比增长1.1%。

【规模以上工业企业】 2019年，泉港区规模以上工业企业99家，涉及石油化工、纺织鞋服、食品饮料、建筑建材等产业。全区26个工业行业大类中有17个行业产值实现正增长。

石油化工产业集群

【概况】 2019年，泉港区规模以上石油化工企业27家，实现产值1111.16亿元，同比增长11.0%。做长做优石化产业链条，凯美特食品级二氧化碳、佑达精细电子化学新材料等12个项目开工建设，佳化化学等10个项目建成投产。

【示范企业】 2019年，泉港区钟山化工、天骄化学、迅达石化等3家企业项目入选2019年省级智能制造试点示范企业项目。石化园区连续7年蝉联中国化工园区前20强，循环化改造持续推进。

纺织鞋服产业

【概况】 2019年，泉港区规模以上纺织服装与鞋业企业9家，实现产值232.72亿元，同比增长-4.0%。

【绿色项目推进】 2019年，泉区百川科技国家级绿色制造项目“基于互联网+的绿色化再生彩纱超市的创建及技术集成”项目通过验收，安然纺织三期技改项目开工建设。百川科技公司着力建设绿色工厂和绿色供应链管理企业，研发生产绿色产品，公司获认定国家级、省级绿色工厂和省级绿色供应链管理企业。

2019年11月7日，区委、区政府与福建联合石化公司、福建炼化公司企地联席会召开 （区委报道组 供图）

2019年4月17—18日，全区石化行业仪表维修工技能竞赛在福建联合石油化工有限公司举行 （区委报道组 供图）

2019年4月22日，全区建筑行业砌筑工岗位技能竞赛在源昌锦绣壹号工地举行

（区委报道组 供图）

食品饮料产业

【概况】 2019年，泉港区规模以上食品饮料企业10家，实现产值180.74亿元，同比下降4.4%。实施粮油食品产业园区总体规划，加快福海粮油四期建设，支持金维他等企业发展高附加值产品，推动粮油食品产值稳定在100亿元以上，打造功能完善的粮油加工集散基地。

【产业特点】 2019年，泉港区福海粮油、益海嘉里、泉怡饮料、晶海轻化等企业引进工业机器人，率先完成“机器换工”，福海粮油、益海嘉里、泉怡饮料创建“数字化车间”。泉港区的食品工业除福海粮油、益海嘉里等几家规上工业企业外，其他粮油企业大都集中在海产品加工、就地取材或利用其港口优势从外地购进原料加工的粗加工水平，缺少精加工产品，行业总体上仍属于传统工业。

建筑建材产业

【概况】 2019年，泉港区规模以上建筑建材企业18家，实现产值100.79亿元，同比增长3.0%。产品涉及排水管材、人造石英原石、井盖、预应力混凝土管桩等领域，规模较大的企业有纳川管材、路通管业、建华建材等。和利建材率先引进工业机器人，完成“机器换工”。建华建材完成三期技改项目建设，扩大产能。

【产业特色】 2019年，泉港区建筑石材行业产业链比较完善，涉及上游的矿山开采、荒料贸易至下游的石雕加工等。涌现出了达强石雕、安兴石材、鑫龙石业、龙盛石业、恒鹏石材、中日石石业等一批规模以上石材行业企业。

电力工业

【概况】 2019年，国能（泉州）热电有限公司全年完成发电量101亿千瓦时，售热量1103万吉焦，资产负债率48.1%，实现利润5.2亿元，EVA 完成2.68亿元，经营成果处于集团先进行列，位列福建省火电厂先进地位。获省公司奖励基金一等奖5项中的2项，在目标责任制考核中，连续第七年获评“A”级。

【经营效益】 2019年，国能（泉州）热电有限公司推动增收创效，提早安排发电计划抢发电量，上半年顺利实现“双过半”目标，为完成全年目标任务奠定良好基础。充分利用“热电联产”优势，开展以热促电工作，一期完成利用小时5516小时，二期完成利用小

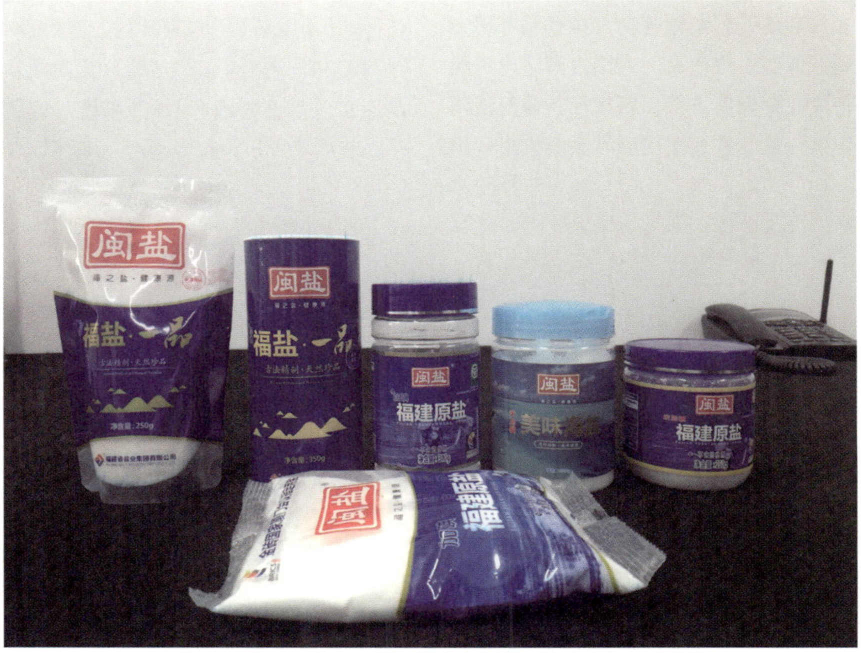

晶海轻化有限公司生产的闽盐 （区委宣传部 供图）

时5053小时，均大大领先于纯凝机组。优化采购策略提高电煤库存，获得省工信厅电煤库存奖励1.81亿-3-千瓦时电量，全省领先。积极协调各级政府和海关，将进口煤额度增至400万吨，新增40万吨进口煤。以发有效益的电为原则，在供热流量大幅增加的情况下，调峰辅助服务收益实现逆势上涨，预计全年收益同比增利近1400万元，创历史最好水平。开展高息贷款置换，采用更加灵活结算方式，较年初压降带息负债规模3.95亿元，节约财务费用148万元，年累计利润进入公司历史前三，位列集团163家火电单位前列。

国能（泉州）热电有限公司　（区委宣传部 供图）

【转型发展】 2019年，国能（泉州）热电有限公司贯彻落实“机遇意识、发展意识、改革意识、风险意识”要求，做好煤电转型发展工作。公司1号和4号供热机组顺利通过“一大一小”热电联产认定，并全额取得供热奖励电量政策落实。积极拓展热力市场，完成联合石化1.0MPa低压蒸汽管道改造，平均每小时新增供汽量80吨，新增了凯平肯拓、佳化化学、立亚等3家热用户，预计供汽量新增10吨/时。组织召开“园区电厂创建模式与路径研究”项目启动暨方案论证会，拓宽服务地方园区能源供应体系，为国内园区电厂经营模式探索新方法、新途径。公司近两年供热量均位列集团公司系统火电厂单厂供热量第二名，是年首次超越鸿山-4-电厂252.4万吉焦，位列全省第一。

【科技创新】 2019年，国能（泉州）热电有限公司修订完善规章制度，规范科技创新项目管理。“基于能级匹配的大容量机组高参数工业供热体系研究与工程示范”科技项目获集团公司批复，申报的2020年6个科技项目获省公司立项批复。依托科技项目，促进公司知识产权管理体系不断完善，公司已获得7项实用新型 专利授权，2项发明专利，共发表专业论文6篇，其中姚欢龙论文《基于氨逃逸的SCR系统运行优化》获福建省热电行业协会一等奖。加强与高校、科研院所合作，借助科技创新手段，尝试解决抛散煤、粘堵、扬尘等重难点问题。以“五小”创新大赛活动为载体，开创员工创新思维，小改小革，提升员工创新意识，1个项目获得一等奖，2个项目获得三等奖。公司防磨防爆QC小组活动成果《抽真空氨水钝化停炉保养（创新型课题）》荣获集团2019年QC小组成果评审二等奖。

盐业

参见各镇（街道、场）“山腰盐场”

金融监管

【概况】 截至2019年12月末，泉港区各项贷款余额228.57亿元，比年初增加8.31亿元，增长3.77%，不良贷款1.57亿元，不良贷款率0.44%，不良继续保持在全市最低水平，全区金融风险稳定可控，信贷质量达到全市最优水平。全年未有非法集资案件，互联网金融、交易场所、准金融机构等领域未发生风险，地方金融形势平稳可控。

【地方金融监管】 2019年，泉港区金融办加大对互联网金融、P2P、非法集资、交易场所、准金融机构等各类风险的排查工作，联合区市场监督管理局、公安分局统一行动，关停“擎天柱广告公司”涉及推销非法网贷平台一起，排查非法集资一起。推进“e租宝”案集资参与人信息核实登记工作，全区受损人数137人，受损金额310万元，共设立7个登记点，完成现场核实登记工作。

【扩大辖区信贷规模】 2019年，泉港区推动银行机构建立健全服务民营企业尽职免职、容错纠错管理制度，完善银行机构增贷化险考评办法，鼓励金融机构增加民营企业、小微企业信贷投放，落实小微企业“两增两控”目标，做大“助保贷”“科创贷”等业务规模，合理提高信用贷款比重。累计办理“无本还贷” 123笔23592万元，办理“无间贷” 159笔36351万元，商标权抵押贷款1户1500万元，科创贷3户3460万元，云税贷94户2692.4万元。

【支持金融机构发展】 2019年，泉港区贯彻执行《泉州市泉港人民政府关于促进金融业发展的实施意见》文件精神，对在新注册（入驻）或转型升级的金融机构，开展一次性开业补助、购房或租房补贴、市场开拓费用补助等六方面的奖补政策。6月，兑现人寿保险公司2笔总计100万元购房补助，兑现人保财险公司1笔总计50万元购房补助。7月，华兴典当入驻总部经济区。

【提升政府风险补偿金作用】 2019年，泉港区金融办推动银行多发放风险补偿金贷款，至12月末，发放小微企业风险补偿贷款11户7595万元；农业风险补偿贷款1685户17413万元；渔业风险补偿贷款5815户36775万元。

【推动各类基金入股】 2019年，泉港区金融办积极对接上级政府性扶持基金，推动民营企业与各类基金对接，争取获得资金支持，帮助企业转型升级。2019年，推动市人才创业基金投资辖区企业1995万元。

【扶持渔业生产】 2019年，泉港区金融办推动农商行、邮储银行、泉州银行等提高审贷效率、增加专项额度、下调30%贷款利率，组成专门队伍走村入户集中支持南埔、峰尾、后龙等沿海镇村渔业发展，累计新增渔业贷款1150户共计7800万元，并已兑付政府性贴息补助330万元。

【金融信用村镇创建】 2019年，泉港区金融办在全区开展农村信用户、信用村、信用镇（街道）创建活动，夯实农村信用体系建设基础，推动区农商行、邮储行支持农业农村经济发展，在贷款利率、额度、手续等方面给予政策优惠。已评定1个信用镇、29个信用村，为71089户农户建立农户信息档案，评定13565户信用户，泉州银行开展“整村授信”，为龙山社区、聚福社区、凤阳村授信7000万元并落地发放贷款约200万元。

【助推薄弱村脱贫】 2019年，泉港区金融办从贷款额度、担保方式、贷款利率、贷款期限、转续贷、综合服务等六大方面综合评选薄弱村集体合作银行，满足融资需求，降低融资成本，已完成11个村审批手续，每户授信30万～100万元，执行基准利率。泉州农商银行给予村级农村集体合作社整体授信5亿元。

【“过桥资金”全覆盖】　2019年，泉港区金融办完善并重新印发企业应急周转保障资金管理规定，降低资金使用门槛，全面支持企业应急转贷。今年来，为4家企业办理应急转贷10笔共计1.12亿元。

【化解企业信贷风险】　2019年，泉港区金融办紧抓企业信贷帮扶工作，主要解决前黄一家企业因担保问题抵押物被查封事宜，采取“活解封”转续贷3笔共计3460万元。解决1家集团企业因被债权银行提高利率、压缩额度、提高贷款门槛等问题发生的信贷风险，推动市政府专题协调解决，建行已获批转贷不压缩额度、工行积极向上申报将企业移出潜在风险名单，中行争取协调取消相关转贷限制性条款问题。

【金融宣传教育】　2019年，泉港区金融办通过“泉港金融”微信公众号、发送温馨提示短信、悬挂横幅、LED显示屏滚动口号、印发宣传材料等方式宣传金融改革政策，同时从互联网金融、扫黑除恶、防范非法集资等方面宣传金融知识，提升广大人民群众风险责任意识，引导其合理选择金融产品和服务，抑制盲目投资冲动，保护金融消费者合法权益，防范金融风险，维护金融安全。

银行业

中国人民银行惠安县支行

【概况】　2019年，人行惠安县支行贯彻落实新发展理念，紧密结合辖区（惠安县、泉港区、台商区）实际，执行稳健的货币政策，维护金融稳定，防范金融风险，深化金融改革创新，提高金融服务实体经济水平，做好外汇管理工作，强化管理规范，推动地方经济高质量发展。截至2019年12月末，辖区本外币各项存款余额604.8亿元，增长5.38%；本外币各项贷款余额456.13亿元，增长3.27%。

【严格贯彻落实宏观审慎评估要求】2019年，人行惠安县支行促进地方法人金融机构稳健发展。要求辖区3家法人金融机构根据逆周期宏观审慎管理理念合理规划年度狭义信贷，月内对狭义信贷投放强化预测、预警，按月实施MPA预评估，按季做好初评工作。是年辖区3家法人金融机构信贷额度7.83亿元，实际增加7.47亿元，符合宏观审慎管理要求。

【强化准备金政策的调控功能】2019年，人行惠安县支行完成对惠安农行三农金融事业部信贷投放监测和检查情况报告，对其两项指标同时达标向上级申请执行新存款准备金率；做好惠安农信联社央行专项票据兑付后续监测考核工作，完成农村金融机构财务状况数据库采集；开展辖区地方政府债务调研，并形成《惠安辖区地方政府债务情况调研报告》。

【推进利率市场化改革】　2019年，人行惠安县支行布置金融机构开展“靠档计息”和贷款利率“年化标示”等违规违约创新存贷款产品的自查；开展贷款市场报价利率（LPR）的宣传工作，推动3家法人金融机构实现新增贷款参照LPR进行定价，引导其推进系统优化改造、合同文本和制度调整修订等前期工作；组织开展辖区3家法人金融机构合格审慎评估和辖区法人金融机构定价行为评估。

【强化货币政策工具导向功能】2019年，人行惠安县支行运用支农再贷款资金5000万元，扩大惠安农信联社对信用状况较好的小岞信用镇等倾斜投放；配合上级行开展对政策性银行抵押补充贷款发放泉港石化工业园区及安全控制区棚户区改造项目119200万元的核查。

【推进跨境人民币业务发展】　2019年，人行惠安县支行配合上级行高质量

2019年4月2日，人行惠安支行联合泉港农行及泉港区其他金融机构在泉港区奇隆广场开展人民币流通管理知识宣传活动　（人行惠安县支行 供图）

完成“扩大人民币在台湾使用的可行性和路径”相关课题研究；优化跨境人民币业务监测预警，是年辖内银行共办理人民币跨境实际收付业务47亿元，已有达利食品集团办理跨境人民币双向资金池业务38亿元。

【深化民营和小微企业金融服务】 2019年，人行惠安县支行做好地方法人金融机构同业存单、大额存单发行前备案辅导工作，支持惠安农信联社发行大额存单10.94亿元。深化金融支持制造业转型升级三年行动。根据泉州市“不忘初心，深耕普惠金融”三年行动工作方案，推动32家银行业机构“重本源、促普惠”专项行动，年初联合惠安县金融办举办政银企专场对接活动暨上市挂牌辅导讲座，泉州邮储银行与惠安县政府签订战略合作协议授信50亿元。鼓励银行创新产品，缓解企业融资困境。通过加强贷款定价管理、健全收费管理长效机制、差异化定价、取消涉企贷款收费、利率下调至基准利率等措施，着力降低融资成本，满足企业发展多样化融资需求。是年辖内银行利用“续贷通”“连连贷”等无还本续贷产品，对小微企业发放12.5亿元无还本续贷，有效降低企业的“过桥”资金周转成本。完善银行内部绩效考核，加大尽职免责落实力度。科学合理设置民营企业和小微企业金融服务考核指标，做到敢贷、愿贷、能贷。惠安农信联社出台小微企业授信尽职免责办法，对无违规行为的贷款，予以免责或减责，并将涉农、扶贫和小微企业等三类贷款不良贷款容忍度提高2%。

【探索农村信用体系建设“1+2+3+4+5”模式服务乡村振兴战略】 2019年，人行惠安县支行按照“政府主导、人行推动、多方参与、服务社会”的建设思路，通过“党建+金融”双基联动一项工作机制，信用创新工程、金融支农服务两个工程，信用户、信用村、信用镇三维创建，提升金融服务水平、强化科技体系支撑、加强人才队伍建设、开展信用文化宣传四项举措，精准实施普惠金融、带动农民增收、促进农业增产、推动农村经济发展、助推乡村振兴战略实施取得五大成效。开展“党建+金融”双基联动活动，通过搭建“多方联动”桥梁，调动地方政府党委、村居党支部和金融机构基层网点三方因素，开辟农村信用体系建设“融合式”发展新路径。开展“信用户、信用村、信用镇”创建活动，垒厚诚信社会的“信用基础”。坚持以履行社会责任为己任，主动为就业创业、医疗社保等民生薄弱领域提供金融支持。至2019年12月底，全辖区创业担保贴息贷款共发放412笔4701万元。

【深化台企台胞金融服务】 2019年，人行惠安县支行推动辖区银行业机构创新优化金融服务、完善制度，打好“信用助力、融资到位、创业扶持、服务升级”组合拳，满足辖区内台企台胞多层次、个性化的金融服务需求。开通两岸征信查询服务“信用助力”惠台胞。出台对台金融服务方案“融资到位”助台企。针对国家级惠安台湾农民创业园出台《金融服务方案》，推出“智动贷”“微捷贷”“连通贷”等金融特色产品，给予原贷款基准利率定价，并通过3年期自助循环模式化解台企资金周转压力。截至12月末，辖区内68家台企全部对接完毕，其中有融资需求台企16家，成功批复授信16家，授信金额1.49亿元，已用信企业8家，用信金额0.54亿元。完善创业担保政策体系“创业扶持”促融合。辖区银行将台湾同胞来惠创业人员纳入贷款对象范围，由创业担保基金提供担保、财政给予贴息。提升对台配套金融支持“服务升级”多便利。为4家台企客户办理外汇优惠结算511.7万美元；为7名台胞办理“泉工会”职工服务卡，为在惠台企台胞开通账户开立、理财产品购买等方面的绿色通道，助力台企台胞在惠安辖区发展。

【强化风险监测和排查】 2019年，人行惠安县支行主动防范，实时监测。建立完善辖区银行机构不良贷款监测报送机制，通过月初收集不良贷款监测表、不良贷款行业分类及规模，实时监测信贷风险。截至12月底，辖区县域（含台商）不良贷款余额5.2882亿元，比年初减少1.0747亿元，不良贷款率为1..05%，比年初下降0.35个百分点。针对包商银行风险事件和河南伊春农商行储户集中提款风险的影响，落实重大事项零报告制度。信息共享，密切协同。在对辖区5家小额贷款公司的利率、资金流向进行季度跟踪监测的基础上，加强对部分小贷公司的经营状况专题调研。会同地方金融办等对辖区类金融机构开展现场检查，全面加强类金融机构监督管理。银政合作，守住底线。对辖区16家机构发出《信贷风险防控化解工作提示函》，就稳存款、扩贷款、化不良三方面分别进行有针对性的风险提示。

【发挥存款保险作用】 2019年，人行惠安县支行科学开展和运用央行金融机构评级。组织开展3家法人金融机构央行金融机构评级，夯实央行评级工作基础，健全季度评级结果的反馈机制，完善央行评级结果差异化管理机制。从前三季度辖区3家机构初始评级等级（R0）看总体平稳向好。做好存款保险制度实施工作。高质量完成存款保险测试工作,组织支行金融稳定部门及辖区法人金融机构等34人参加考试，平均分98.45分。做好2018年下半年和2019年上半年风险差别费率核定工作，确保投保机构适用的风险差别费率客观公正。

【规范开展“两管理、两综合”工作】 2019年，人行惠安县支行组织召开专题会议通报2018年辖区32家银行业机构综合评价情况，对综合评价结果排名靠后的4家银行机构，针对其主要问题和不足分别约谈机构主要负责人，督促其及时落实整改，发挥综合评价对金融机构风险防范化解的促进功能作用；按照全省“一盘棋”要求开展对建设银行系统2019年度综合检查工作，梳理汇总检查线索确认后上报泉州中支，有效提升基层央行执法水平和监管权威。

【加强统计分析和调查研究工作】 2019年，人行惠安县支行贯彻落实2019年金融统计制度，做好月度金融统计报表汇整工作，加强相关统计监测分析，为开展相关调查研究工作提供数据支撑。健全工作制度，拓宽经济调查深度与广度。加强制度性和临时性调查工作，维护与辖区10余家定点调查企业的合作关系，建立稳固、顺畅的调查联系渠道，及时掌握数据变化原因。坚持问题导向，凝心聚力，打造“拳头产品”。立足当前经济金融热点和辖区实际情况，加强对民营和小微企业融资的监测，分区域、分行业对民营小微经营困难和融资问题、企业减税降负及信贷风险状况、中美贸易摩擦影响等方面开展持续监测和调研，及时收集和上报分析案例。完成《农村信用体系助力乡村振兴战略的实践与探索》《传统产业转型升级新情况与面临的困难——以惠安石雕为例》等多篇信息调研文章。

【提升经济金融形势把握能力】 2019年，人行惠安县支行组建配强支行信息队伍，建立支行青年信息工作小组，组织辖区32家金融机构召开深耕普惠金融、推进辖区“重本源、促普惠”专项行动暨金融信息调研工作会，推进与金融机构的调研协作，推动政务信息工作提质增效，是年在全市各县支行信息考评中名列第三，截至12月底，政务信息被泉州市中支采用75篇，福州中支采用65篇，其中中办、国办采用17篇，总行采用22篇，省委省政府、市委市政府采用19篇。

【加快征信体系建设】 2019年，人行惠安县支行强化征信信息风险防控。做好征信合规管理，派员配合上级行完成对总行确定的兴业银行、交通银行和建设银行征信管理检查工作。推进央行内部（企业）评级工作。筛选推荐30家企业参加评级，提高小微、“三农”企业评级覆盖面。推进征信服务民生工程建设。做好二代征信系统上线准备工作，组织开展二代系统切换演练工作。至12月末，全年累计受理个人信用报告查询53448份，同比增长23.04%；查询企业信用报告661份，增长8.47%。加强中征应收账款融资服务平台推广应用。走访玖龙纸业、达利集团、家世比、回头客等推广中征平台在线供应链融资模式，推动行业知名度高、供应链成熟、具备完备ERP系统和应付账款数量较多的核心企业与中征平台系统对接。推进征信宣传教育工作。利用“3·15”“6·14”等重要时间节点，组织辖区银行机构开展大型征信主题宣传。

【国库业务工作规范化】 2019年，人行惠安县支行夯实国库会计核算基础工作。至12月底，正确办理辖区惠安县、泉港区两个支库的各级预算收入业务899259笔、金额2306010.39万元，办理库款支拨业务131261笔、金额1311615.27万元，办理退库业务26952笔、金额373922.54万元，办理预算收入更正业务228笔、金额160373.79万元，其他业务159942笔、金额24476.34万元。及时、完整、准确地与财政、税务和集中支付代理银行做好对账工作。做好“国库县支库示范库”建设工作，在人员配置、制度建设、标准化服务、业务创新等方面规范化管理。强化国库监督管理工作。加强国库经收处的业务指导，加强对辖区集中支付代理银行的管理，完成辖区2家银行机构国库集中支付代理银行资格的审查。做好对辖区银行机构国债发行业务的巡查工作，共组织14次巡查，包括对11家国债承销机构、33家营业网点的巡查工作。发挥柜面监督作用，加大对国库外来凭证的审查。至12月底，柜面人员共共退回和纠正不规范缴款书124笔、金额858.28万元，退回和纠正不规范支拨业务6笔、金额556.36万元，退回和纠正退库业务201笔、金额706.76万元,更正业务3笔、金额596.90万元。做好国库综合分析业务。做好国库统计分析月度、季度报表的编制与报送，与财政、征收机关和其他相关部门的联系和沟通，组织开展国库相关政策变动对辖区财税、金融影响的调查分析。组织开展国债宣传工作，11月开展以“国债下乡利国利民”为主题的户外宣传活动。推动普惠金融服务点办理涉及国库的金融服务，鼓励服务点办理代缴社保金和其他非税缴纳工作，至12月底辖区各普惠金融服务点办理缴交社保金423705笔10031.91万元、领取养老金2228917笔70219.39万元、直拨涉农补贴254042笔6227.44万元。

【提升支付结算管理服务水平】 2019年，人行惠安县支行推进移动支付业务工作。年初组织召开工作动员部署会议，印发指导意见。组织开展“一分钱乘公交”“五折乘公交”“62商户营销活动”等活动。推动在交通、医疗、高校、商超、企业园区、旅游景区、公共缴费等方面移动支付业务的项目应用。第四季度在辖区城乡医保缴费工作中积极推广“云闪付”缴交医保工作。做好取消企业银行账户许可工作。要求各银行机构做好取消企业银行账户行政许可业务准备、技术准备和应急准备等各项准备工作，包括制度修订、系统改造、人员培训、对外公告宣传等工作。加强对银行自主开立企业银行账户的事后核查工作。加强对法人银行机构支付结算的督导工作。组织3家法人机构开展个人Ⅱ、Ⅲ类银行账户的风险排查工作，并对其中2家开展风险实地评估工作。开展对3家法人机构防范电信网络新型违法犯罪有关事项的工作督导，督促落实“断直连”工作的相关文件要求。推动辖区农村支付结算环境建设。开展对辖区所有助农取款业务收单机构和部分普惠金融服务点的走访督导工作。指导银行卡助农取款业务收单机构扩大银行卡助农取款点服务范围，在规定范围增加服务点取款上限，提高服务点的金融服务水平。按照上级行的要求对农村支付服务环境建设制定“一县一策”方案，辖区制定的“推动农村普惠金融服务点与涉农电商服务点的联手共建”的方案得到了上级行的肯定。做好辖区支付结算协调管理工作。妥善处置辖区支付结算纠纷，配合辖区地方政府部门清理整顿辖区支付结算乱象。做好防范电信网络新型违法犯罪相关风险提示的转发工作，加强与地方政府以及市场监管部门、公安机关的配合，落实本单位紧急止付和快速冻结操作，12月在惠安、泉港2家广播电视台播放“加强信息保护和支付安全，防范电信网络诈骗小知识”宣传广告。

【加强反洗钱监管协调】 2019年，人行惠安县支行加强对辖区金融机构反洗钱工作的指导。督导3家法人机构建立以“风险为本”的反洗钱工作机制，开展“扫黑除恶专项斗争”工作，开展涉黑涉恶、“套路贷”可疑交易的排查。做好辖区反洗钱义务报告机构反洗钱监测分析二代系统上线工作。组织辖区义务主体开展反洗钱宣传工作。依托“3·15”“5·15”配合工商、公安等开展专项反洗钱宣传活动。9月，在泉港区组织辖内相关机构开展以“防范洗钱风险、警惕诈骗陷阱”为主题的宣传活动。加大反洗钱非现场监管工作力度。督促辖区金融机构做好反洗钱年度报告、报表的报送工作，做好辖区64家金融机构反洗钱报告、报表在反洗钱监管系统的录入建档工作。完成对64家机构2018年反洗钱年度监管考核评级工作。组织开展对2家法人金融机构的洗钱与恐怖融资风险评估工作。加强反洗钱情报网建设。完善可疑交易信息的收集、整理、分析的管理机制，加强与公安、法院等司法部门的沟通与联系，落实辖区金融机构对可疑交易的分析排查。全年共接收11条重点可疑交易线索，其中3笔向公安机关移送。

【督促金融机构抓好现金机具升级工作】 2019年，人行惠安县支行加强人员培训。分2批次组织金融机构反假业务骨干进行新版人民币反假特征和发行工作培训，为金融机构培训师资力量68名，并督促金融机构开展转培训。督促金融机构加强现金处理机具升级更换工作，组织2次巡查，巡查面51%，及时反馈存在问题，至12月底全辖全部完成现金处理机具升级工作。组织开展对社会商用现金机具升级调查，并要求开户银行协助其进行升级更换。组织开展2场次新版人民币专题宣传活动，辖区金融机构开展相关宣传活动35次，其中校园宣传达15次，总受众人数8000多人，推动新版人民币知识普及。做好反假二代系统接入和人员培训。组织金融机构现金管理部门负责人和反假业务骨干参加系统培训。组织金融机构系统操作员集中培训，详细培训系统维护和接入测试。加强现金服务基础设施建设，提高硬币自循环效率。督促金融机构加大现金服务基础设施建设投入，至12月，全辖区共配硬币自助兑换机15台、硬币清分包装机6台、硬币包装机6台。各金融机构均在营业网点配备残损人民币兑换仪，提高人民币整洁度，改善流通环境。

【提高辖区现金服务和反假工作水平】 2019年，人行惠安县支行开展集中宣传，今年共组织大型宣传2场次，一县两区部分党政成员单位和全辖金融机构积极参加。公安机关与金融机构联合开展防假币、防诈骗、防侵权法制宣传四场次。配合支行党支部开展的季度“为民务实送金融知识下乡”宣传活动。组织金融机构开展特色宣传活动，如进入渔村码头、工厂、学校、老人会的定向宣传，在交通领域开展的特定领域宣传。做好《不宜流通人民币纸币》和《不宜流通人民币硬币》行业标准宣传贯彻工作。关注反假货币重点领域、重点人群，依托中小学生教育实践基地，建立反假货币教育实践基地。在惠安开

2019年6月18日，人行惠安支行组织召开惠安、泉港、台商金融机构新版人民币防伪知识培训会
（人行惠安县支行 供图）

诚职业技术学校和泉港区美发中学、泉港丑小鸭幼儿园建立反假教育宣传阵地，开展反假货币知识宣传。至12月底，全辖金融机构共开展宣传培训45场次，培训宣传人数3095人；辖区金融机构分别组织进社区（乡镇、街道）、进校园宣传活动39次，受众人数4516人次，发放宣传折页17000余份，现场答疑380余次，全辖共收缴假币4554张合计金额410701元。组织参加线上线下问卷调查。组织7962人次参与“问卷星农村地区现金服务问卷调查”在线答题活动，有效答题人数4020人次。组织参加“福建省硬币需求情况调查”，线上完成个人消费者70人次、单位消费者55人次，线下完成个人消费者30人次，超额完成任务。

2019年9月25日，人行惠安县支行永嘉天地开展“央行支付 中流砥柱”金融知识宣传活动 （人行惠安县支行 供图）

【完善农村地区现金服务长效机制建设】 2019年，人行惠安县支行深入峰尾镇、后龙镇、惠安县崇武镇3个乡镇开展实地调研，并于4月23日和25日分别在惠安农信联社和泉港农商行召开部分助农取款点、商户座谈会，了解现金需求和农村现金服务状况，上报农村地区现金服务真实需求、难题、建议。逐步将有条件的助农取款服务点纳入农信系统小面额现金服务预约平台，彻底打通农村地区现金服务“最后一公里”问题，已将3个助农取款点先期试点纳入小面额现金服务预约平台，并于5月8日正式上线。依托农村地区现金服务网点，结合普惠金融服务点，选取泉港区峰尾镇奎璧村，开展残损券回收、硬币清分、人民币流通常态化宣传等人民币流通净化工作，建立人民币流通净化工程示范村。

【外汇管理和服务工作】 2019年，辖区共有2家企业采用全口径跨境融资宏观审慎管理，共借入外债2075万美元，有效解决企业融资难融资贵的问题。推动境外直接投资高质量发展。支持辖内有能力、有条件的企业积极参与“一带一路”建设和国际产能合作，加强与发改、商务部门协作，分类引导规范境外投资方向。辅导境外投资登记业务和购汇汇出前期工作，境外投资购汇汇出共400万美元。加强外商投资企业利润汇出监管，鼓励和合理引导外商投资企业利润留存境内发展。2019年1—12月共核查利润汇出27191万美元。做好外商投资企业直接投资存量权益登记工作。强化政策宣传，加强与三地商务部门的联系沟通，并将年报申报指南在当地商务网站、微信群进行发布。全年完成申报FDI351家、申报率97.23%；申报ODI16家、申报率100%。促进贸易便利化、服务实体经济。实施货物贸易外汇收支企业名录登记网上办理，至12月底，通过政务服务平台办理企业39家。推动跨境业务区块链服务平台“出口应收账款融资”试点，为银行办理贸易融资业务审核提供参考。至12月底，辖内银行通过区块链平台办理融资15笔759万美元。开展贸易项下常态化监测。1至12月共对336家企业进行非现场监测分析，转入现场核查6家，核查后注销名录1家。开展对连续两年未发生贸易外汇收支业务的名录企业清理工作，清理注销企业名录75家。清理货物贸易重点监测库企业名单，对符合标准的127家企业予以剔除重点监测库。强化服务贸易系统数据监测分析和综合运用能力。查找小额频繁、大额异常等线索开展非现场或现场核查工作，加强事中事后监管，1-12月，监测预警企业8家笔数101笔，金额27888万美元，列入非现场核查企业7家笔数10笔，金额27494.55万美元。

【加强外汇管理监督与检查工作】 2019年，人行惠安县支行开展银行国际收支申报和结售汇统计现场核查。对惠安农信联社和中国银行泉港支行2家银行分别开展结售汇统计业务制度执行情况和国际收支统计申报情况现场核查。开展经常项目专项核查。对裕忠实业公司等3家企业大额预付货款开展现场核查。对个人购付汇数据信息不一致情况进行核实。根据总局第3期境外付款人名单线索，组织对德昇服饰织造公司等5家企业开展现场核查，摸清企业收汇资金属性及结汇资金用途。对建设银行惠安支行进口报关电子信息校验时间超过进口日期40天以上的超期未核验情况，移交市中支。开展两管理两综合检查工作。开展贸易信贷抽样调查。对福建联合石油化工有限公司2019年1-9月贸易信贷抽样调查数据申报的“进出口额”与海关统计的“进出口”偏差开展专项核查，摸清其产生差额的主要原因。

【加强国际收支统计分析】 2019年1至12月底，人行惠安县支行全辖银行代客涉外收入10.79亿美元，同比增加0.27亿美元，上升2.57%，涉外支出38.65亿美元，同比增加5.86亿美元，上升17.86%。针对辖内外汇收支特点，加强对外汇资金双向流动的监测分析。按季完成外汇收支运行季度分析报告，按季开展间接申报大额交易重点核实，增强外汇收支形势监测分析的敏感性、针对性和前瞻性。加强非现场核查纠错工作。至12月底，对单位国际收支网上申报模块中新增及修改单位基本情况表进行非现场核查，核查家数80家。对涉外收付款申报数据的及时性、准确性和完整性进行非现场核查，其中完整性已审阅39笔，及时性已审阅161笔，准确性申报单错误数据已审阅9笔、申报单疑问数据87笔，银行考核记错共19笔，总金额为29.85万美元。对大额涉外收付款进行重点核查，对单笔货物贸易项下收入（支出）金额等值3000万美元（含）以上大额交易，核查23笔，金额为244338万美元。其他项下收入（支出）金额等值1000万美元（含）以上大额交易，核查14笔，金额为86847万美元。加强外汇政策的调查与研究。开展政策变化对辖内企业的影响调查研究，开展的调查案例被上级局采用35条。《福建省贸易摩擦背景下制造业企业产能外迁调查》等11篇调查材料均被省级以上的刊物采用。

中国银行保险监督管理委员会泉州监管分局惠安监管组

【概况】 2019年，泉州银监惠安监管组围绕分局“一条主线、两大提升、三项推进”（以推动银行保险良性发展为主线，提升银行业保险业审慎合规文化和实体经济金融服务水平，推进金融风险防控、重点监管工作开展、党建和队伍建设）思路开展工作。

【推进合规文化建设】 2019年，泉州银监惠安监管组推进银行业“合规文化建设”三年规划，督促银行业树立审慎合规理念，健全合规经营、规范管理的长效机制，补足制度短板，夯实打造“百年老店”基础。督促各银行业机构切实承担起整治乱象的主体责任，坚持不懈整治乱象，保持对违法违规行为的高压态势，坚持业务发展与风险防控并重，对识别出的内部控制缺陷及时采取措施，将依法合规的经营理念有效传导至每位员工，实现银行业保险业生态的不断净化。

【提升实体经济金融服务水平】 2019年，泉州银监惠安监管组推进政银企对接，服务实体经济。4月8日，联合泉港区政府召开泉港区政银企对接会，对接会11家银行机构与31多家企业共签订授信88.95亿元，授信金额创历次对接会新高，缓解了实体经济资金紧张。引导加大信贷投放。督促各银行金融机构按照银保监会“一二五”方向性目标，主动对接当地经济社会发展的有效信贷需求，认真贯彻国家产业政策、绿色信贷政策，积极响应监管部门关于发展普惠金融、支农惠农、加大服务实体经济、小微企业的政策要求，积极向上争取资源倾斜和政策支持，不断加强民营企业金融服务，加大制造业信贷投放，全辖各项贷款增量和制造业贷款增速明显提升。推进普惠金融，支持乡村振兴战略。督促银行业机构加大小微、“三农”“扶贫”等薄弱领域支持力度，推进普惠金融专营机制建设，支持乡村振兴等重大战略实施，要确保实现普惠金融贷款“两增两控”目标。

【推进金融风险防控】 2019年，泉州银监惠安监管组推进信用风险防控常态化管理。督促银行业巩固不良贷款处置“三年行动”规划成果，形成风险管理自我体检、自我纠偏、标本兼治长效机制。坚持“真实反映、加快处置”原则，面上抓好摸底数、化存量、控新增“三个环节”，采取有效措施，防范“逾贷比”反弹。做好企业用信测算，防范多头授信、过度授信风险，对500万元以上风险客户进行名单制管理，专人负责对辖区信用风险进行跟踪监测。推动提升风险处置效率，推动政府联合化险。督促各银行业机构加大清收力度和积极向上争取政策支持，争取更多的核销和打包转让资源，要拓宽不良贷款处置渠道，加快存量不良贷款处置力度。

【强化法人机构监管】 2019年，泉州银监惠安监管组加强合规建设督导。把“合规文化建设”融入年度监管工作通报会、监管约谈、高管履职评价抽查、日常进行入社等方式，推动惠安联社、惠安中成村镇银行开展合规文化建设提升年，树立审慎合规理念，健全合规经营、规范管理的长效机制，补足制度短板，夯实打造“百年老店”基础。加强大额、异地、多头授信管控。督促法人机构严格贯彻落实《泉州银监分局办公室关于切实强化新增大额授信管理工作的通知》，严格落实新增大额授信限额标准、严控多头授信、严禁新增异地授信，定期排查存量大额、异地、多头授信，前瞻研判风险，前移处置关口。推进信用风险防控常态化管理。加强非现场监测及日常巡查，及时报告法人机构显性和隐性信用风险，督促联社巩固不良贷款处置“三年行动”成果，加大表内外不良清收处置，不良贷款实现“双降”。加强监审联动，提升非现场监管质效。针对日常监管发现法人机构存在风险和问题，通过发出监管意见书、提出监管意见、开展审慎监管会谈、约谈高层、进行入社巡查走访、开展三方会谈等等举措，并指导机构结合主要风险点，在确定2019年度“查找风险，消除隐患”自查专项行动项目的同时，提升监事会履职效能，配齐监事长，加强内部检查，加大监督问责力度。开展监管评级和高管人员履职评价。组织开展惠安联社、惠安中成村镇银行监管评级和高管履职评价，有针对性提出监管要求，实施分类监管。对惠安联社和惠安中成村镇银行理（董）事和高管人员开展2018年度履职评价45人次。

【提升监管效能】 2019年，泉州银监惠安监管组召开辖区惠安县、泉港区、台商区银行业保险业2019年监管情况通报会，通报银保监会、福建银保监局监管工作会议和泉州银保监分局监管情况会议精神；分析辖区经济金融运行情况和存在问题，认清内外部形势。对辖区惠安联社、中成村镇银行两家法人机构董（理）事和高级管理人员及及惠安、泉港和台商区三地11家大型银行县域支行的高级管理人员计56人次开展2018年度履职评价。处理信用卡或个人贷款问题信访投诉6起，及时督促机构妥善处置、认真整改，将问题或矛盾化解在基层。协同县（区）网络安全部门、金融办等相关部门加强辖区金融风险处置化解工作，开展涉嫌非法集资风险线索暨非融资性担保企业现场检查等工作，及时处置涉嫌非法金融活动和损害辖区金融消费者权益行为组织开展辖区银行业2019年元旦春节期间两节安全大检查，配合公安部门对辖区银行业机构开展第六轮安全评估，并将评估检查发现问题在辖区进行通报，督促各机构及时组织整改，确保惠安、泉港、台商区银行业金融机构2019年度继续实现安全年。组织对惠安联社、兴业银行惠安支行、农业银行惠安支行、中国人民财产保险公司惠安支公司和中国人寿惠安支公司开展扫黑除恶专项斗争实地督导；组织对辖区相关银行业保险业机构2019年“金融知识普及月 金融知识进万家 争做理性投资者 争做金融好网民”活动督导；组织对惠安联社“巩固治乱象成果促进进合规建设”现场督导。派员参加省局和分局现场检查项目5个，分别是广发银行泉州分行票据案件核查、漳州农商行全面检查、七匹狼财务公司全面检查、泉州农行涉企服务收费检查和兴业消费金融股份有限公司全面检查等。全年完成行政许可事项10项。及时向惠安县和泉港区两家银行业协会传达金融方针政策、重大监管政策和工作重点，指导和督促银行业协会参与或承担银行业重大活动和相关工作，提升履职能力。指导召开年度会员大会，修订章程，开展银行业登山比赛、乒乓球等活动，营造良好氛围，培育合规机制。

中国工商银行泉港支行

【经营效益】 2019年，中国工商银行泉港支行泉港支行利润核心指标大幅增长，实现拨备前利润13925.63万元，同比增加2133.79万元；实现拨备后利润7987.91元，同比增加2215.81万元；净利润8242.24万元，同比增加1768.54万元；本外币各项存款余额为58.75亿元；全行不良贷款率0.069%，资产质量总体保持良好水平。截至2019年12月末，各项存款余额58.75亿元，大存款连续多年在泉港区金融机构中保持同业第一。

【强化经营管理】 2019年，中国工商银行泉港支行落实省市分行信贷管理领域的各项风控制度，加强对风险点防控力度，一户一策，推进潜在风险客户贷款化解工作。加快不良资产处置，利用省市分行各项政策，从速从快做好清收处置工作。严格落实安全防范责任制，提高全员安全意识和安全防范水平，提高员工的制度意识及风险意识，加大现场风险排查力度，要加强员工行为排查，以防范案件事故发生。

中国农业银行泉港支行

【存款业务】 至2019年12月末，中国农业银行泉港支行各项存款35.55亿元，比年初净增5.14亿元，存款增量市场份额占比达293.93%，位居“四行”（下同）首位，较年初上升238.54个百分点；对公存款增量市场份额“四行”排名第一，个人存款增量市场份额“四行”排名第三。其中：对公存款19.7亿元，比年初增加3.72亿元，完成市分行下达任务的124%；个人存款15.7亿元，比年初增加1.42亿元，完成市分行下达任务的77.6%。个人核心存款日均余额15.32亿元，比增2.41亿元，完成任务150.63%，完成率全市排名第三；对公存款日均余额16.2亿元，比年初减少4.14亿元,其中核心日均存款比年初下降5.18亿元。

【贷款业务】 至2019年12月末，中国农业银行泉港支行本外币各项贷款45.22亿元，比年初增加2.91亿元，贷款增量市场份额第二，分别比工行、建行多40547万元、38441万元，增量占比29.54%。其中：对公贷款净增量3.33亿元；个人贷款下降3098万元。全行不良贷款余额1382万元，比年初减少254万元，不良率0.3%，比年初下降0.08个百分点，实现“双下降”，资产质量位居全区前列。

【中收业务】 至2019年12月末，中国农业银行泉港支行实现中间业务收入（不含资产处置收入363万元）2441万元，完成全年任务100.28%。其中：零售中间业务收入1553万元，完成全年任务的98.70%（个金中收310万元、完成率80.70%、信用卡业务收入771万元、完成率95.18%、电子银行业务收入

473万元、完成率124.37%）；对公中间业务收入887万元、完成全年任务的103.19%（公司业务收入236万元、完成率127.74%，机构业务收入22万元，完成率28.78%，对公外汇业务收入630万元，完成率104.93%，同比增加261万元，增幅70.73%）。处置收入363万元，排名全市第二。

【利润情况】 至2019年12月末，中国农业银行泉港支行实现拨备前利润9463万元，同比增盈40万元；拨备后利润8828万元，同比增盈960万元。净利润6878万元，同比增盈1256万元，增幅22.34%，完成年度计划（4500万元）的152.84%。

【小额贷款与机构拓户】 至2019年12月末，中国农业银行泉港支行惠农E贷余额11236万元，比年初增加7166万元，完成全年任务的102.37%，其中：线上快农贷余额4753万元，比年初增加2133万元；人工审批惠农E贷2856万元，比年初增加1860万元；农户网捷贷1142万元，比年初增加687万元；微捷贷2485万元，比年初增加2485万元。普惠型小微企业法人贷款11090万元，比年初增加8530万元。落地村股份经济合作社账户60户，账户覆盖率60%以上，同业市场份额领先。

【国际业务指标情况】 至2019年12月末，中国农业银行泉港支行办理福建联合石化公司7笔原油购付汇业务，总金额7.95亿美元，结算量9.09亿美元，结售汇量6.82亿美元，2019年末存款余额达7.5亿元，比年初上升2亿元，带动人民币日均存款5.3亿元。办理福海粮油公司国际结算8948万美元、贸易融资（含外币贷款）11108万美元、结售汇量8130万美元，签约期权16413万美元，实现中间业务收入490万元，新增贷款投放5.2亿元，并引存人民币存款2.85亿元。

中国银行泉港支行

【智慧工地代发工资】 2019年，中国银行泉港支行累计开立智慧工地代发工资专户15户，完成率93.33%，代发薪7户，任务完成率133.36%，全辖排名第一；工资代发量1755.05万元，任务完成率208.93%，全辖排名第一。

【个人ETC业务】 2019年，中国银行泉港支行制定并下发《关于开展ETC业务专项推动营销活动的通知》，通过源头营销，定期进驻泉港驿坂、泉港二处高速收费站，取得高速人员高度支持，结合工会卡项目、代发薪企业外拓营销以及厅堂存量客户挖掘等方式全力拓展我行ETC业务。至12月末，通过全员营销绑定ETC1230户，占总比63.73%。

【云缴费"业务】 2019年，中国银行泉港支行通过上门为学校讲解、演示、测试，最终二所学校签约“云缴费”业务。其中一所学校“童心（中心工业区）幼儿园”于2019年8月先行投入使用，至12月底有335人通过该缴纳学费912875元。是泉州唯一一家开办该项业务的支行，为泉州分行实现“零’的突破。

【泉工惠联名卡办理】 从2018年11月开始，中国银行泉港支行利用开展办理泉工惠联名卡契机，走进泉港区行政机关、企事业单位营销开办泉工惠联名卡。营销成功后主动上门为办卡单位收集材料批量开卡，克服网点人员紧缺困难，走进办卡单位上门激活服务，并开通配套手机银行、信用卡、民生缴费、三方存管等个人产品业务，提高产品覆盖率及客户黏性。截至12月末，全行共走访116家工会成员单位，成功营销76家，成功办理47家工惠卡单位，上门激活58场次，共办理工会卡4719张，全辖排名第三。

中国建设银行泉港支行

【概况】 2019年，中国建设银行泉港支行围绕考核导向，落实新金融要求，推进“三大战略”业务发展，加大存款、项目和重点产品营销。截至12月31日，支行一般性存款余额298563万元，比年初新增-56420万元，日均存款余额318743万元，比年初新增37640万元；各项贷款余额234301万元，比年初新增-2585万元；中间业务净收入3093万元，完成率100.04%，系统排名第八；实现账面利润8037万元，同比增加1482.39万元，增幅22.6%。

【旺季营销】 2019年，中国建设银行泉港支行支行做好第一季度各项工作部署。制定旺季营销方案，强化进度过程督导，在泉州分行2019年各支行旺季营销主要业务指标拓展劳动竞赛中居系统首位。其中，个人存款日均新增、活跃达标商户新增均居第一位，一般性存款日均新增、公司机构及个人加权有效客户新增、中间业务收入等11项指标居分行系统前五名。

【业务拓展】 2019年，中国建设银行泉港支行支行加大各项存款拓展，有效减缓时点存款下降，保持日均存款上升势头。全年共开立结算账户383个。新增对公有效客户149户，增幅34.98%。新增个人有效客户23156户，完成率128.64%。推广科技平台应用，打造具有客户基础、有效客户量、特色权益的金融生态圈。开展“走千家、访万户、拓客群、夯基础”劳动竞赛活动。代发工资等多项指标完成率居系统前列。

【信贷业务】 2019年，中国建设银行泉港支行支行各项贷款发放在质量和数量上均取得突破：共发放固定资产贷款50000万元，流动资金贷款 6200万元。

推广普惠金融贷款，新增小微企业客户81户，普惠金融贷款6065万元，完成率79.7%；加大国际业务拓展：发放进口保理业务968.13万美元、美元存单质押贷款964.58万美元、福费庭业务2711万元人民币。加大表外业务发展：办理银行承兑汇票8395.08万元。发展个人贷款，累计发放各项个人类贷款43889.51万元，个人贷款余额78738.2万元。个人贷款余额居四行第一，当地金融同业第二。

【不良贷款处置】 2019年，中国建设银行泉港支行支行通过加强与当地法院的沟通和跟踪，全额现金回收振戎石化码头有限公司全部不良贷款本金1858.79万元、利息232.37万元。回收德诚高新树脂公司核销后现金97.58万元。个人及信用卡逾期不良贷款控制在分行要求范围内。截至12月31日止，全行五级分类不良贷款余额为873万元，比年初下降1530万元，不良率为0.39%，比年初下降0.62%。

【中间业务】 2019年，中国建设银行泉港支行支行以提质增效为目标，常态化开展各项产品营销，信用卡及收单业务收入保持较强发展态势。电子银行业务保持领先优势，支行全量手机银行用户的活跃率43.71%，居全省系统第四名；个人有效客户的手机银行覆盖度75.42%，居全省系统第八名。在全省县（区）级支行网络金融业务发展水平年度综合评价中居全省系统第15名。开展ETC、裕农通业务专项营销活动。新增ETC客户10039户，完成率74.92%；快速推进县域客户拓展，裕农通普惠金融服务点新增44个，乡村覆盖度104.55%。中间业务净收入3093万元，完成率100.04%，系统排名第八。

中国邮储银行泉港支行

【概况】 2019年，中国邮储银行泉港支行紧紧围绕省市分行转型发展总基调，贯彻落实“311”营销管理模式和“三个三”全面风险管控机制要求，推进转型发展，探索“一体两翼”的泉州特色发展之路，践行普惠金融发展之路。

【落实总行、省行重大决策部署】 2019年，中国邮储银行泉港支行通过“311”营销管理模式、“三个三”风控机制、一体两翼业务发展策略，提升全行各项业务发展。经营发展方面，对接加快恢复海域生产方面相关工作，以恢复海域生产为要务，将办公场所前移，不抽贷、不断贷，向省市行争取到全市最优的利率政策和便利手续，对困难户给以增贷降息等特殊政策，为峰尾镇养殖户提供低息小额免担保贷款。在普惠金融方面，贯彻落实上级行要求，获得惠安县人民银行的认可，上年度人民银行综合评价获评A类行，树立良好企业品牌形象。

【业绩亮点】 2019年，中国邮储银行泉港支行个人存款期末余额及平均余额均突破历史新高。在全市邮储系统首个开立股份经济合作社账户的支行。在全市邮储系统第三个取得国库集中支付代理资格的支行。发放全市邮储系统首笔美元流贷并带动促成分行成立以来单笔最大的国际结算业务。创业贷款全市邮储系统放款第一。普惠性小微企业突破瓶颈，提前超额完成年度指标。

泉州银行泉港支行

【经营业绩稳健增长】 截至2019年底，泉州银行泉港支行各项存款余额为7.49亿元，比年初增加1.32亿元，其中储蓄存款余额3.55亿元，比年初增加0.47亿元；各项贷款余额4.12亿元，比年初增加0.78亿元。

【推动“整村授信”】 2019年底，泉州银行泉港支行重视普惠业务持续开展，将“整村授信”业务作为普惠金融的重头戏之一，积极推动业务落地，与山腰街道龙山社区、聚福社区及前黄镇凤阳村三个信用社区、行政村建立战略合作关系，并授予阳光信用示范社区（村）牌匾，整村预授信金额合计7000万元。

【服务金融实体】 2019年底，泉州银行泉港支行坚持深化金融服务实体经济改革，抓好财政贴息贷款的政策利好，精准对接目标客户群体，与当地人社局、财政局沟通对接贴息资格审核流程，推动业务发展。4月9日，泉港支行成功落地泉港区第一笔个人创业担保贷

2019年4月10日，惠安县人行联合泉港区委政法委、泉港邮储银行开展“远离校园贷 青春不欠债”金融普法宣传活动　（惠安县人行 供图）

款，截至2019年12月31日，共办理创业担保贷65笔，共计795万元。

【支持地方经济发展】 2019年底，泉州银行泉港支行拓宽当地企业、民众的融资渠道，泉州银行贯彻相关信贷政策，推动贷款投放。截至2019年12月31日，共计投放贷款4.12亿元。配合政府“安控区”拆迁项目的延续，准入本地房地产开发贷款4户，共计授信4.85亿元；配合本地房地产按揭贷款准入6户，共计授信6.5亿元；配合政府支持渔业贷款18户，共计授信250万元。

兴业银行泉港支行

【存款业务发展情况】 截至2019年12月31日，兴业银行泉港支行本外币存款日均考核数153890万元，较年初下降100023万元，贷款余额423067万元，较年初增长15286元，有效基础客户112户，比年初新增22户。以“提质扩量”为主题，加大资源配置与过程管理，开展系列专项营销活动，新拓展泉港城建、大众公交、泉港文旅、钜港环保、钟山化工、源昌地产等一批优质客户，培养发展中小企业客户，共发展90家，改善支行业务结构。发挥公司业务营销龙头作用，拓展业务，带动对私业务发展。在石化安征迁项目的带动下，截止2019年12月31日，零售考评核心客户数增长明显，达7750户。零售储蓄存款余额69448万元，加大基本客户营销工作。做好基础客户群体的精细化管理工作，做好存量客户提升，实现基础客户群体的可持续发展。在维持原有系统性客户的营销优势下，加大保证金业务的扩展力度，通过各种手段多渠道挖掘公共事业类、政府类和片区改造、城中村建设、特定园区建设等公共事业类、政府类纯负债。实现工程采购保证金、住房公维金等最大限度留存我行。

【资产业务】 截至2019年12月31日，兴业银行泉港支行贷款余额423067万元，比年初增长15286万元。公司贷款把握总行和当地政府“稳发展“的政策机遇，主动对接市场需求，强化营销组织，加大投放力度，扭转年初以来增长乏力的局面。技改基金、政府购买服务、PPP项目贷款等相继实现突破，丰富融资体系。运用产业基金模式介入城镇化和基础设施建设领域，运用资本市场业务、供应链金融产品、技改基金介入上市公司和龙头企业。在优质项目拓展中，适当提高价格弹性，通过优惠让利应对同业竞争，适时主动介入、置换他行优质客户，加快政府下属企业及PPP项目的融资工作。服务企业，加强辖区内上市企业福建纳川管材科技股份有限公司及永悦科技股份有限公司的合作精密度。通过总分支行联动营销，制定综合金融服务方案，拓展推动各种业务的落地。扶持民企发展，对接福建钟山化工有限公司、益海集团下属泉州福海粮油工业有限公司等企业，解决民营企业融资难问题。展区国有五大集团业务，在区域内银行竞争较为激烈，加强与泉港区国资委、财政局沟通协调，主动对接泉港水利水务公司、泉港大众公交公司等五大集团，争取授信。年初率利落地泉港水利水务公司的绿色金融流动资金贷款。至2019年末，个人贷款余额30514万元，比年初增加11310万元。个人贷款保持平稳，收益持续显现。

泉州农商银行泉港支行

【概况】 2019年，泉州农商银行泉港支行围绕实施乡村振兴战略的提升之年、合规文化建设的深化之年、坚持高质量发展落实赶超新战略的关键之年“三个年”的经营思想指导下，践行普惠金融，服务实体经济，助力乡村振兴，各项业务工作稳健发展。

【存款业务】 2019年，泉州农商银行泉港支行各项存款余额26.97亿元（含理财），比年初增加3943万元，增幅1.48%，其中储蓄存款19.84亿元，储蓄存款比年初增加3.27亿元，储蓄存款增量居泉港区银行业金融机构第二位，储蓄存款余额居泉港区银行业金融机构第二位。

【贷款业务】 2019年，泉州农商银行泉港支行各项贷款余额17.16亿元（含普惠卡），比年初增加2.74亿元，增幅18.8%，存贷比63.63%。贷款总户数22323户，比年初增加3758户；户均贷款7.69万元，比年初下降0.08万元；个人贷款（含普惠卡）15.64亿元，比年初增加2.4亿元。个人贷款总量和增量居泉港区银行业金融机构首位，个人贷款总量连续4年居泉港区银行业金融机构首位。

【市场占有率提升】 2019年，泉州农商银行泉港支行在泉港区银行业金融机构中，各项存款和各项贷款市场占有率均有提升。各项存款市场占有率12.26%，比年初上升1.11百分点，其中储蓄存款市场占有率18.2%，比年初上升1.48个百分点。各项贷款市场占有率7.51%，比年初上升0.96个百分点，其中个人贷款市场占有率29.72%，比年初上升1.65个百分点。

【服务三农】 2019年，泉州农商银行泉港支行推广“巧妇贷”，为全区6744位女性发放创业贷款5.18亿元，累计新增投入7156万元，参与，开展“大众创业、万众创新”和脱贫攻坚现场推广工作10余场。5月15日，联合区妇联开展“创建吉祥泉港 护航幸福家庭”农商行杯·法律知识竞赛，助推吉祥泉港创建。推广“乡村振兴贷”，支持乡村能人生产生活和创业兴业，发放“乡村振兴贷”1102户，用信1.09亿元。推出“乡村振兴贷2.0”，取得11个薄弱村村级股份经济合作社项目竞标，提供330万元信贷支持。 推广“成功宝”和“菁英宝”，总进件量已突破1万张，10115户。投放3838.75万元支持480户渔民恢复生产。

【助力小微企业发展】 2019年，泉州农商银行泉港支行推出“小微征信贷”，助力小微企业发展。支持青商会、青创会、行业协会和商会投身区域经济发展提供金融支持，与区工商联（总商会）签订战略合作协议并授信20亿元，支持会员单位资金周转和项目发展为契机，为本地商家协会会员100户名授信2500多万元，用信2050万元。为异地商会办理25张青创卡，授信额度375万元。下达制造业企业贷款任务和一、二手房按揭贷款专项考核方案，新增森益木业、新增准入鑫顺、天马、馨秀等3个楼盘。

【服务乡村振兴】 2019年，泉州农商银行泉港支行推出“党建+金融助理”服务乡村振兴模式。5月启动“党建+金融助理”驻村工程，和区委实施乡村振兴战略领导小组办公室、区委组织部签订战略合作协议，创新金融服务乡村振兴机制。为区村级股份经济合作社单列授信5亿元，为11个“薄弱村”村级股份经济合作社发放乡村振兴贷30万元。优选7名驻乡镇（街道）金融助理，20名优秀驻村金融助理驻51个村，建立金融助理工作站，搭建“网点—自助终端—便民服务点—流动服务车—金融助理”全方位立体式的服务网络。开立村级股份经济合作社77个，其中基本账户55个，村级股份经济合作社账户覆盖面76.2%。

保险 证券 典当

中国人民财产保险股份有限公司泉港支公司

【关键指标完成情况】 2019年，中国人保财险泉港支公司保费收入10767.46万元，比增19.01%，其中车险完成保费收入的6553.2万元，比增16.81%，完成年计划的106.93%，非车险完成4022.38万元，比增17.02%；1—12月份车险市场份额58.85%，其中家用车市场份额62.16%。

【优化架构和经营理念】 2019年，中国人保财险泉港支公司按业务条线分成四大板块（后援、车险、商业非车、农险），按业务人员归为四大团队（车商、后援、续保、大综合团队）。坚持“效益优先、稳中求进、进中求好”三大原则，突出“常规业务超市场、新兴业务超常规”，实施“对标创变、业务创新、县域创业、服务创优、管理创细、文化创实”六大工程，展现“新面貌、新思想、新渠道、新措施、新发展、新时代、新市场、新队伍”八大特征，实现公司目标和个人目标的统一、实现公司发展和个人发展的统一。

【市场发展】 2019年，中国人保财险泉港支公司以高份额中标古雷石化一期项目工程险，泉港区坝头溪整治项目工程险也顺利落地；发挥福炼关系优势，派驻专员深挖古雷项目的保费市场。开出全市首单建设工程履约保证保险，关税保证保险终破零；维护好四大国有银行基础上，强化与泉州银行、农商、邮储、兴业、民生等股份制银行的战略合作关系，取得银保渠道大部分份额。2019年新农合补充意外险完成保费超180万。坚守学生险市场，创新乡镇0-6周岁婴幼儿重大疾病保费，承保涂岭镇6600余名孩童。配合涂岭镇政府管理需求，融合设计涂岭镇政府救助保险项目；参与互联网保险市场，签定全国性互联网服务公司一家，设计专属保险方案；全省首个承保全区在册村干部人员意外保险，承保人数688人。

【农险发展】 2019年，中国人保财险泉港支公司加强政企互动，注重信息面收集，及时捕捉政策商机。配合政策扶贫攻坚，做好服务特别是灾前预警及灾后理赔。突破蛋鸡养殖保险，达成全市第一单。

中国人寿保险股份有限公司泉港区支公司

【概况】 2019年，中国人寿保险泉港区支公司总保费收入1.93亿元，同比增长14.20%。其中长险首年标准保费2896.16万元，同比增长20.96%；长险首年期交4040.44万元，同比增长7.26%；十年期及以上期交保费2956.66万元，比增32.29%；短险2095.91万元，比增16.44%。全年共给付案件7129件，给付金额2544.89万元，其中理赔案件3864件，给付金额966.78万元。全区参加基本医疗保险人数为36.71万人。其中城镇职工基本医疗保险参保人数3.52万人，城乡居民参保人数33.19万人。全区医保基金收入为40363.52万元。其中职工基本医保基金收入15802.99万元，城乡居民医保基金收入24560.53万元。全年共支出医保基金32963.39万元。其中职工基本医保基金支出9978.41万元，城乡居民基本医保基金支出22984.98万元。职工基本医保基金支出中含个人账户支出4763.34万元，统筹基金支出5215.07万元。其中住院统筹基金支出3527.91万元，特殊门诊统筹基金支出1198.68万元，普通门诊统筹基金支出337.96万元，划拨商业补充保险150.52万元。城乡居民基本医保基金支出含住院支出18415.76万元，普通门诊支出1263.36万元，特殊门诊支出3305.86万元。是年在泉港区缴纳各种税收151.02万元。其中增值税及附加税14.98万元；个人所得税82.19万元。

【服务民生】 2019年，中国人寿保险泉港区支公司为全区21.56万人提供农村小额意外保险，保险金额累计743857.95万元，全年赔付434.87万元。捐赠16万元给区计生协会，作为“金秋助学”的生育关怀公益金，解决贫困计生纯女户的就学问题；与峰尾镇政府联合举办“峰尾镇人民政府活力乡

2019年6月27日，区文联、区妇联、人寿保险、泉港供电服务中心、文化工作联合五个支部开展共建结对活动 （区文联 供图）

村评选活动”；与泉港区医保分局、涂岭镇世上村党支部共建活动，向困难党捐赠实物50件，价值10000元。

【扶贫保险】 2019年，中国人寿保险泉港区支公司与泉港区农业农村水利水务局合作，为全区精准扶贫家庭418户，办理意外医疗费用补充、意外住院收入损失、重大疾病、意外死亡及伤残、身故等保险，保额27800.20万元。与各镇合作为全区计生困难户1511户投保“计生家庭意外伤害保险”，实现一张保单保全家，为计生困难户提供意外伤害保险和意外医疗费用保险。是年赔付79人次，赔付金额37.05万元。

【关爱女性】 2019年，中国人寿保险泉港区支公司与区、镇、村三级妇联进行交流沟通和配合，做好女性宫颈癌、乳腺癌“两癌”筛查活动，加大女性健康关爱力度，增强广大妇女特别是贫困家庭妇女健康意识。降低妇女创业风险，解决广大妇女特别是贫困妇女因重大疾病、意外风险等保障问题，推出以“女性安康保险”为主的专属保障保险。是年全区共有2732人参加保险，风险保障16168.2万元，全年共赔付11.5万元。

华鑫证券有限责任公司泉州南山南路证券营业部

【业务开展】 2019年，华鑫证券有限责任公司泉州南山南路证券营业部发展相关业务，营业部新增开户188户，总计415户，期末资产1061万元，因客户流失，同比上年减少816万元，全年累计销售金融产品629万元，全年净亏损77万元。

【特色工作】 2019年，华鑫证券有限责任公司泉州南山南路证券营业部拓展经纪业务，寻求公司债券方面突破。依托公司现在反洗钱平台和风险控制平台，加强对现有客户的服务的同时跟踪落实各项风险系数，降低可能存在的风险。对新入职员工通过鑫学堂进行入职岗前60小时培训，兼顾岗位工作培训、业务实操培训；对营业部全体员工进行反洗钱、合规展业、廉洁从业、产品说明等相关方面培训。

华兴典当

【业务经营情况】 截至2019年11月30日，福建省华兴（泉州）典当有限责任公司共发放典当款146笔，典当总额9061.24万元，在当典当笔数102笔，典当余额9767.65万元，平均每笔典当金额95.76万元，同比下降47.26%。预计完成全年营业收入876万元；利润总额574万元；净利润430万元。拓展房产二次抵押政策业务，开展房产二押业务5笔，典当余额59万。

【优质、小额典当项目】 2019年，福建省华兴（泉州）典当有限责任公司坚持“小额、分散”原则，推进“全员营销”，推进对小额典当业务的拓展。截至11月底，新增76笔典当项目，同比增长58.33% ，金额共计2891.99万元，平均每笔当金38.05万元，同比下降56.35%。推动业务结构向小额、分散的微贷方向发展。

【拓展房产解押贷业务】 2019年，福建省华兴（泉州）典当有限责任公司针对泉港石化隔离带征安迁工作和房票政策，调研创新二手房交易应收账款与房票共同质押的新业务。11月份以来开展此类业务3笔，金额99万。

【商业汇票质押典当业务】 2019年，福建省华兴（泉州）典当有限责任公司丰富业务品种，选择信用度较高的企业开具的商业汇票来尝试开展商业汇票质押典当业务，尝试开展了1笔的商业汇票质押业务，已顺利结清。

【风险控制】 2019年，福建省华兴（泉州）典当有限责任公司规范业务流程，完善风控体系，加强贷后跟踪管理，完善在当项目风险管理，梳理、加强对在当项目风险管控，加快对典当期限较长、额度较大的项目回收，全年共回收38笔，金额3210.96万元。通过多样手段加大处置力度，化解异常项目，截至11月30日，回收本息77.588万元。

商贸 旅游

商贸经济

【概况】 2019年，泉港区实现限额以上社会消费品零售额50.55亿元，增速15.8%；实现社会消费品零售总额158.88亿元，增速11.9%，全市排名第五，超额完成增长10.5%的目标任务。

【电子商务】 2019年，泉港区确定珍购豪食品等8家企业为电子商务发展扶持对象，兑现区级扶持资金34万元。开展电子商务促精准扶贫工作。于10月份、11月份连续举办三期“不忘初心、牢记使命”暨电商人才培训，邀请电商专家为全区困难家庭子女、现役军人家属、创业青年等500多人进行授课，围绕运用电商平台、国家扶持政策、农村电商培训等方面进行详细讲解，普及电商知识，促进就业。指导成立电子商务协会，填补泉港无电子商务行业协会自律管理的空白，助推全区贸易高质量发展。

【保障市场供应】 2019年，泉港区推荐界山镇海西农业新增为市级城市副食品基地。落实区级3000头生猪活体储备及区级80吨冻猪肉储备任务，全力以赴应对非洲猪瘟防控期间的猪肉市场供应。加大“五一”国际劳动节、国庆和元旦、春节期间全区市场保价稳供力度，保障全区商贸领域有序流通。

2019年12月5日，泉港区电子商务行业协会第一届第一次会员大会暨就职典礼召开

（区委报道组 供图）

【推动商贸企业创新商业流通模式】 2019年，泉港区支持商贸企业参与供应链创新与应用试点，降低企业交易成本。引导网络消费、定制消费、体验消费等新模式加快成长。组织亚联食品、新路家茶叶等4家企业参加首届福建省商博会，支持商贸企业参与城乡流通设施建设，支持民营企业建设社区便民服务中心、特色商贸小镇，鼓励商贸企业在建设高品位步行街、特色美食街、城市综合体中发挥更大作用。

粮油储备与供应

【概况】 2019年，泉港区投入资金33万元用于区中心粮库检验检测设备采购及粮油检验室的提升改造。

【粮油检测】 2019年，泉港区共抽检粮食及粮食制品共13批次25个样本，产品抽检全部合格；全区储备粮出入库检验共抽取10样本送泉州市粮油质量监测站检测，检查合格率100%。

烟 草

【烟草专卖管理】 2019年，泉港区烟草专卖局（分公司）依法履行《中华人民共和国烟草专卖法》赋予的法定职责，保障辖区卷烟市场环境净化和规范。全年共查处涉烟案件78起，同比增长47.2%；查获违法卷烟233件，案值159万元，辖区卷烟市场净化率排全市前列。与政府相关部门形成卷烟打假合力，把卷烟打假纳入社会综治和扫黑除恶专项考核，全年与相关部门联合排查边界山林、农场等卷烟制假隐患点15场次，确保制假机台零落地。分级监管辖区内26家物流寄递企业，开展联合检查8场次，查处案件5起，查获卷烟5.16件；与公安部门联合推进“9·9”运输假烟案件的侦办，刑拘2人，逮捕1人；加强辖区市场零售终端的监管，查处市场销售假烟案件17起，查获假烟3.5件。制订行政审批服务大厅评价制度，促进许可服务规范化；完善合理布局规定，试运行“退一进一”和咨询预约登记制度，规范行政许可行为；严格执行诚信管理办法，对零售户实施诚信管理，常态化清理异常零售户，办理停歇业88本，至年末全区共有烟草专卖零售许可证户1740本。

【卷烟市场营销】 泉港区烟草专卖局（分公司）承担辖区卷烟销售任务，加强对卷烟零售户的经营指导，提升服务质量，提高零售户的经营获利水平。全年销售卷烟13957箱，销售额5.11亿元，实现税利1.36亿元。精准调节货源投放节奏，实现策略与客户经营实际、策略与市场状态基本匹配，市场价格平稳，社会库存合理，市场秩序保持稳定。按照1片区打造1条“现代终端示范街”，带动卷烟零售终端形象的整体提升。推行客户经营合作小组，发挥小组成员自我约束、相互监督的作用，促进客户自觉守法经营、避免不正当竞争，确保客户经营卷烟获利11%以上。通过加强卷烟经营指导、投放策略倾斜等方式，加大对贫困家庭、身患残疾等弱势零售户的帮扶力度，增加弱势群体客户的卷烟经营收益。在行政服务中心、文化中心、车站及部分主要街道等人流量较大的地方，打造文明吸烟区、吸烟点，建设吸烟亭、烟蒂柱、空气净化器等设施，全年投入经费9万元。

供销合作

【概况】 2019年，泉港区供销合作实现销售总额240350万元，同比增长35.22%。利润总额413.58万元，同比增长37.08%。

【增强为农服务】 2019年，泉港区供销联社增强为农服务。3月20日，在涂岭镇芦朴村开展春耕送农资农技下乡主题活动，免费向芦朴村370户农户和区11家种植生产大户赠送有机肥40.6吨，邀请3名庄稼医生现场坐诊。组织编印《农技实用知识》2000多册、农业科普宣传材料5000多份。联合区城管局、区农水局开展农村生活垃圾干湿分类试点工作，探索再生资源回收利用体系建设，利用基层供销社网点，组建5个农药农膜废弃物回收站，开展废弃农资回收。

【深化供销社综合改革】 2019年8月3日，泉港区供销联社召开一届三次理事会，以票决方式通过涂岭供销社资产购置方案，推进依法依章治社。制定下发《泉港区供销合作社联合社规章制度》《泉港区供销合作社联合社财务管理制度》《关于创建村级供销合作社的实施意见》《关于进一步完善泉港区供销社基层合作社、直属企业管理制度的通知》等制度，形成用制度管理、按制度办事、靠制度管人、用制度推进综合改革发展的长效机制。

【组织乡村振兴主题活动】 2019年，泉港区首届乡村振兴、农（海）产品合作论坛、首届农民专业合作社电商培训班举办，参加论坛和电子商务培训人员200多人次。联合区农水局等相关部门筹办第十一届海峡论坛“两岸农副产品展销会”，组织翔发农产品专业合作社、聚优农副产品专业合社联合社等8家供销系统农民专业合作社的名优特农产品参展。

【基层组织服务】 2019年，泉港区供销联社按照全国供销总社“五有”标准改造提升要求对山腰供销社、南埔供销社进行“五有”标准改造提升。新领办泉港区悠然农业专业合作社、泉港芦朴农业综合开发专业合作社等5个农民专业合作社和泉港秀益兴农业专业合作社联合社，成立前黄镇凤山村供销社和南埔镇惠屿村供销社。

2019年9月3日，泉港区首个村级供销合作社——前黄镇凤山村供销社成立
（区委报道组 供图）

【实施项目带动战略】 2019年，泉港区供销联社按照省社新型庄稼医院规范化建设要求对界山镇“庄稼医院”进行提升改造，完善“庄稼医院”管理制度5条，制作区域内常见农作物病虫害防治图解，设立服务档案、处方笺以及举报投诉电话。起草编制《泉港区供销社系统“新网工程”2020—2025年项目建设规划》，全系统共谋划项目4个，总投资约1000多万元，按年度计划分类，明确建设任务和建设时限，增强基层供销社造血功能。

【资产管理管控】 2019年，泉港区供销联社联合区政财局制定出台《农资专项补助资金使用管理办法》，规范发财政专项资金使用管理，提高资金使用效益。制定清产核资工作方案，对基层社、商店等10个单位进行清产核资、调查摸底、登记造册、建立档案，实现社有资产保值增值。对全区供销系统资产合同管理建立台账，实行动态管理，纠正一签长期、租金一成不变的合同行为，建立合同规范化管理长效机制。

对外经贸合作

【提升外贸出口发展水平】 2019年，泉港区商务局组织发动全区外贸企业参加第十届海峡两岸农产品采购订货会、澳大利亚工程机械展、泉州品牌欧洲行展销活动等国内国际展览会、展销会。鼓励企业开拓国际市场，在第二届中国国际进口博览会上，益海嘉里与新加坡丰益公司签订3.5亿元大豆采购协议，签约额居全市第一。在巩固传统市场的同时，开辟新市场领域，实现出口市场的多元化。用足用好外贸扶持政策，扶持中小外贸企业发展。利用好省、市的外贸扶持政策，积极为全外贸企业提供资金扶持。共拨付省、市级补助奖励资金等459.3万元。做好政策宣讲，提高政策知晓率。帮助企业向上争取各类扶持政策，推荐恒昂工贸申报2019年省市级公平贸易专项资金。推荐万家鑫轻工、玺堡家居、福海粮油、恒昂工贸、联合石化、华星燃气等6家企业申报2018年市级外贸稳增长资金。推荐兢诚轻工、鹏禹金刚石等2家企业申报2018年下半年省级境外展会项目资金。加大企业调研频率。多次实地走访重点外贸企业，了解企业生产经营情况，帮扶企业解决生产中遇到的困难和问题，保持外贸生产稳定。1—12月完成出口总额12.53亿元，增幅24.4%，超额完成增长2%的目标任务。

【外资招商】 2019年，泉港区商务局强化“一把手”招商，开展“走访外资企业，促进增资扩产”专项活动，组织开展形式多样的招商对接活动。组织企业参加统战联谊外资招商推介会、2019年厦洽会.签约项目4个，总投资135.98亿元。鼓励后龙镇华星石化增建液化石油气储罐项目增资和万家鑫年生产1000万双花园鞋生产线项目核准备案，最大限度扩大利用外资总量。深入各企业了解资金结构，摸排肖厝港区鲤鱼尾作业区4号泊位工程及仓储项目、天佑200万吨/年劣质重油深加工综合利用项目等内资企业中的外资成分，确保外资成分的资金不被遗漏，提高综合利用外资水平。完成备案外资项目7个，新增合同外资额56.13亿元，增长2016.7%，居全市第一。

旅游业

【深化“文化旅游发展年”行动】 2019年，泉港区编制“六大旅游产品”实施方案，推进惠屿旅游村、黄田旅游村、涂岭旅游休闲集镇、土坑海商聚落特色文化旅游示范基地等六大旅游产品创建；与华侨大学旅游学院合作举办泉港海丝游学线路设计大赛，与宣传部共同拍摄并出品《泉之港》MV；支持指导涂岭、前黄、峰尾创建文旅特色小镇，打造“海城峰尾”特色小镇、“大美涂岭”特色小镇、“灵秀前黄”特色小镇；下炉、钟厝村获评省级乡村旅游村，全区共有省级乡村旅游村12个；秀溪村获评省级四星级乡村旅游村，樟脚村获评省级三星级乡村旅游村，惠屿村获评泉州市旅游村、涂岭镇获评泉州市旅游休闲集镇。

【文体旅产业融合】 2019年，泉港区促进文体旅产业融合，黄田溪漂流、正大伊思梦湖、红星逸凡青少年户外教育基地、极速滑道、丛林穿越和首个7D玻璃桥等一批旅游项目建成对外开放；新改建6座旅游厕所；对接锦江集团、港中旅天创公司、中奥体育等，跟踪希尔顿（欢朋）酒店、泉港环球嘉年华文化旅游综合体、山腰海盐文旅小镇、前欧蒙元文体小镇等招商项目；组织参展海峡两岸（厦门）文博会、中国（深圳）国际文化产业博览交易会等，助推文化产业发展；扶持《番薯浇米》《极品师徒》等具有泉港元素的影视作品创作，其中，《番薯浇米》获评平遥国际电影展“发展中电影计划·无限自在”等多项荣誉，并入选德国慕尼黑电影节；指导区海丝非遗双创中心及29个海丝非遗双创和游学点开展工作，促进泉港海丝非遗双创和游学融合发展。

【打造“西游记”精品线路】 2019年，泉港区通过整合旅游+体育（黄田溪漂流）、旅游+文化（樟脚古民居）、旅游+拓展（红星生态园）、旅游+康养（伊思梦湖度假山庄）、旅游+体验（金钟潭景区）等几类特色旅游产品，将景点串点成线；采用“线下+线上”模式进行宣传推广，联合泉港文旅、大众公交以及区内各旅行社推出“西游记”定制游，通过小程序参与9.9元抢购“西游记”一日游产品，打造泉港“西游记”精品线路，推进线路产品市场化运作和泉港文旅品牌提档升级。2019年全区共接待游客129.78万人次，旅游总收入26.1亿元，分别增长20.1%和22.6%。

城乡规划

【启动国土空间规划前期】 2019年，泉港区自然资源局深化省、市改革要求，完善国土空间布局，落实国土空间用途管制政策，启动生态保护红线评估、国土空间现状评估等前期筹备工作为国土空间总体规划编制奠定基础。其中，生态保护红线评估从基础数据核查、边界合理性、应划尽划和矛盾冲突等方面评估，合理划定生态保护红线，注重生态保障功能；国土空间现状评估主要负责评估现状问题并统计国土空间建设指标，提出空间规划建议与措施，辅助国土空间总体规划。

【维护区域控规】 2019年，泉港区自然资源局依据区域管控要求，指导区域开发建设，结合近期开发计划，重点推进《福厦客专泉港站站区控制性详细规划》《凤安片区控制性详细规划》《高新园区物流基地控制性详细规划》《锦川片区控制性详细规划等区域控规，并对城市中心一期及岩山片区控规实施动态维护，强化控规可操作性、科学性。

【完善专项规划】 2019年，泉港区自然资源局启动《泉港区生态连绵带总体实施规划》《泉港区乡村建设规划》。其中，《泉港区生态连绵带总体实施规划》研究划定区生态屏障区、生态廊道区、生态体验区空间边界并提出相应管控要求彰显城市风貌特色，改善人居环境。《泉港区乡村建设规划》统筹乡村空间布局，明确村庄建设规模，提出村庄发展方向，为国土空间规划夯实基础。

【土地保障与管理】 2019年，泉港区共并获批农转用4批次，8宗项目，面积304.71亩；办理供地批复37宗，面积1968.7亩；签订征地包干协议书20宗，面积1142.9亩。

城乡建设

【概况】 2019年，泉港区住建局审批窗口共完成收件16522件，办结16522件（其中即办件11143件，即办率达67.4%），办结率100%。受理《施工许可证》申请共74宗，面积168.4万平方米，其中房地产项目27宗，面积138.05万平方米；办理竣工验收备案24宗，面积43.108万平方米；受理商品房备案11143套（其中拆迁补贴8906套），备案面积97.9239万平方米；二手房买卖2466宗（其中拆迁补贴1847套），交易产权面积22.88万平方米；商品房按揭备案2072宗；在建工程抵押备案3宗，抵押金额24063.29万元。推进消防审验承接工作，共办理消防设计审查业务12件、消防验收业务10件。

【城市建设攻坚】 2019年，泉港区开展“城市建设提速年”暨提升城市环境品质活动，按照片区改造类、老旧小区及背街小巷整治提升类、城市交通道路建设提升类、城区绿色慢行系统及15分钟休闲生活圈类、水环境综合整治类、生态连绵带类、历史文化保护传承类、“两高”及城乡重要通道整治类、“两违”治理类、城市精细化管理类等谋划项目，推进169个城建项目的建设实施，完成投资131.70亿元，完成年度投资计划（120.25亿元）的109.52%。63个市级城建完成投资40.87亿元，完成年度计划投资（37.37亿元）的109.37%。

【村镇设施建设】 2019年，泉港区开展35户农村危房改造工作，全部竣工验收，并拨付各级资金132.35万元。为减轻贫困户的家庭负担，为35户危房改造户购买建房意外伤害保险。是年继续创

2019年1月16日，区委书记梁炳辉（左四）到涂岭镇五社村指导两高整治工作
（区住建局 供图）

建8个省级美丽乡村，组织2019年度美丽乡村镇村干部参加省市村镇建设培训、外出学习考察，8个美丽乡村围绕“一革命、四行动”开展相关工作，完成投资2024万元，拨付省市补助资金360万元。是年确定界山镇东张村、玉湖村、峰尾镇上楼村、前黄镇后张村、涂岭镇涂岭村等5个村庄的为农房整治试点，依托区建筑业协会完成两批农村建筑工匠的培训工作，印发农村自建房（三层以下）质量安全常识一张图2000份，各镇（街道）在个人建房审批时一并分发到户。是年建设6座农村公厕，并拨付省市补助资金49万元。是年前黄镇、涂岭镇市级小城镇项目年度计划完成投资26.5亿元，实际完成投资29.98亿元，完成年度计划投资的113.1%。前黄镇列入第一批市级特色村镇扶持创建试点名单，共获得240万元的市级补助资金，年度计划完成投资8亿元，实际完成投资8.8亿元，完成年度目标的110%。

【历史文化保护】 2019年，泉港区樟脚村列入第七批中国历史文化名村、第五批中国传统村落名录，诚峰村列入第五批中国传统村落名录、第六批福建省历史文化名村。樟脚村通过省住建厅竞争性选拔列入2019年传统村落（历史文化名村）重点扶持对象，列入省委省政府为民办实事项目，获得省级500万元和市级50万元的资金支持，诚峰村列入2020年传统村落（历史文化名村）重点扶持对象，获得省级500万资金支持。在华侨大学对全区历史建筑开展普查的基础上进一步筛选，经现场复核、专家论证及征求意见并公示后，公布第二批历史建筑28栋。

【“两高”整治提升】 2019年，泉港区创新“三图五单”“示范样板”“线上+线下指导”等工作举措，编制高铁、高速沿线16个村庄整治规划，实行“一村一册”，创新开展建筑工匠技术岗位竞赛活动，推动整治工作。共整治房屋1030宗41万平方米，拆除乱建乱搭47宗1.87万平方米，提升59处林田水风光项目，清理垃圾堆放点92处，建立形成村庄垃圾常态化巡查、保洁等若干机制，净化沿线人居环境，整治违法施工行为13起，整治违章破旧广告牌127块，排除整改安全隐患41处，保障人民群众生命财产安全。在全省实施乡村振兴战略暨农村人居环境整治现场推进会上作典型交流发言。

【泉港新城投资有限责任公司项目建设情况】 2019年，泉港新城投资有限责任公司承担建设项目29个。其中，锦川小区一期D组团项目完成竣工验收并移交。南龙二期道路工程完成竣工验收并投入使用。南山南路道路提升改造工程完成初验并投入使用。界山市民广场完成初验。聚福小区三期三批次及室外配套设施扫尾施工，正在办理竣工验收。区市政道路电力管沟（圭峰路）工程已完成施工。锦川小区一期幼儿园工程完成各专项验收。祥云路改造提升工程在春节前完成路灯安装、沥青摊铺。锦绣街改造提升工程、祥云路支一线（埭沙路改造提升工程）、祥云路支二线（驿峰东路改造提升工程）、中兴街东段市政道路工程、界山镇泉莆、一号、三号、新东西路道路工程正在进行施工建设。荷福小区正在施工建设。泉港高铁站前广场及配套工程、泉港区高铁站周边配套道路及附属工程正在进行前期手续办理。配合泉港医院做好泉港区医院门诊医技综合楼及附属配套设施工程前期手续办理。采用EPC建设模式建设的有12个项目，完成项目可研、立项报批、初设概算、地形修测发包委托等工作，公开招标确定总承包单位，各子项目根据计划安排有序推进。郭厝溪流域清淤及补水工程、郭厝溪流域综合整治工程和水体整治工程、泉港区农村生活污水及管网建设工程（郭厝溪流域段）、涂岭镇涂岭村寨山山体修复工程及郊野公园正在进行施工建设。岩山公园慢道工程完成大部分前期手续办理工作。经三路和纬六路（源昌项目段）市政道路工程、锦绣街配套停车场工程、渔港路二期工程、纬六路延伸段市政道路工程、绿建周边道路、中兴街（锦川小区段）市政道路工程、岩山公园二期正在办理前期手续。

“美丽乡村”建设

【推进乡村振兴战略】 2019年，泉港区推进乡村振兴战略，涂岭镇入选省级乡村振兴特色乡镇，凤翔、东张、玉湖、普安、后张、黄田、前欧等7个村入选省级乡村振兴试点村，东张-秀溪-前欧-樟脚-黄田入选乡村振兴市级示范线路，争取上级补助资金2175万元。培育天竺、鸠林、后龙、诚平、锦川、古县、秀溪等7个区级试点村。建立处级干部挂钩乡村振兴示范村制度，组织村支书导师团助力乡村振兴活动。

2019年3月19日，区委书记梁炳辉前排（左二）到小坝村调研美丽乡村工作

（区委报道组 供图）

【农村人居环境整治】 2019年，泉港区围绕农村人居环境整治三年行动，推进“一革命四行动”，全年新建农村公厕6座，完成14个行政村生活污水治理和4577户三格化粪池新建改建任务，建成清新样板流域5.5千米，实行“村收集、镇转运、区处理”三级机制，生活垃圾无害化处理率100%，完成裸房整治652宗，实施“绿盈”乡村工程，创建2个省级森林村庄，完成路灯安装1631盏，完成8个休闲公园建设。实施畜禽粪污资源化利用整区推进项目12个，严格落实河（湖）长制，全区4条主要流域水质得到明显改善，其中2条主要小流域省控坝头溪、市控菱溪单月月平均水质分别为IV类和III类。

市政公用事业

【市政项目建设】 2019年，泉港区完成东西二路绿化工程、中兴街口袋公园及新文行灯饰旁绿地工程验收；道路设施建设完成国道高速立交桥夜景提升工程、区道路路口增设中杆灯、东西二路（一期）电缆重新铺设工程等工程；完成201省道路灯补齐工程项目。中央第二轮生态环境保护督察整改方面，针对郭厝溪黑臭水体整治工作，前期完成通过第二轮中央环境保护督查检查，截污工程完成浪花酒店至柳山街段双侧约4.39千米雨污水管道埋设，清淤工程完成河道底泥清淤约6万方，补水工程完成由峰尾污水处理厂至郭厝溪上游约8.3千米补水压力管道埋设，日补水量约1.8万吨，排口改造完成郭厝溪峰尾段沿线各排口改造。

【市政管养】 2019年，泉港区补植乔、灌木约100株，地被约13万株，修剪地被及灌木约49.3万平方米，乔木共计3680株。牵头组织开展5次全区绿化养护专项检查及在建项目质量督查工作。市政设施管养。投入约175万元修复路面、人行道约7460平方米，路缘石约1100米，安装反光立柱约1200根，沥青灌封7000米。公开采购确定2019—2021年道路及其附属设施零星修缮单位，并试行1年采用兼职监理单位。完成对29座桥梁12轮常规检测，开展日常维修。市政路灯维护方面投入约184万元，更换路灯电缆3074米，400瓦钠灯404套，250瓦钠灯287套，150瓦钠灯213套，LED灯61套，T5灯条83条，玉米灯134个，加固及校正灯杆168杆，控制器72个，蓄电池246套，灯具33套。排水设施管养，共更换雨污水井盖、雨水箅137套，及时清淤、疏通管道长约22千米。对驿峰路、学府路、锦绣街等20处排水排污设施进行改造修复，累计投入约54万元。

【环境卫生考评】 2019年，泉港区开展环境卫生考评，共对全区100个村（居）开展8期农村人居环境卫生考评，累计考评114个次村（居），考评112段次镇（街）道路。针对全区8个重点沿海岸段累计开展48段次海漂垃圾整治工作考评，通报8期海漂垃圾考评结果；开展主城区“十三小项”考评工作。共检查48次社区、64次主次干道、64次住宅小区、24次集贸市场、83次公厕、32次内沟河、16次道路管养、16次建筑工地，主城区环境卫生全面提升。小区物业管理方面。下拨整治经费共计18.5万元，联合住建、城管、消防、交警等职能部门开展多次专项整治行动，共检查32个住宅小区、发现192处问题、开出32张整改通知书。环卫管理稳步提升。拨付焚烧处理费659.9万元，核拨村庄保洁经费862.3万元，道路保洁经费1280.13万元、农村生活垃圾常态机制正向激励补助资金86.92万元、省市公厕补助资金165万元。共外运生活垃圾7.7635万吨垃圾，与2018年同期基本持平。垃圾分类试点确定城管局、泉港第三实验小学、山腰街道聚福小区（二期）为2019年垃圾分类试点；投资80万购置5辆生活垃圾分类收集车辆，采购约800个240升垃圾分类桶，发放试点街道、社区、学校。厕所革命有序推进。2019年度建设项目共12座城乡公厕任务，其中：3座城市公厕、3座乡镇公厕、6座农村公厕。截至目前，12座城乡公厕已全面建成并投入使用。生活污水厂运行平稳。由我局负责监管的峰尾污水处理厂总体运行较为平稳，进水浓度COD已基本稳定在环保要求的150毫克/升以上，实际进水浓度为159.2毫克/升，累计进水量约535万吨；累计完成COD削减量约747.2吨；累计完成NH3-N削减量约94.86吨；已拨付污水处理费544.9605万元；全区污水处理厂累计产生约2262.82吨污泥全部运往莆田涵江制砖厂制砖处理，污泥无害化处理率100%。

供电服务

【主要指标完成情况】 2019年，泉港区累计完成全社会用电量46.73亿千瓦时，同比增长1.8%；累计完成售电量30.09亿千瓦时，同比增长4.53%。累计电费回收率达99.997%，同比提升0.005%。智能交费预存用户比例30.48%，尚未完成全年50%的目标任务。10千伏分线线损合格率92.9%，同比上年提升44.8%。台区线损合格率95.16%，同比上年提升9.46%。累计查处违约窃电25户，追补电费及违约金32.88万元，同比上年提升307%。高故障线路比降57%；10千伏百公里故障率7.29次，同比下降25.3%。累计故障停电时长管控全市排名第一。低电压台区整改质量全市排名第三。过重载、三相不平衡治理全市排名6家并列第一。配网总体投资金额同比增加17%。配网项目竣工率66.7%、结算率40.4%、关闭率39.5%、支出率55.8%。因受阻频发、施工力量不足、市政管沟建设滞后、项目全过程跟踪协调不够紧密等原因，建设总体进度仍较为滞后。

【优化电力营商环境】 2019年，泉港区供电服务中心落实160千瓦及以下小微企业低压接入。截至11月，全区共有44户小微企业已完成新装、增容50千瓦至160千瓦的低压接入。为低压客户提供办电“1+1”服务，将办电过程中与客户的接触次数减少为2次，截至11月，为60多个客户实现”一次上门、一次送电“的目标。全面推行“互联网+”营销服务，提供“掌上电力”手机APP、“95598”网站等渠道，实现客户线上自助提交申请资料、查询业务进程；减少客户往返营业厅次数，实现低压新装增容过户等18项简单业务“一趟都不跑”，高压新装增容等3项复杂业务“最多跑一趟”。主动靠前服务重点项目和企业用电。对接区发改局、工信局、重点办等政府部门，提前获取我区省市重点工程、已取得规划许可的建设工程等信息，在客户用电申请前主动上门了解客户用电需求，与市公司业扩中心联合开展业扩配套工程建设和客户内部工程的供电方案制定。推动电力工程破路联审机制落地见效。7月10日，泉港区行政服务中心、自然资源局、城市管理局、公路分局、供电中心5家单位联合印发《关于电力工程占用挖掘道路等实施“一窗式”联审的通知》，在区行政服务中心实行电力工程占用挖掘道路等“一窗式”联审服务，优化电力工程占用挖掘道路的模式。其中：对区属道路，长度小于50米的10千伏的企业用电工程，免联合会审；长度150米以下的低压用电工程，实行承诺备案制；其余实行联审会审；这一举措，极大缩短了用电客户实施电力工程破路所需的审批时间。

【高故障线路整治】 2019年，泉港区供电服务中心实行高故障线路部门领导挂钩，指导运维班组加强高故障线路诊断，开展高故障成因分析，对原因不明的故障重点跟踪，指导班组和专责编制“一线一案”，督促落实综合整治措施。开展配电线路合理化及健康性分析会，对配电线路进行把脉问诊；对已产生的故障落实班组设备主人编写分析报告，中心定期开会剖析，加强责任考核制等措施。高故障线路从2018年7条降到是年的3条馈线。推动区政府成立电力设施保护领导工作机构，严格电力外破执法索赔机制。完善现场电缆警示标志、防撞墩、警示标识，落实线路防范施工和车辆外破措施。列支电力设施保护专项费聘用保安公司对外破危险区域采取无周休巡查和看护。建立外破施工隐患台账，发放隐患通知书和安全告知书。与区工信局联合推动，建立“三线搭挂”四大运营中商联系工作群，对存在安全隐患的跨越道路的三线搭挂限期整改，并杜绝产生新的三线搭挂。

【配电线路防雷专项整治】 2019年，泉港区供电服务中心累计更换避雷器259个、加装避雷器607个。开展大规模走廊树障清理攻坚，累计完成25000颗树木修剪砍伐。针对重点设备开展带电检测工作，完善站房防进水防潮治理。加强新建站房验收把关，严格按照省公司住宅小区典设标准做好新建站房验收接管工作。

【配网隐患排查治理】 2019年，泉港区供电服务中心落实配网“一线一档”隐患排查，开展配电设备隐患排查整治。开展触电案件隐患排查治理和消缺工作，累计完成整改23处。累计结合停电加装抱杆线夹23处，更换老旧刀闸跌落式35组、老旧避雷器26组，台架绝缘化20处，发热消缺20处。加快用户分界开关加装，完成新装或改造用户分界开关97台。常态跟踪督办过重载、低电压、三相不平衡等异常整改，完成整治重载配变15台、配变低电压17台、三相严重不平衡配变27台、用户点低电压367户（涉及136个台区）。

【配网计划停电管理】 2019年，泉港区供电服务中心坚持“能转必转、能带不停、先算后停、一停多用”原则，推动集体施工企业开展“合班制”作业模式。加强与带电中心的对接和联系，加大运维消缺、施工停电、业扩接入等业务带电作业融合。完善计划停电管控机制，实行停电计划分级审批，严管大面积停电、频繁停电、临时停电和延时停送电，预安排停电时户数比降23%。强化抢修服务协同，2019年高压、低压故障平均修复时长为21.41分钟、21.67分钟，分别比降17%、13%。

【配网建设】 2019年，泉港区成立电网建设领导小组和电力设施保护领导小组，下发《泉港区2019年下半年电网建设专项攻坚行动的通知》，区政府分管领导现场办公协调受阻项目，将配网建设受阻项目施工进度纳入区政府效能督办和各乡镇绩效考评。推动地方政府加强市政电力管沟规划和建设。泉港区早期规划主要城市道路均未配套建设电力管沟，推动政府将中心城区埭沙路、圭峰路、新民街等七条道路的电力管沟建设补充纳入2019年、2020年重点项目开工建设，解决城市中心10千伏出线无路径问题，以满足大型安置性住宅小区迫切的用电需求。在驿峰西路、驿坂廊道道路“白改黑”整治中，将电力管沟增补纳入项目同步施工。加快配网项目储备，项目库累计储备项目82个3497万元，完成年度储备指标值的46.63%。协调设计单位增派人员力量，加快项目储备工作进度。

水务建设

【概况】 2019年，泉港区水利水务公司共承办项目6个，总投资142157.02万元，完成投资39231万元。其中重点水利项目2个，包括菱溪水库至泉港区供水工程、坝头溪流域综合整治项目。

【泗洲水库至涠南调节池新建管道工程】 该工程于2019年5月19日正式动建，为泉港区基础设施提升包PPP项目之一。起点泗洲水库出水口，沿涂岭村农田，穿过G324国道、福泉高速公路后，沿汶米阳、芦朴、清美和下炉至通港路南侧铺设管道，终点至南调节池，设计日输水流量25万吨，设计管径1.8米，线路长度8.6千米，项目征租地范围涉及涂岭镇涂岭、汶阳、芦朴、清美和下炉5个村庄，征地约170亩，工程概算约1.98亿元。建成后，作为泉港区应急备用水源。已完成：（1）山外水库至泗洲水库段已施工完成，共计1988米；（2）完成农田段DN1800玻璃钢管安装1237米；（3）完成通港路段DN1800玻璃钢管2161米。项目累计完成总工程量5142万元。

【菱溪水库至泉港区供水工程】 该工程作为对接泉州市七库连通工程的区域性引水项目，共划分为三段线路：双溪水库至菱溪水库、菱溪水库至涠丰水厂（南山水厂）及至凤阳水厂支线，其中：双溪水库至菱溪水库线路总长2562.192米（隧洞段总长1915.026米，管道段总长647.166米）；菱溪水库至涠丰水（南山水厂）线路总长12368.477米（隧洞段总长10461.971米，管道段总长1906.506米）；至凤阳水厂支线线路总长3838.513米（隧洞段总长2246.029米，管道段总长1592.484米），项目总投资约4.5亿元。已完成：（1）协助区政府成立项目领导小组；正在协助推进项目征安迁工作；（2）完成本项目涉铁交叉段安全风险评估委托事宜，中铁四院正在进行安全评估合同阅办和安全评估报告编写；（3）完成部分输水管线优化施工图设计；（4）完成在全国PPP综合信息平台（新平台）网上注册和资料录入事宜；（5）完成后张管道和西坝管道与坝头溪交叉段相关单位对接工作；（6）完成与菱溪水库管理处对接本项目菱溪水库坝下取水口管径变更事宜，正在优化双方项目设计方案；（8）对项目公司各项规章制度进行完善。项目累计完成投资额61万元。

【坝头溪流域综合整治项目】 该工程范围为坝头溪泗洲水库至坝头溪出海口共15.84千米的流域，以沿河两岸30米用地范围为基准进行控制，局部生态景观节点区域面积扩大，满足节点打造的需求。主要包括水利工程、环境综合整治及水生态修复工程、生态景观提升工程。项目投资范围为工程投资、运营管养费用投资，约7.150446亿元。项目累计完成总工程量33060万元。

【服务大厅、仓库及消毒系统工程】 该项目拟在凤阳水厂内新建营业服务大厅一座、备料仓库1座和新增活性炭、高锰酸钾投加系统；同时对涠丰水厂消毒系统进行改建等，以改善公司现有的消毒工艺和日常的运营管理模式，项目总投资约700万元。目前项目已完工，各项专项验收均已完成，区住建局已受理综合验收申请；活性炭和高锰酸钾投加系统已完成整改工作，次氯酸钠投加系统已完成设备整改工作。项目累计完成投资额700万元。

【湄丰水厂扩建及污泥处理工程】 该项目建设内容包括凤阳水厂排泥水处理规模5万立方米/吨，湄丰水厂规模扩建6万立方米/吨，排泥水处理11万立方米/吨。截至目前为止完成可研编制并根据专家组意见进行可研修编，项目累计完成投资额50万元。

【南山水厂2.5万吨设备采购项目】 南山水厂2.5万吨设备采购项目增加2.5万吨制水工艺的设备安装，总投资约700万元。与中标单位广州杰赛科技股份有限公司签订合同，部分设备已到位，人员进场开始施工，完成投资额218万元。

【农村自来水改造】 2019年，全区旧供水管道改造完成总投资1065.6万元，改造福炼生活区、鸠林村、塘头村等地旧供水管网31.5千米，受益用户约2800多户，有效解决群众的安全饮水问题。

建筑与房地产

【建筑业管理】 2019年，泉港区建筑业总产值30.03亿元，同比增长52.5%。广泽建设、迅达石化、闽阳航务三家公司获评“2018年度泉州市建筑业先进企业”；顺荣建设曾铭山、闽阳航务王景阳获评“2018年泉州市建筑业优秀经理”。出台《关于进一步扶持建筑业发展壮大的若干意见》，从资质晋增奖励、落户迁入奖励、纳税贡献奖励、龙头培育奖励、企业创优奖励、重点保障优先等方面扶持推动全区建筑业的发展，是年共新增总承包三级以上企业13家，其中新成立三级企业7家，迁入二级企业2家，迁入三级企业4家。是年印发《关于规范房屋建筑和市政基础设施工程小规模工程承发包行为的实施意见》，规范区政府投资未达到国家规定的依法必须招标规模标准的房屋建筑和市政基础设施工程施工项目承发包行为，对400万元以下邀请招标项目，可由建设单位邀请具备相应资质的本地施工企业参与投标，共有24家建筑业企业入库参与投标。是年举办一期建设工程人员“八大员”岗位资格培训，共计349人次参加资格培训并取得资格证书，提高管理人员综合素质。是年组织开展工程技术人员土建相关专业初级技术职务任职资格评审工作，共29人通过评审，取得土建相关专业公有制助理工程师职务任职资格，为建筑行业培养一批优秀的专业技术人才。

【建设工程监管】 2019年，泉港区共有受监在建项目156个（同比上涨28%），其中房建在建项目134个（同比上涨24%）、建筑面积506.3万平方米（同比上涨18%）；市政在建项目22个（同比上涨57%）、里程约73千米（同比上涨57%），“泉港区南山片区经八路、福盛路、柳厝路”项目获得泉州市“刺桐杯”优质工程奖、获评泉州市建筑施工安全生产标准化优良项目。是年履行“双随机”动态监管职责，共检查在建工地409个项目次，发出责令改正通知书367份，实施网上动态管理记分16844.7分，开展合同履约评价469个项目次，对施工单位记952分。开展建筑起重机械专项整治，对140个项目次的428台塔吊及407台施工电梯进行专项检查，发出责令改正通知书138份，责令3台塔吊停止使用，1台塔吊退场处理。是年开展建筑施工安全生产“春季攻坚行动”，印发《2019年泉港区建筑施工安全生产“春季攻坚行动”暨大排查大整治活动方案》，共组织督查检查组2个，出动人员288人次，检查在建工地73个，排查督促整改隐患269条。是年在万盛滨海星城项目现场举行“2019年泉港区建筑施工安全现场标准化观摩会”，在逸涛学府新城二期项目现场举行“泉港区建筑工程消防应急演练观摩会。全面落实在建工程环境在线监测，全区共有40个项目安装环境在线监测设备，实时监测扬尘数据，及时启动喷淋降尘措施。是年加强建筑工地现场渣土管理，推广运输车辆抓拍识别系统，已安装项目6个，签订合同待装2个。加大预拌混凝监管力度，采用政府购买服务形式，每季度聘请预拌砼检查专家对预拌砼开展质量监督管理工作，共发出责令改正通知书16份，信用扣分65分。

【房地产市场管理】 2019年，泉港区完成房地产开发投资81.58亿元，同比增加38.26%。商品房完成销售113.59万平方米，同比增长18.1%，其中商品住宅完成销售104.95万平方米，同比增长19.2%。商品房交易均价5015元/平方米,同比下降10.3%，其中商品住宅交易均价4697元/平方米,同比下降12.3%。存量商品房完成销售6.23万平方米，同比下降2.5%，其中存量商品住房完成销售5.32万平方米，同比增长118.2%。邱厝馨秀庄园、万兆山庄B区等24个商住项目相继开工，新开工建筑面积合计128.65万平方米。新办预售许可证项目31个，上市房源面积149.38万平方米。是年加大房地产市场监管力度，采取“四不两直”的方式，每月不定期开展房地产市场秩序联合检查整治，共抽查龙湾家园、源昌锦绣城、名邦华苑等74个项目次，下发《责令整改通知书》49份，发现144处违规行为，移交给市场管理局关于价外加价和捆绑销售线索2件，移交给公安分局关于涉嫌欺诈的线索1件。针对历史遗留“烂尾楼”项目，督促业主单位尽快筹措资金，鼓励有实力的潜在投资者接手项目建设或合作建设，并简化行政审批手续，加快复工建设。富临华庭项目现已重新办理施工许可证，组织复工；润邦华庭项目现已办理工程规划许可证和施工许可证；鑫润花园项目已组织复工，现正在做配套设施；华兴商城项目已封顶并完成落架；世纪新城项部分已成立业委会，筹集相关资金并完成相关收尾工程。

【住房安置保障】 2019年，泉港区住建局配合石化安控区、祥云路改造、福厦客专泉港段、郭厝溪整治等项目房屋征迁工作，做好房屋征迁相关政策解释，帮助征迁解决疑难问题，保障项目顺利推进，房票安置已在全区23个在征项目推广使用。继是年续跟踪安置房分配工作，多次召集各镇（街道）召开安置房建设和分配协调会议，帮助解决安置房建设和分配存在问题，完成锦川、聚福、九龙吉祥已征迁未安置项目房源分配到户工作，并配合做好后续交房、结算、不动产登记等保障工作，其中锦川小区安置房目前各镇（街道）全部完成选房，已选房面积20.97万平方米，正在办理安置房款项结算及交房到户工作。是年完成201户廉租住房租金补贴申请家庭的资格审核工作，租金补贴即将发放到户。是年完成公租房动态配租658套，另有5套正进行配租工作的日常受理。是年推动棚户区改造，泉港石化工业园区及其安全控制区项目完成7116套，荷福小区项目完成投资5000万元。

【物业小区管理】 2019年，泉港区制定《泉港区人民政府办公室关于印发泉港区“强基促稳”物业规范提升暨老旧小区整治三年行动实施方案的通知》，力争通过三年的努力，规范物业服务市场秩序。是年新成立龙山社区、福鑫星城、东霞小区和鑫顺小区等4家物业纠纷调解委员会；完成庄园明珠小区、金海岸等2个小区业主委员会换届，成立浪花豪苑、亿达大厦、庄园中心商贸城、聚福小区、逸涛商住小区、公园港湾等6个小区业主委员会；成立逸涛小区业主委员会党支部，为全区第一个“红色业主委员会”；是年探索村（社区）物业管理新模式，成立锦祥社区集体制物业公司（泉州市泉港区锦良物业管理有限公司），尝试性接管世纪新城等无物业管理小区；完成佰盛嘉园等18个项目前期物业招投标。是年计划启动福炼生活区、庄园明珠、春满城二期、金山街富贵世家（寿山街）、逸涛小区等5个老旧小区改造提升工作；福炼生活区年度计划投资1000万元，完成1200万元；庄园明珠完成总投资额的58%，其余3个项目已启动前期工作，改造方案已基本制定完成。

环境保护

【大气污染防治】 2019年，泉港区实施大气污染防治夏季、秋季攻坚行动，全面加强道路扬尘、建筑施工、工业治理等，加强部门联动协同查处和应急响应等，推进区域联防联控和源头减排。以石化行业VOCs治理为重点，推动投入2.1亿元，实施投运23个工业大气精准治理项目。强化精准治污，组织4次大气走航监测，为区域工业企业环境治理提供数据支撑。开展柴油货车污染防治攻坚，多部门联合开展货车尾气上路检测，治理车辆超标，开展非道路移动机械调查登记，共对626辆进行登记并发放环保标志。发布《泉港区人民政府关于调整高污染燃料禁燃区的通告》，重新调整城区禁燃区范围和管理规定，将原禁燃区范围扩大1.5倍。

【水污染防治】 2019年，泉港区完成菱溪水库饮用水水源地环境问题整治，拆除保护区范围内的零散养殖点，完成泗洲水库水质自动监测站建设，并联网运行。以河长制为抓手，开展流域巡查，及时整治各类违法排污问题，加密对菱溪、坝头溪的水质监测，及时预警预报。强化小流域整治，持续推动小流域“碧水清源”整治工程建设，年度投资1.8亿元（超年度计划80个百分点），实施精准治理项目8个。四是开展入海排污口水质监测，推进陆源入海排污口整治，对海漂垃圾治理整治，开展石化基地邻近海域生态环境状况监视监测，及时掌握海洋生态环境状况。

【土壤污染防治】 2019年，泉港区稳步推进土壤污染防控试点工作，完成省下达泉港区的试点方案制定任务。推动6家疑似污染场地开展土壤监测与调

2019年11月14日，全区实施乡村振兴战略暨农村人居环境整治和科技特派员工作推进会召开 （区委报到组 供图）

查评估。完成现有农村生活污水治理工程运行情况的排查，新建改建4577户三格化粪池、14个行政村生活污水治理项目。推进危险废物规范化管理，开展危废超期贮存清理，完成36家产废企业和3家危废经营企业的规范化达标考核。

【环评审批】 2019年，泉港区严格执行环保准入，抓好环保审批，服务企业发展。共审批建设项目58个，其中报告书项目3个，报告表项目55个。

【环境执法】 2019年，泉港区加大环保执法力度，采取错时执法、交叉执法、日常巡查与突击检查相结合的方式，形成全方位打击环境违法行为的高压态势。全年共计检查企业370余家次，出动执法人员1000多人次，下发责令改正违法行为决定书98份，查封扣押10起，立案查处35起，罚款465万余元，移送公安机关侦办环境违法犯罪案件1起，行政拘留5起。严格实行“四个第一时间”处置和值班备勤制度。共受理各类环境信访件177件，办结177件，办结率100%，对各类督办件、转办件均在规定期限内办理完毕，并及时反馈。

【环境应急管理】 2019年，泉港区修订《泉港区政府突发环境事件应急预案》《泉港区大气重污染预案》，以危化品救援为背景开展突发环境事件应急演练，开展较大以上环境风险隐患排查回查、危化品专项排查、医疗废物排查等系列隐患排查治理行动，强化多部门协同推进涉环保项目“邻避问题”防范与化解工作。

【环境宣教】 2019年，泉港区围绕“6·5”世界环境日，拍摄环境日主题曲《让中国更美丽》MTV，举办“美丽中国，我是行动者”环保公益在行动小记者宣传活动，在实验幼儿园举办环保讲座，进村入户发放环保宣传资料和宣传品；通过泉港电视台、区政府门户网站、泉港环保微信平台定期向社会各界公布空气质量信息，增加区域环境质量透明度。

城市管理行政执法

【“两违”综合治理】 2019年，泉港区共处置“两违”46.83万平方米，完成年度任务133.81%，共拆违379宗，面积379742平方米；曝光8批“两违”典型案例，共24宗，面积4296平方米；已在媒体栏目发表“两违”专题报道60篇；“两违”卫片航拍已完成招标并签订合同，基期、第一期卫星影像以及成果对比已出，“两违”卫片执法系统正式运行，共完成5期拍摄。

【安全生产工作】 2019年，泉港区城管局开展城镇燃气重点领域督查，共组织检查组19次，邀请燃气行业专家6人次，巡查检查企业27家次，出动人员约46人次，发现问题146处，立案查处违法违规行为3起，处罚金9万元。开展“安全生产月”活动。组织召开区城市管理系统2019年“安全生产月”启动仪式。组织干部职工和各企事业单位积极参与安全生产知识竞答，联合区卫生健康局等部门联合开展2019年泉港区天然气管道泄漏事故应急救援演练。推进瓶装燃气供应站点布设和办理年审工作。共办理供应站点年审22家，协助现场踏勘办理1家新设供应点。推进天然气管道铺设延伸。推进铺设天然气中压管网71千米，低压管网17千米，工商业通气用户80家，通气小区41个，通气居民户数3850户。

【市容市貌整治】 2019年，泉港区城管局加大占道经营整治力度。加强对城区示范街南山路等主要干道的日常市容市貌管理，累计清理占道经营、店外经营和流动摊贩1600起，宣传教育违反城市管理规定的人员181人次。开展油烟污染整治。组织开展露天餐饮油烟污染专项整治活动，积极引导各烧烤业主使用无烟烧烤设备，提倡使用绿色环保燃料。共查究172起，暂扣桌椅5套、蒙古包21个，对占道经营等违法行为立案处罚3宗，处罚金额3000元。开展“牛皮癣”整治。实行“牛皮癣”市场化常态化管理机制，共清理“牛皮癣”6232余处。狠抓渣土车“滴撒漏”。定期开展专项整治活动，形成长效管理机制，要求在建工地清洗路面232余次，对路面造成严重“滴撒漏”的渣土车立案处罚78宗，处罚金额7.62万元整；其他处罚11宗，处罚金额9.4万元，分别是沿途遗撒建筑垃圾7宗，处罚金额6.8万元；运输建筑垃圾沿街丢弃（遗撒）3宗，处罚金额1.6万元；未按规定处置建筑垃圾1宗，处罚金额1万元。建筑施工噪音扰民整治。共查处计制止工地超时施工的噪音扰民案件18起，处罚金额6.6万元。

交通 邮政 通信

公路

【概况】　截至2019年12月，泉港区公路通车总里程688.45千米(其中高速公路19.87千米、国道324和国道228小计52.58千米、农村公路方面：列养县道65.775千米、列养乡道164.365千米、列养村道195.452千米，其余未纳入列养范畴的村道和自然村道合计190.408千米)，等级公路通车里程达408.56千米，公路网密度达到215.141千米/百平方千米，高于全市平均水平（全市公路网密度为150.23千米/百平方千米）。全区共有道路运输企业40家（其中客运企业3家、公交客运1家、出租客运1家、道路危险货物运输企业9家、普通货运企业28家），客运站4个，现有客车80部、公交车辆120部、出租客运156部、危运车辆197部、普货车辆357部；水路运输企业3家，各类运输船舶17艘12.4万载重吨（其中，泉州市泉港兴通船务有限公司是国内知名的化学品运输航运企业，成立于1997年，注册资金1.2亿元，主要从事国内沿海及长江下游珠江水系各港口间成品油、化学品运输。其中成品油船、化学品船11艘，内贸化学品船舶运力居全国前列）；机动车驾驶员培训机构5家；在册机动车维修业户42家（一类汽车维修企业3家、二类汽车维修企业10家、三类汽车维修业户29家）。

2019年12月10日，界山天线宝宝路口市政提升工程项目竣工

（区交通运输局 供图）

【公路工程建设】　2019年，泉港区公路工程建设总投资671.75万元，其中，国省道标识更换调整提升工程，投资116万元，国道228线K4888+880～K4923+254、国道324线，K125+165～K141+289部分标线更新工程，投资98.45万元，国道228线K4888+880～K4923+254段水泥砼路面破碎板置换工程，投资387万元，国道324线K126+410～K126+580段右侧路面、水沟等完善工程，投资17.8万元，国道324线K141+186～K141+291段左侧排水沟增设工程，投资52.5万元。

【窗口审批】　2019年，泉港区公路分局共办理路政案件52件，收取公路赔（补）偿费用298757元（其中路政许可案件23件，协议式管理案件22件，赔补偿案件7件）；开展联合整治行动2次，共清理违法种植的农作物300余平方米。

【提升泉港区大众公交有限公司运营水平】 2019年，泉港区大众公交有限公司共有员工177人，共运营18条公交线路，线路总长度410千米。是年力推中型柴油公交车向大型电动公交车的全面更替，9月所有柴油公交车全部下线，将运营车辆更换为120辆纯电动新能源公交车，在全省率先实现公交车100%电动化运营，在减轻运营成本同时减少环境污染。12月，以群众实际出行需求为导向，以公交通行条件为基础，与原有的3A、3B路实现互动联通，经延伸优化后的11路公交车驶入涂岭镇小坝村，完成对西部重要旅游景区的公交全覆盖，在全省率先实现"村村通公交"。围绕"安全第一、预防为主、从严管理、狠抓落实"的工作方针，以"遏事故，保安全、保畅通"为工作重点，丰富和完善行车安全各项管理机制。全年共发送公交车24万趟次，年运营总里程560万千米，首次实现全年零伤亡、零较大损失责任事故。加快公交智能化建设，实现对发车、营运监控、安全监管、服务质量考核的智能化，提高安全管控力度，实现营运过程可视化、营运调度智能化、营运监管实时化。

【"吉祥泉港 平安公交"2019年公共交通突发事件应急处置演练】 2019年9月27日，泉港区举办"吉祥泉港 平安公交"2019年公共交通突发事件应急处置演练活动，是泉港区首个以公交车为载体开展的一项应急演练活动，按照事故的发现与报告、应急指挥与协调、现场抢险救援和疏散、事故调查和处理等流程进行。采用实地、实战、真人演练的模式，演练涉及因抢夺方向盘引起的一系列危险行为与公交车火灾事故的发现上报、预案启动、出警、安全疏散、现场抢险、事故调查、保险理赔等内容，涵盖事故应急救援处置的各个环节。

2019年12月2日，泉港区"122全国交通安全日"——"守规则除隐患、安全文明出行"主题宣传活动在锦绣广场举办　（区委报道组 供图）

表 9　泉港区大众公交有限公司运营线路情况表

序号	线路	起讫点	主要途经站点
1	1 路	公交总站—上西	公交总站—钟楼—区政府—闽南分院—土坑三角台—上西
2	2 路	奇美广场—培文外语学校	奇美广场—区政府—锦川小区—大学城路口—新辉大—万兆山庄—培文外语学校
3	3A 路	涂岭镇政府—黄田	涂岭镇政府—泉港六中—金钟潭—黄田
4	3B 路	涂岭镇政府—寨后	涂岭镇政府—泉港六中—樟脚村—寨后
5	5 路	奇美广场—肖厝	奇美广场—区政府—交警大队—福炼七号门—沙格边防所—肖厝
6	6 路	峰尾广场—公交总站	峰尾广场—泉港医院—西吴路口—世上村—涂岭镇政府－普安工业区—公交总站
7	7 路	奎壁乌石宫—石化新区	奎壁乌石宫—泉港医院—行政服务中心—天竺中学—下朱新村—石化新区
8	8 路	奇美广场—泉港二院	奇美广场—区政府—锦川小区—大学城路口—新辉大驿坂村委会—泉港二院
9	9 路	奇美广场—仙游动车站	奇美广场—区政府—交警大队—福炼七号门—赤屿岭—东张村委会—仙游动车站
10	10 路	栖霞小区—幸福社区	栖霞小区—宏安市场—倒桥—世上路口—幸福社区

续表 9

序号	线路	起讫点	主要途经站点
11	11 路	秀溪林兜村—小坝横溪村	秀溪林兜村—涂岭镇政府—朝阳路口—培文外语学校—小坝横溪村
12	12 路	公交总站—公交总站	公交总站—永嘉天地—泉港五中—肖厝村大门—界山镇政府—涂岭镇政府—大学城路口—公交总站
13	13 路	奇美广场—泉港二院	奇美广场—区政府—美发中学—民族中学—坪铺村—泉港二院
14	K801 路	奇美广场—聚龙小镇	奇美广场—区政府—西吴路口—公交总站—聚龙小镇
15	环城 2 路	奇美广场—奎壁乌石宫	奇美广场—泉港一中—闽南分院—联合石化—倒桥—行政服务中心—奎壁乌石宫
16	医院专线	闽南分院—泉港医院	闽南分院—现代城路口—海天广场—郭厝路口—泉港医院
17	夜 1 路	石化学院—峰尾广场	石化学院—公交总站—永嘉天地—泉港医院—峰尾镇政府—峰尾广场
18	夜 2 路	锦绣广场西门—南埔医院	奎壁乌石宫—农业银行—永嘉天地—交警大队—宏安市场—天竺村路口—南埔医院

表 10　泉港区大众公交有限公司 2016—2019 年运营情况表

年度	2016	2017	2018	2019
公交车数量（辆）	40	40	126	120
公交线路数量（条）	7	13	16	18
公交线路总长度（公里）	103	280	370	410
年营运总里程（万公里）	273	327	468	560
日均营运里程（公里）	7469	8960	12812	15332
年客运总量（万人次）	130.8	387	541	601
日均客运量（万人次）	0.36	1.0	1.48	1.65

港口 水路

【港区生产】　2019年，肖厝港区共装卸作业船舶2008艘次，其中港口危险货物作业船舶共计1663艘次。累计完成货物吞吐量1963.65万吨，同比增长1.6%。其中外贸货物吞吐量1061.26万吨，同比增长21.8%；对台两岸直航往来船舶达84艘次，完成货物吞吐量25.5万吨，同比下降61.89%。公用码头累计完成吞吐量845.12万吨、同比降幅度0.07%；货主专用码头累计完成吞吐量1116.82万吨、同比增长2.82%。

表 11　2019 年 1—12 月肖厝港区各码头吞吐量一览表

单位：万吨

序号	码头单位	本年累计	上年同期累计	同比增长：（%）	外贸累计	上年同期累计	同比增长：（%）
1	沙格港务公司	485.45	419.03	15.85	257.00	103.15	149.16
2	肖厝港公司	228.99	274.32	−16.52	145.11	208.57	−30.43
3	泉州振戎石化公司	130.68	137.59	−5.02	50.89	45.59	11.62
4	东港石化公司	0.00	14.77	−100.00	0.00	0.00	0.00
公用码头合计		845.12	845.70	−0.07	453.00	357.31	26.78

续表 11

序号	码头单位	本年累计	上年同期累计	同比增长:（%）	外贸累计	上年同期累计	同比增长:（%）
5	国电泉州热电公司	515.82	580.34	−11.12	374.01	360.08	3.87
6	福建联合石化公司	601.00	505.84	18.81	233.91	153.72	52.17
货主码头合计:		1116.82	1086.17	2.82	607.92	513.80	18.32
肖厝港区合计:		1961.94	1931.88	1.56	1060.92	871.11	21.79

【项目建设】 2019年，肖厝港区共完成项目投资建设14639万元，其中包括2个在建项目（肖厝作业区5-6#泊位工程及肖厝作业区18A-18C#泊位工程），1个项目前期（鲤鱼尾作业区4#泊位工程及仓储项目）以及联合石化公司油气回收及应急回收池项目工程。

【落实促进港航发展举措】 2019年，肖厝港区落实港口费收优惠政策，其中免征2018年度到发往江西的大宗货物港务费26.6万元；减征货物港务费255万元；减征港口设施保安费41.65万元。

【港区污染防治】 2019年，肖厝港区船舶污染物接收转运得到有效监管，备案开展船舶污染物接收的企业有4家，各企业均落实联单制度要求，做好船舶污染物的接收、转运工作。港区相关环保设施建设完善，沙格港务、国电等企业做好港区防风抑尘工作，减少港区作业扬尘，码头煤炭、矿石码头的粉尘污染得到有效治理、振戎油气回收装置已投入使用、振戎石化油气回收装置有效运行，减少挥发性有机物（VOCs）排放、联合石化公司加快推进码头油气回收项目建设进度，工程建设于10月底完工投用，运行正常。码头企业营运期的废水、废气、噪声等监测有效落实。联合石化公司及国电泉州公司的废水、废气实行在线监测，数据与各级环保部门联网，东港石化、振戎、肖厝港物流每季度请有监测资质的单位进行“三废”等项目监测，国电公司、联合石化公司码头产生的废水全部由总厂的处理站处理。振戎石化、东港石化、沙格港务、肖厝港物流依托自有的污水处理设施对污水进行处理排放。

【安全监管】 2019年，肖厝港区辖区企业根据2019年《港口安全生产风险辨识管控指南》要求制定的新的《风险评估报告》。首次在辖区危险化学品企业（振戎公司）开展“安全生产公众开放日”活动，邀请人大代表、政协委员、媒体记者、职工家属等人员参与，营造广大社会公众关注安全生产的良好氛围。采用联合检查、四不两直、夜间抽查等方式，结合“港口危险货物整治专项检查”“隐患排查及专家督导行检查”等12项专项行动，累计开展安全检查57次/208人次，安全活动25次/58人次，安全巡查275次/563人次，对企业领导、安全管理人员进行工作约谈14次；发出《安全生产管理意见书》20份，《事故隐患整改通知书》19份。发现隐患65处，均按规定时间完成整改、复查，实现闭环管理。

【沙格港务公司港口生产经营情况】 2019年，沙格港务公司着重维护重点客户，在巩固原有泉州闽光、井冈山电厂、瑞金电厂、鲁新、玖龙纸业货源的基础上，加强市场信息收集和研判，掌握业务谈判主动权，挖掘提高港口业务量的新增长点。与华能集团江西分公司、井冈山电厂、瑞金电厂等相关方就电厂煤炭保供进行协商沟通，量身定制合作协议，并说服铁路给予运价优惠及提高港口火车发运效率，促成江西电厂海铁联运业务开展。多次协调召开危险品港口装卸工作会、论证会，促使危险品港口装卸业务恢复正常生产作业，提高1#泊位利用率；围绕客户的需求及面临的问题，及时调整经营策略，不断与海关等相关部门进行协商沟通，促成以“口岸卸货、异地报关”方式在开展进口装卸。

邮 政

【概况】 2019年，泉港邮政分公司累计实现业务总收入2909万元（含寄递账），排名全市第一。其中：邮政帐实现业务总收入2488万元。全年完成收差（含速递）含速递账利润完成663万元，完成指标137.9%，其中邮政账利差596万元。

【代理金融类业务】 2019年，泉港邮政分公司代理金融类业务累计完成1322万元。坚持以余额发展为核心，推进金融网点经营管理工作，强化各项经营措施。各网点推进存量盘活工作，通过每天一场固化微沙开发他行资金、拆迁款代发、邮乐购项目、旅游季、商贸喜刷刷等重点项目，带动余额发展。连续四年超额提前完成年指标，是年净增13400万元。截至12月31日，全区累计实收保费2060.7万元，其中趸交实收保费1072万元，期缴实收988.7万元；累计实现保险收入162万元。全年中间业务累计完成手机银行4520户；ETC全年累计完成280部；电子支付业务截止完成4209户，排名全市第一；云闪付全年完成3035户，完成率位居全市第一。

【邮务业务】 2019年，泉港邮政分公司推动转型稳定发展。分销业务：《福利品团购》项目突破68.4万元，累计实现收入68.4万元。全区邮乐小店活跃度累计297个，完成率全市第二，日均活跃用户88个，完成率全市第二。函件业务：全年策划运作的函件项目近十多个，成功运作安监司法局手册、滨海乡镇综治宣传、惠屿岛宣传册等项目，实现收入42.59万元。函件累计创收120.21万元，同比增长53.19%。集邮业务：通过全员营销，利用微信一对一集中爆破方式销售产品。截至9月30日，全区累计销售《世界六国投资银币》48套，创收14.3万元。报刊业务：全年流转额817.31万元，同比增长0.74万元，图书巡展带动销售30万元。

【寄递融合】 2019年，泉港邮政分公司包裹快递业务收入788.3万元。其中快递包裹业务收入354.1万元，国际业务收入235.5万元，国内标准快递业务收入156.7万元。严格部署市公司下发的针对市场细分的文件（房地产、医药行业、汽配行业、通讯业等）；对各个行业项目的客户量、寄递量进行全面调查，挖掘客户需求。开展对政府单位公文对接，将以前走邮政渠道客户转介至寄递部，发展政务类客户，年创收近4万元。做好主揽人员拉动工作，通过交流会平台反馈营销效果。做精做细政务类部门的走访营销，通过提供打单、查询、跟踪反馈等个性化服务服务法院，税务等政务部门。电商业务发展实现稳定，鼓励有营销能力优秀主揽人员主动拓展市场，重点拿下优势省份业务量，为客户量身定制价格方案，组建客户团队，从源头解决客户寄递问题，加强及优化“11183”派揽及工单、订单的处理流程；确保揽收及时率，增加客户对邮政的体验度。国际业务快速发展，发展新客户同时注重老客户巩固维护提高业务占比；注重跨境电商客户培育；让利客户提高用邮占比。加强客户拓展维护，利用晨会介绍客户走访成功案例分享，交流经验，反馈存在问题。

通信

电信

【规模发展全业务】 2019年，中国电信泉港分司公全业务经营收入累计完成1.14亿元。天翼用户总数12.97万户，其中5G用户总数近2000户；固话用户总数5.6万户；宽带用户（含无线宽带）总数7.25万户，天翼高清用户总数3.8万户。

【助力智慧城市建设】 2019年，中国电信泉港分公司支持泉港加快信息通信基础设施升级换代，丰富云网融合产品，助力泉港推进智慧城市建设。重点推进政务云网、工业云网、医疗云网、教育云网、金融云网、交通云网、农业云网、军队云网等“融云”行动。围绕新高考改革发展趋势，以云平台技术优势对系统的大数据应用分析，实现学科、师资力量等的智能化、高效化、一体化调配管理，实现对全区教育资源的优化调配；在泉港区八卡口抓拍及测速系统改造提升项目中，通过与道路交通治安卡口联网布控系统无缝接轨，实现对路网的车流量均衡控制管理，提高城区道路的管理水平和服务水平，满足智能交通市场需求。

【提升服务管控】 2019年，中国电信泉港分公司践行“以人民为中心”发展理念，“以用户满意”为标准，坚持落实首问责任制。加大服务硬件投入，提升服务水平。按照统一标准对电信营业厅及分支机构营业厅进行更新改造，高标准配置硬件设置，美化服务环境。规范服务工作，建立和完善服务规章制度。推广“拍照前置”“一屏受理”“无纸化受理”功能，提高一次受理成功率，缩短营业厅排队等候时间。普通客户业务办理月平均等候时长压缩约45%；2019年度临柜受理时长全面管控在8分钟，较管控前压缩33%。星级客户本年度平均等候时长压缩41%；临柜受理时长全面管控在9分钟、较管控前压缩44%。立足客户感知，重点聚焦宽带和4G核心业务。宽带方面，对外推广“当日装、当日修、慢必赔”“先装后付”，对内落实关键场景服务告知规范和待装用户接触规范；4G方面，聚焦流量服务、营业厅服务和提醒优化，实现服务能力新突破。

【落实“提速降费”】 2019年，中国电信泉港分公司贯彻落实国家及上级部门“提速降费”政策要求，自2019年1月1日起调整套餐外国内流量资费最高不超过0.03元/M，国内通话最高不超过0.15元/分。推出“达量放心用流量包”解除大流量用户降速问题，为广大消费者提供更多用得上、用得起、用得好的智能信息服务。

【优化网络建设】 2019年，中国电信泉港分公司深入实施“宽带中国”战略，结合城乡建设规划，按照集约化、同步化、系统化要求，推进5G建设规划筹备工作，是年完成首个5G NAS实验站试点建设；提升装维服务，做好装维分离外包管理的帮扶及工单过程管控；充分整合资源，通过加大光宽带的建设和覆盖范围，提升整治宽带用户网络质量，有效提高网络覆盖能力，用户体验得到较大提升。加强光缆干线巡检力度，对全区光缆干线资源进行摸底并划分维护区域确定维护责任人员，做到巡检日常化，责任清晰化，管理落地化。

移动

【业务经营成效】 2019年，泉港分公司坚持习近平新时代中国特色社会主义思想为统领，坚持和加强党的全面领导，聚焦集团、省、市公司工作会议部署，坚守收入底线和份额底线，推动管理转型升级，提高运营价值和发展效益，全面夯实高质量发展根基。6-10月服务提升与市场发展业务竞赛得分88.65，全市排名第1，在全省82个区县中排名第6。

【网络能力建设】 2019年，中国移动泉港分公司加快基础网络覆盖。4G网络建设方面，行政村覆盖率100%，自然村覆盖率98.8%，并做好5G的战略布局，重点聚焦核心热点区域与垂直行业应用，率先完成3个5G基站建设；形成以区政府、锦绣公园、泉港移动为中心区域5G覆盖及锦绣街道路的5G连续覆盖。推出五项家庭宽带服务承诺内容：①承诺城区当日装，当日修；农村48小时内装、48小时内修。②宽带装维全程透明。③超时补偿流量。④是免费升级，品质保证。⑤智能组网，信号无忧。完成泉州市唯一的孤岛行政村“惠屿岛”的宽带覆盖，至此完成泉港所有行政村级宽带覆盖。全业务支：新增413路公安监控视频线路，为提升泉港城市公共安全风险治理的智能化水平铺路；支撑微笑自行车，在泉港地区内新增77个微笑自行车借还车站点，方便市民出行。

【信息化支撑】 2019年，中国移动泉港分公司升级城安系统，打造“雪亮工程”。2月，泉港移动助力泉州市公安局泉港分局城安系统七期建设，新增专线150条，助力泉港“天网”工程建设。以大数据助力综治办测评工作，以乡镇测评及综治考核时机主动切入，以村作为单个区域，通过大数据新平台新模式的短信测评提醒及综治宣传助力综治办提升人民群众对社会治安的满意率、平安建设的知晓率、执法工作的满意率、政法队伍的满意度。助力“警务通”服务类项目，新增终端33部，提高公安系统应急反应速度及安全保障增补。

联通

【综合通信建设】 2019年，中国联通泉港分公司加强4G网络深度覆盖，提升整体覆盖率，改善移动网络通信服务质量。完成4G网络双频并行规划部署，通过900M和1800M双频规划建设有效解决城区4G网络深度覆盖和容量问题；通过900M低频部署在乡镇较好的完善广度覆盖及连片覆盖不足。全年累计开通4G基站超过56个，4G行政村覆盖率99.78%。全面实现4G网络VOLTE业务开通，向数据、语音一张网的推进。加快5G网络建设推进、联合友商完成5G共建共享深度合作，加快完成区域内党政军、营业场所等重要场景网络覆盖规划，第一批完成5个5G站点开通。根据公司总部战略部署与电信公司完成区域内5G网络联合规划，推进共建共享，建设覆盖广、速率高、体验好的5G精品网。响应国家网络强国战略，加快落实政府工作报告中“关于提速降费，开展城市千兆宽带入户示范”的要求。完成现有宽带网络设备80%上行10GE容量升级。2020年全面形成面向家庭客户4K视频能力、全场景智能家居接入能力的宽带网络，构建面向2H市场云产品接入能力的承载网络。

【创新经营模式】 2019年，中国联通泉港分公司推进互联网化改革，深挖企业经营活力，以用户需求为导向，开展生产经营活动。顺应移动互联网时代特点，构建线上线下协同一体化市场体系，实现集中化、专业化、扁平化的营销模式转型，完善存量维系体系，增强精准营销能力，提升销售服务能力。响应国家号召，按照统一部署，开放携号转网业务，为用户的通讯消费提供便捷服务。面向移动互联网，提升线上线下运营体系运营服务能力，开展存量用户网络升级，以流量重点产品、全网通终端、视频特权、家庭融合、智能家居等产品拉动数据业务快速发展。通过与互联网公司合作、联合运营及互为渠道拓展用户触点等合作模式，创新推出为用户量身打造的个性产品，全面开展面向互联网的价值经营。

教育

综述

【概况】 2019年，泉港区落实习近平总书记关于教育工作的重要论述、全国和省市区教育大会精神，成立区委教育工作领导小组，制定《泉港教育现代化2035》《泉港区关于加快推进新时代教育工作的实施意见（2019—2022）》，明确泉港教育事业现代化时间表和路线图，推动全区教育事业稳步发展。全区现有各类学校178所，在校学生71583人。其中完全中学5所、独立初中8所（含民办1所）、九年一贯制学校2所（公民办各1所），高中在校生5630人、初中在校生11610人，初中年巩固率99.2%；小学63所（含民办3所，教学点6个），在校生33443人，年巩固率99.9%；幼儿园（点）96所（其中公办性质幼儿园25所，占比26.04%），在园幼儿20743人，学前一年入园率100%，学前三年入园率98.8%；特殊教育学校1所，在校生157人；中等职业学校3所，其中公办1所、民办2所。

【教育投入】 2019年，泉港区根据区委区政府教育工作“三年补短板、五年创强区”的总体部署和“十三五”教育事业发展规划，推动中小学校扩容建设，改善办学条件，促进区教育优质均衡持续发展，共核拨教育附加费9634.6万元。是年，推进圭峰中学、福师大泉港实验中学等改扩建项目28个，办理福师大泉港实验小学、二实小福炼校区、天竺中学、泉港一中等新扩建项目前期手续24个。完成益海实验小学二期、三川中学、惠华中学食堂等改扩建项目14个，总投资3.76亿元，年度完成投资2.1亿元，总建筑面积14.74万平方米，增加中小学幼儿园学位8370个。

2019年9月10日，全区教育大会召开　　（区委报道组 供图）

【教育督导】 2019年，泉港区调整优化督学责任区，完成责任督学换届选聘工作。全面完成“教育督导和办学绩效综合应用平台”建设，依托信息化应用平台，开展责任督学挂牌督导、学校管理与质量考评。出台《泉港区幼儿园办园行为督导评估实施方案》，落实“以评促建”目标，完成公民办幼儿园督导评估13所。是年，接受“两项督导”市级核查和省级督导评估。

【区管校聘改革】 2019年，泉港区制定《关于进一步完善中小学教师职称激励机制的意见（试行）》和《关于全区中小学教师专业技术职称岗位全员竞聘工作的指导意见（试行）》等“区管校聘”配套文件。是年，在29所中小学幼儿园推进第二批“区管校聘”管理体

2019年12月24日，福建省中小学教师“县管校聘”管理体制改革推进会召开
（刘泽阳 摄）

制改革，参与竞聘教师占比70.3%。承办省市现场推进会，在省专题培训班和厦门大学作专题经验介绍，全国多地莅临泉港考察学习。

【改革办学机制】 2019年，泉港区实施“管办评”分离改革，对学校实施多维度评价，加大评价结果运用力度，开展中小学幼儿园管理质量考评，确认管理质量先进校15所。泉港区被列入省教育厅义务教育质量监测结果应用试点县（区）。7月，在教育部质量监测中心举行的高峰论坛上作经验介绍，市领导在《侨区快讯》专报件批示点赞。是年，泉港区人民政府与福建师范大学签订合作办学协议，双方联办福师大泉港实验小学、福师大泉港实验中学。

【教师交流招聘】 2019年，泉港区全面开展教师队伍校际支教、援教、挂职与跟班等交流活动，均衡学校师资配置，是年共交流中小学教师191人。通过人才引进招聘研究生或部属师范院校本科生，补充高中教师9名，招聘小学幼儿园编外合同教师117名，缓解教师结构性紧缺问题。

【名师名校长培养】 2019年，泉港区实施“中小学教师队伍素质提升2.0计划（2019—2021年）”和“笔架山·名师大讲堂”师资队伍素质提升培训工程。开展“名师”“名校长”年度履职考核，组织“名师工作室”“高考研究室”成员开展教育教学讲座或课堂教学展示，上公开课42节、开专题讲座25场。选派3名教师分赴新疆、西藏、宁夏支教，推荐1位校长参加泉州市第三批教育“领航团队”培养工程。

【教师培训】 2019年，泉港区根据“统筹规划、改革创新、按需施训、注重实效”的原则开展教师培训，是年组织中小学教师各类培训15期1687人次。其中：中考名师面对面第二轮复习策略研修111人分赴福州厦门参加为期4天的培训；福建省中小学校跨省教改试验区交流培养工程13个学科176人分五批赴宜昌参加为期7天交流学习；中小学教师交互技术与学科教学融合创新文理科159人参训；组织省市区“十三五”规划立项课题53位负责人教科研能力提升培训；54位小学班主任素质能力提升培训，46位小学校长（园长）任职资格培训；小学幼儿园189位新教师入职培训。民办学前教师715人参加线上线下培训，形成优秀案例100件，汇编片段教学优秀成果4册。

【体卫艺语工作】 2019年，泉港区举办区第五届中小学生足球联赛、中小学生田径运动会、中小学生男子篮球联赛、乒乓球联赛等体育赛事，其中田径运动会57人成绩达国家三级运动员标准，3人成绩达国家二级运动员标准，破纪录5项。举办中小学大课间活动（视频）展评，全市多校莅临庄重文实小取经大课间活动经验。全区有国家青少年校园足球特色学校11所，国家校园篮球特色学校、省青少年校园足球特色学校各4所。是年，高中应届毕业生高考体育艺术类本科上线194人、专科上线289人。教育局被教育部授予全国第六届中小学生艺术展演活动“优秀组织奖”，福建省青少年科艺机器人创意锦标赛获单项团体奖12项，3所学校获不同组别团体赛成绩总分第一名。全区被确认为市级首届书法教育示范学校4所、首批“中小学艺术特色学校”1所。区语言文字工作通过市级督导评估验收。

【教研教改】 2019年，泉港区教师进修学校立足常规，深度介入校本教研，努力提升课堂教学质量。加强对薄弱学校薄弱学科的跟踪调研，开展名师送教送研促均衡活动。组织中小学“名师工作室”和“高研室”成员到中小学开展区域联研联训。落实教学质量过程监测，教研员做好学科阶段性检测、期末教学检测试卷命制、网上集中阅卷质量分析工作。组织申报福建省教育科学“十三五”规划2019年度课题工作，5项课题获省立项。成立《泉港区中小学课堂提质增效有效途径的实践研究》总课题组，确定对25个专项课题进行针对性研究。

【教学竞赛】 2019年，泉港区开展首届“纵横绿网杯”微课大赛、学科原创试题征集评比、初高中毕业班教学关键问题微课评选，年度学科竞赛点面齐发，荣获全国奖项4项，省级奖项133项。其中，泉港一中获第33届中国化学奥赛省级二等奖10人、三等奖8人，获奖总数居全市第三名。

【智慧校园建设】 2019年，泉港区推进教育信息化升级融合，完成泉港五中、天竺中学、涂岭中心小学等9所智慧校园建设，规划益海实小、界山玉湖中心、南埔中心等智慧校园及初中校精品录播室建设方案。改善信息化教学条件，完成教育教学设备及服务集中采购11批次4524万元。

【学前教育扩容】 2019年，泉港区新建改建区实幼锦川园区、第二实幼顺南园区等公办园5所，新增公办小学附设园1所，新增学位1300个。启动示范园创建及复评，对全区43所民办园实施普惠性定级评估、分级奖补机制。是年，学前教育普惠81.3%。

【特殊教育】 2019年，泉港区落实《泉港区第二期特殊教育提升计划（2018—2020年）》规划，建设完成学校围墙和食堂主体工程，增加投入100万元特校食堂第二期配套设施设备建设，采购数字化智慧评估与训练、孤独症综合评估与干预系统等康复仪器，学校基础设施和康复教学预评估设备得到提升。

【教育行政审批】 2019年，泉港区推进行政审批服务改革，做好共享和录入新增电子证照1760件。推行“双随机一公开”监管模式，是年本部门随机抽查事项11项，多部门监管责任事项4项。中小学教师资格认定427人次，转报29人次，完成注册349人次。

【校园安全建设】 2019年，泉港区修订《泉港区学校综治安全工作“党政同责、一岗双责”规定》，印发《泉港区学校综治安全目标管理责任制（平安校园）考评及奖惩办法》，完善学校安全目标考评机制。联合区地震办协调75所公办学校（幼儿园）安装应急报警装置，联合区交警大队对61部校车开学前全面“大体检”，联合区公安分局督查校园安全“三防”体系建设，筑牢校园安全“第一道防线”。组织“泉州市安全教育平台”学习，全区学习完成率位列全市前茅。参加泉州市“学宪法、讲宪法”演讲比赛，2人获一等奖。

【奖教助学基金】 2019年，泉港区海外华侨、企业和社会各界捐资奖教助学，新增奖教奖学基金6个3600多万元。其中，泉港五中新成立1380万元的奖教奖学基金会，惠华中学建校30周年庆侨亲、校友和乡贤捐资1000多万元。中小学校关工委和区镇退教协会发挥“五老”优势，筹资新建“心天地多媒体互动阅读教室”3间，协力筹资奖教奖学，推动形成尊师重教良好社会氛围。

表 12　2019 年泉港区教育经费总表　单位：元

项目	序号	总计			教育部门和其他部门			企业办学			民办学校
		合计	中央	地方	合计	中央	地方	合计	中央	地方	地方
总计	01	940347683	0	940347683	840424101	0	840424101	0	0	0	99923581
一、国家财政性教育经费	02	823778590	0	823778590	814270350	0	814270350	0	0	0	9508240
1. 一般公共预算安排的教育经费	03	823478590	0	823478590	813970350	0	813970350	0	0	0	9508240
（1）一般公共预算教育经费	04	823125139	0	823125139	813616899	0	813616899	0	0	0	9508240
①教育事业费	05	726778753	0	726778753	721234643	0	721234643	0	0	0	5544110
②基本建设经费	06	0	0	0	0	0	0	0	0	0	0
③教育费附加	07	96346387	—	96346387	92382257	—	92382257	0	—	0	3964130
（2）其他一般公共预算安排的教育经费	08	353451	0	353451	353451	0	353451	0	0	0	0
①科研经费	09	5500	0	5500	5500	0	5500	0	0	0	0
②其他	10	347951	0	347951	347951	0	347951	0	0	0	0
2. 政府性基金预算安排的教育经费	11	300000	0	300000	300000	0	300000	0	0	0	0
其中：彩票公益金	12	300000	0	300000	300000	0	300000	0	0	0	0

续表 12

项目	序号	总计			教育部门和其他部门			企业办学			民办学校
		合计	中央	地方	合计	中央	地方	合计	中央	地方	地方
3. 企业办学中的企业拨款	13	0	0	0	—	—	—	0	0	0	—
4. 校办产业和社会服务收入用于教育的经费	14	0	0	0	0	0	0	0	0	0	—
5. 其他属于国家财政性教育经费	15	0	0	0	0	0	0	0	0	0	0
二、民办学校中举办者投入	16	14321329	—	14321329	—	—	—	—	—	—	14321329
三、捐赠收入	17	561000	0	561000	561000	0	561000	0	0	0	0
其中：港澳台及海外捐赠	18	0	0	0	0	0	0	0	0	0	0
四、事业收入	19	94166657	0	94166657	18680234	0	18680234	0	0	0	75486423
其中：学费	20	88298749	0	88298749	15572114	0	15572114	0	0	0	72726635
五、其他教育经费	21	7520106	0	7520106	6912517	0	6912517	0	0	0	607589
附：一般公共预算安排的基本建设总经费	22	0	0	0	0	0	0	0	0	0	0

表 13　　2019 年度结题的福建省教育科学规划立项课题一览表（泉港区）

立项批准号	课题名称	课题负责人	课题申报单位	结题验收结果
FJJKXB17−517	初中英语读写结合教学策略的的实践研究	庄清雄	泉港区教师进修学校	优秀
FJJKXB17−525	初中文言文群文阅读教学的实践研究	刘宗勇	泉港区教师进修学校	优秀
FJJKXB17−201	中学语文古诗词“分层合作”教学模式研究	连庆平	惠华中学	良好
FJJKXB17−217	指向语文素养的“共生”课堂的实践研究	林建妹	后龙中心小学	良好
FJJKXB17−514	构建小学“情理”数学课堂教学模式的实践研究	林志忠	益海实验小学	合格
FJJKXB17−522	小学数学课堂教学中人文素养教育渗透的实践研究	陈美华	峰尾中心小学	合格
FJJKXB17−219	基于核心素养的小学语文有效对话的研究	连桂梅	前黄坝头中心小学	合格
FJJKXB17−511	基于核心素养下学校争星活动的实践与研究	邱宝辉	涂岭中心小学	合格
FJJKXB16−172	基于学生核心素养的校本课程体系建构	庄学培	泉港二中	合格

表 14　　2019 年福建省教育科学“十三五”规划专项课题结题名单一览表（泉港区）

立项批准号	课题名称	课题负责人	课题申报单位	结题验收结果
Fjjgzx17−24	初中物理生活化创新实验设计研究	郭卫东	泉港区教师进修学校	良好
Fjjgzx17−25	核心素养理念下的拓展性深度阅读教学研究	肖晓香	第二实验小学教育集团福炼校区	良好
Fjjgzx17−26	基于“语用”理念下的阅读教学有效性的实践与研究	杨文华	泉港区教师进修学校	良好
Fjjgzx17−27	泉港海丝文化校本教材的开发与利用	张传忠	泉港六中	良好

表 15　　泉州市教育科学“十三五”规划 2018 年度立项小课题结题验收结果一览表（泉港区）

课题编号	小课题名称	申报单位	小课题负责人	成员名单	验收结果
QGX2018-108	“读写续写法”在高中英语课堂教学中的应用研究	泉港一中	连宝宝	林成荣 张明良	良好
QGX2018-109	基于 STEAM 教育理念的中学语文、物理融合教学模式探究	泉港二中	肖惠珠	吴梅华 吴钟成	合格
QGX2018-110	小学低年级数学绘本阅读实践研究	庄重文实验小学	张巧燕	林美莲 庄景蓉	合格
QGX2018-111	小学中低年段习作训练内容与方式的研究	第二实验小学教育集团福炼校区	蒋婷娥	陈美玉 刘国珍	合格
QGX2018-112	有效利用生活资源提升小学道德与法治课堂实效的策略研究	界山玉湖中心小学	陈国华	潘妹明 林素莲	合格
QGX2018-113	有效利用本土资源，开展“大美涂岭”实践活动研究	涂岭中心幼儿园	章琼红	郑彬红 黄青青	良好
QGX2018-114	在亲子阅读中培养小学生课外阅读兴趣的实践研究	峰尾中心小学	郭梅祯	陈春华 郭与平	优秀

学前教育

【概况】　2019年，全区有幼儿园96所，其中公办性质幼儿园25所（小学附设园10所），在园幼儿20743人，公办性质幼儿园生数5006人，占比24.1%；民办幼儿园71所，其中普惠性民办幼儿园43所、示范性幼儿园28所（省级1所、市级4所、区级23所），占比50.3%。学前一年入园率100%，学前三年入园率为98.8%，学前一年入园率99.4%，基本实现学前三年毛入园率逐年提高的目标。

【公办园扩容】　2019年，泉港区根据《泉港区“十三五”学校布局和建设专项规划》和《泉港区第三期学前教育行动计划（2018-2020年）》，结合泉港发展规划的实际情况，通过新建、改造、扩建等方式加大公办幼儿园建设力度，新增公办幼儿园5所、小学附设园1所，新增公办学位1300个。是年实幼锦川园区、第二实幼顺南园区、南埔中心园惠屿岛园区、涂岭樟脚小学附设园新园建成投入使用。界山第三中心园建设工程即将竣工，投入使用后增加学位300个。

【完善财政保障机制】　2019年，泉港区学前教育财政投入2664万元，生均公用经费450元。实施学前教育政府购买服务，落实普惠性奖补资金1400万元。缓解幼教人员经费，投入660万元落实公办幼儿园缺编教师的工资补助，减轻幼儿园办学负担。增加学前教育经费投入，落实普惠性奖补资金，建立完善公民办幼儿园财政投入保障机制。

【政府购买服务】　2019年，泉港区建立“盯紧一个目标”“压实两倍限价”“保障三倍投入”“力争四年递增”政府购买学前教育服务机制，完善政府购买服务制度。开展第二批普惠性民办园申报及评估定级工作，全区37所普惠性民办园分别按同质公办园收费标准的60%进行资金补助，投入财政资金605万元，购买普惠性民办幼儿园学位近9000个，平均每个学位减免保教费605元。2019年秋开展第三批普惠性民办幼儿园申报及评估定级工作，共43所普惠性民办幼儿园按同质公办园收费标准的80%进行资金补助，投入财政资金817万元，购买普惠性民办幼儿园学位近10000个，平均每个学位减免保教费817元。

【办学督查】　2019年，泉港区根据《泉港区学前教育政府购买服务实施方案》，每学期对普惠性民办幼儿园的办园规模、园所建设标准、办园规范与安全管理、设施设备、班生规模与教师专业合格率与持证率、教职工“五险一金”社会保障情况、承诺限价收费等七项必备条件进行审核与办学督查，规范办学行为，实施动态管理，提高民办幼儿园办学质量。

【创建示范园】　2019年，泉港区开展省市区三级示范园创建评估工作。第二实幼全面冲刺省级示范园、峰尾中心园启动市级示范园创建征程，南埔育英幼儿园、后龙小艺星幼儿园、涂岭童话幼儿园通过区级示范园评估。开展《区级示范性幼儿园复评开放活动》，前黄、界山、山腰、峰尾、涂岭五所中心园和丑小鸭、花蕾、咚咚三所幼儿园接受复评开放活动。

【培育办园品牌】　2019年，泉港区初步形成区实幼全国早教示范指导中心、第二实幼户外大区域课程、后龙中心园扁担体育节、峰尾中心园书香渔港课程文化、界山幼儿园一山一水一田园办学特色。推进实验幼儿园、南埔中心园、福源幼儿园、童心实验幼儿园、花蕾幼儿园 5 所省级保教改革建设幼儿园教科研课题和实验项目，培育幼儿园管理和保教方式改革的办园品牌。

【师资培养】 2019年，泉港区落实《关于进一步支持普惠性民办幼儿园提升师资素质的实施方案》，与电大联合开展公民办幼儿教师学历提升工程，与职业中专联合开展保育员、育婴员培训，将幼儿园教师培训纳入全区基础教育教师2.0培训规划，开展幼儿园教师线上线下一体化培训。

表 16　2019 年泉港区公办幼儿园基本情况表

幼儿园名称	教学班数（个）				入园（班）人数（人）					在园（班）人数（人）				
	合计	小班	中班	大班	合计	其中:女	分班合计			合计	其中：女	分班合计		
							小班	中班	大班			小班	中班	大班
叠加合计	55	16	22	17	793	336	466	176	151	1661	788	468	611	582
泉港实验幼儿园	17	6	6	5	241	106	235	4	2	676	297	236	241	199
实幼锦川园区	2	2	0	0	50	29	50	0	0	50	29	50	0	0
泉港第二实验幼儿园	15	5	5	5	158	68	150	7	1	478	210	150	150	178
二幼顺南园区	7	3	2	2	252	112	116	69	67	252	112	116	69	67
山腰中心幼儿园	9	3	3	3	109	49	108	1	0	330	144	108	110	112
峰尾中心幼儿园	12	4	4	4	191	75	174	17	0	476	213	174	158	144
后龙中心幼儿园	9	3	3	3	117	56	113	3	1	330	138	113	109	108
后龙第二中心幼儿园	9	3	4	2	218	102	116	62	40	369	170	116	173	80
南埔中心幼儿园	12	4	4	4	145	75	127	10	8	384	183	127	125	132
南埔中心园惠屿岛园	3	1	1	1	18	8	12	2	4	27	10	12	9	6
前黄中心幼儿园	9	3	3	3	104	42	104	0	0	361	168	104	114	143
涂岭中心幼儿园	6	2	2	2	100	45	74	17	9	205	99	74	65	66
界山第二中心幼儿园	9	3	3	3	245	99	117	60	68	349	153	117	113	119
界山玉湖中心幼儿园	9	3	3	3	124	62	94	15	15	319	167	94	115	110
土型小学附设园	1	0	1	0	5	2	0	5	0	11	6	0	11	0
五社小学附设园	3	1	1	1	17	7	17	0	0	43	20	17	16	10
樟脚小学附设园	3	1	1	1	18	7	16	0	2	66	33	18	22	26
寨后小学附设园	1	0	1	0	7	3	0	7	0	20	14	0	20	0
黄田小学附设园	1	0	1	0	4	2	0	4	0	16	9	0	16	0
顺南小学附设园	0	0	0	0	0	0	0	0	0	0	0	0	0	0
秀溪教学点附设园	1	0	1	0	4	1	0	4	0	9	2	0	9	0
小坝教学点附设园	1	0	1	0	1	1	0	1	0	4	2	0	4	0
燕山教学点附设园	0	0	0	0	0	0	0	0	0	0	0	0	0	0
界山小学附设园	2	0	1	1	41	15	0	30	11	61	28	0	30	31
鸠林小学附设园	3	1	1	1	20	6	20	0	0	85	41	20	36	29

续表 16

幼儿园名称	教学班数（个）				入园（班）人数（人）					在园（班）人数（人）				
	合计	小班	中班	大班	合计	其中:女	分班合计			合计	其中：女	分班合计		
							小班	中班	大班			小班	中班	大班
大前小学附设园	0	0	0	0	0	0	0	0	0	0	0	0	0	0
狮东小学附设园	3	1	1	1	85	36	12	31	42	85	36	12	31	42
东凉小学	0	0	0	0	0	0	0	0	0	0	0	0	0	0

表 17　　2019 年泉港区民办幼儿园基本情况表

幼儿园名称	教学班数（个）				入园（班）人数（人）				在园（班）人数（人）				
	合计	小班	中班	大班	合计	分班合计			合计	其中：女	分班合计		
						小班	中班	大班			小班	中班	大班
叠加合计	610	182	206	222	8097	5757	1433	907	20743	9302	5782	6902	8059
泉港实验幼儿园	17	6	6	5	241	235	4	2	676	297	236	241	199
实幼锦川园区	2	2	0	0	50	50	0	0	50	29	50	0	0
泉港第二实验幼儿园	15	5	5	5	158	150	7	1	478	210	150	150	178
二幼顺南园区	7	3	2	2	252	116	69	67	252	112	116	69	67
山腰中心幼儿园	9	3	3	3	109	108	1	0	330	144	108	110	112
山腰小太阳幼儿园(叶厝分园）	6	2	2	2	57	43	7	7	180	69	45	59	76
童心（中心工业区）幼儿园	13	4	4	5	263	135	60	68	456	215	135	135	186
山腰树文幼儿园	6	2	2	2	107	61	30	16	247	115	61	66	120
山腰咚咚幼儿园	9	2	3	4	108	66	25	17	325	118	66	110	149
山腰路加幼儿园	4	1	1	2	69	27	20	22	139	48	27	29	83
山腰英才幼儿园	5	1	2	2	102	37	35	30	196	85	37	77	82
山腰咚咚城市幼儿园	9	3	3	3	134	86	31	17	315	148	86	109	120
小神童幼儿园	5	1	3	1	28	28	0	0	149	82	28	86	35
棒棒堂幼儿园	5	1	2	2	43	28	10	5	153	65	28	69	56
峰尾中心幼儿园	12	4	4	4	191	174	17	0	476	213	174	158	144
童心（峰尾）幼儿园	9	2	3	4	113	58	55	0	310	154	58	107	145
花蕾幼儿园	9	3	3	3	112	80	32	0	302	126	80	111	111
童心实验幼儿园	17	6	6	5	240	220	20	0	647	297	220	231	196
郭厝益苗幼儿园	5	1	2	2	52	35	17	0	174	78	35	75	64
春苗幼儿园	7	2	2	3	95	54	41	0	247	105	54	81	112
后龙中心幼儿园	9	3	3	3	117	113	3	1	330	138	113	109	108

续表 17

幼儿园名称	教学班数（个）				入园（班）人数（人）				在园（班）人数（人）				
	合计	小班	中班	大班	合计	分班合计			合计	其中：女	分班合计		
						小班	中班	大班			小班	中班	大班
后龙第二中心幼儿园	9	3	4	2	218	116	62	40	369	170	116	173	80
福源幼儿园	16	5	6	5	150	128	22	0	516	209	128	191	197
小艺星幼儿园	11	4	4	3	167	148	19	0	415	168	148	146	121
星星幼稚园	7	3	2	2	126	109	17	0	259	124	111	74	74
禾苗幼儿园	6	2	2	2	89	74	15	0	227	102	74	74	79
湄苑幼儿园	8	2	2	4	93	74	19	0	292	127	74	69	149
后龙新蕾幼儿园	5	1	2	2	58	37	21	0	185	87	37	74	74
后龙红太阳幼儿园	4	1	1	2	41	35	6	0	151	57	37	37	77
后龙蓝天幼儿园	5	1	2	2	64	37	27	0	185	80	37	74	74
后龙小燕子幼儿园	3	1	1	1	34	34	0	0	111	53	37	35	39
后龙聚秀幼儿园	4	1	1	2	44	37	7	0	148	75	37	37	74
南埔中心幼儿园	12	4	4	4	145	127	10	8	384	183	127	125	132
南埔中心惠屿岛幼儿园	3	1	1	1	18	12	2	4	27	10	12	9	6
育英幼儿园	5	2	1	2	107	67	10	30	177	88	67	40	70
童心（南埔）幼儿园	7	1	2	4	98	35	26	37	237	115	35	64	138
智慧树幼儿园	6	1	3	2	64	30	31	3	202	94	30	102	70
南埔多彩幼儿园	13	5	4	4	190	165	25	0	469	197	165	152	152
南埔康轩阳光幼儿园	11	3	3	5	184	74	50	60	320	153	74	103	143
喜洋洋幼儿园	3	1	1	1	52	32	10	10	106	42	32	38	36
南埔兰舟幼儿园	4	1	1	2	59	34	10	15	143	67	34	36	73
前黄中心幼儿园	9	3	3	3	104	104	0	0	361	168	104	114	143
丑小鸭幼儿园	10	4	3	3	119	119	0	0	308	154	119	91	98
卓艺幼儿园	5	1	1	3	34	34	0	0	191	88	34	37	120
蓝海国际蓝天幼儿园	7	3	2	2	115	115	0	0	297	138	115	87	95
大榕树幼儿园	9	3	3	3	96	96	0	0	325	153	96	115	114
涂岭中心幼儿园	6	2	2	2	100	74	17	9	205	99	74	65	66
泉港区童心幼儿园	13	3	4	6	183	105	35	43	485	199	105	140	240
童话幼儿园	11	2	4	5	193	74	56	63	410	168	74	146	190
小灵童幼儿园	11	3	4	4	178	111	47	20	405	176	111	139	155
方圆幼儿园	4	1	1	2	62	34	13	15	140	63	36	36	68

续表 17

幼儿园名称	教学班数（个）				入园（班）人数（人）				在园（班）人数（人）				
	合计	小班	中班	大班	合计	分班合计			合计	其中：女	分班合计		
						小班	中班	大班			小班	中班	大班
小天鹅幼儿园	6	2	2	2	91	69	16	6	210	78	69	70	71
童星幼儿园	4	1	2	1	7	7	0	0	31	12	8	11	12
土型小学附设园	1	0	1	0	5	0	5	0	11	6	0	11	0
五社小学附设园	3	1	1	1	17	17	0	0	43	20	17	16	10
樟脚小学附设园	3	1	1	1	18	16	0	2	66	33	18	22	26
寨后小学附设园	1	0	1	0	7	0	7	0	20	14	0	20	0
黄田小学附设园	1	0	1	0	4	0	4	0	16	9	0	16	0
秀溪教学点附设园	1	0	1	0	4	0	4	0	9	2	0	9	0
小坝教学点附设园	1	0	1	0	1	0	1	0	4	2	0	4	0
界山玉湖中心幼儿园	9	3	3	3	124	94	15	15	319	167	94	115	110
界山第二中心幼儿园	9	3	3	3	245	117	60	68	349	153	117	113	119
槐山幼儿园	6	1	3	2	33	33	0	0	233	99	33	110	90
界山小学附设园	2	0	1	1	41	0	30	11	61	28	0	30	31
鸠林小学附设园	3	1	1	1	20	20	0	0	85	41	20	36	29
狮东小学附设园	3	1	1	1	85	12	31	42	85	36	12	31	42
新时代幼儿园	6	2	2	2	94	70	14	10	232	100	70	76	86
多彩多艺幼儿园	4	1	1	2	67	33	15	19	146	67	33	38	75
顺南小学附设园	0	0	0	0	0	0	0	0	0	0	0	0	0
大前小学附设园	0	0	0	0	0	0	0	0	0	0	0	0	0
燕山教学点附设园	0	0	0	0	0	0	0	0	0	0	0	0	0
东凉小学	0	0	0	0	0	0	0	0	0	0	0	0	0
小状元幼儿园	5	1	2	2	18	13	3	2	130	54	13	66	51
泉欣幼儿园	7	2	2	3	97	74	23	0	259	125	74	74	111
六一幼儿园	6	2	2	2	95	59	22	14	204	88	59	67	78
福娃幼儿园	3	1	1	1	31	24	4	3	62	33	24	22	16
小蓓蕾幼儿园	3	1	1	1	20	18	1	1	77	30	25	30	22
启智幼儿园	3	1	1	1	33	22	6	5	80	34	22	28	30
前黄幼儿园	7	2	2	3	51	51	0	0	219	92	51	62	106
小丑鱼幼儿园	4	1	2	1	32	32	0	0	112	48	32	44	36
龙舟幼儿园	4	1	1	2	50	30	15	5	152	71	30	30	92

续表 17

幼儿园名称	教学班数（个）				入园（班）人数（人）				在园（班）人数（人）				
	合计	小班	中班	大班	合计	分班合计			合计	其中：女	分班合计		
						小班	中班	大班			小班	中班	大班
阳光幼儿园	7	2	2	3	60	60	0	0	236	126	60	73	103
美华幼儿园	4	1	2	1	48	41	7	0	137	47	41	48	48
新智慧树幼儿园	8	2	2	4	140	53	37	50	281	135	53	70	158
育苗幼儿园	6	2	2	2	66	57	9	0	209	95	57	76	76
小金星幼儿园	3	1	1	1	26	16	5	5	98	44	16	29	53
小精灵幼儿园	4	1	2	1	42	20	12	10	102	52	20	47	35
旭日幼儿园	4	1	1	2	30	19	6	5	129	54	19	40	70
新世纪幼儿园	3	1	1	1	15	12	3	0	47	19	12	17	18
钟厝小太阳幼儿园	6	1	2	3	77	32	25	20	210	103	34	63	113
铁路幼儿园	8	2	2	4	66	66	0	0	298	137	66	74	158
凤山幼儿园	3	1	1	1	33	33	0	0	110	55	33	37	40
智多星幼儿园	10	4	3	3	104	104	0	0	280	123	104	85	91
奎壁兰天幼儿园	3	1	1	1	36	36	0	0	86	36	36	26	24
心港幼儿园	4	1	1	2	16	16	0	0	60	27	16	22	22
妈咪爱幼儿园	3	1	1	1	37	37	0	0	96	37	37	29	30
慧慧幼儿园	3	1	1	1	19	15	4	0	50	23	15	17	18
满天星幼儿园	5	1	2	2	36	36	0	0	126	54	36	50	40
蓝精灵幼儿园	8	2	2	4	56	56	0	0	281	150	56	78	147
星光幼儿园	6	2	2	2	74	62	8	4	210	88	63	65	82

小学教育

【概况】 2019年，泉港区共有小学63所（民办小学3所、6个小学教学点），比上年减少1所，即柯厝小学和邱厝小学撤并，新增一所滨海小学。全区在校学生33443人，比上年增加1967人，其中一年级新生共6372人，一年级新生入学率100%，小学巩固率99.9%。

【义教管理标准化】 2019年，泉港区强义务教育学校管理水平建设，按照“报建一批、准备一批”工作思路，提升学校管理精细化、规范化、科学化水平，是年9所小学通过福建省义务教育管理标准化学校验收。全区创建省义务教育标准化学校12所，占比55.8%，提前完成省、市提出的目标任务。

【教学常规管理】 2019年，泉港区印发《泉港区小学教学常规管理实施细则（试行）》，落实教学“阳光监督岗”，规范课程管理，落实年段集体备课制度和课后随笔反思，扎实常规活动，做到“减负增效”。坚持常规视导、教学常规双随机互导、查课（巡课）督导，规范教学行为。

【打造精品课程】 2019年，泉港区小学教育构建全区校本特色课程，庄重文实小开展优秀传统文化艺术（北管音乐）活动，第二实小教育集团福炼校区开展“石油环保”特色课程，益海实小开展“荷文化”感恩教育，南埔中心以“南榕精神”为引领开展少先队员“南榕争星”活动，峰尾中心开展《莲峰》校本读书活动，前黄坝头中心开展“我爱前黄”乡土文化探究活动。涂岭中心延续全国“五星小公民”办学特色，总结提升实施“五星教育”国字号品牌，结合行为规范养成，提高学生思想道德水平，致力于打造精品课程体系。

【建设“两香”校园】 2019年，泉港区组织全区小学校长到宁化考察学习，在第二实小福炼校区召开“两香”校园现场会，将阅读和书写纳入教育质量监测考评范围，推进“两香”校园建设。实施小学“校园全员大阅读活动”，保证每天1小时的阅读时间。规范汉字书写，推进“墨香校园”创建，依托福建师范大学福清分校书法教育研究中心，开展汉字书写课题研究，结合互联网+平台+模式，构建五位一体学习科研平台，提升学生汉字书写水平。是年，全区6位小学生在泉州市书画现场赛取得优异成绩。

【安征迁群众子女入学】 2019年，泉港区根据区委区政府对石化园区及安全控制区动迁群众转移工作的统一部署，重视征迁户子女进入城区就近入学问题，为征迁户提供“暖心”服务，助力石化安征迁工作。2019年共安排涉迁群众子女就近入学768人次，解决安征迁群众子女的入学难题，福建电视台《福建新闻联播》及泉州市电视台《新闻频道》报道。

【课后服务】 2019年，泉港区提升学校管理内涵，出台《泉港区推进课后服务工作实施意见（试行）》，在2所小学先行试点实施校内课后服务，开设合唱、田径、书画艺术、舞蹈、科技小制作等项目110个班次，服务学生4400多人。

表 18　　2019 年泉港区小学基本情况表

学校名称	教学班数（个）	毕业生数（人）	招生数（人）		在校生数（人）						
			合计	受过学前教育	合计	一年级	二年级	三年级	四年级	五年级	六年级
叠加合计	420	2042	2735	2735	14998	2737	2832	2472	2424	2421	2112
庄重文实验小学	44	321	444	444	2329	444	421	445	366	323	330
二小教育集团福炼校区	30	273	271	271	1489	271	270	230	221	217	280
二小教育集团和星校区	16	55	159	159	870	159	174	158	166	111	102
泉港第三实验小学	32	242	299	299	1541	299	310	236	237	218	241
泉港益海实验小学	61	235	729	729	3120	732	616	557	457	448	310
山腰中心小学	36	223	395	395	1960	395	391	285	285	328	276
山腰第二中心小学	13	94	143	143	639	143	99	106	94	89	108
新宅小学	10	48	102	102	515	102	105	101	104	55	48
鸢峰小学	11	52	65	65	354	65	67	63	60	44	55
菜堂小学	6	14	37	37	162	37	29	25	29	25	17
普安小学	6	28	47	47	204	47	35	40	32	27	23
峰尾中心小学	27	217	261	261	1449	261	268	217	226	262	215
奎璧小学	12	51	84	84	428	84	80	63	64	73	64
联岩小学	6	38	24	24	137	24	23	19	24	25	22
峥嵘小学	6	18	15	15	142	15	27	20	38	21	21
前亭小学	8	46	60	60	335	60	70	50	51	54	50
诚平小学	13	85	117	117	618	117	104	102	94	108	93
圭峰小学	12	87	91	91	566	91	99	78	96	95	107
涂岭中心小学	31	211	294	294	1587	294	295	273	272	248	205
涂岭第二中心小学	13	66	116	116	518	116	96	89	65	79	73

续表 18

学校名称	教学班数（个）	毕业生数（人）	招生数（人）		在校生数（人）						
			合计	受过学前教育	合计	一年级	二年级	三年级	四年级	五年级	六年级
蒙古族小学	9	55	67	67	311	67	57	55	49	41	42
路口小学	6	14	18	18	104	18	21	16	20	12	17
驿坂小学	8	25	66	66	263	66	52	43	33	40	29
邱后小学	6	13	18	18	117	18	24	22	20	16	17
溪西小学	6	19	26	26	149	26	28	28	21	30	16
五社小学	6	10	18	18	59	18	7	8	15	5	6
樟脚小学	6	11	15	15	52	15	9	8	10	7	3
涂岭寨后小学教学点	6	4	7	7	32	7	7	6	5	4	3
涂岭黄田小学教学点	2	0	5	5	8	5	3	0	0	0	0
涂岭中心秀溪教学点	2	0	3	3	8	3	5	0	0	0	0
涂岭中心小坝教学点	2	0	1	1	4	1	3	0	0	0	0
涂岭中心土型教学点	0	0	0	0	0	0	0	0	0	0	0
涂岭中心燕山教学点	0	0	0	0	0	0	0	0	0	0	0
北大培文外国语学校	24	66	152	152	835	152	187	159	126	112	99
前黄坝头中心小学	19	123	146	146	834	146	161	137	137	148	105
三朱学校	20	110	189	189	931	189	173	145	146	145	133
凤林小学	6	22	22	22	126	22	25	18	23	16	22
前黄小学	6	27	50	50	264	50	37	53	43	39	42
古县小学	6	41	45	45	206	45	36	22	45	28	30
凤北小学	6	16	15	15	100	15	17	17	15	18	18
三朱小学	0	0	0	0	0	0	0	0	0	0	0
丑小鸭小学	6	22	23	23	162	23	31	22	23	35	28
后龙中心小学	26	176	193	193	1217	195	234	195	202	232	159
峰前小学	6	34	38	38	201	38	36	33	35	37	22
和平小学	6	38	32	32	188	32	34	32	32	23	35
滨海小学	6	0	43	43	119	43	30	13	13	20	0
顺南小学	6	19	36	36	159	36	38	29	25	13	18
南埔中心小学	30	206	275	275	1550	275	274	257	263	254	227
天湖小学	12	60	70	70	417	70	85	70	67	71	54
柳厝小学	6	18	29	29	166	29	47	27	26	24	13
天竺小学	12	53	64	64	405	64	87	65	58	61	70

续表 18

学校名称	教学班数(个)	毕业生数(人)	招生数(人)		在校生数(人)						
			合计	受过学前教育	合计	一年级	二年级	三年级	四年级	五年级	六年级
凤翔小学	12	58	88	88	520	88	91	92	83	73	93
仙境小学	6	18	33	33	154	33	24	26	31	20	20
施厝小学	6	41	28	28	186	28	30	39	35	31	23
邱厝小学	0	0	0	0	0	0	0	0	0	0	0
柯厝小学	0	0	0	0	0	0	0	0	0	0	0
先锋小学	7	42	28	28	231	28	35	34	39	54	41
沙格小学	8	41	40	40	264	40	39	46	55	45	39
肖厝小学	11	47	68	68	404	68	86	77	63	61	49
界山玉湖中心小学	26	148	252	252	1206	252	212	198	196	186	162
界山小学	12	83	103	103	509	103	95	91	78	70	72
鸠林小学	12	85	65	65	456	65	82	67	70	84	88
河阳小学	6	32	33	33	206	33	41	31	36	42	23
大前小学	6	26	32	32	211	32	36	31	35	39	38
狮东小学	9	41	51	51	314	51	66	37	51	53	56
东凉小学	6	40	30	30	232	30	42	36	34	47	43
岭头小学	12	74	78	78	486	78	89	79	87	86	67
槐山小学	6	18	24	24	114	24	20	19	14	20	17

初中教育

【义教标准化学校建设】 2019年，泉港区以创建“义务教育管理标准化学校”为契机，落实整改环节，发挥评估检查的促进作用，提升学校管理能力。是年，天竺中学、三朱学校、北大培文外国语学校通过福建省义务教育管理标准化学校认定。全区80%中学（即12所学校）通过福建省义务教育管理标准化学校认定，提前完成省、市提目标任务。

【保障外来工子女入学】 2019年，泉港区根据教育部、省、市有关文件精神，制定以居住证为主要依据的随迁子女义务教育就学政策，保障外来务工人员子女平等接受义务教育，将持合乎规定的居住证和务工证的外来务工人员子女视同本地学生，根据辖区内生源分布及学校规模免试就近入学。2019年秋季，全区初中随迁子女新生856人均实行免试就近入学。

【教育质量提升】 2019年，泉港区加快补齐初中教育短板，通过资源整合、高位嫁接、合作办学等模式，提升质量。2018年初中中考全科综合评价位居全市第9名（全市13个县区），2019年位居全市第8名，上升一位。是年，泉港六中荣获福建省青少年儿童科艺机器人创意锦标赛“优秀组织单位”。美发中学加挂福建师大泉港实验中学，扩大优质资源，带动和辐射其他中学发展，增强内涵发展软实力和办学吸引力。

【安征迁群众子女就学】 2019年，泉港区根据群众购房或租房的实际居住地，合理安置涉迁群众子女就近入学，最大限度满足群众合理需求。优化流程缩短时限，符合学籍管理要求的服务对象，是年共办理新生入学108人，转学20人。

【控辍保学工作】 2019年，泉港区印发《泉港区控辍保学和疑似失学儿童核查及劝返复学工作实施方案》，分三批对799名疑似失学儿童进行核查，核查301名申报已复学学生注册建籍情况，全区辍学失学学生核查情况填报完成率为100%，申报已复学学生学籍注册率达88.4%。

表 19　　2019 年泉港区初中基本情况表

学校名称	教学班数（个）				毕业生数（人）	招生数（人）	在校生数（人）				
	合计	其中：按年级分					合计	其中：女	按年级分		
		一年级	二年级	三年级					一年级	二年级	三年级
叠加合计	173	62	58	53	1985	2876	7696	3593	2876	2503	2317
泉港一中	17	6	6	5	209	287	813	400	287	290	236
泉港二中	29	11	10	8	438	509	1333	700	510	422	401
泉港五中	14	5	5	4	136	176	483	264	176	161	146
惠华中学	12	4	4	4	118	160	476	214	160	157	159
泉港六中	18	6	6	6	196	285	809	388	285	272	252
美发中学	35	15	10	10	464	781	1819	863	781	519	519
民族中学	4	1	2	1	31	34	92	53	34	40	18
博文中学	24	8	8	8	286	341	955	370	341	305	309
三朱学校	8	3	2	3	69	108	271	141	108	76	87
坝头中学	8	3	2	3	80	113	294	153	113	91	90
三川中学	15	6	5	4	191	306	756	368	306	233	217
圭峰中学	21	7	7	7	286	364	1027	544	364	335	328
天竺中学	23	8	8	7	321	376	1081	568	376	364	341
鸠林中学	12	4	4	4	155	202	599	274	202	197	200
北大培文外国语学校	23	7	10	6	102	251	802	259	251	343	208

高中教育

【泉港六中创建三级达标】 2019年，泉港区委、区政府高度重视泉港六中的达标创建工作，多次到学校调研，推动泉港六中创建省三级达标高中。该校科技教育成绩突出，被认定为泉州市科技教育特色学校。学校做好前期软件工作，完成区级认定，新征地扩建的学校宿舍楼和食堂工程正在施工。

【达标校内涵提升】 2019年，泉港区加强普通高中教育发展整体水平，促进泉港一中、泉港二中、泉港五中、惠华中学多样化发展。泉港一中被认定为福建省普通高中课程改革基地建设项目学校，泉港二中被认定为泉州市普通高中学生综合素质评价实验学校。

【高中教研队伍建设】 2019年，泉港区整合各级和各校教研力量，开展联合教研，提高教学实效。加强学科教学联盟建设，采取与名校协作，共建重点学科等措施，发挥名校学科优质教育的示范引领作用。

【高考上线情况】 2019年，泉港区高考全区本科上线总人数837人，上线率52%。其中，本科上线人数比上年增加37人，比增4.6%；600分以上考生14人(理科11人、文科3人)。

【参加省市竞赛】 2019年，泉港区重视科普教育，注重科技辅导员培训，开展形式多样的青少年科技创新、电脑制作比赛、机器人大赛、高中学科奥赛等学科竞赛活动，发现和培养一批学有专长的优秀生。第33届中国化学奥林匹克竞赛福建赛区选拔赛，泉港一中18位学生获奖，其中省级二等奖10人，省级三等奖8人。组织参加市级及以上青少年科技创新大赛、机器人大赛、学科竞赛、电脑制作等比赛68项获奖。

表 20　　2019 年泉港区高中基本情况表

	合计（班）	按年级分（班）			毕业生数（人）	招生数（人）	合计（人）	其中：女（人）	按年级分（人）		
		一年级	二年级	三年级					一年级	二年级	三年级
叠加合计	127	42	42	43	1958	1796	5630	2919	1800	1895	1935
泉港六中	18	6	6	6	191	232	669	286	232	223	214
泉港一中	36	12	12	12	564	528	1642	885	530	561	551
泉港二中	30	10	10	10	490	463	1445	813	463	481	501
泉港五中	24	8	8	8	450	353	1138	618	353	400	385
惠华中学	19	6	6	7	263	220	736	317	222	230	284

特殊教育

【概况】　泉港区特殊教育学校创办于1997年10月，校园总面积22157平方米。设置学前康复教育至职业高中教育，开设智障、自闭症、听障和脑瘫等专业，13个教学班，在校学生157人。

【改善办学条件】　2019年，泉港区以建设“海西特殊教育优质学校”为目标，提升特校校园基础设施建设，特校食堂第二期配套设施设备列入区委区政府2019年为民办实事项目，投入100万元建设。是年增加采购数字化智慧评估与训练、孤独症综合评估与干预系统等康复仪器50.7万元，提高学校康复教学预评估设备的配备水平。

【教师队伍建设】　2019年，泉港区特校招聘7名编外合同教师，配足特教教师。组织编外合同教师参加特殊教育专业技能培训，提升特殊教育专业素养。实行新聘编外合同教师与老教师师徒结对，进行特殊教育理论、班级管理等培训指导。

【大融合教育】　2019年，泉港区成立“泉港区特殊教育资源中心”，在涂岭和前黄坝头两所中心小学建立随班就读基地校，建立资源教室，开展融合教育活动。实施社区融合教育，让残障学生参与社会文化生活，共享社会物质文化成果。推进职业融合教育，根据学生个体条件和就业市场为导向设置职业培训课程，让残障学生掌握一技之长，学以致用。同福利印务有限公司、泉港日盛印刷厂、福建炼化福源保温材料有限公司等企业联合建立职业教育实训基地。是年，职高班24位学生实现就业。

【建立送教制度】　2019年，泉港区教育局成立“送教中心”，统筹协调特教学校、家庭、医疗、社会参与送教工作。确立特校送教上门学生11人，随班就读中小学学生共73人（其中初中11人，小学62人）。创新“五送合力”送教上门方式，实行“七案成档”送教管理方式，推动送教工作的开展。

【艺体教育】　2019年，在福建省第六届特殊奥林匹克运动会上陈瑜琪、邓宝云、郑培龙、刘家隆4位同学荣获5枚金牌、3枚银牌、3枚铜牌。

表 21　　2019 年泉港区特殊教育基本情况表

特教教学班数（个）——教学班数

合计	小学阶段							初中阶段					高中阶段			
	计	一年级	二年级	三年级	四年级	五年级	六年级	计	一年级	二年级	三年级	四年级	计	一年级	二年级	三年级及以上
15	8	2	1	1	1	2	1	4	1	1	2	0	2	1	1	0

特教学生情况（人）

毕业生数		招生数														
			小学阶段							初中阶段				高中阶段		
计	其中：女	计	计	一年级	二年级	三年级	四年级	五年级	六年级	计	一年级	二年级	三年级	计	一年级	二年级	三年级
47	18	48	86	16	8	12	13	21	16	49	14	12	23	12	8	4	0

职业教育和终身教育

【职业教育培训】 2019年，泉港区推动泉港职专探索转型提质增效新路，为全区农村富余劳力择业、就业创造条件，开展职业技能和岗位培训，主动“送训进企”。是年采取向泉州华侨职业中专学校购买学位的办法，缓解职业教育短板，共保送426人。泉港航运学校、泉港工业技术学校、泉港职专分别开展渔业职业创业培训、企业职工技能培训，全年培训学员14443人次。

【终身教育工作】 2019年，泉港区贯彻落实《福建省终身教育条例》，构建部门协作、社会参与的工作格局，健全终身教育联络员制度。9月28日，区终身教育促进委员会联合区科协、科技局、卫生局、泉港社区学院等单位走进天竺村开展终身教育专题宣传活动。发挥社区学校技能培训方面的作用。是年，安排40万社区建设、终身教育培训及社区活动经费。凤北村孝廉文化教育综合体项目评为福建省终身教育学习品牌，庄雅芬被评为2019年福建省终身教育学习之星。

2019年10月10日，泉港组织职高部分学生及其家长赴晋江霍尔比特科技有限公司进行职业技能实习培训考察活动 （泉港特校 供图）

【开放教育】 2019年，泉港区开放教育毕业生104人，其中本科28人，专科76人。学前教育本科11人，专科50人。

招生工作

【初中招生】 2019年，泉港区根据省市文件精神，结合实际，采取单校划片，就近免试入学。是年，初中共招生4293人，其中泉港一中采取全区随机摇号200人。

【高中招生】 2019年，泉港区落实教育部《关于深化高中阶段学校考试招生制度改革的指导意见》，完善统招、定向、保送、自主等多元化的高中招生办法，2019年秋季全区高中招生1796人。

【电视大学招生】 2019年，开放教育共招收新生238人，其中本科68人、专科170人。

科技创新与市场

【强化创新主体培育】 2019年，泉港区推进高新技术企业培育路线图，建立高新技术企业备案库、“清零”“倍增”企业目录，加快培育小巨人领军企业、瞪羚企业和科技型中小企业等，逐步形成企业创新梯队。组织7家企业申报国家高新技术企业、7家企业申报省级高新技术企业备案入库，全年新增高新技术企业5家、入库备案7家；推荐5家企业申报省科技小巨人企业，认定3家；组织企业参与科技型中小企业自评，入库福建省2019年科技型中小企业26家；组织4家企业申报泉州市瞪羚企业培育库入库企业遴选，入选2家，其中1家获泉州市瞪羚企业培育库入库企业银行贷款贴息补助经费24.9万元。

【“两区一园”建设】 2019年，泉港区完成《福建泉港高新技术产业园区总体发展规划》和《福建泉港高新技术产业园区总体发展规划》编制和专家评审，并经第45次区政府常务会研究通过；完成石化科技众创园（一期）建设设计公司招投标、装修方案编写、概算编制等工作，先行启动众创园场地修整工作；做好园区招商引资工作，与省内外高校科研团队接触洽谈，引进新耀新材料、国电-泉怡光伏发电、迅达石化等11个高新项目和高技术企业入驻园区，引导建华管桩、安然家居、万家鑫鞋材、派丽德高建材等多个项目进行增资扩营技改升级，洽谈争取北京博清科技的无轨导全位置爬行焊接机器人、北京星闪世图的三维空间大数据分析超算平台、四川大学的“可释放二氧化碳的气候友好型聚氨酯发泡剂”及“聚丙烯为主体原位微纤化增强塑料合金”、湖南省仓茂特玻璃制品的年产100万台/套汽车玻璃生产项目等落地。

【创新平台建设】 2019年，泉港区对接服务“中国福建化学工程科学与技术实验室”建设前期工作（9月10日获省政府正式授牌、列入首批四个省实验室之一），协调落实“泉港区福大化工研究院”独立事业法人单位设立；整合提升“两院四中心”等现有研发平台，支持福建师范大学泉港石化研究院挂牌建设“福建省环境友好高分子材料创新中心”、加快组建福建省“6•18”协同创新院先进高分子材料分院；加快“电子精细化学新材料工程技术中心”“国网电力科学研究院实验验证中心福建分中心”等创新平台载体建设，辐射整合优势力量建成福建师大万豪（石膏）新型材料协同创新中心等3个协同创新中心，为关联企业提供创新保障和技术支持，全区科技创新能力连续两年入选全国科技创新百强区（均居54位）。

科技服务

【优化科技扶持政策】 2019年，泉港区编制2019年度区级科技项目申报指南，提高补助标准并改变之前“事前立项、事后补助”一刀切方式，对符合条件的规上企业，2018年度R&D支出占销售收入比重在3%以上，即可申请财政扶持经费10-20万元，激发企业项目申报积极性；印发《关于落实2018—2020 R&D经费投入目标任务的通知》《加强研发经费投入攻坚专项行动方案的通知》等文件，建立研发投入激励约束机制，将研发经费投入作为企业享受创新奖励的条件之一，提升研发经费整体水平。2018年，全区R&D经费支出5.34亿元，增幅33.2%。

【搭建引才引智载体】 2019年，泉港区搭建人才资源供需对接平台，邀请厦门大学、福州大学、哈工大工程技术研究院等高校及科研院所30多名专家召开产业转型升级及技术需求对接会，签订合作协议7项、合作意向30多项；对接厦门大学能源学院项目，推动建立“厦门大学能源学院服务地方经济社会实践福建泉港石化工业园区基地”，联合区委人才办开展“厦门大学能源化工博士服务团泉港行活动”；依托泉港新材料高新技术产业园区及“两院四中心”等平台，开展招商引资和招才引智工作，引进21个技术成果转化对接平台。全区入选市级高层次人才285人，省级高层次人才63人，国家高层次人才14人，为产业转型发展提供强有力的人才支撑。

【**推进科技特派员制度**】 2019年，泉港区坚持按需服务，立足石化产业、农产品深加工等传统产业，延伸领域精挑细选专业对口的科技人才“一对一”开展科特派服务，从起始环节增强科特派工作的针对性和有效性，精准帮扶产业发展。“科技赋能，多元发展”的典型做法，得到《侨乡科技报》《侨区快讯》《科技日报》等刊发推广；组织两批次18人次（团队）申报市级科技特派员，均入选；组织15人次（团队）申报省级科技特派员，入选12人次（法人）；10人次申报区级科技特派员；下达三批次省市级科技特派员工作经费29万元；安排23名技术骨干和致富能人作为科技特派员选派至基层各服务单位，实现省市级科技特派员乡镇覆盖率100%。

科技计划项目

【**科技项目申报**】 2019年，泉港区组织申报区级科技项目52项，立项后补助项目48项；推荐市级项目四批次16项，立项10项、获补助资金212.5万元（其中，支持泉港区医院1个项目获立项，实现全区医疗卫生类项目市级立项零的突破 ）。

【**督促项目结题验收**】 2019年，泉港区督促到期项目结题验收，完成省级项目验收1项、市级项目验收17项（结题率超过90.34%）、区级项目验收47项。

科技成果与奖励

【**概况**】 2019年，泉港区贯彻落实《泉港区进一步提升科技创新能力的若干规定》及时兑现科技项目后补助、自主创新奖励等科技优惠资金，调动各类创新主体的积极性。

【**成果奖励**】 2019年，泉港区完成2018年度自主创新奖励征集项目18项，奖励11家企业237.78万元；组织7家省级科技小巨人领军企业申报研发费用税前加计扣除奖励，其中5家获专项奖励232.5万元；推荐5家企业申报省级科技创新券，其中4家获补助共17.1万元；组织下达研发费用分段补助95.84万元；下达2018年度国家高新技术企业、省级高新技术企业入库备案省市奖补资金118.88万元。

知识产权

【**概况**】 2019年，泉港区市监局推修订出台《泉州市泉港区人民政府关于进一步加强知识产权工作的实施意见》，提高知识产权创造、运用、保护和服务水平。全区新增注册商标2078件，发明专利拥有量398件，比上年同期增长61.8%；每万人发明专利拥有量11.85件，比上年同期增长60.8%，位居全市第5名，比上年同期提升3位。

【**自主知识产权扶持奖励申报、审查**】 组织泉港区2018年度自主知识产权扶持奖励申报、审查工作，共有74家企业、3家科研单位和170名个人申报1700多项奖励，奖励金额1088.1万元；2019年共办理知识产权违法案件5起，其中商标侵权案件4件，专利违法案件2件，罚没款4.2万元，涉嫌犯罪1件，已移送公安机关办理。

防震减灾

【**落实监测预报和预警工作**】 2019年，泉港区提升监测业务能力，落实监测预警工作。参加福建省地震局组织的业务培训3次、泉州市地震局组织的业务培训5次；做好地震监测数据的日常采集、分析、上报和月报表、会商、台站年度运行报告、年度观测工作报告报送工作。加强地震监测设施和观测环境保护，落实地震观测台站和宏观观测点月巡查制度，4月、7月共排除泉港一中地震监测台站故障2次2019年地震预警终端建设任务数为47处，已安装77处。

【**强化防震减灾宣传教育**】 2019年，泉港区推动防震减灾进校园，加强群防群测意识。配合泉州市地震局深入益海小学开展防震减灾宣传进校园活动，联合区教育局组织泉港一中、鸠林中学开展新生入学防震减灾知识讲座。结合科技活动周、防灾减灾日、7.28地震纪念日和国际减灾日等活动，广泛动员社会力量参与防震减灾科学普及。分发防震减灾宣传折页，依托“泉港应急管理”微信公众号、宣传短信、广播电视、泉港科技馆（地震科普馆）等渠道，普及防震减灾知识。共开展防灾减灾宣传活动22场次，发放防震减灾宣传材料8种共4万多份，发送防震减灾宣传彩信2万多条，在广场、学校、社区等地悬挂防震减灾宣传标语18条等。

【**增强地震应急处置能力**】 2019

年，泉港区组织开展地震应急演练，加强地震应急避难场所监管。加大防震减灾法律法规宣传教育力度，提高各级领导干部和职能部门应对地震灾害的意识和指挥调度能力。“5•12”全国第11个防灾减灾日宣传周期间，组织全区近100所中小学校开展校园防震减灾宣传和地震紧急疏散演练，共有5万多名师生参与地震应急疏散演练。向每个地震应急避难场所各拨付维护经费1万元，每2个月巡查全区9个三类地震应急避难场所不少于1次，完成泉港一中地震应急避难场所道路指向牌整改。

地质灾害防治

【地质灾害应急管理】 2019年，泉港区自然资源局印发《突发地质灾害应急救援预案》，提出工作原则和适用范围，提出应急处置方法，明确各股室（单位）职责。加强信息与指挥系统建设，实现省、市、区三级联网，地质灾害数据实时更新。督促各镇（街道）完善年度《汛期地质灾害群众安全防御转移预案》。联合涂岭镇政府精心制定《区、镇联合突发地质灾害应急演练方案》，在黄田村开展地质灾害应急演练活动，各镇（街道）、区政府办、教育局、民政局、住建局、交通运输局、农水局、应急局、公路分局等20个单位参与，92人次参与演练，检验当地突发地质灾害应急预案的实用性和可操作性，考察防灾责任人对应急预案的熟悉程度，加强地质灾害相关应急预案和方案的动态管理，提高干部群众科学处置突发地质灾害的快速反应和应急处置能力，增强应对突发地质灾害的防范意识、避险意识。

【健全地质灾害监测体系】 2019年，泉港区存在地质灾害点13处（其中涂岭12处，已全部治理，处于观测期；后龙1处，尚在治理中），威胁17户66人生命财产安全；高陡边坡点36处（其中南埔13处，前黄3处，后龙6处，涂岭9处，峰尾5处），威胁54户206人生命财产安全。对以上地质灾害点和高陡边坡点，泉港区严格按照要求建立区—镇（街道）—村（居）三级地质灾害监测管理网络体系，建立以区、镇（街道）主要负责人负总责的责任制，将地质灾害群测群防任务分解到镇（街道）、村（居）两级，明确具体监测人和监测单位责任人。一旦发生险情或灾情，立即启动应急预案，领导亲临现场、靠前指挥，避免地质灾害群死群伤事件的发生。

【强化地质灾害隐患排查】 2019年，泉港区多次以区政府办名义下发《关于开展地质灾害隐患排查整治工作的通知》，要求相关部门加大排查和整治力度，召开地质灾害防治工作专题会议，对全区地质灾害隐患排查和整治工作进行全面动员部署，对辖区内所有可能存在地质灾害隐患的城镇、乡村、医院、学校、集市等人员集中地，铁路、公路等交通干线沿线和工程建设活动区等进行排查，重点对地质灾害隐患点、房前屋后高陡边坡点、山边河边、矿山、低洼地带等危险区域进行全面排查，逐个盘点，按照上级的要求，做到“三在前，四必查”。聘请中节能建设工程设计院有限公司完成全区地质灾害调查，并提交《泉港区地质灾害详细调查报告》《泉港区房前屋后高陡边坡调查报告》等一系列地灾全面排查成果报告，全面掌握全区地质灾害情况。要求各镇（街道）、各职能部门对职责范围内监管的区域进行拉网式排查，对职责范围内监管的地灾点和高陡边坡点，按照要求全面落实防治措施和防灾责任人。对地灾点、高陡边坡的“两卡”进行检查，有丢失、损坏的再次补发；对原有的监测人员进行核对排查和必要的调整，做到“点点有人管、处处有人抓”。发动驻村干部、群众及监测员加强对已发现地质灾害隐患点的巡查和监测，发现问题及时上报。在汛期、台风、暴雨和强降水期间，严格落实24小时巡查制度，发现险情，及时预警，及时转移受威胁群众。要求全区矿山企业，在暴雨和台风期间，停止采矿活动，安全撤离矿区所有人员，确保人民群众生命财产安全。

【加强地质灾害防治】 2019年，泉港区推进防治并举，督促相关镇（街）开展地质灾害工程治理，减轻灾害威胁。近年，区政府拨付专项配套资金380万元，共完成21处地质灾害隐患点的工程治理，完成上级下达的地质灾害搬迁任务5户，使地灾点的数量及受威胁人数达到历史最低水平。联合区农水局等部门，加强矿区水土保持的执法检查，加大矿区水土流失治理力度，督促矿山企业加强矿区地质灾害防范，在停采区、弃采区植树种草，增加植被覆盖，有效防范地质灾害发生。从源头上杜绝人为因素形成新地质灾隐患点，要求各镇（街道）加强个人违法建房巡查制止，杜绝群众在山边人工开挖、削坡建房，消除安全隐患。积极向群众宣传普及地质灾害防御、避险知识，引导群众科学选址，提高地质灾害防灾意识和自我避灾、抗灾能力。

公共文化

【推进国家公共文化服务体系示范区创建】 2019年，泉港区完善设施网络建设，提升7个镇（街道）综合文化站、23个村（社区）综合文化服务中心建设。4月19日，泉州市创建国家公共文化服务体系示范区示范点现场工作会暨经验交流会在泉港召开。公共文化建设实现五个“百分百”，即镇（街道）综合文化站建设100%，区文化馆、图书馆总分馆建设100%，区图书馆五项指标100%，村（社区）100%有财政补贴的文化工作人员，村（社区）100%建立群众业余文艺团队，年度公共文化服务体系建设绩效考评排名全市第三，基本建成“全覆盖、保基本、促公平、提效能”泉港公共文化服务模式。

【传统节庆活动】 2019年，泉港区结合庆新春等传统佳节，广泛开展泉港区迎新春“海丝之光”首部音乐舞蹈诗演出暨“福安”文艺创作奖励扶持表彰活动、戏剧展演、“圭峰之春”、新春南音大会唱、游龙灯、逗新娘等节庆民俗活动100多场次。

【庆祝中华人民共和国成立70周年活动】 2019年，泉港区结合庆祝新中国成立70周年，举办“泉港之夏”文艺巡演、海丝游学汇、全民健身运动会、“吉祥家庭·幸福乐行”全城嗨跑节、“点赞泉港”主题歌咏比赛等活动。

【海丝主题活动】 2019年，泉港区组织第四届海上丝绸之路国际艺术节联动项目泉港区“海丝之光”吉祥游学汇活动，举办“海丝游学联盟”中国人民大学红砖艺创游学活动、第六届中国泉州国际木偶展演泉港演出活动（台湾偶偶偶剧团、荷兰伊拉范德木偶剧团）、2019泉港新航大学生游学活动、“一带一路”艺术演出周泉港演出活动和海丝游学暨《泉州：古刺桐港的故事》研讨会等。

文博工作

【文化遗产修缮保护】 2019年，泉港区推动2个闽南文化保护区重点区域整体性保护和合理利用。完善文物“四

2019年9月21日，“全闽共舞、礼赞新中国”福建省第三届广场舞大赛（泉港赛区）暨“吉祥泉港·美好生活”广场舞比赛举行 （区委报道组 供图）

2019年12月5日，“吉祥泉港·平安之夜”——乌兰牧骑泉港专场展演举行 （区委报道组 供图）

有”（有保护范围、有保护标志、有记录档案和有保管机构）档案，指导三朱地下交通站、卢琦故居、东岳庙、出氏翰林第和黄素石楼等做好修缮工作。加快建设泉港区文物资源数据库，开展文物保护单位名录和基础信息整理，建档造册。推动建立文化遗产（文物）保护考核评估第三方评价机制，将文化遗产（文物）保护传承工作纳入对镇（街道）绩效考评体系。加强社会参与保护传承力量，聘请并培训一批文物安全志愿者，参与文物安全指导监督。推动各地配齐村（社区）文物巡管员，实现有文物的村（社区）全覆盖，打通文物保护“最后一公里”。

【文物保护宣传教育】 2019年，泉港区推动优秀传统文化传承弘扬，完成“海丝非遗厅”的布置，举办“铭记历史·圆梦中华”红色文化收藏展、“吉祥泉港·海丝之光”非遗双创共享暨“泉港游学汇”精品线路及非遗双创基地融媒推介、2019年“文化和自然遗产日”宣传暨国家级非遗水密隔舱福船体验、“吉祥泉港·海丝之光”非遗双创暨“泉港之夏”非遗双创校地共享及红砖文化游学·人民大学画院陈祥法师生作品展、“记忆泉港·时代变迁”大型图片展、“最美乡音”征集及“吉祥泉港·迎大庆”融媒体推介、第三届网络孝文化节等活动。创设“文化振兴讲堂”，邀请省内外知名文化学者先后举办非遗知识、泉港非遗概述、书法艺术的鉴赏与创作等主题讲座；联合厦大国学院等举办“泉港区家风与乡村文化振兴研讨会”。实施“优秀传统文化进校园”和“戏曲记录工程”，推动北管、戏曲等优秀传统文化保护和传承。

文化市场管理

【文化经营单位概况】 2019年，泉港区共有在册登记文化经营单位61家，其中歌舞娱乐场所20家、游戏游艺场所2家、网吧8家、艺术品经营单位4家、民间艺术演出团体27家。建立健全文化市场日常检查制度、文化市场罚没物品管理制度、“12318”文化市场举报受理制度、文化市场案件办理管理制度、双随机一公开检查制度。

【扫黑除恶专项斗争】 2019年，泉港区文体局设立“扫黑除恶”举报箱和举报电话，及时有效处理文体旅游市场扫黑除恶线索举报；成立文化、体育和旅游3个线索摸排小组，组织人员深入娱乐场所、旅游景区、体育场馆等公共场所，通过走访从业者、消费者，了解相关从业人员身份背景等，发放宣传材料1000多份，摸排文体娱乐场所、旅游景区和星级酒店40多家，出动执法人员100多人次；摸排2条涉及行业乱象线索，移送公安机关。

【文体旅游市场安全生产检查】 2019年，泉港区文体局开展2019年元旦、春节元宵、全国、省“两会”期间、“五一”国际劳动节、中秋节”国庆节等重大节日、重大活动期间文体旅游市场安全生产大检查，开展2019年安全生产“春季攻坚行动”大排查大整治、“防风险保平安迎大庆”火灾隐患整治年、文物建筑消防安全等一系列专项整治行动，共出动执法人员116人次、车辆40辆次，检查文物保护单位28个次、涉旅企业10家次、网吧43家次、文化娱乐经营单位56家次，游泳场馆6家次，责令当场整改15家次，发出整改通知书2份。

【文体旅游系统消防安全讲座暨消防安全演练】 2019年，泉港区文体局举办文体旅游系统消防安全讲座暨消防安全演练，组织部分娱乐场所负责人及安全员参加区安委会主办的安全生产警示教育周展览活动，开展水上施救陆上急救宣讲及演练活动，落实文体旅游市场安全稳定和各文体旅游经营单位安全生产主体责任。

【深化“扫黄打非”专项行动】 2019年，泉港区文体局开展专项行动，查堵反制境外非法出版活动，严厉打击网络淫秽色情信息，查处网络侵权盗版违法行为、有害和非法少儿出版物及信息等，共出动执法人员35人次，检查校园周边书店和图书报刊经营单位21家次，共收缴盗版中小学教辅材料50多本，检查出版物印刷企业5家次。

党史研究

【党史宣传】 2019年，泉港区委史志室利用重要纪念日节点，举办主题教育或纪念日活动，发挥党史、文献、地方志的存史资政育人作用。拍摄《红色头北》记录片7集，宣传泉港红色文化精神。指导山腰街道、埭港村举办“8·18”解放日70周年纪念活动，举行后楼基点村区级党史教育基地揭牌仪式。举办纪念革命先烈主题日活动，组织全体干部、工作人员到涂岭镇樟脚村瞻仰陈平山烈士纪念碑，向烈士敬献花篮，并参观陈平山故居，到惠安参加陈平山115周年诞辰纪念活动，深切缅怀革命先烈。开展“红色文化之旅”摄影采风活动，组织党员干部到红色革命史迹陈平山革命烈士纪念碑、陈平山故居、三朱革命战斗纪念碑、朱汉膺故居等地，缅怀革命先烈，采集革命史迹照片。联合区教育局开展2019年中小学生“我和我的祖国暨红色基因代代相传·暑假读一本好书”活动，引导青少年传承革命精神，弘扬红色文化。授予泉港二中“泉港区青少年红色教育基地”并举行授牌仪式，推动该校做好庆祝中华人民共和国成立70周年

2019年3月12日，纪念明代良吏黄文惠诞辰446周年暨泉港前黄首届“孝廉”家风文化节系列活动举办（区委报道组 供图）

纪念红色电影展播，爱国主义教育和深入创建省第二届（2018—2020）文明校园活动，促进青少年学史、爱史、用史。

【党史资料征编】 2019年，泉港区委史志室制定《泉港红色资源》采编方案，开展泉港红色资源调查，通过征集、调研、查阅档案、工作交流等形式，尽可能抢救、挖掘红色资源素材。编印《红色头北概览》，完成意见征求，补充修改中。开展陈平山资料征集整理，组织开编《陈平山传》，基本完成初稿。做好每月《区委大事记》的采编、校核、刊发工作。开展县际工作交流，先后到惠安党史办、惠安档案馆、仙游党史办、南安老促会、洛江史志室和福州、泉州、漳州、广州等地调阅资料，采访关键人物，收集资料，为工作开展夯实基础。

地方志

【方志文化宣传】 2019年，泉港区委史志室印制《地方志工作条例》、泉港史志相关知识等的宣传册1000份。先后到峰尾镇诚平小学、界山镇玉湖村、山腰街道新宅社区、前黄镇前黄村黄素石楼、南埔镇柳厝村家家乐广场等地，宣传《地方志工作条例》、泉港史志文化，营造依法修史修志的良好氛围。指导前黄镇前黄村举办“纪念明代良吏黄文惠诞辰446周年暨泉港前黄首届‘孝廉’家风文化节”活动；与区纪委、区妇联联合举办题为《传承经典家训，培树清廉家风》的泉港区家庭文化公益讲堂，邀请省史志办副主任俞杰前来讲座，弘扬传承家文化。

【志书编纂】 2019年，泉港区委史志室严格按照《地方志书质量规定》要求，根据区志评议稿修改方案，吸收有关专家、学者的建议，优化志稿总篇目、框架结构、篇幅章节，组织修志业务骨干多方搜集整理补充有关资料，基本完成《泉港区志》全面编修。协调推进《泉港区教育志》《泉港区盐业志》《泉港区海防志》评稿审验工作。成立村级志书编纂指导小组，召开《凤阳村志》评稿会，邀请专家学者对村志编纂进行评议，优化志稿篇目及内容。指导南埔镇南埔村、肖厝村，前黄镇凤阳村、前黄村，后龙镇土坑村，山腰街道钟厝村等编修村史村志，涂岭镇和前黄村、土坑村、东张村、肖厝村等地情书基本完成初稿。

【年鉴编纂】 2019年，泉港区委史志室出版《泉港年鉴2019》，完成《福建年鉴2019》《泉州年鉴2019》泉港部分的撰写。《泉港年鉴2018》荣获第六届全国地方志优秀成果（年鉴类）三等奖。

【文史资料整理】 2019年，泉港区委史志室出版《经典福建·泉港专辑——从“新”出发》《土坑刘氏家规家训》《闽中红旗不倒典范》。与区民宗局联合编纂《泉港宗教》系列丛书。完成《土坑社会历史与文化》初稿修改，完成《头北南埔》全书审校工作。开展口述历史采编工作，全年共采访15篇。加快《泉港历史文化》《烽火泉港》编纂步伐，完成《卢琦》初稿。协助推进《闽南金三角》丛书、《古驿道》《古寺庙》等书籍资料征集工作。

【方志馆建设】 2019年，泉港区委史志室开展方志馆二期布馆工作，争取资金25万元，组织民生馆、海外馆的布馆，完成墙体布展等。推动方志馆对外开放，接待泉州市姓氏文化研究会、石狮市作协、泉州台商投资区同乡会探亲团、金门县惠安同乡会等25批次、959人次；方志馆每月接待均在1200人次以上。联合区南音传承中心，在馆内免费开展南音培训。

【刊、网建设】 2019年，泉港区委史志室筹备创办《泉港史志》，刊印《泉港月志》5期，《泉港地情卡》24期，分发区直各单位、异地商会和代表性人物，及时了解区委、区政府决策部署和工作进展。做好“志慧泉港”公众号建设，定期发布信息，全年发布微信230条。做好泉州网络文明传播的博文、微博跟帖转发等工作，传播社会正能量。

【指导协会工作】 2019年，泉港区委史志室指导区方志学会和传统文化交流协会开展相关活动。联合团区委、区妇联、区文联、区方志学会、区传统文化交流协会等开办每月一次的公益讲堂——百姓讲堂，全年共举办11期。3月17日指导区传统文化交流协会召开年会并举办相关活动；3月25日与区太极拳协会等单位商讨两岸武术健身大家练活动方案；5月10日协同区文体旅游局、山腰街道主办，指导泉港孔子文化交流协会承办泉港区“兴文化 育新人”传统文化专题报告会；9月29日指导区传统文化交流协会开展庆祝中华人民共和国成立70周年暨百姓讲堂之走进厦大活动。

【方志文化调研】 2019年，泉港区委史志室组织开展方志、年鉴理论研究，撰写《立足区情实际，积极发挥县（区）级方志馆功能》和《浅议处理好村志的几个关系问题》论文2篇，入选第二届方志文化国际学术研讨会暨第九届中国地方志学术年会。联合集美大学诚毅学院陆露老师申报2019年市社会科学规划项目《海丝背景下泉港头北话在台湾的传播与发展》，课题进入前期研究阶段。

【实施“志慧工程”】 2019年，泉港区委史志室推进传志、用志工作，指导前黄镇组织办筹备朱汉膺纪念馆布馆工作；与东南早报联合推出10期《泉港小吃》专栏，宣传推介泉港小吃文化。联合区档案馆开展“乡村文化记忆”项目建设，该项目纳入2020年度为民办实事项目。协同区档案馆迎检市政府验收组到前黄村开展“乡村文化记忆”项目建设验收工作，协同推进泉港海丝文化相关书籍的编辑，为乡村争创各类文化名村提供支持。设立后龙方志工作联络站，完善峰尾、涂岭方志工作联络站制度建设，探索“开门修志”民间参与新模式。

【推进“三同工程”】 2019年，泉港区委史志室通过开展同宗对接、同名对结、同化对续等形式，搭建两岸方志文化交流新平台，推进两岸人员交流，全年接待台胞11批次，人数570多人。1月9—10日，接待台胞范尚溢等人，协商3月的两岸民俗交流活动；1月11日，接待台湾民间交流协会会长黄文章等人来泉港探讨两岸民间文化交流工作。3月15日，协同台办接待台湾苗栗三妈会参访团到泉港开展两岸民俗文化交流、寻根活动。4月12日，接待金门县惠安同乡会探亲团一行62人参访方志馆。5月3—4日，到沙格村落实金门泰安宫来泉港开展民俗交流事宜，推动开展对接交流活动；5月22日，接待台湾苗栗县天文宫参访团105人到南埔青龙庙开展民俗交流。6月8—9日，接待苗栗县台胞黄贤英等5人到泉港寻根。7月5—8日，承办第十一届海峡论坛·“泉台青年交流汇——分享 体验 融合”之泉港首届海峡两岸武术健身“大家练”活动，来自台北市国术会、台湾宫宝田八卦掌协会、彰化县武术协会、台湾太极拳国际联盟等等8个台湾团体共43人参加；7月8日，接待《金门时报》副总编张馨尹，商讨两岸文化交流活动。8月18日，协助台胞林日到泉港参访，推进两地项目对接。9月25日，协同接待台中市社区青年交流协会参访方志馆等地。10月22日，接待第十届世联会参会嘉宾一行290余人参访方志馆。

2019年3月15日，苗栗县三妈文化协会一行到泉港开展民俗文化交流及寻根谒祖参访活动 （区委台港澳办 供图）

【探索“一岸一路工程”】 2019年，泉港区委史志室围绕古代渔、商船行走的海岸线，沿着泉港姓氏迁播的陆上路线，追访、记录在外泉港人牧海耕渔的足迹。组织人员进村入户，了解回流浦城移民信息资料，电话采访浦城返乡知青，补充修改《泉港人在浦城》。接待山东费县卢氏来泉港寻根，商定推进两地宗亲交流工作。7月7日，派员参加涂岭坑尾埔知青45周年活动，收集相关资料。

档案管理

【推动“乡村记忆文化”项目建设】 2019年，泉港区档案馆主动融入乡村振兴战略大局，将“乡村记忆文化”工程纳入区委区政府为民办实事项目。与东张村、诚平村、肖厝村、涂坑村等四个第二批试点村签订项目协议书，开展项目推进调研活动，拨付补助经费9万元，推动第二批试点村初期建设工作。围绕市“乡村记忆文化”项目建设测评标准的要求，联合区委史志室指导前黄村开展“乡村记忆文化”项目建设，落实首批试点村的收尾工作，前黄村高分通过市级验收，取得“优秀”等次。

【区级机构改革中档案工作】 2019年，泉港区档案馆以两办名义转发《泉港区档案局关于做好区级机构改革中档案工作的意见》，明确区级涉改部门和单位做好档案收集、整理、保管、利用和清点、交接等工作，重新编制或修订机关文件材料归档范围和文书档案保管期限表，做好档案接收进馆及相关准备工作，防止因接收不及时出现档案遗失等情况。

【审批服务“放管服”改革】 2019年，泉港区档案馆梳理汇总行政审批、公共服务事项入驻目录清单，重新签订入驻窗口授权书和审批事项授权情况表。调整1项公共服务为内部审批，做好机构改革后取消、下放和调整的行政权公共服务事项的衔接工作。深化监管方式创新，对接国家、省“互联网+监管”平台，落实监管事项和检查实施清单的梳理工作。全流程整合“双随机一公开”检查，完善“一单两库细则”，落实“进一次门、查多项事”。

【区级重点项目档案管理】 2019年，泉港区档案馆严格按照《中共泉港区委办公室、泉港区人民政府办公室关于做好泉港石化工业区安全控制区房屋征收补偿档案管理的通知》要求，联合总指挥部办公室走访调查7个片区指挥部，全面了解7个片区安控区房屋征收补偿档案数量、保管条件、经费保障、管理机制等相关情况，确保安征迁过程中形成的文件材料收集归档齐全、完整、真实、准确。跟踪全区土地承包经营权确权登记颁证工作进度，多次实地走访区农水局，为施工方解答档案收集、整理过中的疑问，指导施工方开展档案整理、数字化加工，明确档案业务规范、加工环节与质量要求。

【加强档案监督指导】 2019年，泉港区档案馆加强与各单位档案人员的业务知识、规范标准、操作技能的沟通交流，解答相关档案业务的具体问题，采取现场走访、电话咨询、邮件沟通等多种方式开展业务各类档案指导，包括文书档案、婚姻档案、村级档案、农村土地承包经营权确权登记颁证档案、石化安控区房屋征收补偿档案、污染源普查档案、“不忘初心，牢记使命”主题教育档案、渔船油补档案、财政指标档案等，累计指导农水局、民政局、台办等20个单位，针对存在问题，提出整改具体指导性意见，督促有关单位及时改进。

【强化档案安全防范】 2019年，泉港区档案馆按照相关制度与要求进行档案信息安全管理，实行专人专岗，落实档案安全保密工作。落实档案库房安全管理制度，始终按照“八防”的要求，定时对库房内的温湿度进行监测，根据变化情况，进行归纳分析，充分利用现有条件，对库内温湿度进行调控。定期打扫库内卫生，保持库内的清洁、整齐、美观。定期检查库内各种设备，发现故障，及时维修，确保设备的正常运转。

【完善档案馆藏资源】 2019年，泉港区档案馆接收统战部、民政局、台办等5个单位的档案，其中文书档案20卷7517件，婚姻档案5610件，会计档案67卷，实物58件。开展档案资料征集工作，向宣传部、史志室、政协办等单位征集老照片，向区委办、党工委、史志室等单位征集图书资料，重点收集国家领导人在泉港考察调研照片19张、视频3件、贺电2件。规范整理档案资料，整理编目文书档案159件，实物档案301件，重大活动档案139卷，图书资料1000册，数码照片5002张。区档案馆现有63个全宗，文书档案6216卷90586件，专门档案5437卷71541件，寄存的档案31237卷，数码照片档案5002张，实物档案301件，图书资料2161册。

【档案宣传活动】 2019年，泉港区档案馆按照省、市的文件要求，结合实际制订“6·9”国际档案日宣传活动方案。通过移动平台在6月9日向全区移动手机用户发送档案知识宣传短视频；通过电视台在6月7—9日循环播放6.9国际档案日宣传标语，扩大宣传效果；联合锦祥社区开展档案宣传活动，通过发放宣传册、宣传品，增强群众的档案意识；在单位的门户网站及时发布宣传活动实时动态，提高群众参与度。12月4日，开展第六个国家宪法日暨“宪法宣传周”法制宣传活动，发放档案法制宣传手册，讲解档案法律知识。

【档案数字化】 2019年，泉港区档案馆实施“存量数字化、增量电子化”战略，加快馆藏传统载体档案数字化工作，指导区各单位开展档案数字化工作，接收民政局、史志室、统战部等5个单位的档案数字图像文件7.63万页，数字化馆内文书档案、重大活动档案、国电福建南埔电厂项目房屋征收补偿档案2.14万页。馆藏档案数字图像文件数量195.55万页，数字化比例99.98%。

【到期档案鉴定】 2019年，泉港区档案馆制定档案鉴定工作制度，成立档案鉴定工作领导小组，摸底馆藏到期未鉴定的档案数量，馆藏应鉴定档案数量27875条，已鉴定档案20197条，已开放档案数量7226条，已鉴定档案数量占应鉴定档案比例72%，已开放档案数量占全部完成鉴定档案数量的比例35%，步优化馆藏档案价值体系，推进档案信息资源开放利用。

【档案社会服务】 2019年，泉港区档案馆拓展档案的利用途径，通过现场查档、电话咨询、邮件沟通、传真传送等多种形式，提供便捷的档案服务。是年共接待档案用户1270人次，提供档案、资料利用3413卷(件)次，复印和传真档案资料7351页。通过对外利用文书、婚姻、房屋地契、会计、一体化项目征地拆迁补偿等档案，较好发挥档案参考凭证作用，起到提供决策依据、编史修志、法律诉讼、调解婚姻矛盾、确定房屋土地权属、房产过户、清理固定资产、财务审计、孩子入学等作用，有效解决群众的纠纷矛盾，促进社会的和谐稳定。

【现行文件利用】 2019年，泉港区档案馆依据规范政府信息公开文件接收流程，主动接收全区各单位公开文件，规范整理公开文件，便于群众查询利用。截至12月底，已接收34个单位共1544份信息公开文件，内容涉及医疗卫生、劳动人事、社会保障、物价审计、财政税收等方面。

广播电视

【电视节目高清改造】 2019年，泉港区广电局加快推进泉港区广播电视高清化改造进程，于2018年正式启动电视节目高清化改造工作，项目总投资近150万元，完成新闻（非编）网、媒资系统、前期拍摄设备、演播室系统、硬盘播控系统等高清升级改造，全台高标清同播的技术系统框架全面建成，高清频道于2019年3月20日下午16:00并网播出，项目完成时间比国家广电总局规划的在2020年底前完成高清化改造要求提前近2年。

【推进广播提升改造工程】 2019年，泉港区广电局投入资金近130万元，完成有线广播提升改造工程，新增广播录音间、直播间、导播间各1间，配备广播直播、录播、录音、传输等完备、先进设施设备，拓展传播渠道、弥补公共服务缺项、履行应急广播职能。

【加快推进媒体融合建设进程】 2019年，泉港区广电局根据省委、市委、区委宣传部关于“推进县级融媒体中心建设”部署要求，于3月正式启动区融媒体中心建设工作，落实项目建设工作专班，制定项目推进计划，加快项目建设进度。区融媒体中心项目估算总投资600万元，其中：一期核心区估算投资150万元，分指挥调度及展示系统、融媒体中心核心区场地改造两大部分。

【拓展新闻宣传高地】 2019年，泉港区广电局紧扣中央、省、市重大新闻主题以及区委、区政府中心工作，坚持传统媒体与新媒体融合并用，做好内外宣工作。强化与上级媒体通联工作，拓展广电微信、央视移动网等新媒体阵地，以《连线泉港》《泉港之声》等外宣新闻栏目展示泉港新形象。在全省率先挂牌成立“福建新闻摄影学会泉港基地”，搭建摄影交流平台；开展岗位比武大练兵，有效提升记者业务素养。《不曾磨灭的红色记忆》入选福建省优秀微视频展播平台；《老家 泉港》被福建省学习平台及央视移动网转播、转载，点击量突破十万+。

【《泉港新闻》栏目建设】 2019年，泉港区广电局以《泉港新闻》为平台，聚焦重大工程建设、产业转型升级、精准扶贫、民生福祉改善、生态文明建设等领域展开报道。以学习宣传习近平新时代中国特色社会主义思想、庆祝中华人民共和国成立70周年为重点，推出“吉祥泉港”“村支书导师团”“红色头北”等系列新闻专题，展现全区上下践行习近平新时代中国特色社会主义思想情况。截至10月，《泉港新闻》共播出新闻250多期，播出新闻2000多条，其中央视播出4条、省台播出108条、市台播出197条。

【传递泉港好声音】 2019年，泉港区广电局与泉州电视台、泉州广播电台联办《连线泉港》《泉港之声》栏目，通过电视大屏和广播向全市传递“泉港好声音”。加强与央视移动网、海博TV、东南网、泉州网、闽南网等互联互动，加大联络与协作力度，动员全国主流媒体、全媒体展示泉港魅力。协同区纪委监察委、区委宣传部开设“政务通微发布”平台，构建“政府—媒体—公众”三位一体沟通桥梁；“泉港广电”政务微信推出“头条工程”、打造“2+1”品牌模式，立足政府决策、聚焦群众基层。

【搭建融媒体大框架】 2019年，泉港区广电局落实中央以及省委、市委关于“推进县级融媒体中心建设”部署要求，整合全区新闻媒体资源，申请前期建设经费，协调落实机构编制，加快推进区融媒体中心建设。成立区融媒体中心工作领导小组及其办公室，组织相关人员考察学习先进经验。整合区广播电

2019年6月14日，“悦读泉港 书香邮你”正版图书公益巡展活动在锦绣广场启动 （区委报道组 供图）

视台场所、人员、设备等资源，将广电台、报道组、泉港广电传媒公司、电影公司等纳入融媒体中心。完善区融媒体中心“三定”方案，与区广播电视台合署办公，内设综合部、总编策划部、新闻采编部等7个股室，代管报道组、电影公司、广电传媒公司等3个企事业单位；协调组织、编办、财政、人社等部门，争取政策、资金、人才等支持，提供后续经费、人员配置等保障。

【构建安播责任体系】 2019年，泉港区广电局坚持确保安全播出，安全运行，构建完善岗位职责体系，在全台建立主要负责人“负总责、亲自抓”，分管领导集中精力“靠上抓、靠前抓、重点抓”的协调指挥机制。结合建国70周年安播要求，调整安全播出、网络安全、广电设施保护、应急等工作领导小组成员，编制完成《泉港区广播电视行业安全播出指挥调度手册》，明确责任，落实岗位职责体系。

【完善安播保障制度】 2019年，泉港区广电局以庆祝中华人民共和国成立70周年为契机，重新梳理和修订完善《泉港区广播电视台安全播出应急管理预案》《2019年重要保障期安播应急预案》《泉港区广播电视安全播出传输应急预案》等规章制度，严格贯彻执行。制定各阶段的安全播出应急管理工作预案，建立健全安全播出应急机制，定期不定期开展广播电视安全播出应急演练，实现安全播出管理的制度化、规范化、标准化。

【提升设备保障能力】 2019年，泉港区广电局完成区广电台高清化改造工作，全面提升电视播出系统设备运行的稳定性、安全性、可靠性；调整卫星信号源，采购高清卫星接收机，实现CCTV-1信号高清转播；采购播控系统主要部件的备品备件；对中心机房的供电系统进行升级，为安全播出提供强有力技术基础。

报刊图书

【提升报刊图书服务】 2019年，泉港区图书馆投入150万元，新增图书8.2万册，馆藏图书总量达30.39万册、期刊报刊600余种，人均占有公共图书馆藏书（含市图分配数）超过1册（件）；新增数字资源2TB，可用数字资源达4.5TB。图书外借量40.6万册次。全年举办30余场形式多样、内容丰富的阅读推广活动。

【分馆建设】 2019年，泉港区图书馆建成7个分馆，总分馆之间实现通借通还。微信公众号影响力指数在与全国

2019年10月26日，第二届少儿拼图大赛泉港区图书馆赛区比赛”在区文化中心举行 （区图书馆 供图）

2744个公共图书馆微信号的竞争中，名列全国县级图书馆微信订阅号影响力TOP27，全省县级图书馆微信订阅号影响力TOP2。通过福建省青年文明号评估验收。

【坚持正确发行导向】 2019年，泉港区新华书店发挥主渠道主阵地作用，践行新时代宣传思想工作“举旗帜、聚民心、育新人、兴文化、展形象”使命任务，推进习近平新时代中国特色社会主义思想宣传普及。贯彻执行《福建新华发行集团卖场意识形态工作管理细则》。围绕中华人民共和国成立70周年等重大事件，组织宣传发行好精品主题出版物，做好《习近平新时代中国特色社会主义思想学习纲要》等重要政治理论读物的宣传发行工作，推动“悦读泉港·书香满城”全民阅读、文化科技卫生“三下乡”等系列活动，传播阅读理念，助推“书香泉港”建设。

【履行社会责任】 2019年，泉港区新华书店开展“不忘初心、牢记使命”主题教育活动，提升党员干部的担当责任意识，以中国共产党成立98周年和中华人民共和国成立70周年为契机，组织开展“送温暖、献爱心”活动，走访慰问孤寡老人，捐赠涂岭镇樟脚小学、樟脚幼儿园一批优秀少年读物；联合区妇联、图书馆成立7支志愿服务队、18名“阅读达人”志愿者，向全区13个“儿童之家”赠送优秀少儿读物。

2019年2月11日，泉港区太极拳协会年会在区文化中心艺术馆举行

（区委报道组 供图）

体 育

【全民健身运动品牌打造】 2019年，泉港区加强体育社团组织建设，指导老体协、乒乓球、篮球、象棋等协会完成换届，成立泉港区武术协会；组织参加省、市举办的一级、二级社会体育指导员培训，以及2019年泉州市广场舞培训；推荐陈开登赴香港开展健身气功交流和培训。推动全民健身运动开展，举办泉港区第七届全民健身运动会，项目涵盖篮球、足球、象棋、乒乓球、羽毛球、太极拳、健身气功、游泳、跆拳道、健跑、围棋等约300场次比赛，近3000名运动员参加赛事；开展新年登高、2019年泉港区老年人健身节启动仪式暨吉祥泉港 “匹克杯”老年人健步走、“吉祥家庭，幸福乐行”全城嗨跑节暨锦绣湖健跑等活动；举办2019年泉港区机关企事业单位工间操骨干培训班，全区各机关企事业单位工间操骨干近80名参加培训。加强体育基础设施建设，新建16条全民健身路径、4座多功能运动场、7条健身步道；根据全区体育基础设施基本情况，开展全国体育场地调查，举办调查员业务培训，深入各镇（街道）、企事业单位全面开展调查工作，完成场地调查任务。

【参加泉州市第十一届运动会】 2019年，泉港区组团参加泉州市第十一届运动会，共488人参赛，其中运动员417人、教练员51人、工作人员20人；青少年组参加田径、举重、篮球、乒乓球、散手、跆拳道、拳击、羽毛球、武术套路、击剑、游泳、足球、电子竞技等13个竞赛项目；群众组参加健身气功、笼式足球、乒乓球、气排球、羽毛球、三对三篮球等6个项目；泉港区代表队获得金牌7枚、银牌15.5枚、铜牌23.5枚，总分756分。

卫生事业

【概况】 2019年，泉港区卫生健康工作在区委、区政府和上级卫生健康部门的关心指导下，贯彻省、市卫生健康工作精神，围绕区委、区政府的总体部署，以深化医药卫生体制改革为抓手，注重改革创新，聚焦重点，提升现代卫生健康体系建设水平。

【全区医疗机构基本情况】 2019年，泉港区各级各类医疗卫生机构卫生技术人员1730人，其中执业（助理）医师649人，注册护士785人，其他卫技人员296人，千人均执业（助理）医师1.95人，千人均注册护士2.36人。全区共有各级各类医疗机构182个，区直共设妇幼保健院、区卫生计生执法大队和区疾病预防控制中心等3家全额拨款事业单位；区直设泉港区医院、泉港区中医医院2家差额拨款事业单位；镇级卫生院设山腰、南埔、界山、后龙、涂岭、峰尾6家公立卫生院，均规范建设有内、外、妇、儿、中医等基础临床科室和检验、影像、药剂等辅助科室以及公共卫生组。设仁爱医院（加挂前黄镇卫生院牌子，为二乙综合医院）、前进中医医院、泉港第二医院、泉港第三医院、同济医院、视明眼科医院6家民营医院，设有门诊部、诊所、村卫生所（室）等。全区共有床位数1520张，其中泉港医院350张；妇幼保健院60张；乡镇卫生院440张；其他各级各类床位数670张，千人均床位数4.57张。

【公立医院改革】 2019年，泉港区建立区政府常态化的办医投入及补助制度，区政府承担泉港区医院基建建设及20万元以上大型设备购置、重点学科建设、人才培养、政策性补助、政策性亏损和公共卫生任务等投入职责。医联体组建以来，投入近5000万元用于添置医联体的设备购置和改造硬件。区政府与福医大附一医院签订共同建设泉港区中医医院协议，首期投入资金850万元，中医医院机构设置和20名编制也已核定完成。依托区医院设立消毒供应中心、心电诊断中心、临床检验中心、医学影像中心、病理检验中心、远程会诊中心等“六大中心”。组建“321+X”区域医疗共同体，推进分级诊疗实施。泉港区医院与南埔中心卫生院、山腰街道社区卫生服务中心组建区域共同体，与山腰街道社区卫生服务中心、峰尾镇卫生院签订对口支援服务协议。

【推进医疗服务体系建设】 2019年，泉港区加大卫生项目建设力度。区妇幼保健院迁址重建项目（一期）至2019年年底完成旋挖成孔灌注桩、深层水泥搅拌桩（支护）以及地下室混凝土主体结构施工以及地下室土方回填，完成投资额2301万元。泉港区医院病房大楼2号楼及附属配套设施工程2019年全年总投资额达2889万元，于2019年9月30日正式投入使用。全面完成市、区两级为民办实事项目。“实施呵护母婴健康工程”：市级“两癌”任务数1200人，完成1200人，筛查率达100%；产筛任务数850人，完成850人，完成率100%；“实施产妇产后康复呵护工程”：在区妇幼保健院建立盆底康复中心，面积不少于20平方米，采购产后盆底筛查及康复治疗仪1台，并完成验收、调试以及人员上机操作培训等工作。提升妇幼保健服务能力。妇幼卫生工作：2019年孕产妇系统管理率91.95%，高危筛查率43.56%，高危管理率100%，孕产妇产前筛查率91.14%，孕产妇死亡率34.69/10万，3岁以下儿童系统管理率92.48%，5岁以下儿童死亡率2.43‰，婴儿死亡率1.21‰，新生儿死亡率0.87‰，剖宫产率30.74%，新生儿访视率93.51%，妇女常见病筛查率92.02%，6个月母乳喂养率96.16%。全区共有10220人参加艾梅乙检测，孕产妇检测5701人，其中艾滋病检测率99.86%，阳性率0%；梅毒检测率99.86%，孕产妇梅毒感染率0.25%；乙肝表面抗原阳性率7.3%。重大公共卫生工作：2019年全区准备怀孕农村妇女约2700人，实际免费发放叶酸2757人，完成率102.11%。农村妇女和城市已婚低保妇女常见病免费检查任务数3300人，完成3336人，完成率101.09%。孕妇免费产前筛查诊断任务数900人，完成900人，完成率100%。免费孕前优生健康检查项目任务数4000人，完成3646人，完成率91.15%。地中海贫血防控试点项目任务数1300对，完成1300对，完成率100%。“两纲”重难点指标落实情况：根据《关于在全区免费开展妇女常见病筛查服务项目活动的通知》精神，对区内20～64周岁妇女开展妇女常见病筛查，重点对35～60周岁的农村妇女开展免费“两癌”筛查项目，2019年全区妇女参加区级“两癌”筛查27074人,经费由区财政保障。

【卫生综合监督】 2019年，泉港区加大饮用水、公共场所、学校卫生、涉水产品、消毒产品的卫生监督力度，保持公共场所持证率100%、持证单位量化公示率100%、对涉水产品企业年监督覆盖率100%，全区学校卫生综合评价覆盖率100%。建立消毒产品生产企业不良名单制度，曝光不合格产品及问题单位。打击非法行医和非法采供血，对辖区内医疗机构和采血机构监督覆盖率达100%，立案调查无证行医案件13起，取缔“黑诊所”12家，净化医疗服务市场。持续加强职业健康日常监督检查。督促用人单位开展职业病危害现状评价、职业病危害因素监测和从业人员职业健康体检工作。

【提升公共卫生服务水平】 2019年，泉港区巩固基本公共卫生服务水平，是年人均基本公共卫生服务经费标准由55元提高到60元，全区共建立居民电子健康档案323055份，电子建档率96.15%；65岁及以上老年人体检26099人，体检率88.94%。高血压和糖尿病患者健康管理数均有达标；严重精神障碍患者共1696人，在册率5.05‰，规管率88.5%，服药率95.39%。2019年4月在永春县召开全市基层卫生工作现场会上作基本公共卫生服务项目经验交流发言；5月获得全市复核2018年度基本公共卫生服务工作考核第3名。推进家庭医生签约服务。全区组建44个家庭医生签约服务团队，通过基层门诊患者就诊、基公卫慢性病下乡随访、微信公众号、健康教育宣传讲座、家庭医生签约服务团队进村设点等形式广泛宣传，充分告知签约服务具体内容及惠民政策。至2019年底，全区一般人群家庭医生签约59160人，签约率为17.61%；重点人群签28665人，签约率23.89%。落实乡医养老生活补助政策。对全区在岗和离岗男超过60周岁、女超过55周岁的乡医给予养老生活补助，通过向村（居）委员会和卫生院核实，向社会公示等程序，全区已有246名乡村医生享受养老生活补助,补助金额102.2万元。

【疾病防控】 2019年，泉港区强化传染病防控，规范处置疫情。抓好以霍乱、登革热、手足口病、人感染高致病性禽流感等重点传染病的监测与预警，并开展重点传染病督导检查，指导各医疗卫生单位落实各项防控措施，防止出现重点传染病的暴发和流行；科学处理5起输入性登革热传染病疫情，严防疫情进一步扩散。提升免疫规划工作质量，开展卫健系统免疫规划岗位职工技能竞赛，检验和考核免疫规划人员专业技术、技能操作水平与沟通能力，强化免疫规划队伍建设，提高免疫规划工作质量。

【强化宣传教育】 2019年，泉港区卫健局举办形式多样的主题宣传活动。7月11日，举办泉港区“7·11”世界人口日主题宣传活动。8月17日，举行庆祝 “中国医师节”系列活动。依托泉港电视台《人口之窗》栏目、“泉港卫健”微信公众平台等媒体开展卫生健康宣传，发布全区卫生健康工作动态，宣传卫生健康工作中的好做法、新举措、新进展。在泉港广播电视台《人口与健康》栏目开办健康知识讲堂，结合广大群众普遍关心的卫生热点问题，每周一期开展种形式的卫生防病和健康教育。在泉港区政府网站、“泉港卫健”微信公众号平台和“好孕泉港”服务平台不

2019年1月15日，2019年泉州市文化科技卫生“三下乡”活动启动仪式暨春节慰问演出在涂岭镇前欧村举办 （林弘椤 摄）

定期进行婚育新风、健康知识和健康科普宣传，宣传健康理念，传授健康知识。强化健康教育宣讲，从各医疗卫生单位中遴选出30多名主治及以上医生，组建卫生健康宣讲团，常态化开展进社区、进机关、进学校、进企业、进乡村巡回健康宣讲，引导群众学习健康知识、掌握健康技能、树立健康观念、提高健康素养，养成健康的行为和生活方式。共开展“菜单式”健康教育讲座20余场次，受益群众1500多人。

【提升妇幼服务水平】 2019年，泉港区实行免费婚前医学检查和孕前优生健康检查“一站式”服务，加强“大龄、高危”孕产妇和再生育、不孕不育人群的服务指导，开设再生育及再通术咨询门诊，开通大龄孕产妇技术咨询服务热线，推进孕产期保健服务和出生缺陷综合防治。落实避孕药具基本服务工作。利用微信、网络和广播等途径，对全区育龄群众宣传避孕药具知识和开展药具知识宣传。全面落实避孕节育措施自主知情选择，拓宽避孕药具免费领取渠道，推行避孕药具微信领取途径，群众可以通过“泉港卫健”微信公众平台在线领取避孕药具，获得免费邮寄到家的便利。全区现有130个发放网点，人工发放点108个，配置22台药具自动取套机设置在人流量较集中的7个镇（街道）所在地和中心城区，方便育龄人群对避孕药具的需求，服务社区居民、流动人口，保障免费避孕药具发放渠道畅通。

计划生育

【概况】 2019年，泉港区计生统计总人口43.48万人，新出生人口5747人，人口出生率13.22‰，全区出生人口政策符合率92.29%，出生性别比111.52。

【落实“十关爱”利益导向机制】 2019年，泉港区按照中央提出的“老人老办法”原则，开展农村计划生育“二女”家庭 “安居、成才、致富、亲情、保障”五项工程，严格兑现计生各类奖励扶助。2019年全区安居工程帮扶80户，帮扶资金240万元；成才工程帮扶342人，帮扶资金66.6万元（其中本科162人，48.6万元；专科180人，18万元）；致富工程扶100户，帮扶资金100万元；保障工程扶35032人，帮扶资金707.7万元；亲情工程扶568人，帮扶资金31.2万元。

【实施计划生育特殊家庭关爱行动】 2019年，泉港区对全区年满49周岁的计划生育特殊家庭每人每月给予1200元的特别扶助金（省、市标准1000元），2019年度共为16人发放特别扶助金23.04万元。对新发生的失独家庭，一次性给予经济援助1～4万元。拨出专项资金开展走访慰问，在中秋、春节等节日对特殊家庭进行慰问，每户慰问金在1000元至3000元不等。开通泉港区医院和各卫生院、社区服务中心落实计生特殊家庭医疗服务绿色通道；

【提升计生家庭发展能力】 2019年，泉港区在建立计生“十关爱”利益导向机制的基础上，根据《泉港区百家发展基地助力计生家庭奔小康实施方案》文件精神，围绕“生育支持、科学育儿、青少年发展、养老照护、生产发展”五种类型，以计划生育家庭的生产、生活、生育、成长、养老需求为导向，建设家庭发展品牌基地，为17家区级示范基地发放资金补助85万元，增强计生家庭发展能力。2019年投入28万元为全区高龄孕产妇购买生育保险，投入15万元为0～6周岁儿童购买重大疾病保险。

【推进基层基础工作】 2019年，泉港区依法推进简政放权，依法妥善处理全面两孩政策实施前后的有关政策衔接问题，实行一、二孩生育登记服务制度，下放三孩生育审批权给各镇（街道），简化群众办证手续。2019年全区共办理一孩生育登记1873对，二孩生育登记2603对，审批办理第三孩再生育服务证92本。

【保障老年健康服务体系】 2019年，泉港区加强老年协会规范化建设，经村级自评、镇级考评及区级实地抽查，对69个建设达标村级老年协会发放协会工作经费及会长津贴共计124.2万元。发放专项资金22.4万元，用于镇、村两级老年协会开展各种活动。落实高龄老人补贴制度，全区70～79周岁、80～89周岁、90～99周岁、100周岁以上老人四个年龄段高龄补贴发放标准分别是每人每月50元、80元、100元、500元，全年累计发放高龄补贴1538万元。组织全区老龄委各成员单位紧扣“向上向善 孝老爱亲”为主题的活动”主题的“敬老月”系列活动，营造浓厚的尊老、敬老、爱老、助老的社会氛围，提升全区老年朋友们的参与感、获得感和幸福感。参与泉港区委宣传部、网信办牵头举办第三届“网络孝文化节”活动，通过“微视频”作品征集、“微公益”广告创作、“微直播”文艺展演三个系列活动，弘扬中华优秀家风文化。四是组织开展以“懂健康知识 做健康老人”为主题的宣传活动。通过印发老年健康核心信息宣传手册、组建老年健康教育宣讲团、开展线上有奖知识问答、组织进村入户送健康等活动，在全社会形成重视老年健康、关心老年群体、服务老年事业的良好社会风尚和浓厚社会氛围。开展村级老年服务中心建设。建设5个村级老年服务中心，区财政每个补助20万元，共计100万元。分别为南埔镇南埔村、仑头村，涂岭镇下炉村、涂岭镇清美村、涂岭镇驿坂村。5个项目总建设面积为近5000平方米，惠及5000多名老年人。截至2019年底，全区累计建设标准化、规范化村级老年服务中心35个，拓宽养老服务设施建设覆盖面。

医疗保障

【提高医保待遇】 2019年，泉港区夯实医保基础工作，抓好医保政策落地，做细做实医保扶贫救助，提高城乡居民医疗保障水平。落实基本医保管理规定政策，全区城乡居民医保住院（含特殊门诊，下同）政策范围内报销比例65.54%，实际报销比54.29%，实际报销比较市级统筹前同期提高6.46个百分点；城镇职工医保住院政策内报销比例86.32%，实际报销比71.82%。

【扩大参保覆盖面】 2019年，泉港区按照应保尽保原则，制定出台年度参保工作实施方案，精心组织实施参保工作，发动广大群众及时缴费参保。2019年全区基本医保参保367101人，其中城乡居民参保331899人，城镇职工医保参保35202人，参保率99.21%。推进贫困人口应保尽保，落实政府资助参保，区财政补助805.93万元，为36633名低保、特困、重度残疾、计生特别扶助等特殊对象，全额代缴城乡居民医保参保缴费个人部分，确保特殊困难对象应保尽保。

【扶贫救助】 2019年，泉港区做实做细医疗救助、大病补助服务，减轻群众医药费用负担，累计医疗救助50324人次，同比上年增长24.91%，共实施救助金额1465.57万元，较上年同期增长3.96%，完成重特大疾病救助3人次，救助金额3136.92元。跟进国家组织药品集中采购和使用工作，全区药品集中采购共涉及22个品种28个品规，累计为患者节省医药费用311万元。

【宣传医保惠民政策】 2019年，泉港区加大基本医疗保险政策宣传力度，推动形成长效宣传工作机制，扩大群众政策知晓率和参与度。制定年度宣传培训工作计划，梳理一套常见医保问题解答清单，印制一批宣传材料，组建一支医保政策宣传队，定期深入医院、企业、村（居）开展医保政策宣传培训工作。结合医保重点工作，突出针对性和实效性，做好年度城乡居民医保和职工医保参保、医保扶贫救助等政策宣传，推动医保惠民政策落地落实。利用广播电视、微信、短信、宣传栏等多种渠道，向相关单位及广大城乡群众宣传医疗保障法律、法规、政策。是年共发放宣传资料2万多份，发送宣传短信15万余条；电视、微信等媒介平台报道80余次；举办医保政策宣传培训活动11场，培训业务人员240余人次，接受群众咨询5000余人次。

【维护基金安全运行】 2019年，泉港区加大医保基金监管力度，整顿规范医疗保障运行秩序，严厉打击欺诈骗保行为。建立医保、卫健、市管三部门会商联动机制，加强对医疗机构收费、医保基金使用情况联合监管，采取定期互通信息、联合检查、联合培训等措施，推动形成部门监管合力，提高监管实效。开展维护医保基金安全“百日行动”“交叉互检”等专项行动，严厉打击欺诈骗保行为。2019年，出动稽查人员326人次，稽查定点医疗机构15家、定点零售药店36家，发出函牌42张，暂停医保定点医药机构资格7家，取消医保定点资格2家，查实医保骗保案件1件，拒付违规基金和罚处违约金共计183.27万元。建立基本医保基金运行监测机制，强化预警预测，及时纠正定点医疗机构不合理使用医保基金行为，保障基金收支平衡和运行安全。是年城乡居民基本医疗保险基金收入24560.53万元，支出22981.48万元，同期增长14.46%，基金使用率102.60%；城镇职工医疗保险基金收入15802.99万元，支出9978.41万元（含个账部分），同期增长11.55%，基金使用率63.14%；生育保险基金收入743.61万元，支出983.14万元，同期增长19.58%，基金使用率132.21%。

【提升医保服务水平】 2019年，泉港区开展医保“暖心服务”行动，构建便捷、高效、实惠、和谐的医保服务新机制。全面梳理医保公共服务事项清单，压缩办事时限，医保服务事项全部列入“最多跑一趟”清单，其中即办项19项，占到73%。医保服务窗口实行“5+2”值班办事制度，为群众提供错时延时医保事项办理服务。落实医保业务“全城通办”举措，为参保群众提供跨县域医保服务，推行医保服务关口前移，在泉港区医院、泉港区妇幼保健院、泉港区中医医院设立医保服务站，参保群众在院内即可办理特殊门诊等事项，依托泉港籍商会在北京、西安、深圳等地设立代结报服务点，在外乡亲可就近在代结报点办理异地就医报销。2019年，累计办理跨县域医保事项376件，通过医保服务站办理医保事项277件。实行跨省异地就医电话备案，参保人只需一个电话便可开通跨省异地就医直接刷卡功能。为行动不便患者、孤寡老人等特殊参保群众提供上门服务，保障特殊群体医保权益。4月，城乡居民基本医保办事窗口整合进驻区行政服务中心，推动医保“三险”业务的集中受理、集成服务，全年窗口共受理医保事项39624件，工作日平均办件158件，办结率100%。

社会生活

民政事业

【推进为民办实事项目】 2019年，泉港区民政局实施省委省政府、市委市政府和区委区政府部署的为民办实事项目，开展互联网+居家养老助残服务、社会救助对象人身意外伤害险、“救急难”工作，如期完成23户低保安居工程、6个居家养老服务站、1个农村幸福院、1个社区居家养老照料中心等省市区三级为民办实事项目，提升社会效益。

【社会救助】 2019年，泉港区民政局深化“救急难”全国综合试点工作成效，整合医疗、生活、教育、就业、住房和临时救助以及法律援助等救助资源。全区“救急难”救助共发放551万元，惠及2006人次，其中生活临时救助286.04万元，惠及1412人次，临时救助资金使用率85.32%。“互联网+”居家养老服务向全区拓展，惠及群众8000多人次。推行城乡低保制度，发放城乡低保、农村五保、城市“三无”人员、孤儿等各类生活保障金4591多万元，惠及群众9216人次，实现救助标准和救助人数提标扩面。城市低保标准提高到每月630元/人；农村低保标准提高到每月630元/人；特困人员（含农村五保）月供养标准提高到819元；孤儿养育标准每人每月900元。截至2019年12月底，全区共有社会救助对象7301户8670人，其中：城市低保对象1081人、农村低保对象6802人、特困对象549人，孤儿238人，城乡低保覆盖率1.82%。基本实现城乡贫困居民“应保尽保、应救尽救”目标。拓展“救急难”微公益救助渠道，创建“505”微公益救助平台，通过一对一、一对多、多对一网络平台捐赠认领的形式，从困境家庭衣食住行等小心愿、小需求生活细节入手，帮助困难群众。全区共开展“505”微公益主题活动16场次，累计征集微心愿物品1360多份，落实帮扶资金约107万元。

2019年11月24日，“服务人民·保障健康”大型义诊活动在泉港举行

（区委报道组 供图）

【推动殡改纵深开展】 2019年，泉港区遗体火化2220例，遗体火化率和骨灰寄存率均达到100%。从源头上对骨灰进行管控。骨灰盒纸质普通防伪标签全面升级为二维码防伪标签，防伪系数大

幅提升，避免骨灰流失“二重葬”。进行死亡信息核查机制。通过殡仪馆每个季度全区的死亡人员火化名单与公安、卫计等部门的死亡人员户口注销台账进行比对核查，对出现有死亡记录，没有殡仪馆火化记录的情况采取镇（街道）、村倒查机制，确保不遗漏。落实惠民殡葬政策，根据《泉港区人民政府办公室关于免除城乡困难群众基本殡葬服务费的通知》文件精神，对全区城乡489例困难群众免除基本殡葬服务费用74.403万元。

【移风易俗宣传】 2019年，泉港区民政局利用清明、冬至两节集中祭扫的习俗，通过微信公众号，转发朋友圈，印发宣传手册、倡议书，拍摄微视频《泉港文明祭祀宣传片》《泉港清明公益片》和建立网上纪念馆等多种方式全方位开展祭祀宣传活动，采取献一束花，植一棵树，清扫墓碑，家庭追思，网上祭故人等文明方式表达缅怀之情，摒弃点香烛、烧纸钱、燃放烟花爆竹等陈规陋习，倡导文明低碳祭祀。开展移风易俗（婚丧喜庆）调研活动，通过实地察看、召开座谈会、查阅内业资料等方式，了解各镇（街道）村（居）在开展移风易俗（婚丧喜庆）工作上的落实情况。通过村业务主干座谈和查阅资料，落实各镇（街道）、村（居）婚丧喜庆事宜登记表登记工作。

【社会事务管理】 2019年，泉港区民政局开展专项社会事务管理，行政许可事项和公共服务项目事项全部进驻区行政服务中心，简化审批事项办事流程，实行标准化管理；规范行政服务自由裁量权标准，梳理办事流程、压缩审批事项办理时限，为每一项审批服务事项制定审查细则。全年共办理结婚登记3021对、离婚登记1019对，补发（补领）婚姻登记证件587对。涉港、澳、台、华侨及外国人结婚登记5对。婚姻登记行政确认件合格率100%。全区共有社会组织353家，其中，社会团体243家，民办非企业108家，基金会2家。全区依法审批成立社会团体9家，登记成立民办非企业7家，注销社会组织28家，开展社会组织年检230家。

【基层政权和社区建设】 2019年，泉港区民政局梳理完善社区公共服务事项，以社区基本公共服务的功能体系为标准，涉及文化建设、社区共建、权益保护、指导帮扶等基础性服务。完善村务公开、决策、监督制度，健全村务监督委员会机制，加强村级民主监督。推进社区减负增效。出台《关于开展减轻社区基层组织负担专项治理的实施意见》《关于进一步规范社区组织机构挂牌与检查评比、工作考核的意见》《关于推进落实解决形式主义突出问题切实为基层减负二十一条措施》等相关文件，全面清理社区承担的不合理负担，推进社区工作规范化。完成峰尾镇诚平村省级综合服务站建设，山腰街道锦塔社区、后龙镇后垅村2个市社区服务站建设，开展山腰街道锦塔社区、涂岭镇松园村、界山镇东张村“共建共享”示范社区建设。

劳动与保障

【推动就业】 2019年，泉港区人社局举办大型人力资源招聘会2场及招聘会下乡8场，城镇新增就业5957人、转移农村劳动力5716人、城镇登记失业率1.90%，低于市政府下达2.6%的年度指标任务。发放失业保险技能提升补贴3人0.55万元、就业技能培训补贴5人1.1万元、失业保险金378人234万元、灵活就业人员社会保险补贴112人58.51万元、公益性岗位开发补贴81人86.3万元；发放失业保险支持企业稳岗补贴35家、51万元；兑现一次性稳定就业奖补2家、8.94万元。实施“创业带动就业工程”，发挥区内劳动资源机构主阵地作用，扶持互联网创业孵化基地优加众创园，共组织创业培训4期，培训120

2019年2月12日，春季大型人力资源市场招聘会举行。区委书记梁炳辉（左三）到场调研指导　（林弘棂 摄）

人，带动就业260多人。兑现创业补贴208人共21.4万元，全区创业担保贴息贷款321人3740万元。强化职业技能培训，实施泉港石化工业区安全控制区安征迁项目促进劳动力就业工程。发展征迁劳动力职业技能培训和新型职业农民培训，开展蔬菜种植、滩涂养殖、家政服务等转移就业培训18期，受益群众3000多人。

【社会保障】 2019年，泉港区推进“全民参保登记计划”工作，健全和完善全区社会保险体系建设，扩大社会保险覆盖面，新增参保登记2.5万人。按照兜底线、织密网、建机制的思路，构建覆盖全民、城乡统筹、权责清晰、保障适度、可持续的多层次社会保障体系。全区企业职工基本养老保险参保34900人，工伤保险参保39198人，失业保险参保24180人。城乡居民养老保险参保22.79万人。完善社保基金审核环节，及时准确支付各项社会保险待遇，确保参保人员权益。支付企业离退休人员养老金3955人、11177.2万元，支付机关事业单位离退休人员养老金1806人、9768.4万元，支付无力参保的县及以上集体所有制企业老年生活保障金497人、368.2万元，支付企业工伤保险待遇978.3万元。按照上级统一部署，贯彻落实降低企业基本养老保险费及机关事业养老保险费费率，延长阶段性降低工伤保险、失业保险费率，有效减轻企业负担。社保减负降费政策取得初步成效，享受企业职工基本养老保险降率政策的单位共1435家，减征金额1037.07万元，享受机关事业养老保险降率政策的单位共138家，减征金额990.94万元。落实贫困人员应保尽保工作，贫困人员按最低缴费档次200元全额代缴；根据泉港区经济发展水平，提高养老待遇标准，城乡居民保基础养老金从2019年1月起提高至160元/月，惠及全区5.3万多人。调整城乡居民保缴费政策，最低缴费档次调整为200元/年，最高缴费档次提高至3000元/年，增强制度保障力。

【稳定劳动关系】 2019年，泉港区人社局组织实施促进劳动关系和谐专项行动，开展构建和谐劳动关系创建活动。按照区委、区政府的统一部署，组织开展2019年元旦春节期间慰问送温暖活动，共慰问困难企业职工651人，发放慰问金32.75万元，就业困难人员45人，发放慰问金4.5万元。慰问机关事业单位病灾及因公受伤人员50人，发放慰问金3.1万元。开展“工资保证金缴交和农民工工资专用账户建立”“清理整顿人力资源市场秩序”“根治欠薪夏季行动”和“娱乐场所接纳未成人整治”专项检查。主动检查各类用人单位348户，涉及劳动者9500多人，行政处罚5家。检查建筑企业58家，涉及劳动者6200多人，下发关于工资保证金和农民工工资专户询问通知书44家，督促12家企业及时补缴农民工工资保证金。开展企业劳动保障信用等级及用人单位工资支付行为信用等级评价工作，评价A级守信企业7家，C级失信企业1家；评价工资支付行为守信用人单位10家。通报严重违反劳动保障法律法规案件3个。严格执行建筑领域工资保证金制度。新增建筑施工企业预存工资保证金60家、现金2400多万元，保函2500多万元。推行银行代发工资制度和劳动用工实名制管理。落实企业欠薪应急保障金制度，确保区级政府企业欠薪应急周转金余额200万元，镇（街道）级政府企业欠薪应急周转金余额4个20万元，3个10万元。开辟“集体劳动争议绿色通道”，采取“优先立案、优先审理、优先调解、优先结案”，共受理112起劳动争议案件，涉及员工1234名，涉案金额2600多万元。劳动保障监察和劳动人事争议案件结案率均96%以上，全年未发生影响力大的集体讨薪案件。

2019年7月26日，泉港区夏季大型人力资源市场招聘会在区文化中心举办
（区委报道组 供图）

老龄事业

【加强老年协会规范化建设】 2019

年，泉港区卫健局经村级自评、镇级考评及区级实地抽查，对69个建设达标村级老年协会发放协会工作经费及会长津贴共计124.2万元。发放专项资金22.4万元，用于镇、村两级老年协会开展各种活动。

【落实高龄老人补贴制度】　2019年，泉港区70～79周岁、80～89周岁、90～99周岁、100周岁以上老人四个年龄段高龄补贴发放标准分别是每人每月50元、80元、100元、500元，全年累计发放高龄补贴1538万元。

【“敬老月”活动】　2019年，泉港区卫健局组织全区老龄委各成员单位，开展“向上向善　孝老爱亲”“敬老月”主题系列活动，营造尊老、敬老、爱老、助老社会氛围，提升全区老年朋友们参与感、获得感和幸福感。参与泉港区委宣传部、网信办牵头举办第三届“网络孝文化节”活动，通过“微视频”作品征集、“微公益”广告创作、“微直播”文艺展演三个系列活动，弘扬中华优秀家风文化。

【主题宣传活动】　2019年，泉港区卫健局组织开展以“懂健康知识　做健康老人”为主题的宣传活动。通过印发老年健康核心信息宣传手册、组建老年健康教育宣讲团、开展线上有奖知识问答、组织进村入户送健康等活动，在全社会形成重视老年健康、关心老年群体、服务老年事业的良好社会风尚和浓厚社会氛围。

【村级老年服务中心建设】　2019年，泉港区建设5个村级老年服务中心，区财政每个补助20万元，共计100万元，分别为南埔镇南埔村、仑头村，涂岭镇下炉村、涂岭镇清美村、涂岭镇驿坂村。5个项目总建设面积为近5000平方米，惠及5000多名老年人。截至2019年底，全区累计建设标准化、规范化村级老年服务中心35个，拓宽养老服务设施建设覆盖面。

【养老事业】　2019年，全区户籍人口数42.19万人，60岁及以上老人60339人，占全区总人口的14.3%。居家社区养老服照料中心覆盖率100%，农村养老服务设施覆盖率72.83%，同比增长6.53%；民营床位占比67.61%，同比增长1.21%；医养结合养老机构占比100%；护理型床位数占比57.32%；每千名老年人拥有床位数38.37张。

关心下一代工作

【概况】　2019年，泉港区关工委学习贯彻党的十九届四中全会精神和习总书记对做好关爱青少年工作的重要指示，坚持以抓好社会主义核心价值观教育为主线，以“精准关爱”为导向，深化抓好“百万大手牵小手”关爱活动，参与创新社会管理，加强关工委组织建设和“五老”队伍建设。

【社会主义核心价值观教育】　2019年，泉港区关工委联系本地生产生活的巨大变化和乡土乡情、革命传统教育，开展“建国70周年宣讲进中心、进校园”“童心共话泉港好”“红色基因我们传承”等主题活动；把开展“老少共筑中国梦，传承核心价值观”活动与开展“传承红色基因，争做时代新人”主题教育相结合，协同文明办、教育局、团区委组织到村、学校、社区举办论坛、演讲、征文、歌咏比赛等。结合“感动泉港”“新时代好少年”等先进典型评选活动，树立道德标杆。以春节、清明、中秋、“六一”国际儿童节、国庆等法定传统节日为重点，协同教育局、文体新局、妇联在全区中小学未成年人中开展“我们的节日”主题活动，传承中华优秀传统文化。宣传做好关心下一代工作的重大意义和“五老”无私奉献精神，总结推广和宣传先进经验，全年有51条次信息简讯在各级各类工作简报、公众号、网站刊发。

【爱心助学】　2019年，泉港区关工委联合区、镇（街道）、村居三级一起多方筹资建立爱心助学基金，开展精准

2019年7月15日至8月15日，泉港区“儿童之家”暑期公益培训班全面开班

（区委报道组　供图）

扶贫助学奖学活动。峰尾镇辖区内2019年奖学奖教助学再创历史新高，达130多万元；涂岭镇设立朝阳公益促进会及8个村级基金，奖励助学资金30多万元；南埔镇旅马侨胞陈秋标先生每年捐赠20万元助学金；肖厝兰陵教育基金会、柳厝柳笔教育基金会、王宗顺伉俪教育基金会和林仕章教育基金等每年捐资60多万元，全镇中小学奖学助学80多万元。全区全年受奖受助学生数共4100多人，发放奖学助学金340多万元，其中资助小学生1351人，资助中学生1220人，资助大学生1560人。

【关爱特殊群体儿童】 2019年，泉港区关工委关爱帮扶留守流动儿童、事实孤残儿童、病灾困境儿童、问题孩子等特殊群体对象。全区建档立册在校农村留守儿童1328人，其中小学905人，初中423人。协同民政局牵头制定《泉港区留守儿童关爱保护工作联席会》文件，健全工作机制，明确相关部门工作职责，细化关爱保护措施。5月，联合区政协、妇联在前黄村开展“我们和留守流动儿童在一起”主题关爱活动，赠送价值5000元学习用品。协同团区委、文明办组织家园义工协会、助残助孤志愿者服务队进社区、进庵堂、进特校清洁居家环境、义剪、义诊，帮扶慰问、陪伴辅导，开展青少年自护教育暨“七彩微心愿·青号来实现”活动，帮助孩子们完成“微心愿”90个。教育系统关工委开展“千师访万生 情系留守流动儿童”活动，组织教师与帮扶结对深入留守流动儿童家中进行家访送温暖。界山镇关工委组织发动为患急性淋巴细胞白血病的孩子潘某敏捐款，募捐金额累计43多万元。南埔镇安控涉迁村关工委组织“征拆子女转学服务队”，对26名适龄留守儿童疑似辍学名单入户调查，摸清就学去向，动员辍学生返校学习。前黄镇关工委筹资五千多元为两处桥涵通道加焊扶手栏杆，解决学生上下学安全隐患；为俩辍学在家的孤儿捐资捐物，解决生活寄养、上学的着落，筹资6万多元翻建新砖房。区、镇（街道）、村居三级关工委广大“大手”组成“志愿者”“帮扶队”“关爱团”配合有关部门深入调查，建档立册，结对帮扶，假日辅导看护，形成调研报告，积极建言献策，开设“视频会亲”“假日课堂”“儿童之家”，当留守流动儿童的代理家长。是年全区共组织主题活动、开展慰问95场次，协助解决生活、学习等实际困难520人次。

2019年8月18日，首届峰尾镇公益事业促进会奖教奖学、助教助学金颁发大会举行 （区委报道组 供图）

【参与社会治理创新】 2019年，泉港区关工委参与青少年普法教育。5月30日，配合检察院开展“携手关爱、共护明天”检察开放日。依托关、检联合在前黄镇凤阳村设立的未成年人观护基地，为涉罪未成年人开展法制教育、行为矫正、心理疏导和技能培训等社会帮教工作提供支撑和保障。7月1日，在天竺中学启动以宪法为主题的“法治教育关爱青少年活动”，开展“五个一”（建立一批市级青少年法治教育基地、聘任一批青少年普法教育宣讲团成员、进活动中心和校园开展一场“学宪法、讲宪法、守宪法”为主题的法治讲座、开展一场“宪法伴我成长”演讲比赛、开展宪法进百所校园一系列活动）活动。联合政法、团委、教育举办以拒绝校园欺凌、青少年网络道德建设为主题的“青春与法治同行”法治宣传小能手选拔赛。12月4日，会同公安、检察、法院、司法、综治、教育、团委等单位，召开预防青少年违法犯罪信息分析会，分别就预防和减少青少年违法犯罪工作中开展法制教育、关爱帮扶“五失”青少年、参与“零犯罪村居（学校）”、义务监督文化环境、社区矫正等工作情况及其成效和经验展开分析交流。把创建“零犯罪学校”和“零犯罪村居”作为一项常态性工作常抓不懈，每2年一次申报评选表彰。对“五失”和有不良行为或严重不良行为的青少年进行调查摸底，建档立卡，滚动管理。发挥农村老党员在帮教青少年工作方面的优势和作用，开展帮教转化、现身说法，科技培训、帮扶创业等。发动“五老”人员和社会力量结对帮扶，化解可能引发的矛盾和问题，促进社会和谐。加强法制宣传和帮教队

2019年8月7日，“守护七彩童年 阳光筑梦未来”关爱留守儿童活动走进城市展览馆
（区委报道组 供图）

伍的建设，发挥政法干警、法制副校长、法制辅导员和“五老”人员等涉老部门及共青团等“涉青”部门的作用，组织一支有专业知识，素质较高的法制宣传队伍，建设一支有热情有爱心的帮教队伍，运用组建报告团、法制讲座、模拟法庭、播放法制宣传纪录片等形式，推动法制宣传和帮教工作进学校、进村居。加强与“涉老”“涉青”单位和相关部门联系，争取提供必要的工作条件和业务指导，确保法制宣传时间、课程、内容、经费四到位，帮教人员、帮教对象、帮教措施、帮教转化四落实。做好净化社会文化环境工作。协助相关部门净化校园周边环境，关注青少年的交通安全。

【提升青少年社会教育活动中心阵地实效】 2019年，泉港区关工委整合当地社会人文乡土资源，发挥“五老”干部、学校教师和大学生志愿者队伍才能。锦川活动中心挖掘当地革命英模人物，增设“革命英模室”，结合“传承红色基因，争做时代新人”主题活动加强对青少年革命传统教育。争取各级党委政府、有关部门和社会各界广泛参与，把“活动中心”建设成为开展青少年活动的重要阵地、引导青少年健康成长的重要乐园。联合区教育局退教协、老年大学器乐班，聘请退休教师及大学生等关心下一代志愿者到活动中心担任专兼职辅导教师，落实相对固定、有特长的师资和持续发展经费来源，指导全区各“中心”更加科学规范化管理。9月，市关工委组织对8个青少年社会教育活动中心集中考评定级，其中凤阳活动中心为优秀，狮东、涂岭、诚峰、锦川、锦祥5个活动中心为良好，割山、仙境活动中心为合格，共获得7.16万元财政运转经费补助。10月，全区青少年社会教育活动中心现场交流会在凤阳召开，交流活动开展成果。

【基层自身组织建设】 2019年，泉港区关工委围绕创建“五好”关工委实现60%以上的目标，结合实际多调研，实施“五好”单位动态管理和先进评选机制，强化基层关工委全面建设，推进“基层工作创新年”有效收官。各镇（街道）关工委注重培植1～2个村居（社区）基层工作和创“五好”工作亮点，解决存在部分村（居）关工委“办公不运转，制度不健全，工作不规范，活动不经常”的问题。建立学习制度，创建学习型关工委工作团队，开展工作信息交流，提高业务水平和工作效率。对村、社区（含学校、企业和机关单位）关工委主任、班子成员、“六大员”、专（兼）职工作人员进行培训或以会代训，促进共同提高。

南埔镇

【概况】 南埔镇地处泉港区东北部，湄洲湾南岸，陆域面积40平方千米，下辖15个行政村，总人口80782人，是泉港建设海丝绿色石化城的重要区域，是全国九大炼油基地和四大中转港所在地之一。南埔镇属亚热带海洋性气候，年平均气温28℃，平均降水量1240.9毫米，相对湿度77%，主导风向为东北风，夏季以西南风为主，年平均风速为7.15米/秒。传统文化底蕴深厚，民俗风情丰富，泉州唯一海岛行政村——惠屿岛先后被国家农业农村部评为“全国最美渔村”“中国美丽休闲乡村”。有省级文物保护单位沙格灵慈宫、区级文化风景点天湖岩等名胜10多处，每年一度的端午海上龙舟赛从明朝沿袭至今已有500多年历史。2019年，南埔镇经济社会高质量发展，地方级工商税收、“五个一批”等主要指标全区领先，区级绩效评估各项指标均名列前茅，获得泉港区2019年绩效评估综合考评第一名。

【经济建设】 2019年，南埔镇地方级工商税收入库2.61亿元，规模以上工业产值268.67亿元，固定资产投资增长17.0%，农林牧渔业总产值3.36亿元。福建联合石化、世界500强ADM公司投建的福海粮油工业有限公司、国电南埔电厂等一批大中型企业都落户在辖区内。石化主导产业加速集聚，粮油加工超百亿产业基本成型，港口物流建设加快步伐，码头泊位群初具规模，海上养殖、旅游业等产业迅速发展。2019年，新引进百宏250万吨/年PTA、祥茂建筑垃圾综合回收利用等项目9个，总投资约146亿元。

【城镇建设】 2019年，南埔镇积极谋划高铁组团建设，天湖寺道路拓宽、玉笏朝天公园一期等项目竣工，泉港高速出口至港区廊道绿化景观提升工程推进，裕盛雅苑房地产项目外装基本完工。实施乡村振兴战略，完成天竺村企石、塘头村寮仔等石头房改造设计，完成塘头村等7个微景观改造设计并启动建设，新建南埔村、天竺村等乡村休闲公园2个，建成“四好农村路”2.6千米。惠屿号88客位渡船投入运营，“中国美丽休闲乡村”更加靓丽。天竺村入选区级乡村振兴试点村；凤翔村入选省级乡村振兴试点村，打造全省首个河长制公园和“乡村旅游特色村”。

【社会事业】 2019年，南埔镇打好脱贫攻坚战，增强脱贫群众造血功能。新建天湖村居家养老服务站1个，塘头村农村幸福院1个，天竺村、肖厝村“儿童之家”2家，乡村一体化卫生所3所。天竺村在全市率先创办“乐龄学堂”，丰富老年人精神文化生活，增强老年人“共学、共伴、共餐”的存在感、成就感和幸福感。建立镇村两级退役军人服务体系，发放自主就业退役士兵经济补助金23人89.8万元，重点优抚对象和60周岁以上农村籍退役士兵信息采集率100%。完成劳动力培训776人，转移劳动力1060人。居民保、新农合参保缴费率分别达96%、100%。南埔镇公益事业促进会发放慈善基金49万元，奖励中小学优秀师生89名，救助各类困难家庭161户；全镇筹集发放奖学奖教金超80万元。

【平安建设】 2019年，南埔镇开展“强基促稳”和创建“吉祥泉港”行动，深入开展扫黑除恶和打击成品油走私专项行动，抓获全区首例黑恶势力团伙，有效遏制成品油走私猖獗势头。创新社会治安“网格化+”管理，围绕服务征迁创新调解举措，佳平调解工作室被福建省司法厅评为“2016—2018年度福建省人民调解先进集体”。全面落实危化品、食品药品、道路交通、建筑施工等安全检查，安全生产管理水平不断提升。抓好各级安全环保督查反馈问题整改，严格落实水、大气、土壤污染防治行动计划，严格落实河长制，畜禽养殖污染防治成效显著。

界山镇

【概况】　界山镇位于泉港区北部，毗邻仙游县枫亭镇，陆域面积30平方千米，土地总面积738公顷，其中耕地面积113.01公顷，山地面积563.73公顷。海域面积20平方千米，森林资源丰富，林地面积近2000公顷，辖界山、鸠林、鹅头、河阳、狮东、东张、玉湖、玉山、槐山、大前、东凉、下朱、岭头等13个行政村，是福建石化基地的北部工业区所在地，通行闽南语和兴化语（莆仙话）。交通条件便捷，沈海高速公路、福厦客专及国道324线、228线贯穿全境，东临沙格万吨码头，南与漳泉肖铁路相邻。域内拥有完全中学1所，初级中学1所，小学9所，其中6所学校获得“泉州市文明学校”“泉港区文明学校”等称号。民风淳朴，社会稳定，文化底蕴丰厚，迴龙灯、十音等民间文化较有特色，有唐朝槐山古窑址、留有弘一法师遗迹的千年古刹清莲庵、康熙年间的九峰山烽火台等风景名胜，先后获评全国无邪教创建示范镇、全区环境保护工作先进镇，打造全国文明村1个、全国乡村治理示范村1个、福建省乡村振兴试点村2个。

【经济建设】　2019年，界山镇实现规模以上工业产值60.62亿元、同比增长23.2%，固定资产投资同比增长61.5%，地方级工商税收4571万元，同比增长22.9%，限额以上商业销售额2.68亿元，同比增长29.7%；限额以上商业零售额1.69亿元，同比增长28.7%。实施“项目攻坚2019”，落实“五个一批”项目20个，累计投资17.36亿元，完成年度计划106.13%（不含天佑能源项目）。总投资100多亿元的台湾国乔项目正式落户界山，福厦客专项目率先开工建设，安控区、西滞洪区等项目有序推进，钟山化工等4个企业二期项目竣工或投产。选派科技特派员，助推现代农业发展，推广“五新”技术示范片13个1263亩，建成“悠然葡萄园”亲子采摘区、“海西农业河阳片区”休闲观光区，新增农业专业合作社7家，申报市级现代农业产业园2个。全年实现农林牧渔业总产值约2.23亿元，新型经营主体逐步成型成势。完成第四次全国经济普查。新注册企业86家、个体户367家。提升改造乡村集体用餐家宴中心2个，农业休闲观光研学游、美丽乡村自驾游线路和特色农产品采摘、品尝等体验活动取得良好社会效应。培育泉港首个金牌海丝游学村，泉州市微网网络科技有限公司入选福建省2019年第二批入库备案高新技术企业名单。

【城镇建设】　2019年，界山镇“东部石化园区、中部新城商住区、西部休闲观光区”的空间发展格局更趋完善。界山新城天马华耀城累计完成投资8亿元，建设楼房20栋，总建筑面积约30万平方米，一、二期楼盘全部开盘。总投资400多万元的市民广场通过初步验收，总投资2900多万元的4条主干道建设正序时推进，新型农民城镇聚居核心区雏形基本形成，即将结束界山建镇20多年无镇区历史。以贯彻落实乡村振兴战略为契机，投资2000多万元建设乡村振兴项目26个，培育全国乡村治理示范村1个、区级以上乡村振兴试点村3个、侨乡文化名村1个，消除经营性收入5 万元以下薄弱村。落实安控区涉迁村“离土不离村、乔迁利不减”服务管理创新专项行动，基本完成玉山铁钉埕片区石结构房屋改造，核实通过个人建房审批289宗，安全房屋录入系统12345栋。落实“一革命四行动”“七镇连通”项目在界山优先分段建设，建成污水处理管网985米，新建改造三格化粪池352户、无害化户厕16431户、改厕普及率98.05%。建设“四好农村路”8条6公里，总投资约6065万元的天线宝宝路口市政提升工程、生态连绵带界山段景观提升等项目竣工使用。健全环境卫生保洁长效机制，建成污水处理点10个，生活垃圾无害化处理率100%，2019年度市区两级美丽乡村环境卫生综合考评成绩排名第3。拆除“两违”建筑32150平方米，基本完成“两高一重”整治、“大棚房”问题整改，按时通过疑似基本农田图斑用地整改验收。

【社会事业】　2019年，界山镇多方完善生态保护机制。健全完善环保监管网格化管理、畜禽养殖污染整治长效管理机制，印发2019年界山镇党政领导生态环保目标责任书，落实迎接第二轮中央生态环保督察重点推动的突出生态环境问题清单整改，强化环保网格员培训，推动辖区污染物排放达标、环境空气质量优良，环保网格化云系统app信息报送全区第一名。实施农村人居环境3年整治行动，更新补植火烧迹地345亩，绿化九峰山环城景观带100亩，界山村全区唯一获评“福建省森林村庄”称号。落实河（湖）长制，投入500多万元推动辖区溪流景观提升及水土流失治理，龙马溪流域成为泉州市市级清新流域示范点，太阳陂水利修复工程竣工使用，九峰山生态公园朝圣、健身、休闲功能更趋完备。落实中央和福建省环保督察反馈问题整改，督促辖区5家加油站、储油库履行油气回收治理主体责任，响应大气污染防控应急27次，分类整改石材厂33家，整治涉及VOCs“散乱污”企业3家，解决农业面源污染，完成督查组交办的信访件、反馈问题的办理落实和第二次全国污染源普查工作任务。建成镇村综合文化中心（站）10个。实施中小学（幼儿园）新改扩建项目4个，获评国家级特色学校1所。统筹做好产业、就业、金额、教育等扶贫工作，57户230人脱贫成果拓展提效。深入移风易俗行动，举办首届孝廉文化节，在“直通泉港网”同步直播，点击量超6万人次，相关做法在中央电视台《焦点访谈》栏目播出、省纪委监委网站刊发。建立促进劳资关系和谐工作机制，举办搬迁群众劳动力培训2场、受益群众500多人次。提高养老、低保标准，办理计生意外险1271户、低保1184人，发放补（救）助资金1347554元，建成退役军人服务站等民生项目4个。响应“健康泉港建设”理念，建设乡村卫生所一体化6个、健康社区5个，举办大型健康讲座7场，完成“两癌筛查”1709人、老年人体检4422人、村居家庭健康建档13125人。

【平安建设】 2019年，界山镇用智强化社会治理，结合吉祥泉港创建活动，与枫亭镇联创“平安边界”，举办“夕阳红”宣讲活动13场，综治“三率”测评水平长年稳居全区前列，获评区级十佳中心（示范村、点）5个。开展扫黑除恶专项斗争，严厉打击成品油走私活动，查获无合法手续成品油167.12吨，排查各类矛盾纠纷60起、调处率100%。开展以危险化学品、油气输送管线为重点领域的易燃易爆品安全生产专项整治行动，举办安全生产培训班12场次，获得泉州市应急管理知识竞赛“优秀组织奖”。

后龙镇

【概况】 后龙镇地处泉港区东部，湄洲湾南岸国家级石化产业基地前沿，陆域面积16.5平方千米，海域面积35平方千米，海岸线总长9千米，下辖上西、峰前、许厝、割山、后田、后圩、土坑、东山、田里、后龙、柳亭、坑仔底等12个行政村和栖霞社区，总人口5.13万人，为泉港中心组团之一。近年来打造泉港区现代化港口商贸文化旅游强镇，城区商贸、房地产、交通物流、金融、购物、休闲、娱乐、餐饮等配套服务日臻完善。依托泉港植物园、为为国际商业综合体、东方伟业城市广场等项目为主体的商贸平台基本形成，商贸物流集散中心区功能日益显现。文化和生态底蕴深厚，辖区内有白石宫等名胜古迹，辖区内土坑村入选第六批“中国历史文化名村”。

【经济建设】 2019年，后龙镇完成地方级工商税收1.39亿元，同比增长19.5%；固定资产投资同比增长27.2%；完成规模以上工业产值44.70亿元，同比增长42.2%；完成限额以上商业销售额41.61亿元，同比增长23.7%。工商税收、固定资产投资、规上工业产值均实现历史性突破。2019年21个重点项目完成投资18.31亿元，占年度计划的100.5%，18个项目超序时进度，其中福炼社区基础设施修缮提升工程、邱厝馨秀庄园等11个项目实现新开工建设；南龙路二期工程、海阳商住楼二期项目等5个项目实现竣工投用，第五片区安征迁项目基本完成协议签订。全年限额以上批发零售住宿餐饮业销售额41.61亿元，新增规模以上重点服务业企业3家，有效利用外资达2957万元，培育上市后备资源，兴通船务成为2019年区重点上市后备企业，金维他食品、洋屿环保成为区场外市场挂牌后备企业。鼓励企业自主创新，培育入库“专精特新”中小企业13家，全镇企业共参与区级科技小巨人项目3个，另有宇诚环保科技成功获得省高新技术企业认定。完成第四次全国经济普查各项任务，共计摸底登记712家企业单位和2500多家个体经营户。完成招商引资签约项目6个，签约金额6亿元。

【城镇建设】 2019年，后龙镇沿祥云路发展楼宇经济加快集聚，商贸业得到进繁荣，全镇限额以上商业销售额首次突破40亿元。采用“政府主导，业主参与”的模式和因地制宜的方式，稳步推进福炼社区老旧小区改造工程，完成水改、垃圾系统等改造项目和小区智能化建设项目，社区便民服务中心及停车场动工建设。田里市场逐步收归管理并重新进行招投标。对祥云路、龙亭街等主次干道和田里、明华农贸市场及其周边的交通无序、占道经营、乱搭乱盖、乱扔乱倒现象开展专项整治。处置“两违”建筑面积8.47万平方米。挂牌成立村（居）集体股份经济合作社，全面消除经营性收入5万元以下的薄弱村，全镇13个村（居）集体经济平均收入25万元。全面完成农村集体产权制度改革以及土地确权工作。办理完结第二轮中央环保督察信访件1件并通过市级销号验收。郭厝溪黑臭水体整治项目初步完成全镇辖区内管道铺设，对正古溪侵占河道问题进行专项整治，共拆除涉河违章建筑500多平方米，辖区内6条主要河流河道累计清淤8.35千米。

【社会事业】 2019年，后龙镇完成21个区、镇两级为民办实事项目，从民生、文化、交通等方面对民生事业进行提级扩面。贯彻落实征迁项目“离土不离村”政策，重点帮助上西、峰前、东山等涉迁村梳理集体资产情况，主动牵线帮助与开发商对接回购商铺、车库事宜，确保涉迁村集体经济收入有新的增长点。完成田里村道路亮化、田里村公厕、闽南医院通村公路工程、上田文化戏台休闲公园等4个扶贫项目。新增低保59户，并退出42户，救助困难群众114人，发放救济金18.2万元。开展农村危房改造，翻建修缮房屋31户，组织开展人才招聘会3场，实现劳动力转移人数1040名，解决一批适龄群众再就业问题。

【平安建设】 2019年，后龙镇深化“平安后龙”建设，共破获涉黑涉恶案件3起，抓获黑恶势力犯罪团伙成员21人。推动一批“老硬难”陈年积案取得突破，最大限度解决群众反映的热难点问题。2019年在省群众安全感测评登记率位列全区第一。压实安全生产责任，开展地毯式、拉网式安全生产隐患大排查大整治暨百日攻坚行动，不漏一村一企一户，对全镇房屋进行全面清查，累计摸排人员密集场所223宗。加大“智慧安监”隐患排查系统运用管理力度，建立健全安全生产风险隐患和突出问题自查自纠长效机制，从源头上预防安全事故发生，有效保障人民群众安全。加强森林防火的值班管控，全年未发生大型火灾。

峰尾镇

【概况】　峰尾镇俗称“峰尾半岛”，是泉港区中心城区之一，建制于1999年8月，辖内诚峰、诚平、前亭、峥嵘、联岩、上楼、郭厝、奎璧等8个行政村，辖区陆域面积12平方千米，海域面积32平方千米，海岸线长13千米，可利用滩涂600公顷。2019年末户籍人口5.79万多人，主要有刘、林、黄、陈、房、郑、郭、张、朱、杨、王、李、卢、涂、肖、冯、邱、唐、任、庄、余、蔡、程、胡等诸多姓氏分布于各村落。海陆交通发达，历史上曾被称为闽南四大渔业重镇之一。文化底蕴浓厚，北管、古船模制作等圭峰文化系泉港宝贵非物质文化遗产。

【经济建设】　2019年，峰尾镇实现工商税收1.62亿元，同比增长16.8%；固定资产投资额同比增长17.3%；规模以上工业产值13.94亿元，同比增长31.4%，各项主要经济指标均居全区前列。全镇34个区级重点项目完成年度投资46.3亿元，完成计划105.3%，28个项目实现超序时进度推进。石化安控区第七片区完成签约1812栋，腾空735栋，拆除640栋；完成郭厝溪整治、祥云路改造、蓝宝湾等项目征迁任务；妥善解决原润邦华庭项目遗留问题。引进福建亿港、超群建筑、邦士富科技等企业入驻。渔港经济区核心区基础设施建设项目纳入省“十四五”重点农业项目建设，诚峰一级渔港建设基本完工，诚平二级渔港纳入省海洋渔业厅2019—2025年渔港规划建设项目，渔港路（二期）完成初步方案。成立泉港区峰尾镇紫菜协会，实现紫菜行业总产量同比增加326吨，总销售同比增加1268万元。

【基础设施】　2019年，峰尾镇完成污水管网建设3100米，实现8个村全覆盖。推进“四好农村路”建设，完成峥嵘小学及前亭小学周边、郭厝后曾等道路硬化铺设3550米，完成奎璧村、诚峰村等村道提级改造7处。文化设施日趋完善，提升改造村级文化服务中心8个，村级文化广场14个，健身路径5条、健身步道1条，各类公园7个，农家书屋（含百姓书房）9个，丰富群众文体生活。全年累计投入800多万元完成办理22件为民办实事项目，投入200多万元完成4个“一事一议”项目。

【环境卫生】　2019年，峰尾镇推进“一革命四行动”，累计投入405万元完成农村污水收集1100户，投入45万元建设城镇公共厕所3座，完成诚平村自来水改造（一期）通水，完成蠓沟上游前亭、诚峰段整治、诚平段截污及郭厝溪综合整治、联岩村港头埭沟排灌渠整治工程。落实“河长制”，完成河道清淤2.8千米。加大畜禽养殖污染整治力度，关闭生猪养殖户6家，清栏生猪281头。投入环境卫生整治经费620万元，清运生活垃圾1.3万吨、海漂垃圾2000多吨，清理鸡窝鸭舍1105处、旱厕52个。办结完成第二轮中央生态环境保护督察信访件12件。峥嵘海岸线造林绿化10亩，上楼村道路两侧及公园绿化10亩。

【社会保障】　2019年，峰尾镇65户201人精准扶贫对象实现全部脱贫。筹集83万元解决13户住房困难户住房困难问题，帮扶低保安居工程对象5户、计生纯女户安居工程对象15户、计生困难家庭169户。办理廉租房34户、公租房10户，完成个人建房审批137宗。全镇纳入农村低保944人，五保户79人，孤儿51人，全年累计发放低保金670多万元，发放临时救助金108人次15万元，基本实现贫困对象“应保尽保”目标。

【文教卫生】　2019年，峰尾镇推进启航酒店、福安酒店、卢琦廉政文化基地等5个重点文旅项目建设。扶持古船模制作产业，推介黄氏古船模、大福古船模等企业参加各级展销会。引导开展“圭峰之春”“诚平之夜”“两岸姑妈文化交流”等群众性活动，鼓励民间艺人结合本地特色创作《纵情高歌十九大》等一批精品文艺作品。开展“活力乡村”评选活动，推介各村特色文化品牌。郭厝回族文化党建馆建成并投入使用。诚峰村被列入第五批中国传统村落名录和第六批福建省历史文化名镇名村，在全省竞争性选拔中获补助资金500万元。投入教育经费200多万元，推动五里海沙实验小学规划立项，滨海小学正式招生开学，完成圭峰中学扩征地项目，推动教学综合楼、学校大门建设。完成前亭村、峥嵘村乡村卫生一体化提升工程建设，改造升级镇级敬老院和农村居家养老服务站5个。是年被评为区级健康单位，镇计生协会被评为市级突出贡献集体。

【社会治理】　2019年，峰尾镇建设海港平安综合平台和涉海纠纷调解委员会，新增高清视频监控200个，完善治安网格化防控体系。全年查获成品油走私52起，共97.58吨，查扣油车54辆，抓获嫌疑人12名；排查化解矛盾纠纷108起；辖区内实现安全生产零事故目标；处置

“两违”建筑面积2.8万平方米。

山腰街道

【概况】 山腰街道位于泉港城市中心城区，是泉港区的政治、经济、文化中心，其前身是山腰镇，曾是惠安县商贸重镇之一。2003年8月31日，经批准撤镇改街，街道辖区总面积33.6平方千米，辖10个行政村、7个社区居委会，旅居海外侨胞和港、澳、台胞近5万人，系著名侨乡。区位优势突出，交通便利，基础设施良好，环境优美，系省级绿色生态街道、安全社区。文化丰富、积淀沉厚，拥有民间文艺团体67个，被国家文化部命名为“中国民间文化艺术（闽南戏曲）之乡”、福建省文化厅授予首批“闽南文化生态保护实验区（北管音乐）示范点”。以打造“首善城区”“当好绿色石化城中心区排头兵”为目标，坚持以加快发展为要务，以项目建设为抓手，统筹协调抓落实，抢抓发展机遇，发展区域经济，形成以“商贸为主、工农并举”的城区经济发展格局。环锦绣湖2.5平方千米中部城区基本形成“六横五纵”新版块，基本建成行政办公区、商贸核心区、总部经济区、生活居住区、文化休闲区、娱乐服务区等6个城市新片区，生产生活服务体系配套齐全。东北部和西南部为“中心工业区”“总部经济区”和“普安高新区”。一大批商贸服务业及工业企业相继入驻，产业结构日臻优化升级。

【经济建设】 2019年度，山腰街道规模以上工业产值完成272.21亿元，增长10.1%；限额以上商业销售额完成7.82亿元，同比增长32.1%；限额以上商业零售额完成3.77亿元，增长17.1%；固定资产完成增长28.7%；工商税收完成2.70亿元，41个区级重点项目全年完成投资61.52亿元。注重统筹大招商，对辖区现有空地及空置厂区摸底登记，围绕“全产业链”“城市功能链”“创新链”，盘活一批闲置厂房实现“存量”招商。完成泉州工力家具、新耀新材料、新能源驱动电机、泉怡饮料技改等4个项目签约落地；迅达石化、本益（二期）等项目的落地开工建设；金维他异地技改投资1.2亿元，前期工作正有序进行中；锦川安置区投资2.5亿元，利用晶海盐业大厦引进希尔顿酒店，促进总部区经济稳步提升。以“一海一田一世界”为引领，依托海盐产业，推动海盐文化旅游、产业转型升级，实现产旅文高度结合，构建“1+2”产业体系（以“海盐”为基础产业，健康休闲、文化旅游为主导产业），形成一镇为核心，一街、一田为主体功能区的“一心两翼”整体功能布局，开展以商招商、产业招商、小分队招商，实现开发性项目的招引与落户，并辐射带动周边区域协同发展。按照“一村一品”思路，通过争取银行信贷、政府贴息、引导民间资本投资兴业等方式，发展都市休闲、生态观光、特色高效等新型乡村产业。加大普安、鸢峰、钟厝、叶厝4个村的高标准农田项目建设力度，推行“企业+合作社（家庭农场、基地）+农户”模式，实行产销一体化经营，促进农业发展产业化、规模化。

【城镇建设】 2019年，山腰街道以泉港区城市发展总规修编为依据，以建设“海盐文旅小镇”为龙头，启动土地利用、城镇建设、产业发展、基础设施、海洋开发、生态环境等“多规合一”，完善城市专项规划、片区控规和村庄规划，实现各类规划协调统一，推动形成区、街道、中心城区、新农村相互衔接、构建合理的城乡规划体系。推进坝头溪生态水系三期、锦川溪清新流域综合整治等项目开工。完成菜堂湿地公园景观与滞洪排洪工程。以驿峰中路沿线两侧的海滨村、新宅社区以及坝头溪流域两侧的菜堂村、锦川村为试点，抓好主干道、主河流周边“裸房”整治，提升城区整体形象。是年申报乡村振兴项目72个，总投资约4700万元，年度投资约2500万元，有10个村（居）申报道路亮化，合计亮化15.025千米，4个村（居）道路亮化工程已完工。实施河道“清水工程”，加快推进以坝头溪安全生态水系二期、昆山溪排涝提升工程、锦川一田港流域综合整治为主的农村河道、沟渠综合整治工程，推进菜堂湿地公园景观与滞洪排洪工程。完成锦川一田港排污整治工程、坝头溪安全生态水系二期建设。

【社会事业】 2019年，山腰街道关注精神障碍患者、低保户、特困户、孤儿等对象，53名重症精神障碍患者全部享有医疗救助保障。探索实施“银行+企业+贫困户”的扶贫模式，25户扶贫群众办理小额贴息贷款投资大象农业，并按季度发放分红。2016年以来，街道对鸾峰、海滨、普安三个贫困村共投入350余万元完成基础设施建设。完善龙山社区郭良故居文化园，打造龙山回族特色村寨，兴建产城融合宜居乐业之城。改造提升山腰影剧院、原镇管商店、国有粮站、旧市场、医药公司等国资产业，与埭港村党史教育基地成片，建成山腰老街市民广场。以夕阳红、新型社区、巾帼风采、畲乡情怀为主题，在锦祥、聚福、陈庄、锦塔、钟厝等村（社区）试点，搭建理论宣讲、文化服务、科技与科普服务、乡风文明建设等七个平台，推进新时代文明实践中心建设。协助中心敬老院与山腰街道社区卫生服务中心签订共建协议，分派医疗团队入驻养老院，提升中心敬老院基本公共卫生服务水平。围绕“保基本、补短板、兜底线”目标，深化联动型救助模式，加大低保兜底对象和特困人员的“两不愁、三保障”保障力度，构建政府主导、民政牵头、部门协办、社会参与的社会救助体系。开展农村留守儿童关爱、未成年思想道德建设、妇女两癌救助等公共服务活动。

【平安建设】 2019年，山腰街道以“依法治街”为抓手，深化平安街道创建，开展提升综治“三率”水平系列活动及“打击赌博”等专项行动，推进社区网格化服务管理和立体化治安防控体系、“无邪教”等创建活动。以街道网格化管理中心建设为基点，深度融合“网格化管理+综治中心”大数据资源，推行“1+5+N”社会治理模式，优化社会治理格局。抓好吉祥泉港创建、扫黑除恶专项斗争、强基促稳三年行动及“末端落实年”行动，完善“雪亮”工程建设和城乡网格化管理系统信息录入，推进网格化服务管理。围绕信访控增减存，落实初信初访首问责任制及信访“三见面四联系”工作机制，开展案件评审及民主听证，推动信访实体问题解决。完善村（居）民会议、村（居）民代表会议制度，推进城乡社区协商制度化，畅通群众参与化解纠纷渠道。加强矛盾纠纷排查化解工作，将矛盾纠纷化解作为源头治理、预防和减少信访问题及各类突发冒尖事件的重要抓手，及时尽早化解好各类苗头隐患。落实“党政同责、一岗双责”制度及党政领导干部全员安全生产责任制，推进风险分级管控和隐患排查治理双重预防体系建设，强化道路、校园、建筑企业、森林防火等重点领域安全生产工作的勤查严管，及时消除各类安全隐患，杜绝重大生产安全事故的发生。开展“强基促稳”三年行动、“吉祥泉港”创建，坚持以扫黑除恶、公共安全突出问题大排查大化解大整治等活动为契机，梳理汇总存在的问题隐患，建立任务清单，明确责任领导和责任部门，限期完成问题隐患整治。制定《山腰街道社会治安巡逻队管理办法》，强化巡逻队每月绩效考评机制，开展“警、村、企、校”联防联控，提升整体维稳工作效能。2019年以来，辖区未发生重大群体性事件。

前黄镇

【概况】 前黄镇于1999年建镇，地处泉港区西南部，东临后龙镇、西接涂岭镇、南毗山腰街道和惠安县辋川镇、北靠南埔镇，面积33.3平方千米，下辖13个行政村，年末户籍人口44221人。2014年被授予全国重点镇、国家级生态乡镇称号，2017年被确定为泉州市小城市试点镇，2018年获批泉州市首批特色小镇、福建省卫生乡镇。凤阳村被省委、省政府授予“2015—2017年度省级文明村”荣誉称号。2019年，以建设“科教研创为引擎、绿色生态循环为模式”的省级特色小镇为战略支点，以全市首批特色村镇扶持创建试点、市级加强乡镇政府服务能力试点建设为契机，紧紧依靠全镇人民，聚焦重点，精准施策，抓项目、攻重点、促增长，全镇经济社会保持平稳健康发展，打造宜居宜业的绿色科教重镇。

【经济建设】 2019年，前黄镇实现规模以上工业产值360.96亿元，同比增长29.9%；固定资产投资同比增长76.1%；本级工商税收1.20亿元，同比增长7.4%。确定区级重点项目39个，年计划投资21.18亿元，完成投资25.85亿元，完成年计划投资的122.06%。万家鑫生产线扩建项目、石化管道阀门密封圈生产基地、中森卫生巾材料生产基地（一期）、睿腾货架加工项目、大屋装修建材体验中心、水性涂料新材料研发中心和中试基地等15个项目竣工（投产）。

【城镇建设】 2019年，前黄镇29个小城镇建设项目累计完成投资11.52亿元，完成年计划投资的100%，前黄辖区7个房地产项目均开工动建。

【社会事业】 2019年，前黄镇办好2019年23件为民办实事项目。完成“四好农村公路”建设8平方千米，获批“四好农村路”市级示范乡（镇）。凤北金鸡山50亩的森林景观提升工程及昆山溪生态水系二期建设、凤北村孝廉公园及三朱村昆山登山步道完成建设。完成前烧村、凤阳村、古县村安全饮水改造提升工程及凤南村、凤山村、凤林村等8个村1200户农村污水管网建设。

【平安建设】 2019年，前黄镇牢固

前黄镇凤南村 （连键刚 摄）

树立“泉港好，大家会更好”理念，实行“跨村联防”“企地联调”“校地联治”的社会治安综合管理方式，有效整合镇村联防力量，巩固提升企业调委会作用，打造校地综治智能管理新平台。

涂岭镇

【概况】　涂岭古称“桃岭”，位于泉港西部，与惠安、洛江、仙游接壤，面积157平方千米，下辖21个村、1个社区，年末户籍人口5.69万人。号称“泉州北大门”，起承接泉港城区拓展延伸，辐射界山、前黄两镇和惠安、仙游相关镇作用。先后获评国家级生态镇、省级特色景观旅游名镇、省级安全社区、市级“文明镇”等荣誉。建设主线是“小城市·大健康·新乡村”，目标旨在打造闽南生态休闲名镇升级版，作为泉州市小城市培育试点，编制完成“中心突破、两翼并进”的城镇建设规划。

【经济建设】　2019年，涂岭镇实现地方级工商税收4390万元，增长5.3%；农林牧渔业总产值3.79亿元；规模以上工业产值74.70亿元，增长17.2%；固定资产投资下降11.2%；实际利用外资3700万元，实现近年来零的突破；限额以上商业销售额9.18亿元，增长39.0%；限额以上商业零售额2.99亿元，增长22.4%。57个区镇两级重点项目全年完成投资27.23亿元，完成年度计划的102%。全年累计完成项目征地1430亩，拆除房屋62栋，有效保障项目用地。总投资6亿元的普洛斯智能仓储物流园项目正式落户涂岭，将建成高端智能化、立体式、标准化的现代仓储物流产业园区；新辉大台商创业园区已入驻中康控股、山中宝生物科技、华拓生物科技等6家台资企业。全面完成农村集体产权制度改革清产核资、制度建立等基础工作，对历年来经济合同、白条抵库等问题进行全面清查整改，引导村级盘活集体资产资源，发展壮大集体经济，全镇经营性收入5万元以下薄弱村全面消除。

【城镇建设】　2019年，涂岭镇完成石化园区安全控制区第六片区安征迁工作完成房屋协议签订2217栋、腾空1320栋、拆除1192栋，分别完成总任务数的94.5%、56.3%和50.8%；坚持规划先行，把“五个留住”理念融入乡村规划建设全过程，编制完成樟脚古民居保护性规划，第一期组织对10栋具有代表性的樟脚古民居进行修旧如旧；深入挖掘乡村生态资源，全年实施乡村旅游重点项目21个，完成旅游景点配套停车场建设2个，旅游公厕3个；全面开展高铁高速涂岭段沿线12个村庄、1000余栋房屋、近5000多亩山林地的环境综合整治；累计拆除、清理沿线乱建乱搭点和垃圾堆放点118处，完成裸房整治626栋、面积约31.2万平方米，建成“闽南坡屋顶”510宗、面积约7.6万平方米，打造独具闽南特色的农房风貌，形成“万绿丛中一片红”的乡村特色景观；稳步推进生态连绵带建设，基本完成324线驿坂廊道拓宽改造及立面整治工程，涂岭南大门实现旧貌换新颜；健全完善“两违”综合管控机制，抓好土地卫片执法监督检查和土地例行督察问题整改，全年累计拆除违法建筑2.9万平方米，完成拆后土地复垦面积1.6万平方米，拆后利用率达55%；推进乡村“一革命四行动”，完成寨后等6个村农村生活污水处理设施建设，基本实现村级污水设施村村全覆盖。

【社会事业】　2019年，涂岭镇落实扶贫开发“五项工程”，全镇50户188人保持稳定脱贫。认真办好20件为民办实事项目，新建涂岭村、下炉村等一批村级便民服务中心、老人活动中心。扎实开展城乡低保办理、安居工程、医疗救助等社会救助工作，完成退役军人优抚对象信息采集和光荣牌发放等工作，累计发放各类救助金、补助金900多万元；拓展“互联网+”居家养老助残服务，发动社会热心人士赞助170多名群众实现“505”微心愿，完成60岁以上老年人免费体检和免费两癌筛查8000多人次，免费为辖区6721名0～6周岁儿童投保重大疾病保险；举行第三届朝阳公益促进会奖教奖学活动，发放奖教奖学助学金41万元。突出抓好安全生产大排查、大整治，开展房屋安全隐患排查专项整治，举行森林防火应急救援演练，抓好非洲猪瘟防控工作，落实第二轮中央生态环保督察反馈问题整改，完成全国第四次经济普查工作。

【平安建设】　2019年，涂岭镇开展“强基促稳”三年行动，以创建“治安最安全、执法最满意、社会最平安”吉祥泉港为主线，在全区率先推行社会治理网格化工作，出台《涂岭镇“1+5+N”社会治理工作实施方案》等12份配套文件，规范社会治理网格服务中心、前欧长安e站、联防驻勤队伍建设，巩固提升“网格化+”平安创建工作成效，持续提高综治“三率”水平，为泉港社会治理贡献涂岭方案。扎实开展扫黑除恶专项斗争，以打击走私成品油专项行动为重点，联合涂岭派出所查处非法运输成品油案件12起，扣押成品油91.52吨。完善公共安全预警和应急处置机制，抓好应急救援、防灾减灾体系建设，修订完善各系列应急预案，适时组织实战练兵。

山腰盐场

【概况】　2019年，山腰盐场产量共计72325吨，完成96.4%。销售共计76165吨，完成117.18%，现库存65965

万吨。受气候影响，在产量减少的情况下，维持企业经营稳定，推进盐业体制改革。

【企业人文关怀】 2019年，山腰盐场倡导“以人为本”的人文关怀理念，以“工人减轻劳动负荷”为切入点，通过合理用工制度和保障措施，加大在电动车、电动旋盐等方面投入，逐步实现工人劳动负荷减轻、生产效率提高。扩大销售渠道，在产量不理想的情况下，提高销量，保障工人收入不减反增，确保一线队伍稳定。开展“关爱职工时时送暖”系列活动，保障广大干部职工的福利待遇、改善一线职工的作业条件，提升员工归属感，增强团队凝聚力。

【“生态海盐”品牌建设】 2019年，山腰盐场在省盐业集团和全省盐业生产企业的共同推动下，全面开启“生态海盐”品牌建设，以品牌战略破解企业发展困境。细化部室（工区）职责，对涉及的科室、工区采取包干到位、责任到位措施。梳理管理盲区，理清各部室交叉管理关系，明确分工。更新完善主要部室职责和个人岗位职责，以部室自我完善促进全面升级。优化一线生产环境，加大投入，开展生产环境整治专项行动，对违建建筑物、违规养鱼（捕鱼）点、违规养家畜点进行拆除整治，对工区旱厕进行整改。强化管理监督意识，在监督检查要点上，组织专门力量，重点结合新订部室职责、岗位职责，动员全体员工，群策群力，形成“精准检查、全面监督”工作意识和工作氛围。

【拓展企业业务】 2019年，山腰盐场坚持“安全第一，稳定发展”的思想，做好常态化的安全检查机制，及时排查各类安全隐患，全年未发生一起重特大安全事故。高效服务项目，加大海晶大厦招商力度，意向希尔顿欢鹏酒店进驻，加快与区国资委签订租赁合同，促使海晶大厦尽快发挥效益。加大招商、融资力度。充分利用闲置盐田、厂房，策划特色的盐文化旅游经济，将地方文化特色与山腰盐场的盐文化主题相结合，推动以盐为特色的产业开发和文化旅游，延伸盐及盐文化的产业链、价值链。

山腰盐 （连键刚 摄）

【“山腰盐”品牌建设】 山腰盐产自石化名城泉港区内一座两百多年历史的盐场——山腰盐场，其周边海水浓度在 2.5°-3.2° 之间，下半年高于上半年。山腰盐场的滩涂土壤属于黏土结构。山腰盐场属亚热带季风性气候，年平均降雨量1200毫米，年蒸发量达2000毫米，气温高，风力大。山腰盐场所在的海湾滩涂广阔，潮水和气候条件适宜制盐，盐业资源极为丰富。

隋唐五代时期至元、宋两代，福建沿海民间多采用“淋卤煎盐工艺”，直至明嘉靖年间，民间制盐由煎制改为日晒，即明清时期采用滩晒制盐工艺。清乾隆六十年（1795年），山腰大规模产盐。从20世纪60年代起，山腰盐就供应广东、香港、浙江、上海等地及日本、韩国、菲律宾等多个国家。1988年，山腰盐中的“原细盐”荣获“首届中国食品博览会”铜质奖。1990 年，山腰盐全年产量80045吨，单产0.81吨/公亩，人均年产盐37.30吨，销售89238吨。

由于品质上乘，服务优良，山腰盐场逐步发展成为福建省唯一一个专供上海盐和出口日本盐的盐场。如今，山腰盐场作为福建省主要的食盐生产基地，十分重视工艺技术和制盐设备的革新，不断地提高山腰盐的产量质量。山腰盐的生产主要经过纳潮、制卤、结晶、旋盐、扒收、归坨六道工序。山腰盐具有对人体健康的维持、促进、美容，增加食物鲜味等功效，相比于其他井矿湖海盐来说，山腰盐没有苦味且口感好，是南方海盐的佼佼者。山腰盐既保留着海水中70多种有益人体的矿物质，又能够最大限度地减少杂质的产生，其产品成为当之无愧的“海之骄子”。

正是山腰盐场善于把纯天然的生产工艺和严格的技术管理巧妙结合，使之相继开发的一系列山腰盐新品种长期受到消费者的青睐，被誉为闽盐的“代表作”和“拳头产品”。

泉港区2019年度地方荣誉一览表

表22

单位	荣誉称号	授奖机关	表彰文号
泉港区	2019年全国科技创新百强区		人民日报第8版和中国中小城市网刊
泉港区	2016—2018年创建周期全国基层中医药工作先进单位	国家中医药管理局	国中医药医政发〔2019〕1号
泉港区	福建省慢性非传染性疾病综合防控示范区	福建省卫生健康委	闽卫疾控发明电〔2020〕419号

泉港区2019年度先进单位一览表

表23

单位	荣誉称号	授奖机关	表彰文号
泉港石化工业园区管委会	第二批中国智慧化工园区试点示范（创建）单位	中国石油和化学工业联合会	中石化联园发（2019）313号
泉港石化工业园区管委会	2019中国化工园区30强	中国石油和化学工业联合会化工园区工作委员会	中石化联园委发〔2019〕6号
泉港区司法局	2019年度全国人民调解宣传工作先进集体	中华人民调解员协会	
泉港区人民武装部机关党支部	先进基层党组织	中共中央军委国防动员部委员会	
界山镇东张村	全国乡村治理示范村	中央农村工作领导小组办公室、农业农村部、中央宣传部、民政部、司法部	
泉港区工商业联合会	2018—2019年度全国“五好”县级工商联	中华全国工商业联合会	全联厅字〔2019〕64号
惠屿海水养殖专业合作社	国家农民合作社示范社	农业农村部	
泉州百川科技公司	国家第四批绿色制造名单	工信部	

续表 23

单位	荣誉称号	授奖机关	表彰文号
山腰街道聚福社区	2019 年度全国综合减灾示范社区	国家减灾委员会 应急管理部 中国气象局 中国地震局	应急〔2019〕188 号
涂岭镇秀溪村	第一批国家森林乡村	国家林业和草原局	
后龙镇土坑村	第八批全国重点文物保护单位	国务院	
泉州恒昂工贸有限公司	中国红十字奉献奖章	中国红十字会总会	中红字〔2020〕7 号
三川中学	全国教育系统先进单位	教育部、人力资源和社会保障部	
福建路通管业公司	2018 年国家级高新技术企业	科技部	
泉州南烽防火公司	2018 年国家级高新技术企业	科技部	
泉州开普勒车用电机公司	2018 年国家级高新技术企业	科技部	
美发中学	2019 年全国青少年校园篮球特色学校	教育部	
圭峰中学	2018 年全国青少年校园足球特色学校	教育部	
庄重文实验小学	2019 年全国青少年校园篮球特色学校	教育部	
山腰中心小学	2019 年全国青少年校园篮球特色学校	教育部	
界山玉湖中心小学	2019 年全国青少年校园篮球特色学校	教育部	
泉港区科协	2019 年全国科普日活动“优秀组织单位”	中国科协办公厅	科协办函普字〔2019〕160 号
泉港区科技馆	2019 年全国科普日“优秀活动”	中国科协办公厅	科协办函普字〔2019〕160 号
泉港二中	全国青少年手球传统学校（2019—2022）	中国手球协会	
泉港区司法局	全省“七五”普法中期督导先进单位	中共福建省委全面依法治省委员会办公室 福建省司法厅	闽委法办〔2019〕23 号
泉港区民政局	全省民政系统先进集体	福建省人社厅、福建省民政厅	
南埔镇佳平调解工作室	2016—2018 年度福建省人民调解先进集体	福建省司法厅	
涂岭派出所	全省公安机关 70 周年大庆安保维稳工作成绩突出集体	福建省公安厅	闽公综〔2019〕269 号
泉港区巡特警反恐大队	中华人民共和国成立 70 周年大庆安保维稳工作成绩突出集体	福建省公安厅	闽公综〔2019〕206 号
涂岭镇	“乡村振兴特色镇”荣誉称号	福建省实施乡村振兴领导小组	
涂岭镇秀溪村	“2019 年度福建省四星级乡村旅游村”荣誉称号	福建省文化和旅游厅	
涂岭镇樟脚村	“2019 年度福建省三星级乡村旅游村”荣誉称号	福建省文化和旅游厅	
涂岭镇下炉村	“2019 年度福建省乡村旅游村”荣誉称号	福建省文化和旅游厅	
泉州玺堡家居公司	2018 年省级高新技术企业	福建省科技厅	
泉州安然纺织公司	2018 年省级高新技术企业	福建省科技厅	

续表 23

单位	荣誉称号	授奖机关	表彰文号
泉州海之讯航运公司	2018 年省级高新技术企业	福建省科技厅	
泉州兆科电子公司	2018 年省级高新技术企业	福建省科技厅	
泉州建华建材公司	2019 年省级工业和信息化高成长培育企业	福建省工信厅	
福建路通管业公司	2019 年省级工业和信息化高成长培育企业	福建省工信厅	
泉州天骄化学公司	2019 年省级工业和信息化高成长培育企业	福建省工信厅	
泉州百川科技公司	2019 年省级工业和信息化高成长培育企业	福建省工信厅	
福建纳川管业公司	2019 年省级工业和信息化高成长培育企业	福建省工信厅	
泉港区商家服务协会	2018—2019 年度福建省“四好”商会	福建省工商联	闽联〔2020〕1 号
厦门市泉州泉港商会	2018—2019 年度福建省“四好”商会	福建省工商联	闽联〔2020〕1 号
龙岩市惠安泉港台商区商会	2018—2019 年度福建省“四好”商会	福建省工商联	闽联〔2020〕1 号
泉州天骄化学公司	2019 年度省科技小巨人领军企业	福建省科技厅、福建省发改委、福建省工信厅、福建省财政厅	
泉州玺堡家居公司	2019 年度省科技小巨人领军企业	福建省科技厅、福建省发改委、福建省工信厅、福建省财政厅	
福建福源凯美特气体公司	2019 年度省科技小巨人领军企业	福建省科技厅、福建省发改委、福建省工信厅、福建省财政厅	
金维他（福建）食品	2019 年福建省“专精特新”中小企业	福建省科技厅、福建省发改委、福建省工信厅、福建省财政厅	
泉州开普勒车用电机公司	2019 年福建省“专精特新”中小企业	福建省科技厅、福建省发改委、福建省工信厅、福建省财政厅	
泉州港盛再生资源公司	入库备案省级高新技术企业	福建省科技厅、福建省发改委、福建省工信厅、福建省财政厅	
泉州德惠天下网络公司	入库备案省级高新技术企业	福建省科技厅、福建省发改委、福建省工信厅、福建省财政厅	
泉州宇诚环保公司	入库备案省级高新技术企业	福建省科技厅、福建省发改委、福建省工信厅、福建省财政厅	
北大培文实验学校	2019 年全省“义务教育管理标准化学校”	福建省教育厅	
红星生态园有限公司	福建省体育产业基地	福建省体育局	
界山镇东张村	省级侨胞之家	福建省侨联	
界山镇东张村	福建省乡村振兴试点村	福建省农业农村厅	
泉港区残疾人联合会	全省残联系统先进集体	福建省人力资源和社会保障厅、福建省残疾人联合会	闽人社文〔2019〕116 号
界山镇东张村	2019 年福建省全国科普活动优秀组织单位	福建省科协	

续表 23

单位	荣誉称号	授奖机关	表彰文号
界山镇东张村	2019 年度省级“一村一品”示范村	福建省农业农村厅等六部门	
福建荣盛钢结构实业有限公司	福建省五一劳动奖状	福建省总工会	
山腰盐场埭港工区	福建省工人先锋号	福建省总工会	
泉州福海粮油工业有限公司	福建省非公企业党建带工建示范点	福建省总工会	
第二实验幼儿园	福建省“五一先锋号”荣誉称号	福建省总工会 福建省教育厅	
福建师范大学泉港石化研究院	成立“6·18”协同创新高分子材料分院	福建省发展和改革委员会	
泉港区实验幼儿园德育室	福建省三八红旗集体	福建省妇女联合会	闽妇〔2019〕6 号
泉港区行政服务中心管委会业务督查股	福建省“巾帼文明岗”	福建省妇女联合会	闽妇〔2019〕51 号
泉港区市场监督管理局办事服务中心	福建省“巾帼文明岗”	福建省妇女联合会	闽妇〔2019〕51 号
泉港区南埔中心幼儿园德育室	福建省“巾帼文明岗”	福建省妇女联合会	闽妇〔2019〕51 号
泉港涂岭红茶叶专业合作社	福建省重点巾帼示范基地	福建省妇女联合会	闽妇办〔2019〕5 号
涂岭镇绿优家庭农场	福建省巾帼示范基地	福建省妇女联合会	闽妇办〔2019〕5 号
泉港区人民检察院办公室	对全省信息有较大贡献的单位	福建省人民检察院	闽检办字〔2019〕5 号
天竺中学	福建省关心下一代工作先进集体	福建省关工委	
泉港一中	福建省第二批普通高中课程改革基地建设学校	福建省教育厅	
泉港一中	福建省文明校园	福建省教育厅	
鸠林中学	福建省义务教育管理标准化学校	福建省教育厅	
泉港六中	2018—2019 学年福建省青少年儿童科艺机器人创意锦标赛“优秀组织单位”	福建省教育厅	
益海实验小学	福建省 2018 年义务教育管理标准化学校	福建省教育厅	
界山玉湖中心小学	福建省少儿舞蹈美育工程试点学校	福建省教育厅	
后龙中心小学	福建省第二批义务教育教改示范校	福建省教育厅	
峰尾中心小学	福建省义务教育教改示范学校	福建省教育厅	
峰尾中心小学	福建省义务教育管理标准化学校	福建省教育厅	
山腰中心小学	福建省义务教育管理标准化学校	福建省教育厅	
泉港区市场监督管理局	全国文明城市创建·未成年人思想道德建设工作先进集体	中共泉州市委、泉州市人民政府	
泉港区第三实验小学	泉州市文明学校	中共泉州市委、泉州市人民政府	
泉港区文化体育和旅游局	第四届海艺节筹办工作先进集体	中共泉州市委办公室 泉州市人民政府办公室	

续表 23

单位	荣誉称号	授奖机关	表彰文号
泉港一中	泉州市先进党组织	中共泉州市委	
山腰街道聚福社区	泉州市先进党组织	中共泉州市委	
泉港区石化园区人才之家	第二批泉州市级“人才之家（社区）”	中共泉州市委组织部	泉委组综〔2019〕72号
泉州市公安局泉港分局	2019年度全市县级公安机关拉动处置演练考核第1名	泉州市公安局	泉公传发〔2019〕2586号
泉港区公安分局刑侦大队重案队	集体三等功（大庆安保维稳工作）	泉州市公安局	泉公令〔2019〕14号
涂岭派出所	集体三等功	泉州市公安局	泉公令〔2019〕3号
指挥情报中心	集体三等功	泉州市公安局	泉公令〔2019〕3号
界山镇东张村	泉州市青少年法治教育基地	中共泉州市委政法委、司法局、教育局、共青团泉州市委员会、泉州市关心下一代工作委员会	
天竺中学	泉州市青少年法治教育基地	中共泉州市委政法委、司法局、教育局、共青团泉州市委员会、泉州市关心下一代工作委员会	
涂岭镇	第二批“旅游休闲集镇”荣誉称号	泉州市文化广电和旅游局	
涂岭镇秀溪村	2019年泉州市中级版“绿盈乡村”荣誉称号	泉州市实施乡村振兴战略乡村生态振兴专项小组	
涂岭镇前欧村	2019年泉州市中级版“绿盈乡村”荣誉称号	泉州市实施乡村振兴战略乡村生态振兴专项小组	
涂岭镇樟脚村	2019年泉州市中级版“绿盈乡村”荣誉称号	泉州市实施乡村振兴战略乡村生态振兴专项小组	
泉港区委政法委	2019年度市县党政领导平安建设（综治工作）责任书考评等次为优秀	泉州市委政法委	
泉港区人民法院	“守初心跟党走担使命铸法魂”泉州市法院系统庆祝中华人民共和国成立70周年文艺汇演三等奖	泉州市中级人民法院	
泉港区人民法院南埔法庭	集体嘉奖	泉州市中级人民法院	
泉港区人民法院执行庭	集体嘉奖	泉州市中级人民法院	
泉港区人民检察院刑执部	全市检察机关专项工作表现突出记集体嘉奖	泉州市人民检察院	泉检发政字〔2019〕8号
泉港五中	泉州市五四红旗团（总）支部	共青团泉州市委	
泉港生态环境局	福建省固体废物环境管理及环境执法大练兵信息化应用职业技能竞赛市选拔赛先进集体	泉州市生态环境局	泉环保〔2019〕186号
界山镇东张村	2019年泉州市侨乡文化名镇名村	泉州市侨联	
南埔镇	2019年泉州市第二批“平安农机”示范乡镇	泉州市农机管理总站、市应急管理局	

续表 23

单位	荣誉称号	授奖机关	表彰文号
共青团泉港区委员会	深化全国文明城市创建·志愿服务工作先进集体	中共泉州市委文明办	
山腰街道聚福社区	市级交通安全示范村居	泉州市道路交通安全综合整治工作领导小组	
山腰街道锦联村	市级交通安全示范村居	泉州市道路交通安全综合整治工作领导小组	
三朱学校	泉州市首批“书法教育示范学校”	泉州市教育局	
庄重文实验小学	泉州市首批“书法教育示范学校”	泉州市教育局	
第三实验小学	泉州市首批“艺术特色学校”	泉州市教育局	
界山岭头小学	泉州市家长示范学校	泉州市教育局	
后龙中心小学	泉州市文明学校	中共泉州市委文明办	
后龙和平小学	泉州市示范家长学校	泉州市教育局 泉州市妇女联合会	
峰尾中心小学	泉州市文明学校	泉州市教育局	
山腰中心小学	2017 年度泉州市“优秀少先队中队”称号	共青团泉州市委 泉州市教育局	
山腰普安小学	泉州市科技教育示范学校	泉州市教育局 泉州市科技局	
前黄小学	泉州市示范家长学校	泉州市教育局	
涂岭中心小学	泉州市首批“书法教育示范学校”	泉州市教育局	
涂岭樟脚小学	泉州市示范家长学校	泉州市妇联 泉州市教育局	
第二实验幼儿园	泉州市示范家长学校	泉州市妇女联合会 泉州市教育局	
第二实验幼儿园	泉州市三八红旗集体	泉州市妇女联合会	
第二实验幼儿园	泉州市示范幼儿园	泉州市教育局	
第二实验幼儿园	泉州市阳光价费示范单位	泉州市物价局	

泉港区 2019 年度先进个人一览表

表 24

姓名	单位	荣誉称号	授奖机关	表彰文号
苏文连	后龙镇	全国五一劳动奖章	中华全国总工会	总工发〔2019〕14 号
庄一鸣	泉港区政府	致公党优秀党员	致公党中央委员会	
钟兴枝	泉港区社科联	全国社科工作先进个人	全国中大城市社科联工作会议主席团	
陈福水	惠华中学	全国优秀教师	教育部	
李丽宁	后龙镇	全国无偿献血奉献奖银奖	国家卫生健康委员会、中国红十字总会、中央军委后勤保障部卫生局	

续表 24

姓名	单位	荣誉称号	授奖机关	表彰文号
林　蓉	福建省玲珑集团发展有限公司	全国巾帼建功标兵	中华全国妇女联合会	妇字〔2019〕17 号
蔡玉华	樟脚村	第七届全国道德模范提名奖	中央精神文明建设指导委员会	
陈剑锋	泉港石化工业园区党工委	2019 中国化工园区管理者“改革创新贡献奖”	中国石油和化学工业联合会化工园区工作委员会	
陈登龙	福师大泉港石化研究院	中国产学研合作创新与促进奖	中国产学研合作促进会	产学研函字〔2019〕第 59 号
张河水	泉港一中	福建省五一劳动奖章	福建省总工会	闽工〔2019〕46 号
柯勇财	泉港区商务局	全省商务系统先进工作者	福建省人社厅 福建省商务厅	闽人社文〔2020〕200 号
黄华木	泉港区人民法院	荣誉天平奖章	福建省高级人民法院	
欧建平	泉港区人民法院	荣誉天平奖章	福建省高级人民法院	
林育群	泉港区人民法院	全省法院先进个人	福建省高级人民法院	
林育群	泉港区人民法院	个人三等功	福建省高级人民法院	
陈宏斌	泉州市公安局泉港分局	个人二等功	福建省公安厅	闽公令〔2019〕58 号
陈锦河	泉州市公安局泉港分局	2019 年福建省“职工最美家庭”	福建省总工会	闽工〔2019〕73 号
孙玉宝	泉州市公安局泉港分局	个人二等功(70 周年大庆安保维稳工作)	福建省公安厅	闽公令〔2019〕82 号
陈靖亮	泉州市公安局泉港分局	中华人民共和国成立 70 周年大庆安保维稳工作成绩突出个人	福建省公安厅	闽公综〔2019〕206 号
高　毅	泉州市公安局泉港分局	中华人民共和国成立 70 周年大庆安保维稳工作成绩突出个人	福建省公安厅	闽公综〔2019〕206 号
庄伟恩	泉州市公安局泉港分局	全省公安机关 70 周年大庆安保维稳工作成绩突出个人	福建省公安厅	闽公综〔2019〕269 号
蔡金财	涂岭镇	2016—2018 年度福建省人民调解先进个人	福建省司法厅	
陈秀贞	涂岭红茶叶专业合作社	福建省三八红旗手	福建省妇女联合会	
庄燕华		福建省三八红旗手	福建省妇女联合会	闽妇〔2019〕6 号
陈秀贞		福建省三八红旗手	福建省妇女联合会	闽妇〔2019〕6 号
庄惠平、郑慧琼家庭		福建省最美家庭	福建省妇女联合会	闽妇〔2019〕45 号
庄子汉	泉港团区委	福建省优秀共青团干部	福建团省委	《共青团福建省委关于表彰 2018 年度“福建省优秀共青团员”“福建省优秀共青团干部”“福建省五四红旗团委”“福建省五四红旗团(总)支部”的决定》
庄细强	鸿运当头红木家具公司	第五届福建省工艺美术名人	福建省工信厅	
刘祖博	大福古船模制作公司	第五届福建省工艺美术名人	福建省工信厅	

续表 24

姓名	单位	荣誉称号	授奖机关	表彰文号
陈宗德	南埔镇党委	项目攻坚 2018 先进个人	中共泉州市委、泉州市人民政府	
陈宝喜	南埔镇人民政府	“攻坚 2019”记三等功或记功先进个人	中共泉州市委、泉州市人民政府	
刘志春	南埔镇人民政府	“攻坚 2019”强基促稳工作先进个人	中共泉州市委、泉州市人民政府	
郭惠卿	泉港石化工业园区管理委员会	泉州市优秀党务工作者	中共泉州市委、泉州市人民政府	
叶绿萱	泉港区人民法院	泉州市优秀共产党员	中共泉州市委、泉州市人民政府	荣誉证书
庄占彬	界山镇人民政府	泉州市优秀共产党员	中共泉州市委、泉州市人民政府	
柯永进	山腰街道党工委	“项目攻坚 2018”活动三等功	中共泉州市委、泉州市人民政府	
林坤清	山腰街道办事处	“项目攻坚 2018”活动三等功	中共泉州市委、泉州市人民政府	
柯永进	山腰街道党工委	深化创建全国文明城市工作先进个人	中共泉州市委、泉州市人民政府	
庄惠民	山腰街道办事处	深化创建全国文明城市工作先进个人	中共泉州市委、泉州市人民政府	
柳铅玉	涂岭镇党委	2019 年上半年“春季攻坚行动”活动先进典型个人	中共泉州市委、泉州市人民政府	
柳铅玉	涂岭镇党委	“攻坚 2019”强基促稳工作先进个人	中共泉州市委、泉州市人民政府	
柳铅玉	涂岭镇党委	“攻坚 2019”记嘉奖先进个人	中共泉州市委、泉州市人民政府	
庄碧凤	山腰街道锦塔社区	泉州市最美社区工作者	中共泉州市委宣传部	
庄碧凤	山腰街道锦塔社区	泉州市五一劳动奖章	泉州市总工会	
曾玲玲	山腰街道	泉州市敬业奉献协会人	泉州市计划生育协会	
周一平	绿优家庭农场	泉州市优秀实用人才	泉州市农业农村局	
蔡汉明	福建省东鑫石油化工有限公司	优秀共产党员	中共泉州市委组织部	
陈志雄	南埔镇仑头村	优秀党务工作者	中共泉州市委组织部	
庄曙新	泉港区人民法院	“提高社会治理社会化水平、服务‘平安泉州’‘法治泉州’建设”主题征文三等奖	中共泉州市委政法委	泉委政法〔2019〕46 号
施宣锚	泉港区人民法院	“提高社会治理社会化水平、服务‘平安泉州’‘法治泉州’建设”主题征文优秀奖	中共泉州市委政法委	泉委政法〔2019〕46 号
连颖煜	泉州市人民检察院	全市检察机关专项工作表现突出记三等功	泉州市人民检察院	泉检发政字〔2019〕8 号
连颖煜	泉港区人民检察院	泉州市首届“法治好新闻”报刊类优秀奖	泉州市司法局、泉州市文化广电和旅游局、泉州市法治文化促进会	
郭小竹	泉港区人民检察院	全市检察机关专项工作表现突出记嘉奖	泉州市人民检察院	泉检发政字〔2019〕8 号
曾婷婷	泉港区人民检察院	泉州市三八红旗手	泉州市妇女联合会	

续表 24

姓名	单位	荣誉称号	授奖机关	表彰文号
朱光宇	泉港生态环境局	福建省固体废物环境管理及环境执法大练兵信息化应用职业技能竞赛市选拔赛先进个人	泉州市生态环境局	泉环保〔2019〕186 号
郑依森	泉州市公安局泉港分局	个人嘉奖（大庆安保维稳工作）	泉州市公安局	泉公令〔2019〕12 号
庄友林	泉州市公安局泉港分局	个人三等功（大庆安保维稳工作）	泉州市公安局	泉公令〔2019〕14 号
许进敢	泉州市公安局泉港分局	个人嘉奖（重大活动安保维稳工作）	泉州市公安局	泉公令〔2019〕6 号
肖思逸	泉州市公安局泉港分局	个人嘉奖（重大活动安保维稳工作）	泉州市公安局	泉公令〔2019〕6 号
陈明郎	泉州市公安局泉港分局	个人三等功	泉州市公安局	泉公令〔2019〕3 号
庄小能	泉州市公安局泉港分局	个人三等功	泉州市公安局	泉公令〔2019〕3 号
刘一辉	泉州市公安局泉港分局	个人三等功	泉州市公安局	泉公令〔2019〕3 号
庄少坤	泉州市公安局泉港分局	个人三等功	泉州市公安局	泉公令〔2019〕3 号
陈辉成	泉州市公安局泉港分局	个人三等功	泉州市公安局	
黄滨滨	泉州市公安局泉港分局	个人三等功	泉州市公安局	
黄舜东	泉州市公安局泉港分局	三等功	中共泉州市委组织部、泉州市人社局	泉人社〔2019〕91 号
高　毅	泉州市公安局泉港分局	三等功	中共泉州市委组织部、泉州市人社局	泉人社〔2019〕91 号
庄志辉	泉州市公安局泉港分局	三等功	中共泉州市委组织部、泉州市人社局	泉人社〔2019〕91 号
林进虎	泉州市公安局泉港分局	三等功	中共泉州市委组织部、泉州市人社局	泉人社〔2019〕91 号
曾俊杰	泉州市公安局泉港分局	三等功	中共泉州市委组织部、泉州市人社局	泉人社〔2019〕91 号
陈龙祥	泉港区人民法院	个人三等功	泉州市中级人民法院	泉中法〔2019〕9 号
罗德棉	泉港区人民法院	个人嘉奖	泉州市中级人民法院	泉中法〔2019〕9 号
吴梅梅	泉港区人民法院	个人嘉奖	泉州市中级人民法院	泉中法〔2019〕9 号
林勤富	泉港区人民法院	个人三等功	泉州市中级人民法院	泉中法〔2019〕7 号
叶绿萱	泉港区人民法院	个人嘉奖	泉州市中级人民法院	泉中法〔2019〕7 号
庄萍萍	泉港区人民法院	个人嘉奖	泉州市中级人民法院	泉中法〔2019〕7 号
胡元明	泉港区人民法院	全市法院优秀裁判文书	泉州市中级人民法院	泉中法办〔2019〕23 号
钟小玲	泉港区人民法院	全市法院系统第三十一届学术讨论会优秀奖	泉州市中级人民法院	泉中法办〔2019〕28 号
苏惠玲	泉港区人民法院	全市法院系统第三十一届学术讨论会优秀奖	泉州市中级人民法院	泉中法办〔2019〕28 号
林长鑫	泉港区人民法院	泉州市首届“法治好新闻”评选活动电视类优秀奖	泉州市司法局、市文化广电和旅游局、市法治文化促进会	
张英烈	泉港区人民法院	泉州市首届“法治好新闻”评选活动电视类优秀奖	泉州市司法局、市文化广电和旅游局、市法治文化促进会	

续表 24

姓名	单位	荣誉称号	授奖机关	表彰文号
丁思全	泉港区文体局	第四届海艺节筹办工作先进个人	中共泉州市委办公室、泉州市人民政府办公室	泉委办〔2020〕2号
林慧华	泉港区文体局	农民体育事业先进工作者	泉州市农民体育协会	
陈明章	界山镇计生协会	敬业奉献协会人	泉州市计生协会	
庄小波	泉港二中	泉州市优秀教师	泉州市教育局 泉州市人力资源和社会保障局	
郑华南	泉港五中	泉州市优秀教师	泉州市教育局 泉州市人力资源和社会保障局	
庄淑娥	泉港实验中学	泉州市优秀教师	泉州市教育局 泉州市人力资源和社会保障局	
陈恒安	圭峰中学	泉州市优秀教师	泉州市教育局 泉州市人力资源和社会保障局	
张景文	三川中学	泉州市优秀教师	泉州市教育局 泉州市人力资源和社会保障局	
黄旭文	泉港一中	泉州市优秀教育工作者	泉州市教育局 泉州市人力资源和社会保障局	
林志江	泉港区教育局	泉州市优秀教育工作者	泉州市教育局 泉州市人力资源和社会保障局	
施珍珍	第二实验小学教育集团福炼校区	泉州市优秀教师	泉州市教育局 泉州市人力资源和社会保障局	
林丽香	益海实验小学	泉州市优秀教师	泉州市教育局 泉州市人力资源和社会保障局	
肖良琼	南埔中心小学	泉州市优秀教师	泉州市教育局 泉州市人力资源和社会保障局	
洪春燕	峰尾中心小学	泉州市优秀教师	泉州市教育局 泉州市人力资源和社会保障局	
连娟丽	山腰中心小学	泉州市优秀教师	泉州市教育局 泉州市人力资源和社会保障局	
刘琼桦	峰尾圭峰小学	泉州市青年五四奖章	共青团泉州市委、泉州市青年联合会	

泉港区党政军群领导及相关人员名录

2019 年在任的副处级（含）以上领导名表

区 委

书 记 梁炳辉
副书记 颜朝晖
苏松炎
常 委 吕火渠 至 12 月
王晓莺
陈龙津 至 11 月
刘 刚
施有良
陈沙龙
彭垂鼎
陈明聪 至 12 月
王文晖 12 月任

区人大常委会

主 任 陈守川
副主任 赵琼花
黄胜富
邱彬侨
王国明

区政府

区 长 颜朝晖
党组副书记 刘敏坚
陈相成
副区长 陈明聪（挂职）至 12 月
傅文星
郭荣华（挂职）
庄一鸣
黄玉真 至 9 月
黄建辉 至 7 月
王志强
陈清拥
谢梓骞
刘阳青 至 11 月
王艺彬 7 月任
陈剑锋 12 月任
黄少伟 12 月任
柯明好 12 月任
汤奎武（挂职） 5-12 月
副调研员 陈国才 至 11 月
副处级干部 柯东阳
苏纯益

区政协

主 席 朱云鹏 至 12 月
陈龙津 12 月任
副主席 钟海平 至 6 月
庄一鸣
陈庆堂
邱金谋
陈国才 12 月任
副处级干部 钟海平 6 月起

区人民法院

院长 / 党组书记
郑 敏 至 7 月
院长 / 党组书记
林天法 12 月任 /7 月任

区人民检察院

检察长 黄清源

石化工业园区

党工委

书 记 梁炳辉
副书记 刘敏坚
委 员 张剑辉
杨新智
蔡寅鸣
陈宗旗
陈剑锋 至 12 月

管委会

主 任 刘敏坚
副主任 张剑辉
杨新智
陈宗旗
陈剑锋 至 12 月
四级调研员 刘辉煌
陈宗德

纪工委

书 记 蔡寅鸣

2019 年科级及以上干部和相关人员名单

区委办

主 任 / 区委办系统党委书记
刘地惠
二级主任科员 庄俊洋 至 1 月
副主任 / 二级主任科员
陈 强 至 10 月
副主任 / 二级主任科员 蔡志阳
二级主任科员 郑月琼 1 月任
副主任 林志江
副主任 胡伟强（兼） 至 1 月
纪检监察组组长 邱晓峰 12 月任
区委办系统党委专职副书记 苏文举

档案馆（局）

馆 长 庄俊洋 1-8 月
副馆长 张和亮

机要局（密码管理局）

局 长 庄永梅

党史研究室（机构改革，并入区委史志室）

主 任 庄俊洋 至 1 月
副主任 肖咸强 至 1 月

区委台港澳工作办公室

主 任 刘地惠 1 月任

组织部

部 长 / 党群系统党委书记 彭垂鼎
副部长 余东海 至 9 月
副部长 庄玉兴 1 月任
副部长 戴春涛
副部长 / 非公企业和社会组织党工委书记 / 二级主任科员 施德林
二级主任科员 / 部务会成员 王清洪
二级主任科员 / 部务会成员 林云彬
党群系统党委专职副书记 林加贵
纪检监察组组长 林毓丞 12 月任
非公企业和社会组织党工委专职副书记
刘建荣
四级主任科员 洪韦阳 1 月任

老干局（机构改革并入组织部）
局　长　　庄玉兴（兼）　1月任
副局长／二级主任科员
　　庄清平　至1月
纪检监察组组长　林毓丞

处级离休干部
　　王玉璠

宣传部
部　长／宣传系统党委书记
　　王晓莺　至12月
　　刘　刚　12月任
副部长　　傅国强
副长长　　王文远　至1月
副部长　　林贤庆
副长长　　钟兴枝
副部长　　陈三龙
副部长　　李美美
副部长　　郑平庭　1月任
二级主任科员　杨瑞光
宣传系统党委专职副书记／主任科员
　　庄敬松
二级主任科员　王文远　1月任
纪检监察组组长　庄聪敏　12月任

新闻出版广电局局长
局　长　　郑平庭（兼）　1月任

统战部
部　长／统战系统党委书记
　　陈龙津　至11月
　　王晓莺　12月任
副部长　　叶松青　1月任
副部长　　林顺建
统战系统党委专职副书记／二级 主任科员　　张奕相
纪检监察组组长／正科级纪检监察员
　　连芙蓉　12月任
主任科员　　庄学明　至7月

政法委
书　记／政法系统党委书记
　　吕火渠　至12月
副书记　　薛小明
副书记　　陈爱顺
副书记／综治办主任　肖德兴
副书记　　林群英（挂职）
610办主任　陈福才　至1月
政法系统党委专职副书记
　　陈福才　1月任
纪检监察组组长／正科级纪检监察员
　　刘峥安　12月任
二级主任科员　肖美辉

编委办
主　任　　刘跃民
纪检监察组组长　林毓丞
副主任　　陈小琴
　　陈丽云

事业单位登记管理局
局　长　　陈银祥

区委区直机关工委会（在区直党工委基础上整合）
书　记　　彭垂鼎　1月任
常务副书记　汪文炎　1月任
副书记／纪工委书记　李晋瑜　1月任
委员／人武部部长　郑钦钊　1月任

台湾工作办公室（机构改革后职能相应并入区委办、区委统战部、区政府办、区侨联）
主　任　　叶松青　至1月
副主任　　廖联深　至1月
主任科员　郑月琼　至1月
纪检监察组组长／正科级纪检监察员
　　连芙蓉

文明办
主　任　　陈三龙
副主任／主任科员　汪旗平
纪检监察组组长　庄聪敏

巡察办
主　任　　林永明
正科级巡察专员　庄文海
副主任（正科级）　陈阵隆
四级主任科员　施凉凉　至6月

区委党史和地方志研究室
主　任　　林进辉　1月任
副主任　　肖咸强　1月任
纪检组长　郑燕金
四级主任科员　柯金清　1月任

区委党校
校　长　　彭垂鼎
常务副校长　王清洪
副校长　　庄惠煌
纪检组长　刘子龙
副校长　　林旭升
副科级组织员　庄聪勇

区关工委
主　任　　郭厚宝
常务副主任　肖全清
　　唐庆辉
　　林锡明
　　施毓斌

老年大学
校　长　　林志成
常务副校长　肖枫生

区人大常委
区人大常委会华侨民族宗教委主任
　　王平阳
区人大常委会人事代表委主任
　　王恭恳
区侨联主席　王梅珠
区人大常委会内务司法委主任
　　庄雪辉
区人大常委会教育科学文化卫生委主任
　　刘大安
福建联合石化公司技术与规划部设计高级工程师　　吴荔琳
区人大常委会人事代表委主任科员
　　邹春梅
区直机关党工委常务副书记
　　汪文炎
区人大常委会农村财政经济委主任
　　林淑萍
区总工会常务副主席　林瑞群

华榕实业公司总经理 林　蓉
区人大常委会办公室主任
郑志阳
区人大常委会环境与城乡建设委主任
施月春
泉港一中副校长 黄旭文
福建医科大学附属闽南医院/泉港医院
院长 赖繁彩
区委组织部副部长 戴春涛

区人大常委会办公室
主　任 郑志阳
副主任 陈学明

人事代表委员会
主　任 王恭恳
二级主任科员 邹春梅
副主任 黄白莹

农村财政经济委员会
主　任 林淑萍
副主任/二级主任科员
柯必琴
二级主任科员 雷朝祖

内务司法委员会
主　任 庄雪辉

环境与城乡建设委员会
主　任 施月春
副主任 林文庆

教育科学文化卫生委员会
主　任 刘大安

华侨民族宗教委员会
主　任 王平阳
二级主任科员 郭文龙

纪检监察组
组　长 陈健康　12月任
副组长 蒋冠航

区政府办
主　任/政府办系统党委书记
刘昭暄
支前办主任 林小平
二级主任科员 王明通
副主任 肖坚松
副主任/法制办主任 谢智灵　至1月
副主任 郭小强
副主任/政府办系统党委专职副书记
庄勇峰/至1月
政府办系统党委专职副书记
刘冷华　1月任
副主任 胡伟强（兼）1月任
纪检监察组组长 曾永顺　12月任

区政府外事办公室
主　任 刘昭暄　1月任

区政府侨务办公室
主　任 叶松青（兼）1月任

发展和改革局
局　长/经发系统党委书记
刘玉强
副局长/主任科员 张章水
副局长/主任科员 高永康
纪检监察组组长 杨宗辉　12月任
经发系统党委专职副书记
刘伟斌
副局长 陈阿芳

粮食和物资储备局
局　长 刘玉强（兼）1月任

教育局
局长/教育系统党委书记
陈建雄
主任科员 肖腾伟
纪检监察组组长 庄凤强　12月任
副局长/主任科员 庄金红　5月任
副局长 郑荣泊
副局长 陈荣华
教育系统党委专职副书记
苏成烈　至11月
二级主任科员 陈春法
副局长 刘成峰　7月任

教育督导室
主任（副科级） 钟惠河
副主任 郭哲章
副科级督学 蒋坤华
副科级督学 林成强
副科级督学 林　峰
副科级督学 黄江红

教师进修学校
副校长（主持） 连建华
副书记 陈荣标
副校长 郭玉福
副书记 庄景煌
原副校长 林荣宝
原副书记 郭卫东

科技技术局（在科技和知识产权局基础上整合）
局　长 吕伟成　1月任
副局长/二级主任科员
陈泉忠　1月任
二级主任科员 肖来章　1月任
二级主任科员 陈玉顺　1月任
副局长 刘成峰（挂职）　1月任
纪检监察组组长 庄凤强

工业和信息化局（在经济和信息化局基础上整合）
局　长 吴文辉　1月任
副局长/主任科员 陈宏义　1月任
副局长/主任科员 肖培坤　1月任
二级主任科员
叶家云（盐场挂职）　1月任
二级主任科员 朱文峰　1月任
纪检监察组组长 杨宗辉
副局长 雷美河（挂职）　7-12月

民政局
局　长 刘开南
副局长 刘地春
二级主任科员 刘国成
二级主任科员 庄学忠
副局长 肖锦萍
纪检监察组组长 柯华连

老区建设办
主　任 刘开南

双拥办
主　任 刘开南

老龄办（机构改革并入卫健局）
专职副主任 朱双远　至1月

司法局
局　长 柯富华

副局长　王华森
纪检监察组组长／正科级纪检监察员
刘峥安
副局长　林永招
副局长　谢智灵　1月任
二级主任科员　林　锋
二级主任科员　林清安
二级主任科员　庄伟彬

财政局
局　长／财政系统党委书记
李海军
副局长　骆志雄
二级主任科员　庄绍新
副局长　王建华
纪检监察组组长　陈玲玲　12月任
财政系统党委专职副书记
黄宝真
副局长　林　娟（挂职）　6月任

国资委办公室
主　任　傅文星

金融办
负责人　康全国　至11月
肖坚松　12月任

人力资源和社会保障局
局　长　吴太平
副局长／二级主任科员　王辉团
四级调研员　占　斌
二级主任科员　黄奕彬
纪检监察组组长　柯华连　12月任
四级主任科员　陈志蓉

公务员局
局　长　吴太平（兼）　至1月
余东海（兼）　1-9月

社会保险中心
主　任　庄文强
四级主任科员　林春荣

人力资源服务中心
主　任　陈鹏飞

自然资源局
局　长　庄学良　1-9月
林昀瑜　9月任
纪检监察组组长　朱建兴
副局长　柯建华　1月任
副局长　张小峰　1月任
副局长　张澄海　1月任

不动产登记中心
主　任　张翔宇　1月任

监察大队
大队长　刘文明　1月任

住房和城乡建设局（机构改革，原住建局中规划职能并入自然资源局）
局长／建设系统党委书记
郭志雄　1月任
副局长／四级调研员
刘荣安　1月任
纪检监察组组长／正科级纪检监察员
朱建兴　12月任
二级主任科员　林亚平　1-12月
二级主任科员　吴文锋　1月任
副局长　林文华　1月任
建设系统党委专职副书记　王金准
二级主任科员　刘荣华　1月任
副局长　张澄海　至1月

交通运输局
局长／交通系统党委书记　朱辉阳
交战办主任　陈金章
交通系统党委专职副书记／主任科员
林　宏
副局长／主任科员　林龙峻
纪检监察组组长／正科级纪检监察员
张新锋
副局长　林家庆

交通运输管理所
所　长　肖龙良
副主任科员　王志聪

交通执法大队
大队长　肖明春

农业农村和水务局（机构改革，原农林水局林业职能并入自然资源局）
局长／农水系统党委书记
庄学根　1月任
副局长／二级主任科员
黄锦川　1月任
系统党委专职副书记／二级主任科员
潘华卿　1月任
副局长／二级主任科员
庄延平　1月任
副局长　庄稼地　1月任
纪检监察组组长　曾华庆　12月任

海洋与渔业局
局　长　庄学根

海洋与渔业执法大队
大队长　陈玉阳
教导员　柯汉泽
副主任科员　陈　斌

农业机械管理站
主　任　钟云申

防汛抗旱指挥办公室
主　任　黄庆香

森林派出所
所　长　庄稼地
教导员　李金顶　至4月
郭鑫堂　12月任

泗洲水库
主　任　钟三阳
书　记　庄佳珍

国有笔架山林场
支部书记　陈信平
副场长　柯凌珍
纪检组组长　连淑珍
副书记　王文铿
副场长　施珺瑜

商务局
局　长　刘敬福　至5月
肖银河　8月任
副局长　陈永和
副局长　黄亮明
纪检监察组组长　杨宗辉
二级主任科员　郭淑平

粮食局
局　长　刘敬福　至5月

市场服务中心
主　任　陈庆好

文化体育和旅游局（机构改革，原文体新局新闻出版职能并入宣传部）
局　长　刘　冰　1月任
副局长／二级主任科员
丁思金　1月任

副局长　朱冬阳　1月任
纪检监察组组长　庄聪敏

文化市场综合执法大队

大队长　肖良水

卫生健康局（在卫生和计划生育局基础上整合）

局　长／卫生健康系统党委书记
施文勇　1月任
老龄委办专职副主任
朱双远　1月任
副局长／二主任科员
吴海鹰　1月任
副局长／二级主任科员
林逢喜　1月任
纪检监察组组长／正科级纪检监察员
陈红榕　12月任
二级主任科员　陈宗忠　1月任
副局长　林金辉　1月任
副局长　庄江梅　1月任
卫生健康系统党委专职副书记
施惠鑫
副局长　林龙章（兼）　1月任
二级主任科员　王慧敏（兼）　1月任

流动人口计生管理站

站　长　林志燕

卫生计生执法大队（在卫生监督所基础上整合）

大队长　李荣枝　2月任

疾病预防控制中心

主　任　张辉良
书　记　钟志海

泉港区医院

院　长　赖彩繁　至5月
林琴棋　5月任
支部书记　林明良
副院长　林琴棋　至5月

区妇幼保健院

院　长　吴顺珠
支部书记　庄丽梅

退役军人事务局

局　长　肖德宝　1月任
副局长／二级主任科员
庄清平　1月任

应急管理局（在安全生产监督管理局基础上整合）

局　长　庄向阳　1月任
二级主任科员　刘建康　1月任
副局长　沈先勤　1月任
纪检监察组组长　吴长盛　12月任
副局长　连阿富　1月任
党组成员　施春婷　12月任

审计局

局　长　刘森海
副局长／二级主任科员　林向晖
副局长　陈德义
四级主任科员　连　杉
纪检监察组组长　陈玲玲

市场监督管理局

局长／市场监督管理系统党委书记
洪良杰
副局长　肖庆荣
二级主任科员　庄焕文
二级主任科员　邱江群
二级主任科员　李杰忠
副局长　吴平阳
副局长　邱宗金
药品安全总监　王能斌
纪检监察组组长　陈爱珍　12月任
市场监督管理系统党委专职副书记
施宗清
副局长　吴太胜（挂职）　7-12月
四级主任科员　肖志龙　至9月
山腰街道市场监督管理所所长　庄华辉
山腰街道市场监督管理所指导员
苏继红
南埔镇市场监督管理所所长　刘咏声
南埔镇市场监督管理所指导员　蔡栋兴
界山镇市场监督管理所所长　陈荣升
界山镇市场监督管理所指导员　苏挺进
后龙镇市场监督管理所所长　朱添英
后龙镇市场监督管理所指导员　郭颖颖
峰尾镇市场监督管理所所长　肖良忠
峰尾镇市场监督管理所指导员　林毓熙
前黄镇市场监督管理所所长　陈义忠
涂岭镇市场监督管理所指导员　张荣杯

市场监管执法大队大队长　连晓军
四级主任科员　陈进华　至12月

知识产权局

局　长　洪良杰　1月任

统计局

局　长　林永骏
二级主任科员　陈其开
二级主任科员　柳秀琴
纪检监察组组长　陈爱珍

社会经济调查队

队　长　庄丽红
副主任科员　连景卿

信访局

局　长　胡伟强　1月任
副局长／二级主任科员
庄乙平　1月任
二级主任科员　黄志忠　1月任
纪检监察组组长／正科级纪检监察员
刘峥安

城市管理局（在城市管理行政执法局基础上整合）

局　长　程进强　1月任
二级主任科员　肖辉鹏　1月任
副局长／二级主任科员
蔡惠祥　1月任
纪检监察组组长　陈健康
党组成员　陈必山　12月任

市政公用事业管理处

主　任　肖辉鹏　至1月
副主任　张国文
纪检组组长　蒋冠航　至7月
副主任　陈国显　至12月

城市管理综合考评中心

主　任　庄明才

行政服务中心管理委员会

主　任　邱清满
副主任　郭东玲
纪检监察组组长　曾永顺

供销合作社联合社

主　任　郭淑平

纪检组组长　　王福强
副主任　　曹元书
四级主任科员　　柯淑洋

民族与宗教事务局
局　长　　陈银才　至5月
纪检监察组组长／正科级纪检监察员
连芙蓉
副局长　　刘冷华　至1月

外事侨务办（机构改革并入区政府办）
主　任　　叶松青　至1月

广播电视事业局（机构改革，整合入融媒体中心）
局　长　　郑平庭
副局长　　陈春通
纪检组组长　　连森阳
副局长　　黄　俊

广播电视台
台　长　　陈　连

方志办（机构改革，整合入区委史志室）
主　任　　林进辉　至1月
纪检组长　　郑燕金
四级主任科员　　柯金清　至1月

地震办（机构改革，整合入应急管理局）
主　任　　刘顺章　至1月

政协常委
福州海汇生物科技实业公司董事长
王国财
泉港吉利农业综合开发公司总经理
王　康
区妇联主席　　叶彬彬
泉州锦绣东方实业公司副董事长
朱庆山
泉州德诚高新树脂公司总经理
朱肖芳
庄士机构国际有限公司联席董事总经理
庄家丰
泉港第二医院院长　　庄清宝
民进泉港支部主委／德立化工公司总经理
李祎山
佛山康拓陶瓷有限公司副董事长
连国鹏
区政协办公室主任　　连　治
福建天骄化学材料有限公司董事长
连清强
福建德惠实业有限公司董事长
肖惠扬
福州大学石油化工学院副院长
邱　挺
福建百川资源再生科技公司总经理
张飞鹏
泉港汽车运输有限公司总经理
陈桂宾
民革泉州市委会专职副主委　　陈海鹏
区政协经济科技环保委主任　　林立忠
海南众志富强建设集团公司董事长
林志强
农工党泉港总支主委／卫计局副局长
林金辉
泉港安达房地产公司总经理　　林宗辉
福建大德房地产公司董事长　　林　勇
陕西洪盛设计装饰工程公司董事长
郑益洪
区政协提案委主任　　柯红星
区政协学习文史委主任　　柯秀明
区政协社会法制委主任　　姚泽安
区工商联常务副主席　　龚锦泉
区佛教协会会长　　释振仁
区政协台港澳侨文教卫体委主任
温东莹
民建泉港支部副主委／前黄司法所所长
廖晓红

区政协办公室
主　任　　连　治
副主任　　赖剑凌
四级主任科员　　王少伟

区政协提案委员会
主　任　　柯红星
四级主任科员　　吕美莲

区政协学习文史委员会
主　任　　柯秀明
二级主任科员　　陈春碧

区政协经济科技环保委员会
主　任　　林立忠

区政协台港澳侨文教卫体委员会
主　任　　温东莹

区政协社会法制委员会
主　任　　姚泽安

纪检监察组
组　长　　张新峰　12月任

区纪委（监委）
书　记／主　任　　陈沙龙
副书记／副主任　　陈荣川
副书记／副主任　　李拥群
常委／监委委员　　吴静宜
常委／监委委员　　蔡玉辉
常委（正科长级）　　陈惠旺
监委委员／正科级纪检监察员
陈国凤
监委委员／正科级纪检监察员
王博古
常委（正科长级）
林昀瑜　至9月／（6月任）
案管室主任（副科长级）
刘莺莺　至6月
第一纪检监察室主任（副科长级）
林良海　至6月
副科级纪检监察员　　陈成龙　至6月
案件审理室副主任／副科级纪检监察员
庄婉雯
办公室主任（副科长级）
刘莺莺　6月任
组织和宣传部部长（副科长级）
施凉凉　6月任
信访室主任（副科长级）
何锡平　6月任
案件监督管理室主任（副科长级）
吴航标　6月任
第一纪检监察室主任（副科长级）
王龙滨　6月任
第二纪检监察室主任（副科长级）
柯春辉　6月任
第三纪检监察室主任／正科级纪检监察员
陈华彬　6月任／
第四纪检监察室主任／正科级纪检监察员
林金乐　6月任／
第五纪检监察室主任（副科长级）
陈成龙　6月任

案件审理室主任（副科长级）
林海豹　6 月任

区委巡察组

一组组长　庄文海　6 月任
一组副组长　郭安妮　6 月任
二组组长　林良海　6 月任
二组副组长　刘平霞　6 月任

人武部

部　长　施有良
政　委　曾华忠

法院

院　长　郑　敏　至 12 月
林天法　12 月任
副院长（正科长级）林建乐
副院长（正科长级）王月明
纪检监察组组长（正科级）
刘鸿志　12 月任
审委会专职委员　黄华木
政治处主任 / 正科级审判员
王金乌
执行局局长 / 正科级审判员
黄旭辉
审委会委员 / 正科级审判员
邱生云
审委会委员 / 正科级审判员
陈光营
正科级审判员　陈肇新
正科级审判员　林文将
正科级审判员　胡元明
正科级审判员　连青竹
正科级审判员　林福泉
副科级审判员　蔡兴凤
副科级审判员　欧建平
副科级审判员　黄　威
副科级审判员　郑平珍
副科级审判员　林勤富
副科级审判员　庄毅芬
副科级干部　郑开峰　至 1 月

检察院

检察长　黄清源
副检察长（正科级）　林书涛
副检察长（正科级）　陈荣茂
副检察长（正科级）　张志庚
纪检监察组组长 / 正科级纪检监察员
林少涛　12 月任
第一检察部主任 / 正科级检察员
李俊张
第三检察部主任 / 正科级检察员
杜镇金
政治部主任（正科级）杜尽英
正科级检察员　张刚彬
控申科科长 / 正科级检察员
吴　诚
正科级检察员　郑志杰
副科级检察员　林光平
监察科科长（副科级）林叶德
刑事执行检察科科长 / 副科级检察员
柳双兴
副科级检察员　朱亚联
法律政策研究室主任 / 副科级检察员
詹金飞

区总工会

主　席　刘　刚
常务副主席　林瑞群
副主席（正科级）　傅文海
副主席　刘宗强
副主席　陈惠锋（挂职）
副主席　杜天瑞（兼）
二级主任科员　林宗宝　至 3 月
纪检监察组组长　邱晓峰

团区委

书　记　连　励　至 7 月
刘婉娥　8 月任
副书记　林　航　至 12 月
副书记　庄子汉
纪检监察组组长　林毓丞

区妇联

主　席　叶彬彬
副主席　郭清芳
副主席　钟晓蓉
纪检监察组组长　林毓丞

区工商联（总商会）

主席 / 会长　陈庆堂
常务副主席　龚锦泉
副主席 / 二级主任科员　庄俏忠
纪检监察组组长 / 正科级纪检监察员
连芙蓉

区侨联

主　席　王梅珠　至 12 月
副主席 / 二级主任科员
陈明忠　至 1 月
副主席　廖联深　1 月任
纪检监察组组长 / 正科级纪检监察员
连芙蓉
副主席　钟俊波

区科协

主　席　林建南
副主席 / 二级主任科员　柯长青
副主席 / 正科级　林雅阳
四级主任科员　谢凤祥
纪检监察组组长　庄凤强

区社科联

主　席　钟兴枝
二级主任科员　邱良清
纪检监察组组长　庄聪敏

区计生协会

会　长　朱合兴
常务副会长　林龙章
专职副会长　潘高成
二级主任科员　陈梅珍　至 5 月
纪检监察组组长　陈红榕

区残联

理事长　叶月明
副理事长　柯进枝
纪检监察组组长　柯华连

区文联

主　席　李美美
纪检监察组组长　庄聪敏

区贸促会

会　长　肖天定
四级主任科员　程志斌
纪检监察组组长　杨宗辉

区红十字会
会　长　　黄玉真　4 月任
专职副会长　王慧敏
二级主任科员　庄小琼
纪检监察组组长 / 正科级纪检监察员
　　陈红榕

民革支部
主　委　　陈海鹏
副主委　　林文将
副主委　　陈德义

民盟总支
主　委　　王梅珠
副主委　　王明通
副主委　　刘碧新
副主委　　段靖莲

民建支部
主　委　　庄志林
副主委　　廖晓红
副主委　　陈志东

民进支部
主　委　　李祎山
副主委　　陈小琴

农工党总支
主　委　　林金辉
副主委　　陈其开
副主委　　陈鹏飞
副主委　　庄绍坤

致公党总支
主　委　　庄一鸣
副主委　　肖坚松
副主委　　蔡文宝

国有资本投资运营有限公司
董事长 / 党委书记
　　李海军　5 月任 / 4 月任
党委书记　康全国　至 4 月
总经理　　庄勇生　8 月任
副总经理　郭龙光
　　陈小敏　8 月任
纪委书记　林锦建

山腰盐场
场长 / 副书记　叶家云
书记 / 副场长　陈鸿荣
副场长　　庄震山
纪委书记　林文瑞
宣传委员　邱丽丽
组织委员　钟珊丽
人武部部长　邱秀洋　至 1 月
副场长　　沈庆峰
副场长　　刘少伟

新城投资公司（在产城融合开发建设有限公司基础上整合）
执行董事　邱建忠　2 月任
总经理　　邱建忠　8 月任
副总经理　连惠阳　2 月任
　　王家沛　8 月任

水利水务建设发展有限公司
执行董事　庄　猛
总经理　　陈炯棱
副总经理　陈志强
副总经理　陈细林
副总经理　郑佳峰

石化工业区建设发展有限公司
总经理　　段存成
副总经理　王志福

高新产业园区建设有限公司
执行董事　朱志卿
总经理　　庄勇生　至 8 月
　　朱志卿　8 月任
副总经理　朱侨阳
　　吴志平　8 月任

大众公交公司
执行董事　林文煌
总经理　　许启尧　至 2 月

文旅开发有限公司
执行董事　施茂春
总经理　　肖惠平　至 7 月

石化工业园区下属机构
机关各科室
综合科科长　郭惠卿
综合科二级主任科员　陈惠锋
规划建设科负责人　林亚平
经济发展科科长　庄民芳
环保安监科科长　陈江奖
环保安监科科技副科长　连聪明
园区纪工委副书记 / 监察组副组长
　　林燕清 / 3 月任
规划建设科科长　陈建良　至 8 月
石化应急救援中心
主　任　　汪永良
副主任　　柯汉文
纪检组长　蔡文贵　至 7 月
副主任　　郑忠吉

湄洲湾港口发展中心（在湄洲湾港口管理局基础上整合）
副局长　　叶祥辉（主持）
副局长　　陈文雄
正处级干部　吴玉忠
副局长　　陈贵华
副局长　　陈鸿朝
纪委书记　陈　宇
办公室主任　张金荣
人事处处长　林仲谋
政治处主任　林慰敏
财务处处长　陈荣贵
规划建设处处长　陈建新
港航运行处处长　郑　峰
物流发展处处长　肖　富
安全监督处副处长　王家祥
监察审计处处长　吴剑沨
肖厝港务站
站　长　　李庆福

消防救援大队（在消防大队基础上整合）
大队长　　陈世龙　至 1 月
代理大队长　徐文龙　2 月任
教导员　　付海波

泉州海关驻肖厝办事处
主　任　　翁瑞泉　12 月任
副主任　　吕毓明（主持）　至 12 月

副主任　严少群
副主任　陈瑞峰
综合保障科科长　黄忠族　1-12月
综合保障科副科长　康振金　1月任
口岸监督科科长　蔡芳敬　1月任
口岸监督科副科长　何家庆　1月任
综合业务科科长　苏志阳　1月任
综合业务科副科长　纪少艺　1月任
查验科科长　庄彬聪　1月任
查验科副科长　吴志伟　1-12月
查验科副科长　陈佳新　1-12月
物流监管科科长　张　勇　1月任
物流监管科副科长　吴敬鹏　1月任
通关科科长　王立国　至1月
查验科科长　吴志伟　至1月
查验科副科长　康振金　至1月

泉港海事处
副处长　郑华林
副处长　傅金塔

公安分局
局　长　黄建辉　至7月
　　　　王艺彬　7月任
政　委　柳金盾　至11月
　　　　王福东　11月任
副局长　王福东　至11月
副局长　陈宏斌　至11月
副局长　刘祖河
副局长　陈宾阳
副局长　郑惠山　12月任
纪委书记　方炳金

指挥情报中心
主　任　刘伟龙　12月任
教导员　出学典

政工室
主　任　陈锦河　至12月
　　　　林炳坤　12月任

警务保障室
主　任　王　盛

国保大队
教导员　黄舜东

刑事侦查大队
大队长　陈宏斌　至7月
　　　　许晓文　7月任
教导员　王发红　至12月
　　　　钟振忠　12月任
副主任科员　许晓文　至7月

治安大队
大队长　张国平　至7月
　　　　郑惠山　7-12月
教导员　潘庆斌

禁毒大队
大队长　郑志明
教导员　王云龙

法制大队
大队长　陈章华

巡特警反恐大队
主持工作　林伟荣　至12月
大队长　钟昱明　12月任

经侦大队
大队长　陈秋荣
教导员　郭伟国　至4月
　　　　钟一彬　12月任

拘留所
主持工作　陈敬华

南埔派出所
所　长　郑惠山　至12月
教导员　林伟荣　至12月

界山派出所
所　长　钟一彬　至12月
　　　　苏碧义　12月任

后龙派出所
所　长　苏碧义　至12月
　　　　王发红　12月任
教导员　余卫民
副所长　庄毅苗
副所长　肖惠山

山腰派出所
所　长　陈宾阳　至12月
　　　　林伟荣　12月任
教导员　陈玉标
副所长　何聪明
副所长　兰祥雄

前黄派出所
所　长　钟振忠　至12月
教导员　林　波
副所长（主持）　陈锦阳　12月任
副所长　张景东

涂岭派出所
所　长　陈如平　12月任
教导员　陈如平　至12月
副所长　林　猛
副所长　郭宝金

油城分局
局　长　王洪杰　至5月
副局长　黄国荣（主持）　5月起
副局长　蔡培鹏
办公室主任　何忠思　至7月
办公室主任　李书杰　7月任
法制科副科长　庄清勇
国保大队大队长　庄聪平
治安大队大队长　刘祖炎
刑侦大队副大队长　许文忠

海防大队
负责人　沈雪林

峰尾边防所
负责人　曾凡亮
协助负责人　杨如及

沙格边防所
负责人　赵廷国

上西边防所
负责人　张超英

狮东边防所
负责人　陈武纬
协助负责人　郑少锋

生态环境保护局(在环保局基础上整合)
局　长　郑明炎
副局长/二级主任科员　刘　忠
二级主任科员　陈立仁
二级主任科员　朱华章
副局长　潘灿民
副局长　苏秀丽
纪检监察组组长　吴长盛　至8月

医保分局(在医保局基础上整合)
局　长　李肇晖　3月任
副局长　李金顶　3月任
管理部负责人　陈玲玲

交警大队

大队长　朱绍辉　至11月
　　　　苏兴福　11月任
副大队长　苏兴福　至11月
副大队长　林万通
副大队长　卢筱洁　11月任
一级警长　张国财
一级警长　王惠盛　至5月
一级警长　刘友贤
二级警长　刘清南

公路分局

局　长　洪五洲
副局长　庄进明
副局长　张小阳

供电客户服务分中心

主　任　吴友斌
书　记　肖朝岁
副主任　陈银水
副主任　魏志民

邮政分公司

总经理　陈毅力
副总经理　王成辉

烟草专卖局

局长/经理　郑礼林
副经理　李飞龙　至3月
副经理　唐晓莉　3月任
副局长　黄宝塔
纪检员　唐晓莉　至3月
纪检员　谢凯鸿

福州大学石油化工学院（泉港校区）

党委书记　叶志清
院　长　鲍晓军
副书记　岳志强
副院长　江义平
副院长　邱　挺
副院长　侯琳熙
副院长　陈全成

福建师大泉港石化研究院

院　长　陈登龙
院长助理　刘成峰
办公室主任　陈志东

国家阀门检测中心

常务副主任　郑荣部
副主任　严旭生　至7月
副主任　蔡荣秋

中国电信泉港分公司

总经理　洪建荣
副总经理　郑远福
副总经理　谢杰林

中国移动泉港分公司

经　理　叶育文
副经理　张加平
副经理　陈惠阳

中国联通泉港分公司

总经理　刘启华　至10月
总经理　黄荣贵　10月任
副总经理　陈秋兴
副总经理　张凤武　至12月
副总经理　季明涛　12月任

泉州沙格港务有限公司

总经理　陈人琼
副总经理　黄　燕
副总经理　李伯岩
副总经理　陈电联

国电泉州热电有限公司

总经理　张志业
副总经理　柯恩概
纪委书记　程　皓
副总经理　严晓生
总工程师　柯展煌
总会计师　田　忠

广电网络集团泉港分公司

总经理　孙鸿佳
副总经理　连惠强

总经理助理　吴小茴

新华书店

经　理　陈铮锐
副经理　张文锋

国土资源分局（机构改革并入自然资源局）

局　长　庄学良　至9月
纪检组组长/正科级纪检监察员
　　　　朱建兴
副局长　柯建华　至1月
副局长　张小峰　至1月
不动产登记中心主任　张宇翔　至1月
监察大队大队长　刘文明　至1月

税务局

局　长　江　岚
副局长　郭远腾
副局长　林建立
副局长　张继斌
副局长　庄灿阳
副局长　吴培德
纪检组组长　何成刚

肖厝边防检查站

站　长　吴　冰
政　委　李　铭
副站长　庄铭源
办公室主任　李　杰
边检处处长　何武宜

泉州出入境检验检疫局肖厝港办事处（机构改革，并入肖厝出入境边检站）

主　任　陈金辉
办公室主任　陈　楠
综合科科长　张　勇
监管科科长　张志刚
检疫查验科科长　蔡芳敬

中国人民银行惠安县支行

行　长　陈志强
副行长　何福来
副行长　余文华
副主任科员　唐丽娟

泉州银监分局惠安办事处
组　长　陈培忠
副组长　朱亚芬

工商银行泉港支行
行　长　蔡旭东　至7月
行　长　乔　鹏　7月任
副行长　谢福明
副行长　柯闻琴

农业银行泉港支行
行　长　庄喜平
纪委书记　黄梓庭
副行长　吴金禄
副行长　王　新　至9月
副行长　潘　军　9月任

中国银行泉港支行
行　长　林溪水
副行长　张静兴　至11月
副行长　黄幼娇　至11月
副行长　周永坚　12月任
行长助理　柯盛良　10月任

建设银行泉港支行
行　长　黄新强　至8月
行　长　郑文江　8月任
副行长　郑志良　至9月
副行长　林伟桑
副行长　张毅伟　9月任

兴业银行泉港支行
行　长　林振源
副行长　郭燕腾
综合科长　刘月珍
业务科长　郑洁梅

邮政储蓄银行泉港支行
行　长　黄哲阳　至7月
行　长　谢慧玲　7月任
副行长　陈建坤

民生银行泉港支行
行　长　张立玮

泉州银行泉港支行
行　长　康跃章
副行长　张碧聪
行长助理　庄东洋

农商银行泉港支行
行　长　王锦龙　至7月
　　　　庄吓农　7月任
副行长　吴惠煌　6月任
　　　　吴振添　11月任
　　　　庄阳平　至11月

恒丰银行
行　长　郭永建
副行长　于运平　至7月

人民财产保险公司
经　理　张　良　至11月
经　理　洪顺筑　11月任
副经理　傅剑锋
副经理　董　寅　11月任

人寿保险公司
总经理　刘侬侬
经理助理　张培银　至10月
经理助理　许福全　至10月
副经理　孙志根　10月任

人寿财产保险公司
经　理　蔡少东

中华联合财险公司
经　理　刘琼玫

太平洋财产保险公司
经　理　郭亮亮

平安人寿保险公司
经　理　王辉清

平安财产保险公司
经　理　曾乙波

泰康人寿泉港营销服务部
经　理　汪学武

华泰保险泉港代理店
经　理　刘惠军

华鑫证券泉港营业部
总经理　王征宇

南埔镇
党委书记　陈宗德
副书记／镇长　陈宝喜
人大主席　庄晓健
二级主任科员　陈秋财
二级主任科员　肖良平
二级主任科员　王小林
二级主任科员　林汶美
综治副书记　王碧山
副书记　刘勇芳　至11月
副书记　连小彬（挂职）
非公企业和社会组织党委专职副书记／宣传委员　苏荣燔
党委委员／秘书　刘建阳
组织委员　林培勇
人武部部长／副镇长　庄凤滨
纪委书记／监察组组长
　　刘志春　/1月任
统战委员　吴爱泉
副镇长　曾斌忠
副镇长　连小敏
副镇长　连俊廉
科技副镇长　陈振阳
司法所所长　吴志勇

界山镇
党委书记　王峻峰
副书记／镇长　肖银河　至8月
镇长人选／镇长
　　庄占彬　8月任/12月任
人大主席　肖德宝　至1月
人大主席人选／人大主席
　　刘勇芳　11月任/12月任
二级主任科员　郭文图
二级主任科员　林礼贤
二级主任科员　刘荣川
二级主任科员　康良兴
副书记　刘婉娥　至8月

综治副书记 钟声宏
统战委员 吴亦伟
宣传委员 郭鑫堂 至12月
秘书／人武部部长 林开辉
纪委书记／监察组组长
吴碧扬 /1月任
组织委员 张伟强
副镇长 柳亚宾
副镇长 林明财
科技副镇长 邱东华
司法所所长 王锡波

后龙镇

党委书记 刘 勇
副书记／镇长 张燕婷
人大主席 林进财
非公企业和社会组织党委专职副书记／
主任科员 吴华阳 至9月
副书记（挂职） 陈明忠 至1月
二级主任科员 陈明忠 1月任
二级主任科员 黄凤禧
二级主任科员 王高阳
二级主任科员 林兴荣
二级主任科员 郭勇诚
副书记 曾荣桂 至4月
副书记 郭先锋
副书记 刘坤忠 4月任
纪委书记／监察组组长
杨宗辉 至6月 /1-6月
纪委书记／监察组组长
蒋冠航 7月任
党委委员／人武部部长 陈清泉
秘书／统战委员 卢凌峰
宣传委员 陈惠仁
组织委员 庄阳江
副镇长 刘坤忠
科技副镇长 连 维
司法所所长 何金露
四级主任科员 王华章
副镇长人选／副镇长 潘鸣航 8月任／

峰尾镇

党委书记 柯明好
副书记／镇长 林素宝
人大主席 林宗文
二级主任科员 欧阳雁桂
二级主任科员 王传林
二级主任科员 黄仁成
副书记／组织委员 郑伟伟
副书记／统战委员 林 智 至12月
王宏辉 12月任
宣传委员 蒋海昆
纪委书记／监察组组长
陈玉林 /1月任
党委委员／人武部部长 林益清
副镇长 王宏辉 至12月
党委委员／秘书 庄明海
副镇长 曾淑娟
副镇长 黄瑞清
科技副镇长 郭景滨
司法所所长 刘平霞 至7月
副镇长 李建辉
四级主任科员 柯子兵

山腰街道

党工委书记 柯永进
副书记／办事处主任 林坤清
人大工委主任 吴文辉 至1月
副书记 庄占彬 至8月
非公企业和社会组织党委专职副书记
刘文党
综治副书记 刘梅坤 至4月
综治副书记 曾荣桂 4月任
宣传委员 庄文兴
统战委员／人武部部长 庄绍鸿
党工委秘书 庄涌涛
纪工委书记／监察组组长
肖宇斌 /1月任
组织委员 王琼英
副主任 庄建国
副主任 郭小国
副主任 郑松兴
副主任 林平坤
科技副主任 庄海辉
司法所所长 黄咸吉

前黄镇

党委书记 蔡奔腾
副书记／镇长 郭森波
人大主席 郑学栋
副书记 谢梓骞（挂职）
副书记／主任科员
黄海河 至10月
二级主任科员 郭永山
二级主任科员 张志平
组织委员／非公企业和社会组织党委专职副书记 林小波
综治副书记 庄增加
人武部部长／副镇长 林兴贵
纪委书记／监察组组长
林锃锭 /1月任
党委委员／秘书 黄金奖
统战委员 蔡文贵 7月任
副镇长 刘雅萍
科技副镇长 庄燕红
副镇长 吴谋冻
司法所所长 廖晓红 至9月
副镇长 王雪萍

涂岭镇

党委书记 柳铅玉
副书记／镇长 连溥恩
人大主席 李肇晖 至3月
人大主席人选／人大主席
陈国镇 11月任 /12月任
二级主任科员 连琼华
二级主任科员 张志成
二级主任科员 陈国镇 至11月
二级主任科员 郭惠明
综治副书记 林荣顺
非公企业和社会组织党委专职副书记
施连斌
副书记／组织委员 陈伟宏
宣传委员 钟叶嘉
纪委书记／监察组组长
庄敬民 /1月任
人武部部长 林 强
统战委员／秘书 刘小军
党委委员 出文彬
副镇长 庄东平
副镇长 郑瑞彬
科技副镇长 郭安鹏
司法所所长 钟娟丽

泉港区第五届“感动泉港·道德之光”人物（10名）

1. 见义勇为模范：叶芳强、刘长海
2. 诚实守信模范：叶雅茹
3. 助人为乐模范：王华鹰、章纪辉、郭小伟
4. 敬业奉献模范：黄亿元、陈祖基
5. 孝老爱亲模范：柳宝妹、陈丽琴

泉港区第五届“感动泉港·道德之光”人物提名奖

陈锦春、杨红生、肖美贵、柯玉英、周送桂

非物质文化遗产传承人

2018年，庄明加获评第五批国家级非物质文化遗产项目泉州北管代表性传承人。黄宗财列入第五批国家级非物质文化遗产项目水密隔舱福船制造技艺代表性传承人。

表25　　2019年泉港区百岁及以上老年人简明情况登记表

总序号	姓名	性别	周岁年龄	民族	婚姻情况	文化程度	健康状况	居住地
1	麦钦娘	女	104	汉族	丧偶	文盲	一般	南埔镇南埔村
2	林泉娘	女	102	汉族	丧偶	文盲	一般	南埔镇南埔村
3	陈荣娘	女	105	汉族	丧偶	文盲	一般	南埔镇柳厝村
4	王文二	男	101	汉族	丧偶	文盲	健康	南埔镇天竺村
5	郑聪娘	女	101	汉族	丧偶	文盲	健康	南埔镇天竺村
6	陈如品	男	101	汉族	丧偶	小学	健康	南埔镇凤翔村
7	林其娘	女	101	汉族	丧偶	文盲	健康	南埔镇凤翔村
8	肖清娘	女	104	汉族	丧偶	小学	良好	南埔镇柯厝村
9	张员娘	女	101	汉族	丧偶	文盲	健康	南埔镇柯厝村
10	柯金娘	女	103	汉族	丧偶	文盲	一般	南埔镇施厝村
11	陈金水	男	100	汉族	丧偶	文盲	一般	南埔镇沙格村
12	许世庆	女	100	汉族	丧偶	文盲	一般	南埔镇肖厝村
13	朱屿仔妹	女	107	汉族	丧偶	文盲	一般	界山镇大前村
14	张世猴	男	103	汉族	丧偶	文盲	一般	界山镇东凉村
15	陈春姐	女	101	汉族	丧偶	文盲	一般	界山镇鸠林村
16	陈文娘	女	101	汉族	丧偶	文盲	一般	界山镇岭头村
17	吴生利	女	101	汉族	丧偶	文盲	一般	界山镇东凉村
18	陈顺娘	女	101	汉族	丧偶	文盲	一般	界山镇下朱村
19	刘吓宝	女	100	汉族	丧偶	文盲	一般	界山镇界山村
20	陈春仁	男	100	汉族	丧偶	文盲	一般	界山镇鸠林村
21	肖妹妹	女	100	汉族	丧偶	文盲	一般	界山镇狮东村
22	林土福	女	100	汉族	丧偶	文盲	一般	界山镇狮东村
23	辞古下	女	100	汉族	丧偶	文盲	一般	界山镇下朱村
24	刘顺娘	女	103	汉族	丧偶	小学	健康	后龙镇坑仔底村
25	王黄鹅	女	110	汉族	丧偶	小学	健康	后龙镇许厝村

续表 25

总序号	姓名	性别	周岁年龄	民族	婚姻情况	文化程度	健康状况	居住地
26	陈文生	男	101	汉族	丧偶	小学	健康	后龙镇坑仔底村
27	刘秋娘	女	101	汉族	丧偶	小学	健康	后龙镇栖霞社区
28	林良妹	女	100	汉族	丧偶	文盲	一般	后龙镇峰前村
29	刘聪娘	女	100	汉族	丧偶	文盲	一般	后龙镇田里村
30	刘锻娘	女	101	汉族	丧偶	文盲	一般	峰尾镇峥嵘村
31	郑秋水	男	100	汉族	丧偶	文盲	一般	峰尾镇峥嵘村
32	黄兴娘	女	100	汉族	丧偶	文盲	不好	峰尾镇诚峰村
33	庄龙妹	女	106	汉族	丧偶	文盲	健康	峰尾镇诚平村
34	林水娘	女	103	汉族	丧偶	文盲	失明	峰尾镇诚平村
35	庄冬妹	女	100	汉族	丧偶	文盲	残疾	峰尾镇诚平村
36	林玉进	男	102	汉族	丧偶	文盲	健康	峰尾镇奎璧村
37	朱贤妹	女	104	汉族	丧偶	文盲	健康	山腰街道菜堂村
38	张晏娘	女	103	汉族	丧偶	文盲	健康	山腰街道菜堂村
39	庄细古	男	102	汉族	丧偶	小学	健康	山腰街道埭港村
40	林美珠	女	105	汉族	丧偶	文盲	半自理	山腰街道锦川村
41	张木水	男	105	汉族	丧偶	文盲	半自理	山腰街道普安村
42	黄春妹	女	102	畲族	丧偶	文盲	半自理	山腰街道钟厝村
43	何现妹	女	101	汉族	丧偶	文盲	半自理	山腰街道钟厝村
44	庄清妹	女	106	汉族	丧偶	小学	一般	山腰街道锦山村
45	连荣娘	女	101	汉族	丧偶	文盲	一般	山腰街道锦山村
46	何钦娘	女	100	汉族	丧偶	文盲	一般	山腰街道锦山村
47	庄全娘	女	100	汉族	丧偶	文盲	一般	山腰街道锦山村
48	郑金标	男	100	汉族	初婚	小学	瘫痪	山腰街道荷池社区
49	刘　姜	女	100	畲族	丧偶	文盲	视力残疾一级	山腰街道鸢峰村
50	刘抱娘	女	100	汉族	丧偶	文盲	良好	山腰街道锦联村
51	程有吓	女	100	汉族	丧偶	文盲	半自理	山腰街道海滨村
52	庄志宗	男	100	汉族	丧偶	小学	健康	山腰街道埭港村
53	庄庆珠	女	105	汉族	丧偶	文盲	一般	前黄镇后张村
54	方玉妹	女	102	汉族	丧偶	小学	半自理	前黄镇古县村
55	林阿四	女	105	汉族	丧偶	文盲	一般	涂岭镇幸福社区
56	周谦希	男	103	汉族	丧偶	初中	一般	涂岭镇黄田村
57	王秀莲	女	103	汉族	丧偶	初小	一般	涂岭镇涂岭村
58	许　搰	女	101	汉族	丧偶	初小	一般	涂岭镇黄田村

表 26　　泉港区各级非遗代表性传承人一览表

序号	项目	姓名	级别	备注
1	北管	庄龙宗	国家级	已故
2	北管	庄明加	国家级	已故
3	北管	连瑜碧	市级	—
4	北管	郭后全	市级	已故
5	北管	刘华棋	市级	—
6	北管	刘宗良	市级	已故
7	北管	林朱法	市级	已故
8	北管	庄志丁	市级	—
9	北管	刘宗民	市级	已故
10	北管	刘宗训	市级	—
11	北管	庄锡保	市级	—
12	北管	林国春	市级	已故
13	北管	连跃平	市级	已故
14	北管	庄炳文	市级	—
15	北管	郭承梅	市级	—
16	北管	杨朝阳	市级	—
17	水密隔舱福船制造技艺	黄宗财	国家级	—
18	水密隔舱福船制造技艺	黄仁德	市级	—
19	水密隔舱福船制造技艺	黄振煌	市级	—
20	水密隔舱福船制造技艺	黄同生	市级	—
21	水密隔舱福船制造技艺	黄唐安	市级	—
22	“涂岭红”红茶制作技艺	吴辉木	省级	—
23	“涂岭红”红茶制作技艺	陈秀贞	市级	—
24	“咸水腔”芗剧	庄丽珍	市级	—
25	峰尾渔网具制作	刘德辉		—
26	山腰海盐传统晒制技艺	庄震山		—
27	泉港浮粿	郭梅兰		—
28	泉州古船模制作技艺	刘地香		已故
29	南音	颜财法		—

说明：截至2019年，泉港区有各级非遗代表性传承人29人，其中，国家级3人（已故2人），省级1人，市级26人（已故7人）

表27　　泉港区2019年1—12月国民经济主要指标一览表

指标	单位	本月止累计	增长率（%）
一、地区生产总值	亿元	720.99	7.6
其中：第一产业	亿元	11.08	1.6
第二产业	亿元	576.54	8.1
第三产业	亿元	133.37	5.9
二、农林牧渔业总产值	亿元	18.98	1.7
三、工业增加值	亿元	510.66	7.8
其中：规模以上工业增加值	亿元	458.76	7.8
四、建筑业增加值	亿元	66.02	10.7
五、规模以上工业产值	亿元	1959.31	9.3
其中：石油化工产业	亿元	1111.16	11.0
纺织鞋服产业	亿元	232.72	−4.0
建筑建材产业	亿元	100.79	3.0
食品饮料产业	亿元	180.74	−4.4
六、固定资产投资	亿元	—	16.6
其中：项目投资	亿元	—	−4.5
房地产开发投资	亿元	81.58	38.3
七、社会消费品零售总额	亿元	158.88	11.9
其中：限额以上零售额	亿元	50.55	15.8
八、一般公共预算总收入	亿元	96.92	−9.3
其中：一般公共预算收入	亿元	25.32	−28.0
九、一般公共预算支出	亿元	32.98	−7.7

续表27

指标	单位	本月止累计	增长率 (%)
十、期末金融机构本外币存款余额	亿元	224.32	−6.0
其中：人民币存款	亿元	221.61	−7.0
十一、期末金融机构本外币贷款余额	亿元	243.84	7.6
其中：人民币贷款	亿元	228.57	3.8
十二、全社会用电量	亿千瓦时	46.73	1.8
其中：工业用电	亿千瓦时	41.10	1.1
十三、进出口总额（海关数）	亿元	38.16	−16.7
其中：出口	亿元	12.53	24.4
进口	亿元	25.63	−28.4
十四、实际利用外资（验资口径）	亿元	1.39	−35.2
十五、水路货运周转量	亿吨公里	54.90	15.0
十六、港口货物吞吐量（肖厝港区）	万吨	1963.65	1.6
十七、居民人均可支配收入	元	28549	8.7
其中：城镇居民人均可支配收入	元	37951	7.6
农村居民人均可支配收入	元	21471	9.1

泉港区政协四届四次会议重要提案摘要

区政协四届四次会议期间，共收到委员提案 188 件，其中党派团体提案 67 件。经提案委初审、复审，予以立案 179 件。现将部分重要提案摘录如下。

1. 出小彬：《关于发展壮大村级集体经济的提案》（编号 A20009）

内容摘要：关于集体经济股份制改革的几点建议：①成立全区发展壮大村集体经济领导小组，实行区、镇、村三级“挂图作战”，将工作纳入年终目标考核，把发展村级集体经济作为农村集体产权制度改革的重点工作，明确目标任务、完成期限和考核评价；②按照全面启动、重点安排、典型带动、示范引领的原则，实施农村集体产权制度改革工作实行先试点、后推广的模式，确定几个试点村，为全区探索多种符合实际的发展模式，盘活集体资产，壮大集体经济，全面推进农村集体产权制度改革提供成功经验，树立示范“范本”；③成立村集体股份经济合作社，实行三个统一。统一管理，即村党组织牵头进行清产核资、确权登记、量化评估、有效整合、合部入社，实行统一规划耕作、统一收储购销；统一用工即组建产业工人队伍，吸收本村富余劳动力，动员本村外出务工人员就地务工；统一筹资，由合作社作为独立法人，承接各类政策性财政资金、申请抵押贷款，吸纳民间投资入股等。

2. 黄燕：《关于发展泉港区旅游的几点建议的提案》（编号 A20015）；致公党泉港总支：《关于完善旅游产品体系，推动我区乡村旅游向新业态发展的提案》（编号 A20016）；民进泉港支部：《关于做好我区文化旅游方面工作的提案》（编号 A20017）；连怀孟：《关于推动我区旅游文化、生态环境与体育赛事融合发展的提案》（编号 A20018）

内容摘要：以文化旅游业发展助推国家产城融合示范区建设，建议：①区政府启动泉港区文化旅游方面专项规划，对我区文化旅游资源进行摸底分类、统筹安排、建设、完善提升，为今后的发展提供科学指导和开发支撑；②加强旅游基础设施建设，完善旅游服务体系，丰富旅游产品，促进品牌化经营、规范化管理；③加大投资，提升旅游景点建设、海岸线景观建设、惠屿岛品牌建设和老街文化保护建设；④创新人才培养机制，依托高校或职业技术学校，对从事旅游行业的人员进行系统专业文化培训，加强旅游人才的储备和引进。⑤落实支持鼓励文化旅游业发展的各项政策措施，加大资金保障力度，释放创新发展动力。

3. 林茂：《关于改造建设泉港夜市（美食）街区的提案》（编号 A20032）

内容摘要：打造具有泉港当地特色文化韵味的美食商业街区，形成独特的夜市文化，带动夜经济的发展，建议：①打造泉港文旅品牌，建立泉港“夜经济”新的时尚地标，推动泉港的创意产业和地区经济发展；②将中心工业区一带闲置厂房向场景化、体验式、互动型综合型文化创意消费场所转型，在无须投入大量资金的前提下，最大程度地发挥旧厂房的作用，并将它扩展到商业用途及其他用途，获得最大的经济效益；③能加速农村劳动力转移，吸引下岗人员再就业和解决富余劳动力，成为提升城市活力、拉动经济发展的一个新引擎。

4. 连秀忠：《关于保护开发蚁山的提案》（编号 A20023）

内容摘要：蚁山是泉州市级文物保护单位，加大对蚁山的遗址文物保护有着极其重要的人文价值和意义。建议：①成立由区政府等相关单位为领导协调机构，制定保护开发规划，列入为民办实事项目；②处理好文物保护与开发建设的关系，做成一项推动乡村振兴、惠泽民生、造福子孙万代的良心工程。

5. 农工党泉港总支：《关于对南山北路进行升级改造的提案》（编号 A20024）；民革泉港支部：《关于南山路（北段）提级改造及中间隔离带设置的提案》（编号 A20003）

内容摘要：南山公路（北段）是我区城区主干道之一，发挥着连通城乡南北组团重要作用，由于该路段弯道和上下坡路段较多，机动车和非机动车没有分离，人车混杂事故多发。建议对该路段进行升级改造，道路设计上进行机动车和非机动车分离，减少弯道、减小弯度，并在道路两侧进行绿化、美化，仙境路口、凤翔路口和二化大门口等重点路段加装隔离栏杆，把该路段建成“文明之路”“安全之路”。

6. 吴笛：《关于推进泉港区农村生活污水治理的提案》（编号 C20038）

内容摘要：大部分农村生活污水只经过化粪池简单处理或未经处理直接排放，造成农村整体水环境恶化，直接影响村民的生活和健康。建议：①完善规划，因地制宜地选择污水治理模式。

加强对各镇、村做好实地调研，学习借鉴周边省市的先进经验，实地学习交流；②引入社会资源，积极整合多方力量，共同推进农村污水处理设施的建设；③通过试点村先行启动污水处理设施、纳户管网等建设工程，探索一套适合本区域为全区推广有用、耐用、适用、好用的污水处理系统奠定基础；④加强维护管理，推动建立农村污水治理设施长效管控机制。明确运营维护责任主体，通过多元共治的形式，以政府、市场、村民的多方参与共同治理农村生活污水，洒建立长效的监管体系；⑤开展多种形式的农村环保知识宣传教育活动，提高村民的生态环保意识。

7. 农工党泉港总支：《关于城区道路使用智能化井盖的提案》（编号 C20042）

内容摘要：为改善城市形象，提高工作效率，建议：①城区道路统一使用防沉降防水防噪球墨铸铁智能井盖，结合物联网智能化技术，通过数据化管理，切实提高相关部门的管理效率，保障人民群众的安全和正常生活以及相关设备的正常工作；②构建监测、统计、分析、大数据、云计算等多功能的应用平台，做到提前预防、数据分析、联动报警，使井盖管理部门实现灵活派工、高效预警巡检、事件快速处理等功能，全面提升城市安全质量、城市管理水平、智慧城市的建设。

8. 钟晓蓉：《关于解决泉港石化安控区项目住房困难户住房难的提案》（编号 C20037）

内容摘要：如何妥善安置弱势群体，是安征迁项目必须面对的一个难点也是重点问题，建议：①认真做好安征迁项目中住房困难户（含五保户）的调查摸底工作，登记造册，做到底数清，逐户落实，对特殊安置问题需有针对性地妥善解决；②做好适合住房困难户（含五保户）居住的房源信息收集工作，建立房源信息库，符合政策的争取按照公租房、廉租房等形式，租金尽量全免，切实帮助解决家庭困难；③根据《泉港石化工业区安全控制区项目房屋征迁补偿安置实施方案》（泉港政综〔2017〕85 号）有关规定：“人均居住面积少于 35 ㎡的，所有补偿款不足以购买任何一套商品房的住房困难户，政府可提供保障房”。建议落实保障房，确保住房困难户（含五保户）妥善安置；④对于涉迁村的困难户（含五保户）要做好送温暖活动，逢年过节多开展走访慰问活动。

9. 民建泉港支部：《关于改善小区物业管理，提升物业服务质量的提案》（编号 C20004）

内容摘要：为加强物业管理，提升社区自治水平，建议：①由政府相关职能部门对全区小区物业管理进行一次排查，制定或完善相关规范性文件；②加大行业监管力度。行业主管部门应履行好对物业公司监管职责，建立业主对物业公司的意见建议通道，及时有效地对物业公司的服务进行监管；③通过增加人员配置，制定合理收费标准，公开收费使用情况，规范服务或专业服务行为等提高物业公司专业化服务水平；④要采取多种形式，多措并举，宣传物业管理的重要性，宣传诚信理念，帮助业主树立“花钱买服务”意识，按时交纳物业费；⑤物业所在地的政府组织、社区应积极发挥桥梁媒介作用，为物业公司和业主搭建交流平台，增强双方的信任感和和谐度；⑥加强对小规模小区的管理，对无法自己管理的小区建议与相邻小区合并管理，成立共同物业管理委员会，共用一个物业公司，进行协同管理；⑦加大行政部门对物业管理公司的管理及扶持力度。

10. 民盟泉港总支：《加强对食品外卖行业质量监管的提案》（编号 C20098）

内容摘要：近年来，食品外卖行业兴盛，但从事人员的健康管理、卫生设施、营业场所监管难度大，为此建议：①区食安委要通过互联网平台对我区外卖餐饮企业进行全部登记造册，对食材不定期取样监测，加强源头管理；②委托第三方建立评价制度，对每一单的送餐业务进行跟踪评价；③督促外卖企业推广明厨亮灶工程，力促实现在线监测。

11. 郭维国：《关于重视我区公立基层卫生院人才流失现象的提案》（编号 B20022）

内容摘要：近年来，由于基层待遇普遍偏低，医疗人才流失现象比较严重，个别卫生院已出现断层现象。为此建议：①重新审核出台《卫计系统紧缺急需专业和薄弱学科岗位财政补助》，对取得初中高级职称及紧缺专业卫生技术人员进行补助，以稳定新招聘人员，培养年轻医技骨干，引进高职称技术人员。同时，对取得中级及以上职称的专业卫生技术人员进行每月 1000-2000 元的补助，或适当提高补助；②启动公立基层卫生院职工周转房建设，为新进人员提供便利的住宿条件，甚至鼓励为同在我区基层卫生院工作的夫妻提供生活必备的起居室。同时，教育局要解决公立基层卫生院医技人员儿女就学问题；③区团委、妇联、工会等部门要适时组织开展单身人员的婚介派对活动，组织活动参加的范围不仅限于卫生系统内或跨系统，辖区内的大中型企业都应参加进来；④区人社局、编办要对公立的基层卫生院人员每年的招聘数额要给予倾斜，鼓励招聘泉港籍人员。区人社局可考虑基层卫生院人员在职称评聘上给予突破职数限制，只要医技人员能考得相应职称就可聘用；⑤区卫健局要组织基层卫生院对新进的医技人员进行外派培养，联合区总工会开展临床业务技能竞赛交流，邀请业界专家来泉港开展学术交流培训，对在职人员考取更高学历进修要提供便利。

12. 致公党泉港总支：《关于建立完善查询系统，增强普惠性幼儿园监管力度的提案》（编号 C20060）

内容摘要：学前教育不仅关系孩子成长，更关系到整个民族振兴的未来。结合泉港区大力推行普惠性幼儿园建设的工作部署，特提出以下三条建议：①将公平原则合理配比幼儿园资源，有关部门与社区、街道等部门配合，对现有社区及其附近的幼儿园分布情况等进行全面了解和记录，结合不同街区情况，调整普惠性幼儿园的建设规划；②建立完善查询体系，有关部门将包括政策规划、指导意见、普惠性幼儿园详细信息等在内的官方信息经由统一的渠道向全社会发布；③实行有效的监督措施，即财务监督、采购监督和教学监督。

13. 泉港区政协驻厦门联络委：《关于进一步改善泉港城区部分道路配套交通安全设施的提案》（编号 C20011）

内容摘要：随着我区城市化进程加快，一些城区主要路段道路交通安全有待进一步加强，为此建议：①完善交通标志标识，全面查漏补缺、增设限速、禁停等标志标识，在事故多发路段配备安全警示牌；②合理设置城区“市政交通护栏”、“人行道斑马线”，坚决避免行人和非机动车斜插过道、被迫走机动车道等情况的发生；③改善道路亮化工程，对连接各镇街道的主干道加装路灯，并提升亮度，对农村公路可采用节能的 LED；④对新建、修缮的道路进行科学设计，同时建立长效管理机制，定时开展检查和整改；⑤集中开展交通安全知识宣传普及工作，切实提高车辆尤其是非机动车辆驾驶人的安全意识。

14. 农工党泉港总支：《关于普及我区中小学生急救知识教育和培训的提案》（编号 B20020）

内容摘要：在中小学校内宣传急救知识教育和培训是非常重要的普及方法，为此建议：①在全区中小学校开展急救知识技能教育和培训演练。区教育局对全区中小学校作出教育培训要求，区卫健局、区红十字会采用急救理论知识和模拟教学设备进校园的现场培训方式；②打造急救普及培训平台。建议我区建立应急救护指导站，明确专人负责，开展实践活动。区红十字会与卫健局紧密合作，加强急救培训师资建设；③强化学校重点人群的急救技能培训，尤其对体育教师、班主任、辅导员等开展急救技能岗前培训；④加大急救知识的宣传，区红十字会要通过公益广告、网站、微信等多种形式，大力普及急救知识，营造良好新局面。

15. 致公党泉港总支：《关于推进美丽乡村建设，完善农村建筑垃圾治理的提案》（编号 A20027）

内容摘要：当前，我区治理农村建筑垃圾的困难较多，存在不少问题，为此建议：①把农村建筑垃圾治理纳入实施乡村振兴战略专项行动之中。各相关部门统筹规划农村基础设施建设和改造，从源头上减少建筑垃圾；②建立农村乡镇建筑垃圾处理机制，完善农村垃圾治理服务体系；③加快在农村示范推广一批建筑垃圾再生产品利用工程，结合美丽乡村建设，提升农村人居环境；④完善农村建筑垃圾治理的制度和政策、法规体系，应尽快在土地使用、税收减免等层面出台可操作的具体方案。

16. 民盟泉港总支：《关于有计划推进道路整改措施的提案》（编号 A20033）

内容摘要：近几年，泉港道路整改频繁且速度较慢，给人民群众出行带来诸多不便，破坏城市整体形象，也造就了泉港“有路变无路”的困惑。为此建议如下：①有计划分步骤推动道路整改。例如驿峰路和祥云路同时施工建设，造成车辆拥堵、尘土飞扬。可以根据轻重缓急分路段推进。②道路两边树木的移栽要追踪成活率，许多较好的树木在不适合的季节大量死亡，造成资源浪费；③道路整改要及时清扫路面污垢，同时进度推进要及时跟踪到位，便于快道顺畅通行。

17. 民盟泉港总支：《关于创建泉港土坑古民居文化一条街的提案》（编号 A20039）

内容摘要：结合土坑古民居保护，并结合土坑的“港市遗址”这一遗迹进行合理开发，创建泉港文化一条街，丰富土坑的文化内涵，建议如下：①学习外地区成功经验，例如晋江五店市、福州的三坊七巷等；②招商引资合作开发，利用社会力量，缓解财政压力；③政府要做长远计划，有效嫁接，推动文化工程建设。

18. 民革泉港支部：《关于预防泉港区青年人才流失的提案》（编号 B20003）

内容摘要：近年来，我区对人才工作在制度、政策及人才引进方面取得一定成绩，但青年人才外流情况依旧比较突出，为此建议：①可以针对性的调整技术型青年人才的考核聘用政策；②继续加大对科研型青年人才的财政、政策扶持力度，更深层次引导各单位各部门积极解决青年人才在我区教育、住房和在我区开展科研项目保障等问题，更好的引进并留住科研型青年人才。③优化投资创业环境，在一定程度上加大力度给予税收政策优惠，鼓励其他青年人才自主创业。

19. 连筱兰：《关于规范校外培训机构的提案》（编号 B20006）；陈靓希：《关于加强我区校外培训机构监管的提案》（编号 B20007）

内容摘要：建议如下：①开展校外培训机构全面排查备案工作。严把校外培训机构准入标准，重点对培训机构、培训内容和培训人员等进行备案；②完善管理机制。在排查备案的同时，结合培训机构的特点，联合各部门梳理形成更为全面、综合、有效的管理制度，明确、落实各部门职责，完善部门联动、线上与线下联动的工作机制；③探索创新更为有效的管理举措。一是推进“一网通办”建设工作，二是建立学杂费专用账户制度，加强对培训机构的资金安全监管，三是推进建立教育培训领域信用管理体系，进一步完善教育培训市场的发展环境，培训机构规范办学，促进教育培训市场健康发展。

20. 民建泉港支部：《关于加快餐厨废弃物处理场建设，提升泉港食品安全水平的提案》（编号 C20007）

内容摘要：为进一步加快推进我区餐厨废弃物资源化利用和无害化处理工作进程，保障人民食品安全，提出如下建议：①成立餐厨废弃物管理工作领导小组，明确部门职责分工，加大组织协调和服务保障；②出台餐厨废弃物管理办法，强化制度约束，发挥部门联动优势，齐抓共管，把餐厨废弃物管理纳入规范化管理轨道；③将餐厨废弃物处理建设项目纳入重点工程项目，加快处理设施建设速度，并同步进行市场化运作；④建立科学合理的餐厨废弃物收运、处理体系，对餐厨废弃物实行统一收运，配置专门收集箱桶和收运车辆，规范收运方式。⑤制定相关优惠政策，加快市场化运作。对餐厨废弃物处理项目实施收运、处置一体运营，实行特许经营，参照外地做法，政府给予补贴。同时研究完善相关扶持政策和措施，支持餐厨废弃物资源化利用和无害化处理项目建设；⑥加强对“地沟油”专项整治；⑦加大宣传力度，增强餐饮企业、从业人员和广大市民遵纪守法和环境卫生意识，逐步养成垃圾分类存放的良好习惯，为餐厨废弃物统一收运、集中处理奠定坚实的社会和群众基础。

21. 段靖莲：《关于提高我区海上溢油应急能力及港口危化品作业安全整治的提案》（编号 C20033）

内容摘要：我区对海上溢油问题和危化品管理的应急处置管理能力有待提升，为此建议：①溢油应急管理要通过分析溢油事件的原因、过程和结果，有效集合多方面资源，对溢油事件有效预警、控制和处理，尽量降低溢油事件的危害；②加强无人机巡检巡查的应用，降低巡检成本，提升机动化水平；③开展危险化工品港口作业安全整治行动。

22. 农工党泉港总支：《关于逐步推进供水公司统一接管居民住宅二次供水设施的提案》（编号 C20049）

内容摘要：目前，我区尚无建成通水且统一接收维护管理的居民住宅二次供水设施。大部分住宅小区管供水人员更换频繁，卫生知识薄弱，蓄水池清洗和水质消毒不专业。部分老旧住宅小区，无物业管理，设施老化，群众用水安全问题迫在眉睫。由此建议：①新建住宅供水设施委托供水公司负责统一建设，费用由建设单位承担，供水设施工程建设收费按照我省定价目录等有关规定执行；若由建设单位或产权人自行建设的，其设计方案需征求供水公司意见，并采用符合技术要求的产品、材料和设备；②已建的住宅二次供水设施由供水行政主管部门组织，供水公司与相关业主单位代表共同参与验收；对设施完好、运行正常并满足二次供水设施建设技术要求的，可作为试点，经验收合格后交由供水公司管理；③对于需要改造或完善的二次供水设施，由城管部门牵头组织分步分类，逐步推进技术改造，改造并验收合格后交由供水公司管理；④少部分二次供水设施老化、无物业管理、水质不达标的住宅小区，建议纳入为民办实事工程，争取一定的改造资金保障。

23. 民进泉港支部：《关于加强校园及周边食品安全监管工作的提案》（编号 C20070）

内容摘要：校园及周边食品安全事关青少年儿童的生命安全和身体健康，为此建议：①区市场监管局、教育局、城管局区卫计局要按照职能分工，强化协同，联合开展学校食堂全覆盖检查和“双随机”检查，联合指导学校食堂达到“健康食堂”的标准。②市监局、教育局要继续加大对学校及周边食品安全监管力度，充分利用“明厨亮灶”网格监管中心，及时对学校食堂存在的问题即时督促整改。③继续开展相关科学知识普及和宣传教育活，强化对学校周边小餐桌食品从业人员的食品安全知识和预防食物中毒知识的宣传和培训，提高从业人员的食品安全意识。

24. 农工党泉港总支：《关于加强城区中心中小学周边交通安全管理的提案》（编号 C20044）

内容摘要：我区城区中小学门口车流量大，交通秩序混乱，给学生出行带来安全隐患。为此建议：①大力倡导绿色出行交通理念。交警部门加强与教育部门联动，广泛开展绿色出行的文明交通宣传，通过发放倡议书、开展“校园无车日”等活动改变家长的交通行为；②科学规划设置接送车辆停放点。根据城区学校实际停车需求，结合周边道路实际情况，科学设置“上放学交通安全通道”，在有条件的学校门口及周边道路合理规划非机动车、机动车临时停车点，引导接送学生车辆有序停放；③加大整治路面交通文明秩序。采取上下学高峰疏导、平峰整治措施，通过执勤巡逻警力巡查、技术监控网上抓等手段，对学校门前违停车辆进行依法查处，并加大处罚力度。

25. 叶彬彬：《关于加快泉港家政服务业市场引领的提案》（编号 C20090）

内容摘要：家政服务业在增加就业、改善民生，促进第三产业发展等方面有着非常重要的意义。因面临供不应求、市场失序等困境，发展现状不容乐观。为此建议：①区政府要制定推动本地区家政服务业发展政策，工作机制，扶持家政服务企业，鼓励企业从事培训、介绍就业、管理服务一条龙；②通过市场化、品牌化、项目化、集聚化的方式来培育示范性较强的家政服务品牌企业，构建家政服务一体化信息化服务平台；③加大宣传、推动诚信经营、服务，实现不持证不上岗、不培训不入户，构建泉港良好家政服务品牌。

26. 林茂：《关于建设泉港区全民综合性体育馆的提案》（编号 B20014）

内容摘要：建议如下：①加大公共体育场地设施建设力度。建设一个综合性的体育运动场所，并无偿向社会开放；②实施公共体育场地设施提升工程。维护好现有公共体育设施，完善城区及乡镇一些公共场所的体育设施，安装体育器材，以方便群众体育锻炼；③将公共体育设施建设列入城市建设规划统筹实施，要求新建小区必须按规划标准建设群众健身场所，配置健身设施，并与住宅区主体工程同步设计，同步施工，同步投入使用。

27. 民进泉港支部：《关于在公共场所增加配备 AED 的提案》（编号 C20020）

内容摘要：自动体外除颤仪（AED）的早期介入，是目前针对心脏骤停非常有效的抢救手段，为此建议：①成立专项基金对 AED 进行补贴，由卫健委出台详细的公共场所应急物资管理方案，推动各公共场所特别是体育健身场馆所和企事业单位合理安装 AED；②宣传民法对于紧急情况下的施救者有免责的保护条款，

进一步完善法律法规；③大力推动急救知识进学校、进社区、进机关等，全面普及急救知识，以提升院前急救知识与公众知晓率；④借鉴浙江绍兴的相关经验，把公共场所 AED 纳入全市联网的智能化管理云平台，做好后续维护和规划布局。

28. 连秀忠：《关于下放特殊门诊办理权限的提案》（编号 C20075）

内容摘要：特殊门诊免费服务对于减轻全区人民群众医疗负担、保护群众特别是老年人的健康意义重大。目前这个权限收归到区级医院，这对特殊门诊的作用大打折扣。为此建议，由区卫健部门根据泉港实际情况，借鉴其他地方好的经验做法，加强监管，将特殊门诊的办理权限再次下放到镇级卫生院，方便群众就近办理，真正让群众“只跑一次”。

29. 农工党泉港总支：《关于加强卫生应急队伍装备建设的提案》（编号 C20046）

内容摘要：近几年我区在卫生应急建设方面投入较少，对突发卫生事件处置方面能力较差，为此建议：①相关部门应根据辖区实际情况拟定建设方案，纳入本级财政预算，逐年加强投入，从而有效提升辖区卫生应急能力；②加强卫生应急演练，组建应急队伍，开展卫生应急演练，提升辖区卫生应急处置力；③制定队伍管理办法，加强队伍规范化管理，并在实践中不断完善有关制度，确保队伍持续具备卫生应急能力。

30. 孟红瑛：《关于泉港区内执教的编外教师职称评定的提案》（编号 B20001）

内容摘要：在我区内，民办学校教师，乃至公办学校编外教师，无法参与职称评定，成为制约我区高水平教师人才引进的一个最大阻碍。如能解决民办学校教师以及编外教师在我区的职称评定问题，能够加快我区高水平教师队伍建设的步伐，吸引更多优秀的教育人才来我区执教，激发我区教育发展活力。建议由泉港区人力资源和社会保障局给予政策上的支持和协调解决，民办学校和公办编外教师的职称评定问题，以及涉及流动人口档案管理的问题。

31. 林琴棋：《关于实施“健康中国”战略，迫切需要发展泉港康复医学，力争把泉港区中医医院康复科打造成“闽南”康复医学中心的提案》（编号 B20004）

内容摘要：政府要加大康复医学的加大投入，完善设施，在人员、资金、政策等方面给以支持倾斜。建议如下：①加

强康复医学专业人才队伍建设。通过健康教育、业务培训和技术推广等方式培养康复医学实用型人才的，培养兼具传统中医康复技术和现代西方医学康复技术的复合型康复医学人才；②加大资金投入，添置康复医疗专业方面仪器设备。③加强康复医学医护人员的服务意识培训，引入竞争机制，对医护人员进行规范化管理；④加强康复知识科普宣教和对康复医学文化的宣传力度。做大、做强泉港区中医医院康复专科，力争把它打造成泉港（闽南）康复医学中心。

表28　　区四届人大四次会议建议挂钩督办分解表

建议编号	代表团	领衔代表	建议	承办单位
4001	区直	王春林	关于改种电力线路下方快速林树种的建议	工信局 城管局 自然资源局 供电泉港客服分中心
4002	区直	王春林	关于加强气排球运动的建议	文体旅游局
4003	区直	王春林	关于加强城市化社会管理的建议	文体旅游局 人社局 各镇（街道）
4004	区直	陈国显	关于进一步加强城区交通管理的建议	交警大队
4005	区直	刘春琼	关于加大公办幼儿园建设的建议	教育局 自然资源局 住建局
4006	区直	刘春琼	关于提高编外教师工资待遇的建议	教育局 人社局 财政局
4007	南埔	陈文金	关于推广和扶持南埔镇乡村乐龄学堂建设的建议	南埔镇
4008	南埔	陈文金	关于尽快将天竺村企石自然村和南埔镇区改造列入泉港高铁专区规划的建议	自然资源局 南埔镇
4009	南埔	陈文金	关于将通港路两侧（塘头—天竺段）规划为物流园的建议	自然资源局 南埔镇
4010	南埔	林　煌	关于对南枫路全线铺设柏油路面的建议	交通运输局
4011	南埔	林　煌	关于简化和加快个人建房审批的建议	自然资源局 住建局 农水局
4012	南埔	林　煌	关于将河长制管理和环境卫生整治纳入区财政予以支持的建议	农水局 城市管理局 财政局
4013	南埔	林　煌	关于南埔镇南埔村、凤翔村等村自来水改造工程的建议	南埔镇 水利水务公司
4014	南埔	王锡明	关于通港路与沙格村道交叉路口设置红绿灯的建议	交警大队
4015	南埔	王锡明	关于在沙格村道停车位画线的建议	南埔镇 交通运输局
4016	南埔	陈秀发	关于将凤翔村污水排放接入区市政管道“七镇联通”建设的建议	城市管理局 南埔镇
4017	南埔	陈秀发	关于对凤翔村肖泉铁路桥安全隐患整改的建议	南埔镇 交通运输局 发改局
4018	南埔	陈秀发	关于凤翔田野公园提升工程的建议	南埔镇 农水局
4019	南埔	施志良	关于安控区折迁村子女就学问题的建议	教育局
4020	南埔	施志良	关于安控区坟墓搬迁问题的建议	民政局 安征迁总指挥部办公室 各镇（街道）

续表28

建议编号	代表团	领衔代表	建议	承办单位
4021	南埔	施志良	关于征迁老人临时安置居住问题的建议	民政局 住建局 安征迁总指挥部办公室 各镇（街道）
4022	南埔	肖良霞	关于要求区政府实行统一招聘部分小学编外教师的建议	教育局 编办 人社局 财政局
4023	南埔	肖良霞	关于尽快推动南埔中心小学校园占地面积扩容和综合楼扩建的建议	教育局 自然资源局
4024	南埔	柳秀辉	关于区自然资源局协调办理土地使用的建议	自然资源局 南埔镇
4025	南埔	柳秀辉	关于解决失地农民养老保障金问题的建议	人社局 农水局 自然资源局 财政局 南埔镇
4026	南埔	肖清林	关于尽快建设肖厝码头至通港路连接段道路的建议	交通运输局 自然资源局 发改局 南埔镇
4027	南埔	肖微美	关于归返肖厝村所属的福建省沙格边防工作站宗地的建议	公安分局 自然资源局 南埔镇
4028	南埔	陈培成	关于适龄儿童就学难问题的建议	教育局
4029	界山	林　蓉	关于促进我区教育质量水平，提升教育影响力和竞争力的建议	教育局
4030	界山	林　蓉	关于推进“互联网＋医疗＋养老”模式的建议	卫健局 民政局
4031	界山	陈国华	关于落实在农村学校任教满25年教师中、高级职称评审问题的建议	教育局 人社局
4032	界山	陈国华	关于加大小学、幼儿园公办教师招聘力度的建议	教育局
4033	界山	陈国华	关于落实农村小学课间、课后托管服务问题的建议	教育局
4034	界山	朱叶兴	关于泉港区老旧小区增设电梯的建议	住建局 自然资源局 市场监管局 城市管理局 供电泉港客服分中心
4035	界山	陈义清	关于加快启动泉港第五实验小学建设的建议	教育局
4036	界山	陈义清	关于简化殡葬手续的建议	民政局
4037	界山	陈义清	关于优化国道324线界山村路口红绿灯设置的建议	交警大队
4038	界山	陈义清	关于南枫路鸠林至南埔路段提级改造的建议	交通运输局 南埔镇 界山镇
4039	界山	柯荔滨	关于界山镇界东路段升级改造的建议	交通运输局 界山镇

续表28

建议编号	代表团	领衔代表	建议	承办单位
4040	界山	柯荔滨	关于启动九峰山郊野公园建设的建议	界山镇 发改局 自然资源局 文体旅游局
4041	界山	林志山	关于开通界山镇重要路段公交车线路的建议	交通运输局 大众公交公司
4042	界山	陈凤财	关于清理拆除废弃有线电视、电信、移动、联通通讯电缆的建议	工信局 电信局 移动公司 联通公司 广电网络
4043	界山	潘棓清	关于设置南枫路与界东路十字路口红绿灯的建议	交警大队
4044	后龙	王平阳	关于及早解决峰前村海上养殖和生产问题的建议	自然资源局 农水局 人社局 后龙镇
4045	后龙	王平阳	关于合理下达缴交居民养老保险金任务数的建议	税务局 人社局
4046	后龙	张如庆	关于建议区政府给予安控区折迁群众海上生产船只、设施、工具补偿的建议	安征迁总指挥部办公室 农水局 各镇（街道）
4047	后龙	郭滨东	关于调整柳亭村户籍管理的建议	公安分局
4048	后龙	郭滨东	关于解决泉港五中体育馆等建设用地问题的建议	教育局 自然资源局 后龙镇
4049	后龙	刘燕林	关于规划建设立体停车库的建议	城市管理局 自然资源局
4050	后龙	陈振珠	关于协调解决土坑村个人建房及住房安全问题的建议	自然资源局 住建局
4051	后龙	王梅雅	关于结合农村集体产权制度改革工作，加强征迁村集体资产管理和引导的建议	农水局 各镇（街道）
4052	后龙	刘俊辉	关于加快城区学校及幼儿园建设的建议	教育局
4053	后龙	刘玉祥	关于将一体化排洪渠卫生保洁经费纳入区城市管理执法局财政预算支付的建议	城市管理局
4054	后龙	陈宗华	关于把后龙工业区内闲置土地收储盘活土地资源的建议	自然资源局
4055	后龙	陈宗华	关于修建后龙镇龙狮路三川中学入口至割山村钟楼道路的建议	后龙镇 交通运输局
4056	后龙	林双福	关于整改栖霞社区相关管道设施的建议	后龙镇 城市管理局 消防救援大队
4057	后龙	林双福	关于调整泉港植物园内路灯开关时间的建议	城市管理局
4058	后龙	陈琼林	关于增加乡村卫生保洁人员及经费投入的建议	城市管理局 财政局 各镇（街道）
4059	后龙	陈庆洪	关于要求区政府实行全省统一招聘部分小学编外教师的建议	教育局 编办
4060	峰尾	刘良水	关于进一步加强我区食品药品卫生安全管理的建议	市场监管局

续表28

建议编号	代表团	领衔代表	建议	承办单位
4061	峰尾	林淑华	关于整顿学校周边食品安全问题的建议	市场监管局 城市管理局 教育局
4062	峰尾	郭晖香	关于“政府出台农民工、拆迁户农民自主创业的指导意见”的建议	人社局 农水局 文体旅游局 商务局
4063	峰尾	郭晖香	关于加强峰尾镇公立幼儿园和实验小学建设的建议	教育局 自然资源局
4064	峰尾	郭晖香	关于加强泉港沿海海岸线管理和功能规划的建议	自然资源局 生态环境局 后龙镇 峰尾镇
4065	峰尾	刘碧珍	关于筹建峰尾农贸市场的建议	峰尾镇 商务局 自然资源局 城市管理局
4066	峰尾	林悦庆	关于提高编外合同教师待遇的建议	教育局
4067	峰尾	刘荣德	关于加大力度把诚平村污水管网纳入市政管网建设的建议	城市管理局 生态环境局 住建局
4068	峰尾	刘荣德	关于建设泉港区东部海岸线文化旅游景观带的建议	文体旅游局 峰尾镇 自然资源局
4069	峰尾	刘荣德	关于整治峰尾镇壕东溪的建议	农水局 生态环境局 住建局 峰尾镇
4070	峰尾	房猛宝	关于加强推进农村老年协会规范化管理的建议	卫健局 民政局 各镇（街道）
4071	峰尾	林华慰	关于加强对流动摊点管理确保路边车位用途，促进文明城区建设的建议	交警大队 城市管理局
4072	峰尾	林华慰	关于推广时尚体育健身项目，关注少年儿童体质发展，提高少年儿童对体育健身的兴趣的建议	教育局
4073	峰尾	林华慰	关于进一步确保居民日常用水的建议	水利水务公司 城市管理局
4074	峰尾	林祖恭	关于尽快推进塔山公园建设的建议	山腰街道 自然资源局 文体旅游局 民政局
4075	山腰	庄送平	关于泉港区中心敬老院扩建的建议	民政局 山腰街道
4076	山腰	庄送平	关于在埭港村开办公办幼儿园的建议	教育局
4077	山腰	庄惠民	关于进一步加强城区市容市貌整治的建议	城市管理局
4078	山腰	庄惠民	关于规范小区物业管理的建议	住建局
4079	山腰	连永忠	关于加快提升城区管理，进一步提高城区形象的建议	城市管理局 住建局

续表28

建议编号	代表团	领衔代表	建议	承办单位
4080	山腰	连永忠	关于扶持泉港传统美食特色小吃产业发展的建议	自然资源局 文体旅游局 人社局
4081	山腰	林锡强	关于电动车安装遮阳伞、遮阳棚存在安全隐患的建议	交警大队
4082	山腰	刘美梅	关于在我区主城区交通要道架设过街天桥的建议	城市管理局 自然资源局 交警大队
4083	山腰	刘美梅	关于建设公共停车场的建议	城市管理局 住建局 自然资源局 交警大队
4084	山腰	唐双平	关于加强城区中心小学周边交通安全管理的建议	交警大队 教育局
4085	山腰	唐双平	关于新建山腰街道新宅小学教学楼的建议	教育局 自然资源局
4086	山腰	唐双平	关于扶持拆迁群众进城区“营商就业”的建议	商务局 发改局 自然资源局
4087	山腰	庄绍波	关于拆除废旧建筑物，打造山腰街道 公共文化综合服务中心的建议	山腰街道 文体旅游局 自然资源局
4088	山腰	庄绍波	关于再提山腰粮站场地回收划拨给山腰中心小学 扩大校园的建议	教育局 自然资源局 发改局
4089	山腰	庄绍波	关于永嘉天地一期和龙山安置区周边道路加强交通安全 管理、划设临时停车位的建议	交警大队
4090	山腰	郭汉忠	关于泉港庄重文实验小学扩征土地的建议	自然资源局 教育局
4091	山腰	钟学彬	关于增设钟厝片区公办幼儿园的建议	教育局
4092	山腰	庄碧凤	关于政府规划一类区内居民居住问题的建议	自然资源局 住建局
4093	山腰	庄碧凤	关于复建塔山文化公园荐福书院的建议	山腰街道 自然资源局 文体旅游局
4094	山腰	庄朝阳	关于钟山路路面硬化改造建议	山腰街道 交通运输局
4095	山腰	庄凤文	关于加强垃圾分类的建议	城市管理局 教育局 各镇（街道）
4096	山腰	庄梅萍	关于妥善处理建筑垃圾的建议	城市管理局 住建局
4097	山腰	何凤明	关于增设驿峰西路海滨段天桥与铁路桥交叉处辅路 掉头区的建议	城市管理局
4098	山腰	郑艺平	关于加大老旧小区改造力度的建议	住建局 城市管理局
4099	山腰	郑艺平	关于从严打击非法上访、缠访、闹访行为的建议	信访局 司法局 公安分局 各镇（街道）

续表28

建议编号	代表团	领衔代表	建议	承办单位
4100	前黄	蔡奔腾	关于进一步扶持泉港石化研创市级特色小镇创建及省级申报的建议	住建局 发改局 科技局 教育局 自然资源局 人社局 财政局 人才办
4101	前黄	蔡奔腾	关于做好涉迁村古石雕、木雕保护工作的建议	文体旅游局 安征迁总指挥部办公室 各镇（街道）
4102	前黄	郑学栋	关于前黄镇编制修建性详细规划的建议	自然资源局 前黄镇
4103	前黄	郑学栋	关于金山街经济适用房的公职人员住户办理不动产证的建议	自然资源局
4104	前黄	钟新新	关于加强我区石油化工企业安全生产的建议	应急管理局 工信局 石化园区环安科 石化应急救援中心
4105	前黄	钟新新	关于加大扶持泉港区鸢峰小学发展的建议	教育局 统战部
4106	前黄	连敬阳	关于整改驿峰公路安全隐患的建议	城市管理局
4107	前黄	吴河辉	关于加强和完善村级卫生所建设的建议	卫健局 财政局 人社局
4108	前黄	张亚莲	关于农村停车场建设的建议	自然资源局 农水局 各镇（街道）
4109	前黄	朱国兴	关于加快推进农村居家养老服务的建议	民政局 卫健局
4110	前黄	刘琼英	关于加强泉港主城区小学交通安全的建议	交警大队
4111	前黄	连建良	关于设立孝道传承馆的建议	卫健局 宣传部
4112	前黄	连碧珍	关于协调解决凤安村失地农民养老保险待遇的建议	人社局 农水局 前黄镇
4113	前黄	黄淑娥	关于提升农村小学教育质量的建议	教育局 自然资源局 财政局
4114	前黄	黄细民	关于坝头路沿线安装太阳能路灯的建议	前黄镇 农水局
4115	前黄	黄细民	关于古县村连心桥拓宽改造的建议	前黄镇 交通运输局
4116	前黄	陈宝山	关于建设泉港区垃圾处理厂的建议	城市管理局 自然资源局
4117	前黄	连曙煌	关于切实提高农村保洁员工资待遇的建议	城市管理局 各镇（街道）
4118	前黄	连玉清	关于加快推进坝头溪市政污水管道建设的建议	城市管理局 各镇（街道）
4119	前黄	杨玉泉	关于规范交警执法工作的建议	交警大队

续表28

建议编号	代表团	领衔代表	建议	承办单位
4120	涂岭	陈国镇	关于支持涂岭镇创建“全国森林康养基地试点乡镇”的建议	自然资源局 发改局 民政局 卫健局 农水局 文体旅游局
4121	涂岭	陈国镇	关于加快泉港“两高”道口经济聚集发展的建议	住建局 发改局 商务局
4122	涂岭	邹春梅	关于在涂岭镇打造乡村文旅融合试点村让新生代成为泉港旅游主力军的建议	文体旅游局 文旅开发公司 涂岭镇
4123	涂岭	陈庆辉	关于调整各村集体建设用地用林指标支持增加村财经营性收入的建议	自然资源局 各镇（街道）
4124	涂岭	出文彬	关于完善全国和省、市、区各级文明村发放相关物质奖励的规定建议	文明办 各镇（街道）
4125	涂岭	出文彬	关于试点推行村干部队伍全日制专职化建议	组织部 各镇（街道）
4126	涂岭	出文彬	关于进一步规范完善村级自聘大学生村务工作者及其薪资制度的建议	农水局 各镇（街道）
4127	涂岭	出文彬	关于提高农民养老金发放标准的建议	人社局 财政局
4128	涂岭	出文彬	关于出台旱厕整治相关补助政策的建议	城市管理局 住建局
4129	涂岭	出文彬	关于泗州水库上游（小坝）巨尾桉砍伐改造的建议	生态环境局 自然资源局 涂岭镇
4130	涂岭	陈伟聪	关于对黄田小学教学楼危险除患进行除险改造的建议	教育局
4131	涂岭	陈伟聪	关于对朝阳公路樟脚至黄田段进行整治及改造提升的建议	交通运输局
4132	涂岭	刘国桂	关于对道路上各类监控补光灯进行整改的建议	交警大队
4133	涂岭	刘国桂	关于涂岭镇增设公办幼儿园的建议	教育局
4134	涂岭	吴美连	关于对农村电线、电缆进行专项整治的建议	工信局 供电泉港客服分中心 移动公司 联通公司 广电网络
4135	涂岭	潘惠平	关于对幸福水库实施提升工程的建议	农水局 涂岭镇
4136	涂岭	张志平	关于规范社会殡仪服务市场的建议	民政局 文体旅游局 市场监管局
4137	涂岭	任丽明	关于开通涂岭镇驿坂南部片区至镇区公交车线路的建议	交通运输局 大众公交公司
4138	涂岭	陈红华	关于加快推进村庄规划编制问题的建议	农水局 自然资源局 财政局 各镇（街道）
4139	涂岭	陈红华	关于保护菱溪水库流域河道水质生态环境的建议	农水局 生态环境局

续表28

建议编号	代表团	领衔代表	建议	承办单位
4140	涂岭	吴海蓉	关于扩大乡村振兴试点村覆盖面的建议	农水局
4141	涂岭	王志成	关于扎实推进“多规合一”确保项目落地的建议	自然资源局
4142	涂岭	陈惠昭	关于及时修复坝头公路世上至古县段损毁设施的建议	交通运输局 农水局 前黄镇 涂岭镇
4143	涂岭	邱宝辉	关于在泉港区涂岭镇规划增办一所初中校的建议	教育局
4144	涂岭	任丽明	关于简化办理殡葬手续的建议	民政局

表29　《泉港年鉴》（2020卷）参编单位主审和主撰人员名单

单位	主撰	主审
区纪委监委	林腾程	陈荣川
区委办	黄茂林	柯金清
区委保密办	黄茂林	庄永梅
区委巡察办	连颇颇	林志江
档案馆	潘　婷	张和亮
信访局	刘秀全	郭小强
组织部	王一帆	姚泽安
关工委	庄培阳	肖全清
宣传部	傅国强	刘　刚
文明办	李志远	陈三龙
统战部	刘金燕	胡伟强
政法委	唐龙建	林素宝
编办	陈银祥、柯迅富	刘跃民
党工委	庄建国	李晋瑜
区委党校	丁　萍	庄惠煌
人大办	董慧娟	郑志阳
政府办	陈裕盛	曾永顺
政协办	黄燚凯	连　治
金融办	刘梅忠	肖坚松
行政服务中心	肖臻辉	邱清满
区委史志室	陈小燕	林进辉
发展和改革局	肖小斌	刘玉强

续表29

单位	主撰	主审
工信局	刘喜山	吴文辉
商务局	柯勇财	肖银河
教育局	陈金森、张庆辉	肖腾伟
民宗局	潘淑梅、方玲玲	林顺建
区侨办	庄诗余	叶松青
科技局	庄学林	吕伟成
民政局	刘俊阳	刘开南
司法局	王志珊	柯富华
财政局	夏　扬	黄宝真
国资办	李丽婷	庄绍新
人社局	陈敏树	肖锦萍
住建局	郑惠春	王金准
城管局	吕晗御	程进强
交通运输局	陈　伟	朱辉阳
农水局	曾甜甜	潘华卿
文旅局	陈小平	刘　冰
卫健局	庄碧青	施文勇
医保分局	黄龙泉	李肇晖
审计局	林燕杰	刘森海
统计局	蔡黎薇、林瑞振	林永骏
生态环境局	林佳煌	郑明炎
应急管理局	林珊珊	庄向阳
地震办	陈晓丽	刘顺章
退役军人局	肖　斌	肖德宝
市管局	林俊杰	洪良杰
融媒体中心	郭小青	肖立宝
供销社	林朝阳	郭淑平
泉州市泉港新城投资有限责任公司	程伟锋	邱建忠
石化园区管委会	蔡晓平	陈惠锋
石化工业区建设发展公司	刘梅琴	王志福
泉港高新产业园区建设公司	王小强	朱志卿

续表29

单位	主撰	主审
水利水务公司	林新忠	郑佳峰
泉港文旅公司	钟吉美	施茂春
大众公交公司	陈怡婷	林文煌
人武部	肖吉敏	曾华忠
法院	许淑锋	林天法
检察院	许晓娇	陈荣茂
总工会	林黎阳	林瑞群
团区委	李文富、林小蓉	刘婉娥
妇联	连莉昭	钟晓蓉
工商联	陈碧星	龚锦泉
侨联	陈凤黔	王梅珠
科协	林　芳	林建南
计生协会	张建彬	林龙章
残联	钟青建	叶月明
文联	肖惠珠	李美美
社科联	庄晓芬	钟兴枝
慈善总会	柯明清	庄学忠
贸促会	陈珍萍	程志斌
红十字会	邱淑钦	王慧敏
民革支部	庄燕平	陈德义
民盟总支	朱小红	王梅珠
民建支部	廖晓红	庄志林
民进支部	张　菊	李祎山
农工党总支	戴清秀	林金辉
致公党总支	连秀祥	庄一鸣
公安分局	出学典、蔡志启	王艺彬
交警大队	李明斌	苏兴福
海防大队	袁春辉	沈雪林、何俊斌
消防救援大队	王建新	付海波
自然资源局	戴翠莲	林昀瑜
税务局	吴　婕	郭增辉

续表29

单位	主撰	主审
公路分局	段培香	洪五洲
湄洲湾港口管理局	郑　宁	李庆社
邮政集团泉港分公司	房真真	汪冰莹
烟草专卖局	陈国太	唐晓莉
肖厝出入境边防检查站	林奕君	李　杰
泉州海关驻肖厝办事处	王　龙	陈可炎
泉港海事处	王素玲	郑华林
电信	蔡晓敏	洪建荣
移动	杨慧玲	陈福鸿
联通	陈育环	王传取
广电网络	陈志江	孙鸿佳
沙格港务公司	吴燕逸	郭安然
新华书店	陈　锴	陈铮锐
电业客服	庄培娥	陈银水
人行惠安支行	杨桂相	何福来
银监惠安办事处	朱亚芬	陈培忠
工商银行	郑小平	蔡旭东
农业银行	连玮玮	陈友民
中行	陈志东	易晋莱
建行	郑建芳	邱晓剑
兴业银行	刘月珍	骆泽峰
邮储银行	郭建梅	黄哲阳
泉州银行	潘春华	庄东洋
恒丰银行泉州泉港支行	傅海杭	于运平
农商银行	王德洋	庄吓农
民生银行	颜中阳	张立玮
人民保险	林　静	肖丽君
人寿保险	翁永惠	刘侬侬
华鑫证券有限责任公司	洪庆忠	王征宇
南埔镇	陈坤山	陈宝喜
界山镇	陈华锦	刘荣川

续表29

单位	主撰	主审
后龙镇	庄　坚	卢凌峰
峰尾镇	郭晓波、黄丽娇	庄明海
山腰街道	郭媛枫	庄湧涛
前黄镇	赖佳佳	郭森波
涂岭镇	张　荣	刘小军
山腰盐场	钟龙山	叶家云
国电泉州热电有限公司	詹清阳	张志业

说 明

一、本索引采用主题词分析法，按主题词首字汉语拼音字母顺序排列。

二、栏目、分目标题用黑体字。“特载”“专文”“年度要闻”“大事记”“荣誉 人物”“附录”内容不作索引。

三、索引主题词后的数字表示页码。

四、空一字起排的款目为上一主题的“附见”。

C

D

Y